U0453069

中国与世界秩序研究丛书
主　编：杨光斌

十七世纪以来俄德关系

陈新明　著

Russian-German Relations since
the Seventeenth Century

中国社会科学出版社

图书在版编目（CIP）数据

十七世纪以来俄德关系 / 陈新明著. —北京：中国社会科学出版社，2021.7
（中国与世界秩序研究丛书）
ISBN 978-7-5203-8636-4

Ⅰ.①十⋯　Ⅱ.①陈⋯　Ⅲ.①俄德关系—国际关系史—研究　Ⅳ.①D851.29 ②D851.69

中国版本图书馆 CIP 数据核字（2021）第 115394 号

出 版 人	赵剑英
责任编辑	马　明
责任校对	任晓晓
责任印制	王　超

出　　版	中国社会科学出版社
社　　址	北京鼓楼西大街甲 158 号
邮　　编	100720
网　　址	http://www.csspw.cn
发 行 部	010-84083685
门 市 部	010-84029450
经　　销	新华书店及其他书店
印　　刷	北京明恒达印务有限公司
装　　订	廊坊市广阳区广增装订厂
版　　次	2021 年 7 月第 1 版
印　　次	2021 年 7 月第 1 次印刷
开　　本	710×1000　1/16
印　　张	25.75
插　　页	2
字　　数	356 千字
定　　价	139.00 元

凡购买中国社会科学出版社图书，如有质量问题请与本社营销中心联系调换
电话：010-84083683
版权所有　侵权必究

《中国与世界秩序研究丛书》编委会

主　　编： 杨光斌

副 主 编： 时殷弘　黄嘉树　陈　岳

编委会成员（以拼音字母为序）：

　　　　保建云　陈新明　陈　岳　方长平　房乐宪
　　　　郭春生　韩彩珍　黄大慧　黄嘉树　金灿荣
　　　　李庆四　李　巍　蒲国良　蒲　俜　时殷弘
　　　　宋　伟　宋新宁　田　野　王续添　王义桅
　　　　王英津　吴征宇　许勤华　杨光斌　尹继武
　　　　周淑真

《中国与世界秩序研究丛书》
总　序

杨光斌[*]

  人类正经历百年不遇之大变局，世界秩序正处在大变革中。美国不断"退群"、很多国家的无效治理以及以中国为代表的新兴经济体的崛起，正在根本性地改变第二次世界大战以来美国主导的"自由世界秩序"，正在改变着三百年来西方主导的世界体系。

  此时此刻，中国关于世界政治的知识存量严重短缺。与中国正在进行的经济结构转型升级相比，中国社会科学知识体系的转型升级更为迫切，只不过文化迟滞性和思想惰性使得这种迫切性被掩蔽了。中国已经发展成为令世界各国刮目相看并备受尊重的国家，是很多国家包括部分发达国家年轻人的就业目的地，但是很多国人依然在用西方中心主义的知识体系和思想观念来"观照"中国，中国好像处处不符合"标准答案"，然而符合"标准答案"的很多非西方国家又当如何呢？

---

[*] 杨光斌，中国人民大学国际关系学院院长，教育部长江学者特聘教授，中国政治学会副会长。

应该认识到，来自西方中心主义的"标准答案"是一种阶段性历史。改革开放对谁开放？当然是西方发达国家，我们不仅要吸纳西方人的投资，还要学习人家的经济管理和科学技术乃至思想体系，中国社会科学的知识体系就是在这种背景下形成的。作为社会科学体系中的世界政治学科（过去习惯称国际政治学或国际关系理论），基本上是按照西方尤其是美国的国际关系理论建立起来的，马克思主义的国际关系理论如著名的阶级论、帝国主义论被边缘化，结构现实主义、新自由制度主义、建构主义（简称"三大范式"）则无处不在。了解并理解西方知识体系是重要的，否则就不知道别人怎么想怎么说，无从学习，无法和人家对话。但是，一定要认识到，从比较政治学中的现代化和民主化的"转型学范式"，到国际关系理论的"三大范式"，都是为既定的西方国内政治结构和西方主导的世界秩序而建构起来的或者说西方国际关系理论以学术范式的形式维护着西方发达国家的国家利益，中国人按照这一套思维方式和方法论去研究中国政治、中国的对外关系，事实上在自觉不自觉地强化着他人的话语权。更重要的是，来自西方知识体系的世界政治学科（包括比较政治学和国际关系理论）乃至整个社会科学的发展，已经严重滞后于中国的大战略需要。

"改革开放已经进入下半程"的判断同样适应于中国的世界政治学科建设。如果说前几十年的改革开放是面对西方，那么现在，中国的大战略有了新动向，那就是"一带一路"倡议和亚投行所代表的中国国家安全战略的新布局。"一带一路"研究已经成为世界政治学科中的显学中的显学，但是我们对"一带一路"沿线国家理解多少呢？在中国世界政治学界，无论是研究非洲问题的还是研究东南亚政治的，出国留学或者进修的目的地基本上是美国或欧洲，这种现象意味着还是在学习和研究欧美，而不是研究非西方国家，以致我们的世界政治学科面临着严重的知识短缺。

学界对于印度尼西亚这样的大邻居关怀甚少，对于如此重要的"雅万高铁"为什么迟迟不能开工并没有多少研究。这个大案例意味着，对于印度尼西亚这样的巨型国家，我们的知识尚且如此匮乏，对于非洲国家、南亚次大陆国家、拉丁美洲国家等广大的非西方国家，我们的知识积累也不会好到哪去，而非西方国家已经是中国的战略利益所在。不同于人文哲学学科，世界政治这样的应用型学科必须服务于重大现实战略，这是其学科性质所决定的；反之，其学科发展也是国家战略带动起来的，没有国家战略的需要，就没有动力去发展这些学科，因此知识滞后也属于正常现象。第二次世界大战之后美国比较政治学的兴起以及发展理论的诞生（包括发展经济学、发展政治学和发展社会学），均是由美国战略需要带动起来的。20世纪60年代后，美国年轻学者纷纷走向非洲，进入近邻拉丁美洲，前往亚洲，把自己的理论运用到非西方社会研究，并试图去改造非西方国家。

国家战略需要和学科性质的关系，决定了中国的世界政治学科关注的焦点应该有一个大转身。一方面，"存量"知识依然是重要的，因为欧美依然是中国的战略关键所在。另一方面，中国迫切需要知识"增量"，即对非西方国家的深度研究和深刻理解。正如我们有很多美国、欧洲、日本问题专家一样，中国需要更多的非西方国家的国别问题专家。研究非西方国家不但是一种知识转型，更将是中国世界政治科学的升级。中国是非西方国家的典型，研究历史上的中国对外关系就能强烈地感受到，很多来自西方国家的国际关系理论不适用，比如怎么能用国强必霸的民族国家理论（如现实主义理论）来诠释一个奉行"天下观"的文明型中国呢？同样，"修昔底德陷阱"针对的是城邦政治和民族国家之间的关系，怎么可以用来分析中国这样的"文明型国家"呢？以研究古巴导弹危机出名的哈佛大学教授格雷厄姆·阿里森（Graham Allison）认为中美之间难逃"修昔底德陷阱"，他对中国文明有多少理解？哈佛教授们只关心美国主导的"自由世界秩序"，对"人类命运共同体"又有多少理解？或者说他们愿意理解吗？理解中国有助于国际关系理论的反思和发展，而研究不同于儒家文明的其他文明的非西方国家，势必会给流行的国际关系理论带来更多的挑战。

因此，中国人民大学国际关系学院组织的《中国与世界秩序研究丛书》，既基于国家安全战略需要的背景，又有学科建设、知识转型升级的知识论考虑。

2018 年 6 月 26 日

于中国人民大学国际关系学院

目　录

绪　论 ………………………………………………………………（1）

第一章　俄罗斯与德国的早期交往（9—17世纪） ……………（13）
　第一节　关于俄罗斯人和德国人 …………………………………（13）
　第二节　基辅罗斯与德意志的交往 ………………………………（16）
　第三节　俄罗斯城市与汉萨同盟 …………………………………（24）
　第四节　莫斯科公国崛起和大混乱时期的俄德关系 ……………（32）

第二章　罗曼诺夫王朝时代的开始（17—18世纪） ……………（51）
　第一节　新王朝的新沙皇 …………………………………………（52）
　第二节　彼得一世时期的俄罗斯和德国 …………………………（57）
　第三节　从叶卡捷琳娜一世到叶卡捷琳娜二世之时的
　　　　　德国问题（1725—1762） …………………………………（71）

第三章　叶卡捷琳娜二世时期的俄德关系（1762—1796） ……（92）
　第一节　来自德意志的女皇 ………………………………………（92）

第二节　同普鲁士结盟 ···（95）
　　第三节　瓜分波兰 ···（102）
　　第四节　俄罗斯帝国内政中的德国因素 ·································（110）

第四章　俄普亲近与德国统一（1801—1871）·····························（123）
　　第一节　拿破仑战争时期的俄罗斯和普鲁士 ···························（123）
　　第二节　通向德国统一之路 ···（137）

第五章　俄罗斯帝国和德意志帝国的关系（1871—1914）··················（154）
　　第一节　现实主义政策——维护和平的手段 ···························（155）
　　第二节　"你想要和平——就去准备战争" ·····························（172）
　　第三节　俄德王朝联盟关系的终结 ·····································（186）

第六章　在帝国的废墟上重建俄德关系（1917—1933）·····················（191）
　　第一节　战争与革命 ···（191）
　　第二节　凡尔赛和约的结果 ···（202）
　　第三节　苏德关系的两副面孔 ···（217）

第七章　苏德关系中的交易与厮杀（1933—1945）·························（225）
　　第一节　苏联与德国的对决 ···（225）
　　第二节　苏德之间的交易 ···（239）
　　第三节　苏德生死搏斗 ···（250）

第八章　苏联与两个德国的关系（1945—1991）····························（256）
　　第一节　苏联与联邦德国的关系 ·······································（257）
　　第二节　苏联外交战略中的民主德国 ··································（283）

第九章　苏联与德国问题 …… （302）
 第一节　在三大盟国决议中的德国问题 …… （303）
 第二节　两极世界解决德国问题的机制演变 …… （312）
 第三节　苏联肯于放手与德国统一 …… （322）

第十章　后两极世界的俄德关系（1991—2015） …… （340）
 第一节　俄德关系的相互适应（1991—1998） …… （341）
 第二节　俄德关系是"战略伙伴"吗？（1998—2005） …… （349）
 第三节　俄德关系的地缘政治与地缘经济之争（2005—2015） …… （360）

结　论 …… （372）

参考文献 …… （385）

后　记 …… （400）

绪　　论

俄罗斯和德国、俄罗斯人和德国人——两个民族、两种文化、两种社会、两种命运常常在时间和空间上交织在一起，有时还会动摇欧洲文明的根基。这究竟是为什么——是有计划的合作与合乎逻辑的伙伴，还是情势所致的偶然会合？在俄德成为欧洲大陆两强之前，它们的关系亲善稳定；但是在一战前和二战前的一段时间里，当俄德成为大陆两强时，不仅没有增进欧洲大陆的福利与和平，它们的稳定关系反而发生激变并且被颠覆，给欧洲乃至世界带来了深重灾难。这是两强的宿命，还是纯属偶然？这是人类政治活动的铁律，还是多重因素的巧合？

一　选题意义

研究俄德关系的意义与价值在于：通过分析俄德关系近四个世纪的演变，以探求两强关系如何相处，一方面两强相处的稳定状态难以持久，另一方面两强竞争失控通常导致稳定状态被颠覆，对于各自和区域乃至世界产生重大影响。对于两强和区域乃至世界格局而言，两强关系的稳定状态被颠覆所造成的后果，其危险性和致命性远远大于多强关系的稳定状态被颠覆所造成的后果。这里根本原因在于：一是在主观方面，两强关系在各自的决策过程中，其中一方往往在主观方面更容易过高地估计自己的实力，急于改变现状，不太顾忌他国的反应。而在多强格局下，通常会顾及他国的反应，不太急于改变现状，会主动寻求盟友支持，不容易陷于孤立。二是在客观方面，一旦两强稳定状态被颠覆，其中一方会陷入孤立境地，没有退路，因为失势一方找不到有实力国家以发挥平衡作用，最终失去两强地位。而在多强格局下，自然会有其他大国出面抑制得势一方，以维持区域或国际格局大致力量平衡。

由于地缘经济和地缘政治，自17世纪以来俄德关系交往加深，共同成长壮大，德俄关系在近现代国际关系史上充满了亲善、结盟、背叛、战争等复杂性内容和极端化现象。在一定程度上，俄德关系的变化影响着欧洲国际关系格局的演进。冷战结束后，德俄关系总体上保持着融洽。进入21世纪，原本和睦的俄德关系开始疏远，热度锐减。对于俄德关系中的这种复杂性内容和极端化现象进行探讨，有助于认识和理解两强关系的性质及其走向。

临近21世纪时，俄德两国仍然有人仇恨对方，友好对方，着迷对方。1999年底，正值俄罗斯跌进野蛮资本主义极其混乱和狂暴多元化的谷底之时，有一份俄罗斯极右翼杂志（名为《正义前景杂志》）登载读者来信。来信作者是一个名叫施特劳斯的德国人，令人惊讶的不是公开外国读者来信的事实本身，而是来信内容不同寻常。

> 现在的黑暗极其可怕。可是我们还有出路。出路在于欧洲的两个伟大、精神同根的帝国民族结成钢铁联盟。在过去一千年里，斯拉夫和德意志创造了历史，决定了大陆的命运。在今天，只有莫斯科—柏林轴心才可以把欧洲从美国的压迫下解救出来。这是俄罗斯和德意志的政治精英肩负的，而并非只是外交官的崇高使命。
>
> 在21世纪的库利科沃战场俄罗斯人和德国人将并肩作战——我看不到有其他选择。我们不知道，谁将是新的季米特里·顿斯科伊，新的俾斯麦，可是我们将发现，没有其他出路。斯大林格勒的军人，为

和平而战的俄罗斯人和德国人的英雄气概将召唤我们这样做。

总有一天，亲爱的同志们和战友们，我们共同胜利的太阳将会升起。我想，这一天不会遥远。①

在临近21世纪时还有这样的偏执狂，幻想着"战友兄弟"，"新的库利科沃战场"②，重新变更世界地图之类的理念。早在1989年，德国汉堡史学工作者、时评家和美术家哈伊多恩出版过一本研究德国对苏联战争开始的书，③也表露出类似的看法。

德国人对俄罗斯国家和人民表现出的炙热情感不是偶然的。虽然有来自德国人造成的战争和灾难，俄罗斯人对德国人怀有类似情感也是没有什么奇怪的。这是为何？

原因在于：俄罗斯没有同任何一个欧洲的乃至世界上的国家拥有如此丰富的共同历史，同德国那样。自17世纪以来的几乎400年里，俄德关系在最广泛的意义上可以说是欧洲安全最为重要的因素之一。联邦德国于1989年出版杰捷利赫斯撰写的知名著作《共同历史：德国人和俄罗斯人》，他写道："在长达千年的时间里，俄罗斯人和德国人互相了解，互相爱慕和仇恨，互相交好和厮杀。无论是敌人的形象，还是模仿的榜样——这些关系的历史已在两国人民心中留下深刻烙印。而在他们之间从易北河到伏尔加河的广袤空间中所发生的事情，世界从未以冷漠的态度遗忘它。"④ 所以，

---

① Наследие предков 1999. No 7. C. 2.
② 1380年9月8日，季米特里·顿斯科伊统率俄军与马迈汗领导的蒙古鞑靼军在库利科沃原野上进行会战。会战以蒙古军大败告终，为俄罗斯和其他各族人民摆脱蒙古鞑靼人的压迫奠定了基础。
③ Heydorn V. D. Der sowjetische Aufmarsch im Bialystoker Balkon bis zum 22. Juni 1941 und der Kessel von Wolkowysk. München: Verlag für Wehrwissenschaften, 1989. S. 388.
④ Dederichs M. R. Gemeinsame Geschichte: Deutsche und Russen // Der neue Flirt/ Klaus Liedtke（Hrsg.）. Hamburg, 1989. S. 200 – 201.

深入研究俄德关系非常有必要、有意义。

二 基本结构和结论

俄德关系从有文字记载起有1000多年，全书的基本结构由绪论、正文和结论组成，正文部分合计十章，按照时间跨度分为四大部分：第一个时期是前罗曼诺夫王朝时期，时间跨度800年，用第一章内容完成；第二个时期是罗曼诺夫王朝时期，时间跨度300年，用第二章、第三章、第四章、第五章内容完成；第三个时期是苏维埃—德国时期，时间跨度74年，用第六章、第七章、第八章、第九章完成；第四个时期是后冷战时期，时间跨度大致25年，用第十章内容完成。

俄德关系充满了复杂性内容和极端化现象，这是如何产生的？这是由于俄德交往极深，留下了刻骨铭心的情仇爱恨记忆。粗略说来，俄罗斯人主要是着迷于德国人的精神气质、文化知识、制造技术、自律能干；而德国人则是着迷于俄罗斯的地盘大、人口多、自然资源丰富、皇权强大。[①] 俄德关系中曾发生过一系列惊心动魄的重大事件，可以分为几大类。

第一类是出于交情而施加的恩惠。如欧洲七年战争中新沙皇彼得三世下令大兵压境的俄军撤退，令陷入死地的弗里德里希二世的普鲁士免于灭亡。拿破仑法国打败普鲁士，刻意要让普鲁士消失，只是得益于亚历山大一世的顽强坚持，俄法两国皇帝才在提尔西特和约以及法普和约里确认普鲁士王国的继续存在。俾斯麦统一德国时，如若没有沙皇俄国的配合支持，

[①] 恩格斯在《俄国沙皇政府的对外政策》中指出俄国外交的一切成就都具有明显的物质基础，包括领土、位置、人口。他指出欧洲主要大国奥地利、法国和英国之间的纷争太多，而俄国却是一个统一的、单一种族的、年轻的、迅速成长的国家，它是几乎无法攻破的，完全不可征服。参见《马克思恩格斯全集》第22卷，人民出版社1965年版，第23—24页。

绝非那么顺利。在科尔统一德国的过程中，戈尔巴乔夫肯于放手，德国方能实现和平统一。

第二类是源自瓜分邻国的合作。俄普三次伙同奥地利瓜分波兰，纳粹德国和苏联第四次瓜分波兰，此类事件的意义在于俄德两国成为直接接壤和拥有共同边界的国家。

第三类是为了摆脱国际孤立而进行的互助性合作。一战后的欧洲，遭到凡尔赛体系遗弃的两个国家、被放逐者——魏玛德国和苏俄在热那亚国际会议之外达成拉巴洛协定，打破孤立状态。

第四类是兵戎相见的厮杀。在欧洲七年战争中伊丽莎白女皇对普鲁士宣战，俄军取得绝对优势，可是也及时撤军。俄罗斯参与这次战争，旨在抑制普鲁士的贪婪。一战中俄德分属于两个军事集团，俄德签署布列斯特和约，苏俄损失惨重，德国也只是逼迫苏俄退出一战，没有征服苏俄的意图。可是纳粹德国却无比疯狂，试图要征服苏联，甚至不屑于在被占领土上组建伪政权，想要实施直接统治。当然这也招致苏联的严厉报复，苏联夺走东普鲁士哥尼斯堡，令波德边界向西移动而致使德国领土减少约10万平方公里，并和美英法合作以肢解德国40余年。

第五类是无论在同一联盟还是在不同联盟里，俄德成为联盟领袖时均表现出更多的主动性和攻击性特点，要发挥主导作用，要急于改变现状。例如，彼得一世的北方联盟，亚历山大一世的反法联盟，维也纳体系的神圣同盟，冷战时期的苏联东欧联盟，冷战后的欧亚经济联盟和独联体；在威廉二世的德奥同盟，希特勒的反共产国际联盟。

俄德之间的友情和仇恨，和平与战争。如若用曲线方式描述俄德共同历史的高潮和低潮，那么会显现出一条双方合作的主线。的确是，在俄德历史上出现过这样的时期，即它们本身足以联合和分割整个欧亚大陆，并且成为世界命运的主宰者。可是要在如此辽阔的大陆上实施这样的共同管辖，类似的两强双头政治能否持续长久呢？事实证明，不可能。在俄德尚未成为大陆的两强之前,它们的关系稳定亲善,可是一旦成为大陆两强,却不能保持稳定关系。仅仅以普鲁士和奥地利共同管辖石勒苏益格和霍尔施泰因为例。这种管辖持续了总计只有六个月,不足一年,柏林和维也纳已经兵戎相见,遑论俄德成为大陆两强时可以保持稳定。当时有人说得没错,"玻利瓦尔帽不是两个人戴的"①。

从根本上说,俄德之间建立长期军事—政治联盟的前提条件存在吗?能否相信俾斯麦,他还在1877—1878年俄土战争开始前夕致信俄罗斯政府时指出,如果"俄罗斯实力强大但长时间不稳定,这不可能符合我们的利益"。他是否在说假话,当他确信,"不是出于情感,而是出于政治考虑讲这番话,确信这个国家就是俄罗斯,它能够给我们带来重大损害但它的友情对于我们又是必需的"②。俾斯麦的忧虑被后世的俄德关系反复验证:两强难成盟友,大陆两强俄德的稳定关系难以持久。这是俄德关系的"特殊"之处,想必大致也适用于其他时代和区域的两强关系。俄德关系不仅历史经验如此,而且冷战后的现实亦是如此。特别是进入21世纪,俄罗斯对于东方和亚太方向投入更多关注的时候,是否会受到俄德关系"特殊"之处的浸染?

三 关于相关资料的说明

俄德关系的"特殊"之处,是好还是不好,历史已经无法假设。今天不能不看到,欧洲和世界已经进入自身发展的新阶段。随着两极军事集团体系被打破,随着在欧洲大陆的整个地缘政治和实力平衡发生根本变化,由于东欧剧变和苏联解体,而同时随着国际舞台上出现以统一德国为代表

---

① 玻利瓦尔帽,19世纪20年代曾流行一时的宽檐高顶帽,名称来自人名S.玻利瓦尔。

② *Бисмарк О. Мысли и воспоминания.* М.,1940. С. XXXII.

的大国，非常有必要深入分析俄德关系及其演变的历史根源，并且在确定俄罗斯外交定位的时候，在它的欧洲方向特别关注这种定位在柏林和莫斯科交往中的作用和地位。

俄德关系交往极深，早已有丰富的史料档案文件著述等进行分析与讨论。笔者不是要让他人相信自己的研究面面俱到，读者也不可能在笔者的研究中发现罕见稀有的档案文件，寻找新的资料来源以探求绝对的最终意义上的真相。笔者认为自己的任务在于，不必使用密谋学，而是在完全具体的政治生活中探求当事人的所思所想所做，从地缘政治角度概括总结现有的资料，研究完全具体的事实。笔者不追求最终意义上的真相，只是希望所研究的题目在其他历史学和政治学研究基础上能够更深入一步。

俄德关系属于双边关系，本书主要从俄罗斯方面的视角展开分析和讨论，其主要原因在于：就其地缘位置相比较而言，德国除了自身创造发明能力之外，联系西欧更为便利；俄德交往就其意愿的主动性和需要的紧迫性而言，俄罗斯方面更为强烈，面向西方既是对外经济联系的主要方向，也是引进无论精神还是物质的先进文明要素的主要来源。这是俄罗斯持续已久的理念，所以非常注重发展和研究俄德关系，毫无疑问，相关研究及其成果远多于其他的双边关系。在这里对于基础的和经典的传统资料不再赘述，主要介绍冷战后时期的相关资料。

俄文资料：

《俄罗斯外交部简史》[1] 三卷本，时间跨度 1802—2002 年，卷一是 860—1917 年，卷二是 1917—2002 年，卷三尚未出版。《俄罗斯和德国》[2]，

---

[1] Очерки истории Министерства иностранных дел России. 1802 – 2002: В 3 т. Т. 1. 860 – 1917 гг. М.: ОЛМА – ПРЕСС, 2002. – 608 с.; Т. 2. 1917 – 2002 гг. – 624 с.

[2] Россия и Германия. Вып. 1. М.: Наука, 1998. – 381 с; Россия и Германия. Вып. 2. М.: Наука, 2001. – 293 с; Россия и Германия. Вып. 3. М.: Наука, 2004. – 411 с.

共计有三编,是专门介绍俄德关系的资料汇编。埃梅尔马赫等编著的《20世纪的俄罗斯和德国》①,共有三卷,2010年出版。卷一"权力的诱惑"篇幅1024页,介绍一战和二战时期的俄罗斯和德国。卷二"快速决裂和希望破灭"篇幅896页,介绍两次大战中间的俄罗斯和德国。卷三"解冻、忍受寒冷和有限的对话"篇幅1032页,介绍1945年之后的俄罗斯和德国。

这里特别要提及莫斯科国际关系学院学者巴甫洛夫,他专门研究俄德关系,撰写和出版了许多著述②:《俄罗斯与德国——永世难成盟友》,2017年出版,篇幅560页;《从俾斯麦到默克尔的德国外交史》,2012年出版,篇幅有800页之多;《当代德国史》,2006年出版,篇幅510页;《当代德国》,2005年出版,篇幅567页;《从阿登纳到施罗德的联邦德国外交》,2005年合作出版,篇幅608页。此外还有许多论文发表。他的著述分析俄德关系更为客观,并不刻意为俄罗斯方面辩护,也常常指出俄方对德政策的不足。他对俄德关系研究的结论就是:俄德作为大陆两强难成盟友。这个观点印证了双头政治难以持久的政治铁律。

---

① Россия и Германия в XX веке: В 3 т. Т. 1: Обольшение властью. Русские и немцы в Первой и Второй мировых войнах / Под ред. К. Аймермахера, Г. Бодюгова, А. Фольперт. М.: АИРО - XXI, 2010. - 1024 c; Россия и Германия в XX веке: В 3 т. Т. 2: Бурные прорывы и разбитые надежды. Русские и немцы в межвоенные годы / Под ред. К. Аймермахера, Г. Бордюгова, А. Фольперт. М.: АИРО - XXI. 2010. - 896 c; Россия и Германия в XX веке: В 3 т. Т. 3: Оттепель, похолодание и управляемый диалог. Русские и немшы после 1945 года / Под ред. К. Аймермахера, Г. Бордюгова, А. Фольперт. М.: АИРО - XXI, 2010. - 1032 c.

② Павлов Н. В. Россия и Германия: несостоявшийся альянс. Научное издание. М., 2017. 507 с; Павлов Н. В. История внешней политики Германии от Бисмарка до Меркель. М., Междунар. отношения, 2012. 800 c; Павлов Н. В. История современной Германии. М.. Астрель; АСТ. 2006. -510 c; Павлов Н. В. Современная Германия. М.: Высшая школа. 2005. - 567 c; Павлов Н. В., Новиков А. А. Внешняя политика ФРГ от Аденауэра до Шрёдера. М.: ЗАО 《Московские учебники СиДиПресс》, 2005. - 608 c.

帕特鲁舍夫著作《从俾斯麦到默克尔的德国首相》①，2009 年出版，篇幅 432 页，主要介绍德国知名首相的国务活动，其中从首相的视角来分析俄德关系，面对众人的民族情绪，即便是国务活动家也有无奈的时候。杰维亚特科夫等主编的《欧洲一体化空间中的俄罗斯和德国》②，2017 年出版，篇幅 272 页，从欧洲一体化的视角分析俄罗斯和德国，它们的作为如此之小，合作难以深化。

中文资料：

研究欧洲国际关系历史和俄罗斯历史的著述大多会关注涉及欧洲和俄德关系的重要事件及其对双边和区域的影响。经典作家在论述俄罗斯对外政策时常常论及俄德关系，虽然那个时候还没有出现统一的德国，可是作为德意志国家的奥地利、萨克森和普鲁士早已成为欧洲国际关系的重要参与者，凡研究欧洲国际关系的著述一定是绕不开俄德关系的。例如，马克思的《十八世纪外交史内幕》③，恩格斯的《俄国沙皇政府的对外政策》④。列宁的著述虽然更多地涉及革命的理论和实践问题，可是许多都涉及德国问题，特别是他的帝国主义论，他同第二国际的争论，对德国无产阶级革命的期待，以及具体处理同德国的各种关系。斯大林的论述更多地涉及处理同德国的复杂而棘手的事务关系。这些资料都有中文出版物，容易查阅到。只是在二战后世界进入两极格局，俄德关系才开始逐渐地从双方政治领导集团的战略视野中退居次要地位，相比而言苏联更是如此。

---

① *Патрушев А. И.* Германские канцлеры от Бисмарка до Меркель. М.：Изд - во Моск. ун - та. 2009. － 432 c.

② Россия и Германия в пространстве европейских коммуникаций：Коллективная монография / Под ред. А. В. Девяткова и А. С. Макарычева. Тюмень：Изд - во Тюменского гос. ун - та, 2013. － 272 c.

③ 马克思：《十八世纪外交史内幕》，中央编译局，人民出版社 1979 年版。

④ 恩格斯：《俄国沙皇政府的对外政策》，载《马克思恩格斯全集》第 22 卷，人民出版社 1965 年版。

鉴于二战后的欧洲已经不再是世界政治中心，所以中文出版物涉及俄德关系的论述散见于研究欧洲区域的成果，可是目前还是缺少专门论述俄德关系的专著，本书算是弥补这一空缺。

德文资料：

作为德意志国家的奥地利、萨克森和普鲁士，以及后来普鲁士统一的德国都同俄罗斯存在密集交往关系，地缘政治考虑无疑是主要因素，当然也有经济文化交流需求，这在德文资料中可以看出。经典和传统的基础资料不必列举，这里主要介绍冷战后出版或者再版的一些德文资料。施泰因伯格·J. 俾斯麦的《权力的魔术师》，柏林波普莱恩出版社2013年版，共745 页。[1] 作者分析政治家在操弄权力的种种可能性。俾斯麦的名言"政治就是可能性的艺术"，本意是说政治具有很大的操作空间，能够把一种可能性变成现实，但是也注意到政治的局限性，不可能凭空施展，把不可能变成现实。作者分析了德国历史上有影响的政治家和国务活动家施展权力的特点及影响。G. 尼德哈特的《魏玛共和国的外交政策》（第三修订版），慕尼黑R. 奥尔登堡出版社2013年版，共164 页。[2] 作者分析魏玛共和国外交政策中的内在矛盾，即既想要争取放松凡尔赛和约的压制性条款限制，又要想同苏俄改善关系，左右摇摆，最后还是由于魏玛共和国和苏俄为共同抵制凡尔赛和约而签署拉巴洛协定。

K. 希尔德布兰德的《德国外交政策1871—1918》（第三修订版），慕尼黑R. 奥尔登堡出版社2008年版，共204 页。[3] 作者使用一些新的资料和看法分析第二帝国时期的外交政策，从中可以看出这一时期有太多的教训。

---

[1] Steinberg J. Bismarck, Magier der Macht. Berlin: Propyläen Verlag, 2013, -745 S.

[2] Niedhart G. Die Außenpolitik der Weimarer Republik. 3., aktualisierte und um einen Nachtrag erweiterte Auflage. München: Oldenbourg Verlag, 2013. 164 S.

[3] Hildebrand K. Deutsche Aussenpolitik 1871 – 1918. 3., überarbeitete und um einen Nachtrag erweiterte Auflage. München: R. Oldenburg Verlag, 2008. -204 S.

M. 蒙森的《谁统治俄罗斯？克里姆林宫与权力的阴影》，慕尼黑 C. H. 贝克出版社 2003 年版，共 260 页。① 作者探讨俄罗斯统治者的行事风格，试图寻找那些最能影响俄罗斯政策的各种力量。著述中的分析大多是作者自己的看法，既有真凭实据的结论，也有不少猜想。O. 希尔德布兰德的《笨重的巨人：俄罗斯应当如何改变》，居特斯洛（地名）：贝塔斯曼基金会出版社 2003 年版，共 347 页。② 作者分析俄罗斯向现代发达国家的转型受困于过于广袤而巨大的空间，居民日常社会生活并非存在进行改变的实际需要，这里交换生活有限，既无改变之实际需要，亦无改变之相应回报。所以改变的愿望只是社会上层精英的想法。H. A. 温克勒尔的《通向西方的漫长道路，德意志史 1806—1933》，波恩：联邦政治教育中心 2002 年版，共 652 页。③ 虽然德意志国家和统一德国地处欧洲中部，可是精神气质和价值观念同西方（西欧）却存在差异。作者探讨了德意志在此期间同西方的关系，其中对抗成分的确很多。H. 哈格多恩的《在自我克制与自我主张中的德国外交（1945—2000）》，斯图加特/慕尼黑：德意志出版机构 2001 年版，共 536 页。④ 作者分析了二战后德国外交的变化，从标题可以看出这种变化的特点，这是一个逐渐而稳健的过程，自我克制孕育着自我主张，其自我主张亦被周边国家所接受。A. 施坦德的《世纪竞争对手，在新欧洲的德国与俄罗斯》，柏林/慕尼黑：波普莱恩出版社 2000 年版，共 487 页。⑤ 作者探

---

① Mommsen M. Wer herrscht in Russland? Der Kreml und die Schatten der Macht. München: Verlag C. H. Beck, 2003. 260 S.

② Der Schwerfällige Riese. Wie Russland den Wandelgestallten soll/ O. Hilebrand, 1. Kempe (Hrsg). Gütersloh: Verlag Bertelsmann Stiftung, 2003. 347 S.

③ Winkler H. A. Der lange Weg nach Westen. Deutsche Geschichte 1806 – 1933. Bonn: Bundeszentrale fur politische Bildung, 2002. S: 652.

④ Haftendorn H. Deutsche Außenpolitik zwischen Selbstbeschränkung und Selbstbehauptung 1945 – 2000 Stuttgart/ München: Deutsche Verlag-Anstalt , 2001. –536 S.

⑤ Stent A. Rivalen des Jahrhunnderts. Deutschland und Russland im neuen Europa. Berlin/München: Propyläen Verlag, 2000. –487 S.

讨了欧洲大陆的这两个大国的竞争历史，在新欧洲的现在和未来。在新欧洲的这种竞争和过去会有什么不一样，这是值得讨论的问题。

《德国在欧洲：20 世纪的国家利益和国际定位》，冯·格特弗雷德·尼德哈特著，曼海姆：帕拉利姆出版社 1997 年版，共 402 页。[①] 作者深入分析了 20 世纪德国在欧洲的国家利益和国际定位的问题，总结其中存在深刻教训和成功经验。在作者看来，二战前追求眼前利益的教训极为深刻，二战后能够抱定战略耐心大致是成功的。这对一个国家而言是重大问题。汉斯-迪特里希·根舍的《回忆录》（第一版），柏林：席德勒 1995 年版，共 1087 页。[②] 作为科尔时期重要的政治活动家，根舍的回忆录对于认识德国和平统一问题具有很高的价值。可以看出，科尔政府的政策得当，大大减轻了和平统一的困难，当然也是受益于戈尔巴乔夫的肯于放手。H. W. 卡恩的《德国人与俄国人》，科隆：帕尔—鲁根斯坦出版社 1984 年版，共 225 页。[③] 作者从德国人和俄罗斯人的思维方式和行为方式入手来分析两国人民的特性，不仅仅限于分析官方的外交政策，也分析了民间的交往。

---

① Deutschland in Europa: nationale Interessen und internationale Ordnung im 20. Jahrhundert/ Hrsg. Von Gottfried Niedhart. Mannheim: Pallatium Verl. , 1997. –402 S.
② Genscher H. –D. Erinnerungen. 1. Aufl. Berlin: Siedler, 1995. – 1087 S.
③ Kahn H. W. Die Deutschen und die Russen. Köln: Pahl-Rugenstein Verlag, 1984. – 225 S.

第 一 章

俄罗斯与德国的早期交往（9—17世纪）

俄德关系的早期交往，时间跨度在9—17世纪大约800年，具体涉及基辅罗斯到莫斯科公国兴起。公元9世纪东欧平原兴起古罗斯国家。后来在国家形成过程中，东斯拉夫人政治中心转移至第聂伯河中游的基辅。因此这个国家被称为基辅罗斯。据说留里克是基辅罗斯奠基人，所以马克思在著述中把基辅罗斯叫留里克帝国。列宁则称它为古罗斯。基辅罗斯在12世纪中分裂为13个大的封建公国，1240年蒙古人攻占基辅，罗斯国灭亡。地处偏僻的莫斯科公国逐渐兴起。俄罗斯人和德国人在波罗的海沿岸地区接触交往。这一时期的交往具有自发自然特征，重货物贸易，然而已经带有浓厚的地缘政治色彩。

◇◇ 第一节　关于俄罗斯人和德国人[①]

如果粗略地说起欧洲古代民族的大致分布情况，凯尔特人、日耳曼人

---

① 关于德国人称谓，有日耳曼人、德意志人、德国人的不同叫法，所指是同一对象，只是从时间跨度上看它们依次由远而近，从空间分布上看它们依次从大到小。例如，古典时期称日耳曼人。俄语 Германец：日耳曼人；德国人，德意志人。在俄语中有专指德国人一词 Немец：德国人，德意志人；也指外国人，异国人。英语 German：德意志人，德国人。总之在俄罗斯人的语境里常用 Германец，使用 Немец 是专指德国人。

和斯拉夫人被罗马人称为三大蛮族。从地理分布看，大致是：凯尔特人分布在莱茵河以西的今日法国、西班牙和英国之地；日耳曼人散居在莱茵河以东、多瑙河以北和维斯瓦河以西的广大区域；斯拉夫人则分布在维斯瓦河以东的东欧平原。如果以它们受罗马化影响的深刻程度而言，依次是凯尔特人、日耳曼人和斯拉夫人。凯尔特人差不多已经被罗马化；日耳曼人虽然最终颠覆罗马帝国，可是对于罗马法的继承多于遗弃；斯拉夫人则更多地受东罗马的影响。如若谈论三大蛮族对中世纪以来欧洲及世界影响的深远程度，则首推日耳曼人，它们在昔日罗马帝国的故土上建立了许多早期封建王国。日后日耳曼人又形成了具有文化精神气质差异的盎格鲁－撒克逊、德意志；凯尔特人影响力消退，主要是英伦三岛上的苏格兰人、爱尔兰人；欧洲东部平原的斯拉夫人日后又分化为西东南三支。在近现代欧洲日耳曼人和斯拉夫人之间的交往与争斗是欧洲历史的非常重要的内容。

一　日耳曼人和斯拉夫人

俄罗斯人和德国人之间交往的历史不止10个世纪。俄罗斯史学家索洛维约夫曾经论及这种联系，他写道："历史—继母迫使古代欧洲诸多部族中的一支进行自西向东的迁徙，并且使其居住在那些就其自然条件而言是继母的国家。在新的欧洲基督教历史的初期，有两支部族形成了占据优势的地位并一直保持下来：日耳曼和斯拉夫，原本是同属于印欧起源的兄弟部族；它们分享了欧洲，在这种共享的初期，在这种迁徙的初期——德国人从东北向西南方向进入了罗马帝国的区域，在这里早已确立起欧洲文明的牢固基础。与此相反，斯拉夫人从西南向东北方向，进入了自然条件原始且物产匮乏的地域，这两大部族后来全部历史的差别都源于这种完全相反的迁徙活动。"① 据索洛维约夫的解释,"斯拉夫人"主要是俄罗斯人,而"日耳曼人"主要是德国人。

二 从部落到帝国

日耳曼人与古斯拉夫人最初接触始于公元 3 世纪,即史称"民族大迁徙"时期。这一时期"哥特人和其他日耳曼部族"进入了东部欧洲。正如卡拉姆津指出,"他们建立起强大的帝国,它划分了东部和西部,在 4 世纪,在他们的埃尔马纳利赫统治时期(又称格尔曼纳利赫,东哥特国王,在黑海北部沿岸统治部族联盟,公元 375 年部族联盟被匈奴人打败自杀)这个帝国夺取了不少属于欧俄的地盘,包括克里木半岛和黑海到波罗的海的区域"②。哥特人成为种族关系混杂的部族联盟的首领,据 6 世纪哥特人史学家约尔丹所说,该联盟载入名为"格尔曼纳利赫公国"的历史,东哥特人的国王来自阿马洛夫家族。这个联盟包括了东欧地区众多的草原和森林地带的居民,而联盟的基础则是萨尔马特人、古代斯拉夫人和一些达基耶茨人。

有诸多证据表明,早在 5 世纪在一些斯拉夫和日耳曼部落之间存在着非常友善的关系。拜占庭编年史记载,"斯拉夫人"在 495 年友善地让"日耳曼长老们"通过自己的地盘,后者在如今匈牙利地界上被伦巴德人打败并且逃往波罗的海地区。③

自 6 世纪开始新的时代,大规模的民族迁徙接近尾声。哥特人和阿兰人开始了从南俄草原到西班牙的迁徙,匈奴人汗国的余部消灭了"格尔曼纳利赫公国"并深入到巴尔干和高加索的山前地带,而傲慢的罗马帝国遭到

---

① Соловьев С. М. Чтения и рассказы России. М., 1989. С. 206.
② Карамзин Н. М. История государства Российского. М., 1989. Т. 1. С. 37.
③ Там же. С. 40.

日耳曼蛮族人的攻击并且分裂为两个部分。在这个时期，邻近和远处的南部土地的斯拉夫殖民化取得最大规模。

东斯拉夫人的绝大多数（希腊作家称其为安特人）向南部迁徙，到达黑海沿岸和多瑙河，抵达罗马继承者——拜占庭帝国的边界地区。而且散落各处的部落在各种联合理由的影响之下开始联合成为诸多大的联盟。这种暂时的部落联盟，尽管自身并不牢固且更为短暂，可是毫无疑问地促进了各个部落之间的接近。

公元533年，当斯拉夫人成功地在多瑙河取得战争胜利并俘获了拜占庭统帅西利布济之后，多瑙河成为他们接近拜占庭的通道。从查士丁尼皇帝（527—565）在位期间开始，斯拉夫人自北向南、从多瑙河到古斯巴达进入整个拜占庭；斯拉夫人舰队航行在临近希腊的海域，据说，一度曾经达到遥远的北地中海克里特群岛。甚至君士坦丁堡——拜占庭帝国首都，也处于他们的攻击威胁之下。众所周知，548—549年期间，在托蒂拉国王和天才统帅率领的哥特人联合罗斯（这是6世纪前首次提到"罗斯"部族）共同进攻东罗马帝国的领地。

◇ 第二节　基辅罗斯与德意志的交往

实际上，俄罗斯—德意志接触始于9世纪，即在俄罗斯人和德意志人土地上形成国家之时。在俄罗斯人和德国人历史上，这种首次交往时期是有文字记载的，无论是在基辅罗斯和封建割据时期，还是在莫斯科公国形成的开始阶段，包括大混乱时期和莫斯科大公们"收复"罗斯土地时。当代研究者纳扎连科认为，在前蒙古人时期就已经存在着俄罗斯—德意志交往，这个结论很有趣，他论及这种交往的早期"看起来是萌芽发展时期持续已久，从13世纪金帐汗国入侵开始，这种交往被鞑靼

第一章　俄罗斯与德国的早期交往（9—17世纪） | **17**

之祸打断（除诺夫哥罗德—汉萨同盟脐带之外），这种中断持续很久，直到伊凡三世在位时，即15世纪后半期莫斯科公国同哈布斯堡王朝开始交往"①。

一　双方交往的历史条件

俄罗斯—德意志自建立起联系，在随后的7个世纪中经历了困难，其中包含着许多危险，而且常常是非常令人失望的。这些交往具有非正式和偶然性特点，在统治者宫廷的家族层面，在军事—政治、贸易和局部的文化—人文领域具有一定地位。无法否认这一事实，即相互交往必然导致了解熟悉对方的传统和习惯、语言、文化。这段历史是特殊时期，此时在大陆的西部，神圣罗马帝国式微（12世纪前是罗马帝国，从15世纪开始是德意志民族神圣罗马帝国），德意志人分裂为诸多单个的且拥有足够独立性的国家形态，相反，在俄罗斯出现了从封建割据到形成在莫斯科王公庇护下的强有力国家的转变。

诺夫哥罗德和俄罗斯西北部诸城同汉萨同盟存在密切的联系，这种北方交往的篇章在历史上具有独一无二的地位，同德国人交往，恰恰是因为在这一地区俄罗斯—德意志的关联（包括军事防御）最为活跃和紧密。正是在北方地区俄罗斯姑息放任，德国人大规模入侵俄罗斯地盘，导致波罗的海沿岸地区殖民化，在这里建立起以利沃尼亚和条顿骑士团为代表的德意志人前哨阵地。在这个地区，后来出现了东普鲁士，并以此为出发点形成了俄罗斯—德意志的经常性联系，双方民众相互影响。

---

① *Назаренко А. В.* Русско-немецкие связи домонгольского времени（IX – середина XIII вв.）: состояние проблемы и перспективы дальнейших исследований//Славяно-германские исследования. Том первый, второй/ Отв. Ред. А. А. Гугнин, А. В. Циммерлинг. М., 2000. С. 13.

二 双方的使节往来

毫无疑问，基辅城为古罗斯奠定了基础（俄罗斯城市之母），由于在德意志和俄罗斯土地上有了国家机构而产生了俄罗斯—德意志的交往。大约在 9 世纪，即公元 862 年建立基辅罗斯。

早在基辅罗斯建立之前，那些操瑞典语并且事先得到拜占庭皇帝捷奥菲洛斯庇护的瓦良格—罗斯人使团就已经在公元 839 年到过法兰克人国家的首都（距离美因茨以西 15 公里莱茵－赫森省尼德－茵格里哈因），它隶属于法兰克皇帝路易（虔诚者）[①]，他是查理大帝后统一法兰克国家最后一位有权势的执政者。关于这个资料在《别尔津编年史》中有记载。其中讲道："谁也不知道的异乡人说，应该称他们为罗斯人。"[②] 看来，正如俄罗斯史家认为，瓦良格—罗斯人的使团来到法兰克人的领地（被迫或者有目的）是要了解罗斯人同法兰克宫廷建立"友好"关系的可能性。当然也不能排除，使团的目的是罗斯收集为寻求外交交往而确定正确政治目标所需的信息。

经过 100 多年，959 年奥丽加大公（945—962）派遣使团前去觐见国王奥托一世（912—973，936 年起为德意志国王，962 年起为"神圣罗马"帝国皇帝）。古罗斯国家在 10 世纪经常扩大自己的国际交往，加强在西欧的影响，提高自己的国际威望。从这些行为可以看出，罗斯使节出现在奥托一世的领地是完全合法的，而德意志国王在东方也实行积极主动的政策。奥丽加派出使团前往西方是试图同德意志结成"和平与友好"关系，正如 860 年罗斯攻打君士坦丁堡之后同拜占庭结成的这类关系。它们的实质在于：推动国家之间形成规范的使团交流以促进贸易的发展。在这些"和平

---

① 路易（虔诚者）（778—840），814 年起为法兰克皇帝，查理大帝之子，极力维护帝国领土完整，未果，遂分封给诸皇子管理（817 年第一次）。

② Хронология российской истории. М., 1994. С. 13.

与友好关系"框架内，罗斯于公元961年允许德国使节进入基辅，正如早先时期在同拜占庭缔结和约之后同意来自君士坦丁堡的基督教使节进入自己的领地一样。使节首脑——来自三一修道院马克西姆的阿达尔贝特是"使团主教"，那位尚武的基督教政治家国王奥托一世试图希望此人成为天主教教会在俄罗斯的全权组织者。这一尝试没有奏效，因为信奉多神教的群众在罗斯地区还很顽固，统治集团上层反对新宗教的立场过于强大，其中包括奥丽加的儿子年轻大公斯维亚托斯拉夫，其精神气质更接近自己的亲兵卫队。虽然这种尝试没成效，但是罗斯与德意志帝国的政治接触自此正式开始："和平友好"使团扮演自己的角色。① 这样，在10世纪中期，罗斯已经显示出一个欧洲大国的形象，不仅巩固了同北方和东南部国家的关系，而且还同西部的德意志人建立起联系。

公元962年，奥托一世宣布为神圣罗马帝国皇帝，这个帝国此时已经能够威胁拜占庭。在罗马—拜占庭之间的矛盾争执中德意志外交开始寻求自己的天然盟友——罗斯。罗马统治集团极力寻找办法以接近基辅大公雅罗波尔克（972—978）。据德国编年史家见证，973年在奎德林堡（上萨克森）德意志皇帝大会上有俄罗斯使节出现，因为基辅接待了罗马教皇本内迪克特六世的代表，这说明雅罗波尔克的外交路线出现了新变化，他不同于罗斯统治者过于亲拜占庭的宗教政治路线。②

在弗拉基米尔·斯维雅托斯拉维奇（978—1015）当政时国家得以稳定的条件下，罗斯与德国人的联系没有中断，但是也没有明显的正常化。众所周知，在不迟于1007年大主教克韦弗尔茨基·本受教皇西尔维斯特二世

---

① *Пашумо В. Т.* Внешняя политика Древней Руси. М. , 1968. С. 119 – 120；*Он же*. Место Руси в истории Европы//Феодальная Россия во всемирном историческом процессе. С. 188 – 200.

② Очерки истории Министерства иностранных дел России. 1802 – 2002. Т. 1. 860 – 1917 гг. М. , 2002. С. 31.

委托来到基辅大公弗拉基米尔一世的宫廷，为的是关注从俄罗斯边界向南迁徙的佩切涅格人的主教区。根据会面结果在给予德意志国王亨利的答复中，神职人员极其友善地提到了基辅统治者的看法，并没有经历特别的不愉快。

1015—1019 年，智者雅罗斯拉夫在同斯维雅托波尔克和波兰的斗争中极力寻求德意志皇帝亨利三世的支持，这位皇帝也开始关注帝国领地上东部边境发生的事件。自此德意志领地对罗斯的兴趣不断增长。自 11 世纪中期开始，可以说留里克王朝同"恺撒式国家"和个人"君主独裁"保持了经常和非常密切的联系。① 就自己而言，智者雅罗斯拉夫的罗斯继续了奥丽加、雅罗波尔克和弗拉基米尔旨在加强同西方世界联系的路线，极力同帝国建立起政治联系，扩大商贸联系。在 11 世纪 40 年代初期，俄罗斯使团重新出现在德意志。例如，在德国和俄罗斯的上流社会之间曾小心翼翼地尝试建立王朝联合的意图就属于这一时期的事情。但是，也不能过分夸大雅罗斯拉夫时期的这种联系。

弗拉基米尔一世的第二个妻子是德国伯爵库诺·冯·恩宁亨斯基的女儿。智者雅罗斯拉夫试图把自己的一个女儿嫁给亨利三世，但是没有成功。德国史家记载，萨克森统治王朝的施塔登斯基伯爵的女儿奥达和奥拉缪茨卡娅·库尼贡达伯爵小姐大约在 11 世纪中期嫁给俄罗斯王公，后来丧偶，返回了德意志，很快同德国人王族成员结成婚姻。大概，奥达是维亚切斯拉夫的夫人，而库尼贡达是俄罗斯王公智者雅罗斯拉夫的小儿子——伊戈尔的夫人。很显然，她们两位年纪轻轻就丧偶。但是奥达还是给维亚切斯拉夫生了儿子，后来在萨克森养育这个孩子。这就是鲍里斯·维亚切斯拉沃维奇，据涅斯托尔编年史记载，大约在 1077 年之前生活在德意志。

---

① 虽然从 962 年起德国国王公开宣布为罗马皇帝，在俄罗斯只是从 15 世纪才开始建立这一传统，只有奥地利皇帝才被认为是罗马"恺撒"，罗马皇帝实际上是哈布斯堡君主。见 *Павлов Н. В.* Россия и Германия: Несостоявшийся альянс M. , 2017. C. 16。

三 双方交往的政治需要

德意志国王和神圣罗马帝国皇帝亨利四世因与教皇格里高利七世发生争执而出名①，他求助于智者雅罗斯拉夫的四子弗谢沃罗德大公以协助其反对教皇格里高利七世和北部意大利的诺曼人，因为他寄希望于俄罗斯王公的影响力和军事力量以及同诺曼人统治者的关系。弗谢沃罗德正想要摆脱困住自己手脚的拜占庭教会的淫威，所以答应帮助德国人对抗匈牙利人（拉季斯拉夫一世，教皇的盟友），并把自己小女儿叶芙普拉克西娅嫁给亨利四世，后者在第一任妻子去世后正式与她结成婚姻。② 可是后来，叶芙普拉克西娅因在授职仪式问题的争执上站在教皇一边而背离丈夫，所以被迫返回基辅并进入修道院，在那里以女修道院院长身份去世。这是1054年教会大分裂（以罗马为中心的西方罗马—天主教和以君士坦丁堡为中心的东方东正教之间）之后不多的著名王朝联姻中的一桩婚姻，此后这类联姻的数量大为减少。

德国人和俄罗斯人之间向来友善的关系，客观上促使他们试图联合，并相互寻求保护以对抗共同的敌人。在11世纪初期这个共同的敌人就是波兰，在来自皮亚斯托夫家族的博列斯拉夫一世军事统帅的领导下同自己的邻国发生冲突，既同西方也同东方。在西方，波兰计划建立

---

① "卡诺萨悔罪"，卡诺萨是意大利北部封疆伯玛蒂尔达之城堡。1077年1月在争夺主教续任权斗争中被开除教籍和废除帝位的神圣罗马帝国皇帝亨利四世在此向其对手罗马教皇格里高利七世忏悔以求宽恕。"往卡诺萨去"成为屈膝投降的同义词。

② Немецкие источники утверждают, что до брака с немецким королем и императором Священной Римской империи Евраксия была замужем за графом Генрихом lll Штаденским, который скончался в 1087 г. 德国资料证实，在同德国国王和神圣罗马皇帝结婚之前，叶芙普拉克西娅曾嫁给施塔登的亨利三世伯爵，后者在1087年离世。见 Павлов Н. В. Указ. Соч. С.16。

统一的西方斯拉夫国家就同德意志"东方政策"和亨利二世在位时帝国野心发生了明显冲突；在东方，博列斯拉夫一世同样试图实现大波兰梦想，利用弗拉基米尔一世在 1015 年去世后罗斯内部出现的贵族内讧，为实现自己的野心，趁斯维雅托波尔克在位期间于 1018 年占领基辅。只是智者雅罗斯拉夫成功地在第二年解放了首都，并把波兰人驱逐出布格河上游。

德意志—俄罗斯政治合作的最初样板就是大波兰虚荣心的结局。此后在 1024 年博列斯拉夫一世成为波兰国王，在 1031 年由于受到智者雅罗斯拉夫支持的孔拉达二世最高统帅的压力，波兰国王的继承人被迫放弃王位尊号，波兰大公国失去了波美拉尼亚、鲁日支地区、维斯拉河和布格河之间的领土。1039 年雅罗斯拉夫和亨利三世皇帝合作，恢复皮亚斯托夫在卡季米尔一世时期的波兰王位。据编年史记载，德国国王亨利三世于 1047 年同雅罗斯拉夫大公进行交往，并使大公相信要提防他们的共同敌人——波兰国王博列斯拉夫。俄罗斯大公承诺要成为亨利的同盟者，甚至试图对波兰人采取军事行动，实际上并无特别成效。

卡季米尔之子博列斯拉夫二世（1058—1079）面对德国—波西米亚—俄罗斯三方联盟又重新选择站在格里高利七世一边，后者觊觎统治世界的野心，严重威胁亨利四世的地位，同时也不利于东正教会和基辅罗斯自身的独立性。这样，在国家早期历史上，波兰就依靠各种觊觎俄罗斯王位的人和自称为王的人（在 17 世纪初期又一次出现），介入俄罗斯事务，将俄罗斯变成敌人。

它情愿让同东斯拉夫具有部族亲缘关系的东正教俄罗斯人去信奉罗马—天主教，到遥远的教皇那里寻求保护，以免遭德国人和俄罗斯人的侵害，可是后来的历史证明，每当身处东方和西方之间的波兰面临危险时，时常受到鼓励的波兰在西方大国那里实际上一次忙也帮不上①。

1073年智者雅罗斯拉夫之子伊贾斯拉夫，因遭诸兄弟和波兰国王的排挤，被迫在德国皇帝亨利四世这里寻求保护。他送给亨利丰厚礼物并请求庇护。他的竞争对手和哥哥斯维雅托斯拉夫为避免德国干涉只能同这位皇帝进行直接谈判。他们的谈判取得成效，即他本人迎娶一位德国大封建主特里尔·布尔哈德主教的妹妹为妻，以便让主教充当谈判的中间人。恰好是在斯维雅托斯拉夫在位期间的1075年布尔哈德访问基辅，得到许多金银，以便把这些礼物带给自己的国王亨利四世。

弗拉基米尔·加利茨基逃脱了匈牙利人的追捕，去寻求德意志皇帝腓特烈·巴巴罗萨（1125—1190）的帮助。皇帝了解苏兹达尔的大公，非常喜欢弗拉基米尔，表示同意帮助这位被驱逐者获得加里奇，条件是每年支付2000格里芬（古罗斯货币单位，约为一磅银币）。在德国和波兰的支持下，弗拉基米尔重新获得自己的"世袭领地"。

四 双方交往的特点

中世纪两国人民的紧密联系必然使得俄罗斯人和德国人的语言、道德、风俗习惯，甚至文化得以相互影响。客观地指出，俄罗斯的祖先在很大程度上是倾向于汲取德国人民的营养物质的，后者由于客观历史原因就欧洲文明水平而言是超过斯拉夫人的。例如，俄罗斯王公们及其身边众多亲兵卫队的风俗习惯就是起源于塔西佗记载的古日耳曼人的传统。在智者雅罗斯拉夫在位时，俄罗斯法律，首先是刑法，就与古时德国法律存在许多共同之处。尤里·多尔戈鲁基之子安德烈·博戈柳布斯基就允许弗拉基米尔

---

① *Kahn H. W.* Die Deutschen und die Russen. Köln, 1984. S. 17.

使用腓特烈·巴巴罗萨派来的建筑工匠。至于语言也存在相互影响。关于这一点卡拉姆津在《俄罗斯国家史》中有详细论述。

◇◇ 第三节　俄罗斯城市与汉萨同盟

俄罗斯北方城市，首先是诺夫哥罗德，同德国人的交往构成了罗斯封建时期俄德关系史上的单独篇章。正如著名俄罗斯史家波赫列布金指出的，诺夫哥罗德—汉萨、诺夫哥罗德—欧洲的对外贸易是经常性的，大规模的和规范正常的，在当时的诺夫哥罗德实际上完全不存在现代意义上所理解的对内贸易！这种状况应该是诺夫哥罗德迥异于诸多俄罗斯公国的地方，就它的对外政策方向而言，它的对外经济联系就具有最基础的意义。它不能改变自己的这种方向，如若改变就等同于取消了作为一个特殊公国的存在。这就是为什么，它历来坚持自己亲西方（亲汉萨同盟）方向，直至15世纪末之前这种方向一直同莫斯科公国的对外政策利益存在明显冲突。

一　俄罗斯西北城市的德国人

在古罗斯，德国人被一些大的贸易中心的商品交易利润吸引，诸如基辅、诺夫哥罗德、普斯科夫、斯摩棱斯克，这些城市允许"虔诚的天主教徒"自由活动。德国人甚至在诺夫哥罗德、拉多加这类城市拥有自己的天主教教堂。

例如，热心的德国天主教徒、不来梅主教区助理梅因加尔德主教，在1186年同德国商人来到利沃尼亚（利夫兰——现立陶宛和爱沙尼亚的领土），请求王公波洛茨克·弗拉基米尔（他的政权延伸至德维纳河口）允许他用和平方式使当地多神教徒信奉基督教，弗拉基米尔欣然同意，甚至让梅因加尔德带上许多礼物离开波洛茨克。得益于王公的支持，梅因加尔德不负使命。在距离如今里加不远处的伊克斯库尔城，他建立起第一座基督教教堂和不大的城堡。为表彰这一贡献，教皇克里门特三世于1188年特意委派使节前来。这个位于波罗的海岸边的不大居民点，在梅因加尔德的继任者管理期间，吸引了来自德国的神甫、商人、骑士、冒险家，这些人群部分是依靠同本国的商贸契约以及同波洛茨克、普斯科夫和诺夫哥罗德的俄罗斯统治者的契约，部分是依靠武力征服。这个伊克斯库尔假性国家实体一直存在到1558—1583年利沃尼亚战争之前，在13世纪一度达到繁荣。

德国人同其他的异乡商人从古时候起就生活在诺夫哥罗德。这样他们就分为两个社团圈子——冬季和夏季客人。德国和荷兰商人在城市拥有专门宅院，享有绝对的独立自主性，甚至有自己的法庭，并为此选举首领。只有王公使节有权进入外国人居民点，当时这里实行治外法权原则。

二　汉萨同盟在俄罗斯西北诸城的贸易

12世纪自由德国城市吕贝克、不来梅和其他城市结成共同紧密的贸易联盟，在历史上称为汉萨同盟，诺夫哥罗德在北欧商业网络中就更加重要。汉萨城市同盟在这里开设办事处，极力迎合俄罗斯人，当然也少不了使用非法手段而成为导致纷争的理由。14世纪—15世纪上半期在这个城市有合计来自汉萨城市同盟的商人150—200名，还有仆役和其他人员。

德国人给诺夫哥罗德运来细毛呢绒（特别是弗兰德斯的）、麻布、金属制品（包括武器）、蔬菜、水果、酒类、香料、食盐、鲱鱼和粮食（当歉收时）。德国人从当地购买干酪、珍贵毛皮、船用木材、焦油、树脂、河珍珠、白银、野兽皮、蜡、蜂蜜、皮革、亚麻、麻绳。双方交易物品大致就是以上所述。普斯科夫同样也参与这种互利贸易，两个城市的政府极力促进，通行合理适度的关税，实行了现在所说的"最惠国待遇"。在1231年时诺夫哥罗德出现饥荒，德国人得知后，立即用船载着粮食从海上救助他们。应该明白，俄罗斯—汉萨同盟城市之间的贸易不是那种短期街头贸易。诺夫哥罗德商人也常常作为同路人乘坐德国人的船只前往里加、雷瓦尔（塔林）、多尔巴特（塔尔图）、哥得兰岛城市维斯比，在那里有他们建有教堂的贸易货栈。

汉萨—俄罗斯或者汉萨—诺夫哥罗德的所有关系都是基于公开的实用主义原则。正如波赫列布金强调，汉萨同盟的主要任务就是取消波罗的海国家的海岸权利，德国商人通过与他们进行谈判，以此获得关税性质的收益，同时负责组织在诺夫哥罗德和普斯科夫这类主要城市的海外商站、仓储、自主"宅院"。

  汉萨同盟与诺夫哥罗德做生意的另一个主要任务是保障贸易的安全可靠并能够保持尽可能长的期限，而且在此期限内有固定的条件和价格。相反，诺夫哥罗德人不愿意把自己同长期协议联系起来，而宁愿订立为期 1—3 年的短期"协议"，最长也只有 5 年，而汉萨宁愿"协议"期限有 10 年、20 年，甚至 30 年。这就是为什么初期的诺夫哥罗德—汉萨协议是短期的，而后来，由于诺夫哥罗德衰落和汉萨实力加强，它们之间的协议变成了长期的。①

自 15 世纪起，诺夫哥罗德政府争取到了不经汉萨中间人就可以进入西欧市场的条件，此时汉萨因为大陆国家影响力增长以及贸易路线变化而逐渐丧失早先意义，并且最终在三十年战争期间自行解体。

斯摩棱斯克同样同德国人保持广泛的贸易，它要比在罗斯的其他任何

---

① Похлебкин В. В. Внешняя Руси России и СССР за 1000 лет в именах, датах, фактах. Вып. ll - Войны и мирные договоры. Кн. I: Европа и Америка: Справочник. М., 1995. С. 78.

地方都能感受同欧洲的亲近。在这里甚至编年史有时候就是用德文记载的。

三 纷争的根源：利沃尼亚问题

历史不可能是单色调的，在俄罗斯—德国关系中也存在武力冲突的黑暗记录。从12世纪末开始，德国封建领主开始征服波罗的海东部地区，这里居住着属于波罗的海和芬兰语系部落而信奉多神教的居民。征服波罗的海沿岸居民是基督教官方（天主教）传播的目的。出于这个目的，1202年在教皇英诺森三世积极参与之下组织起新的持剑骑士组成的宗教骑士团，它在13世纪中期占领现在的立陶宛地区，而后是现在的爱沙尼亚南部（德国人称这些地方为利沃尼亚）。每年有许多神职人员从德国来到此地。从13世纪初期开始德国僧侣与俄罗斯王公亲兵卫队之间经常爆发冲突。

德国宗教骑士团"向东方进发"，极力巩固在波罗的海的阵地。早在骑士团之前，德国僧侣们入侵利沃夫、拉脱维亚和爱沙尼亚的地盘，在这里建立许多城堡要塞，特别是在1201年里加城作为德国人殖民靠近东北部最前沿阵地。德国人深入波罗的海沿岸内地，驱赶或者征服当地居民。当地居民无力抵挡德国人进逼，转而求助于俄罗斯人。起初是波洛茨克王公给予帮助，而后是普斯科夫和诺夫哥罗德给予帮助。

当十字军骑士的攻势减弱之时，1224年德国人的进攻却在加强。德国骑士占领塔尔图（尤里耶夫）。只是经过十年，俄罗斯军队在诺夫哥罗德王公雅罗斯拉夫·弗谢沃罗多维奇统率下在埃迈厄吉河打败骑士团。在1236年萨乌列河（现希奥利艾）战斗中持剑骑士团失败，并失去了首领纳姆布格，之后骑士团残部合并到条顿骑士团。条顿骑士团在拉脱维亚和爱沙尼亚前持剑骑士团领地上的分支称为条顿骑士团的利沃尼亚地方民军（持剑骑士团开始称为利沃尼亚骑士团）。这些失败迫使德国僧侣联合自己的力量。也就是在这一年两个僧侣骑士团：利沃尼亚和条顿骑士团合并。有来自德国和其他西欧国家新的僧侣前来帮助骑士团。受罗马教皇支持的侵略者恰好利用了罗斯正忙于同鞑靼—蒙古人进行长期斗争的困境。最终，德国人成功地将诺夫哥罗德人和克里维奇人排挤出利沃尼亚，但是此后他们再无力扩张自己的地盘。

四 俄罗斯的出海口问题：利沃尼亚战争

1240 年利沃尼亚骑士团占领普斯科夫要塞伊兹波尔斯克，而后占领普斯科夫，从而进一步靠近诺夫哥罗德。由于这段时间王公亚历山大·涅夫斯基不在诺夫哥罗德，这就给了德国人行动自由。在 1240—1241 年冬季德国人占领诺夫哥罗德的楚德和沃德领地，巡逻队出现在诺夫哥罗德附近。1241 年 3 月亚历山大返回诺夫哥罗德，1242 年初其弟安德烈带领弗拉基米尔军团前来助战。1242 年 4 月在楚德湖的冰上之战不仅决定了诺夫哥罗德和普斯科夫国土的命运，而且决定了东北罗斯的命运。① 此时尚未摆脱鞑靼人统治的罗斯因为这场战役胜利取得了同立陶宛和十字军斗争的牢固阵地。这就是诺夫哥罗德捍卫自己独立性斗争的悲壮经历，雅罗斯拉夫·弗谢沃罗多维奇和亚历山大·涅夫斯基因此而享有盛誉。根据同亚历山大达成的和约，骑士团放弃自己在诺夫哥罗德领地上的征服活动。

在普斯科夫—德国人边界的平静大约维持了 10 年，13 世纪 50 年代德国人重新进攻普斯科夫。只是在诺夫哥罗德帮助下才解除了对普斯科夫的包围。此后在卡累利阿人的支持下诺夫哥罗德军队才推进到利沃尼亚，取得一系列胜利。在 60 年代初俄罗斯王公们同立陶宛结盟行动给予杰尔普特（塔尔图）教会国（存在于 1224—1558 年利沃尼亚的教会封建国家。国家

---

① Очерки истории Министерства иностранных дел России. 1802 – 2002. Т. 1. С. 54.

首脑为天主教的主教。属利沃尼亚骑士团管辖。利沃尼亚战争之初，俄军占领塔尔图和其他城市后该国灭亡）以打击。尽管遭到了来自诺夫哥罗德的沉重打击，无论是瑞典人还是德国人都没有放弃进一步的扩张。此时立陶宛人从诺夫哥罗德国土南部时常进行威胁，亚历山大·雅罗斯拉维奇起初以诺夫哥罗德王公，而后以弗拉基米尔大公的身份利用宗教骑士团同立陶宛之间的敌对关系，保障俄罗斯西北边界的安全。

1268年在弗拉基米尔大公支持下的诺夫哥罗德和普斯科夫联合力量推进到利沃尼亚，并且在拉克维尔对宗教骑士团发起战斗。在拉克维尔战役中，俄罗斯军队因为参战人数众多而赢得胜利。一年后德国人对俄罗斯土地发起反击并且包围普斯科夫。

从此，争夺波罗的海沿岸、争夺北欧贸易通道的斗争继续了许多年。无论是罗斯还是波罗的海沿岸人民，这场斗争关系到他们在当时复杂国际条件下争取生存的意义。

1501年8月，利沃尼亚骑士团统帅普列登贝格经过周详外交准备后，对普斯科夫地区发起进攻。俄罗斯顶住了对方的攻势，并且在此年秋季推进到利沃尼亚。在得到教皇和汉萨城市的大力支持后，普列登贝格于1502年向普斯科夫发起新的进攻。经过一系列战役，俄罗斯取得了胜利。1503年在利沃尼亚和俄罗斯之间签署了为期六年的和约。利沃尼亚被迫接受俄罗斯的一系列要求。这项和约一直维持到16世纪中期。但是在这段时间内利沃尼亚继续参与由立陶宛、波兰和瑞典发起的对俄罗斯实施的封锁活动。利沃尼亚骑士团、主教管辖区以及城市全都阻碍俄罗斯国家同西欧各国发展贸易关系和扩大外交关系。他们禁止物资特别是军事物资通过边界进入俄罗斯。与此同时，利沃尼亚执政者在西欧进行经常性的反俄宣传。俄罗斯为争取波罗的海出海口而反对利沃尼亚的斗争就是在这样一种环境中展开的。

条顿骑士团的教会财产国有化以及于1525年在其领地上建立普鲁士公

国成为非常重要的事件。作为勃兰登堡斯基·阿尔布雷希特公爵,波兰国王西吉兹蒙一世侄子的王朝领地,这个公国是完全依附于波兰的。①

俄罗斯国家在 16 世纪 50 年代的巩固,对政府提出了有关合并波罗的海沿岸地区的问题。获得波罗的海的出海口成为扩大俄罗斯同西欧国家的经济、政治和文化联系的必要条件。俄罗斯商人对此表现出不少兴趣。贵族集团认为可以获得新的土地。

俄罗斯政府试图通过和平方式解决同利沃尼亚骑士团的争执问题,但是常常遭到骑士团反对。1554 年同骑士团缔结的协议中有一条款是杰尔普特主教辖区要支付尤里耶夫贡赋(为雅罗斯拉夫王公建造尤里耶夫城——杰尔普特)。但是骑士团中断履行这一条款,并同反对俄罗斯的立陶宛大公和波兰国王西吉兹蒙二世·奥古斯特结成军事同盟。1558 年 1 月俄罗斯军队越过立陶宛边界。此年春季夺取了纳尔瓦,夏季拿下杰尔普特。这些胜利得到了那些期待俄罗斯解放者能够把自己从德国男爵数个世纪的压迫下解救出来的爱沙尼亚和拉脱维亚居民的热情支持。

1559 年俄罗斯同利沃尼亚签订和约。利沃尼亚封建主利用获得的喘息机会,以便同西吉兹蒙二世签订新的协议。根据维连条约骑士团接受西吉兹蒙的保护。几乎与此同时,厄塞尔岛屿成为丹麦国王的领地,而很快瑞典人把自己的权力触角伸到列维尔。可见,俄罗斯同众多欧洲大国处于对抗状态。

利沃尼亚战争(1558—1583 年)延续 20 多年,变成了相邻大国瓜分利沃尼亚遗产的争夺战。俄罗斯、丹麦、瑞典、立陶宛、波兰全都参与瓜分

---

① 1525 年条顿骑士团大统领勃兰登堡斯基·阿尔布雷希特改信基督教新教,按照马丁·路德建议,条顿骑士团的领地被国有化转归普鲁士,使领地转变为直接依附于波兰的世俗公国。阿尔布雷希特同时改革整个国家制度,建立新的政府机构。此次改革在发展普鲁士方面发挥了极大作用,促进了它的经济和文化发展。1568 年 3 月 20 日阿尔布雷希特去世。见 Павлов Н. В. Указ. Соч. С. 24。

前利沃尼亚联盟的领土。最终由于许多德国人转而为沙皇服务，而后转而为沙皇的附庸——"利沃尼亚国王"马格努斯①服务，德国地主开始在东爱沙尼亚贵族化。

五 俄罗斯出海口问题悬而未决

从12世纪末到1558年前（利沃尼亚战争开始），要评价俄罗斯—利沃尼亚（德国人）的关系，一些确实可信的统计资料是有益的。在380年里该地区编年史和其他资料记载有三四十起战争（不计算小规模边界冲突和武装械斗）。有300年在该地区内部还是足够平静的，没有流血和威胁。和睦时期有1270—1285年、1300—1322年、1324—1340年、1370—1392年和1428—1443年。在1503年和1558年之间，根据资料得知，俄罗斯和德国人不仅相互"没有殴打"，而且甚至没有相互盗窃牲畜——这是他们在波罗的海沿岸地区的最长的和平间歇期。"我们无法确切地知道，能否解释62份现存的俄罗斯—利沃尼亚关于停战、和平和结盟条约的协议能够作为调整和预测双方交往的证据，或者相反：因为如果有很多条约调解出的和平结局，在那里战争就是家常便饭。我们已知大约有这么多双方尝试来提前制止战争行动，延长和平协议或者缔结联盟，这些足以证明不具备建立和平的条件。虽然所有的文化，主要是宗教矛盾，政治实践还是要求行动的极

---

① 丹麦公爵马格努斯接受伊凡雷帝的建议而成为其附庸，并于1570年5月由于来到莫斯科而被宣布为"利沃尼亚国王"。这个被宣称的利沃尼亚王国建立在厄塞尔岛屿，根据伊凡四世的盘算，它应该保障俄罗斯获得利沃尼亚的封建主，即所有在埃斯特兰、利夫兰和库尔兰的德国骑士和贵族的支持，当然，还有丹麦（通过中间人马格努斯）的支持，但主要是保证结盟并得到哈布斯堡帝国的支持。在俄罗斯对外政策中，沙皇打算利用这种新的联合以便从两个方面来遏制过于扩张和不安分的并且通过拆散拉拢立陶宛的波兰。"类似于瓦西里四世，伊凡雷帝同样表达过关于在德国和俄罗斯国家之间瓜分波兰的可能性和必要性的意图。"见 Похлебкин В. В. Указ. соч. С. 167。

大自由：因为邻居可以是有效利用的军事支撑点，或者是在外交斗争中的王牌，甚至用来对付自己的同胞。"①

◇◇第四节　莫斯科公国崛起和大混乱时期的俄德关系

从13世纪俄德两国政治发展走上完全相反的方向：此时作为神圣罗马帝国开始衰落解体，在三十年战争中甚至直到17世纪末，它也未能登上同其他国家军队作战的舞台。相反，莫斯科公国在经历了大混乱和波兰干涉（1605—1612年）时期后，能够成为东欧地区新的力量，开始"收复俄罗斯领土"，政治分量增强并巩固了在新的地缘政治条件下的地位。

一　俄罗斯和德国的宗教分歧

虽然基督教在俄罗斯和德国人中间占优势，两个主要分支（作为罗马帝国的两个组成部分）——罗马天主教和希腊—拜占庭东正教——它们相互对立成为两派民众接近的主要障碍。如果前者成为德国碎片化和宗教改革的始祖，那么后者（回想988年在弗拉基米尔一世时发生罗斯受洗）为保护基督教最初形式的传统而成为巩固民族统一和精神独立的保障，以便面对天主教罗马和整个拉丁化西方的扩张主义意图。所以出现了离奇而反常的场景：俄罗斯东正教教会能以宽容态度先是对待多神教，而后对待穆斯林，但是对待基督教其他教派却是极不宽容。但是如果分析当时的欧洲

---

① Dircks B. Krieg und Frieden mit Livland (12.–15. Jahrhundert) //Deutsche und Deutschland aus russischer Sicht 11.–17. Jahrhundert / Hrsg. Von Dagmar Herrmann. München: Wilhelm Fink Verlag, 1989. S. 134–135.

形势、俄罗斯教会的状况和教会神职人员思考问题的进程,这全都源于俄罗斯的地域处境。

著名评论家和日耳曼语学家科佩列夫指出了这一点:

> 统治居民的鞑靼司书、收税人,甚至最野蛮的强盗和掳掠人口的贩子完全不会使教会感觉到不安。在那些已被征服的地区——包括直接靠近金帐汗国首都萨莱的地区——这些人并不打算关心基督徒的另一种信仰或者禁止他们的信仰。
>
> 来自西方的敌人,宗教骑士团和关心天主教的立陶宛王公们——在同波兰合并之前,他们还能以宽容态度对待异教徒或者甚至对待俄罗斯东正教基督徒——威胁到俄罗斯教会的存在。在他们占据的地盘上东正教教会公社遭到排挤并且被迫同天主教教会结盟。西方传教士热心于反对民族的支柱——反对语言,因为他们自己祈祷和写作自己国家的文字都用拉丁语。他们还要求所有教会和世俗组织去服从遥远的另一个政权——教皇。在当时的俄罗斯地盘上"拉丁人"一词是非常尖刻骂人的话。
>
> 汗王们的统治确实令人烦累而且越来越烦累,但是却可以摆脱另一个世界,也可以不去理会那些异教徒的野蛮行径。相反,西方的那些贪恋权力的邻居们致力于使自己成为最好的基督徒。他们想支配俄罗斯宗教界并且渗透进居民的日常生活。他们实际上更危险。①

客观地说,要是换一个角度看问题,罗斯教会同拜占庭母体与生俱来的脐带关系也是越来越烦累。俄罗斯人希望完全独立自主的意图,包括摆

---

① Kopelew L. Zur Vorgeschichte russischer Deutschenbilder// Deutsche und Deutschland aus russischer Sicht 11. – 17. Jahrhundert / Hrsg. Von Dagmar Herrmann. München, 1989. S. 34 – 35.

脱希腊—拜占庭的影响，始于智者雅罗斯拉夫在位时期，他试图使教会独立，可是没有成功。终于，俄罗斯东正教会同希腊正教事实上分离是 1448 年，而在法理上分离却是在 1589 年。

二　莫斯科公国兴起

早在罗斯于 1480 年摆脱鞑靼—蒙古人压迫之前，就已经开始收复罗斯领土和建立以莫斯科为中心的中央集权国家的积极进程。在大陆平原东部地区建立起俄罗斯中央集权国家，其社会形态是封建制，政治制度是等级代表制，宗教信仰是东正教。这样同"异乡人"的斗争在很大程度上就促进了民族意识的强化。莫斯科公国在 16 世纪中期之前已经囊括了弗拉基米尔—苏兹达尔、诺夫哥罗德、普斯科夫、姆罗莫—梁赞、斯摩棱斯克和上奥卡河的土地。

建立以莫斯科为中心的俄罗斯统一民族国家的进程（"收复土地"）改变了莫斯科公国的地缘政治地位。截至 15 世纪中期，它的外部敌人主要是那些俄罗斯公国或者自由城市公社：北部方向的特维尔，东北和东部方向的雅罗斯拉夫、罗斯托夫、截至 15 世纪末的下诺夫哥罗德，南部方向的梁赞和上奥卡河诸小公国，西部方向的斯摩棱斯克（1404 年被维托夫特占领），西北方向的诺夫哥罗德和普斯科夫。克留切夫斯基指出，在蚕食这些土地之后，"所有这些外部障碍全都逐渐消除，莫斯科公国开始直接面对那些本不属于俄罗斯公国大家族的异乡人国家"。这必然改变莫斯科王公们的对外政策。正是从这个时候开始，他们登上更广阔的舞台，开始为自己提出新的原本客观上在分封采邑时代并不属于他们的任务。"此前莫斯科王公们的外部关系只是局限于自己同一阶层伙伴、其他俄罗斯王公、大大小小的封地采邑，乃至鞑靼人的狭小圈子。从伊凡三世开始莫斯科的政策走上更加广阔的道路：莫斯科公国同异乡人的西欧国家建立起复杂的外交关系：诸如同波兰和立陶宛、瑞典、条顿和利沃尼亚僧侣骑士团、德国和其他皇帝。"①

三　伊凡三世与德国人的关系

（一）切断同汉萨同盟的关系

在莫斯科大公伊凡三世（1440—1505）统一俄罗斯土地的形势下，15世纪70年代初发生了利沃尼亚骑士团同诺夫哥罗德亲近的事情，这增加了对莫斯科的盟友——普斯科夫的压力。在1478年诺夫哥罗德被并入俄罗斯国家之后，利沃尼亚骑士团武力讨伐普斯科夫，但是未成功。第二年俄罗斯反击利沃尼亚卓有成效，这迫使德国殖民者执政上层签订停战协议。

为了巩固俄罗斯国家西部边界和保障波罗的海出海口，伊凡三世在1492年在纳尔瓦右岸建造了坚固要塞伊凡城，第二年他同丹麦国王结盟反对利沃尼亚和瑞典，最终于1494年关闭并没收了汉萨同盟驻诺夫哥罗德的商号。所有商品转归大公所有，49位汉萨商人及职员被捕，并在1498年向莫斯科支付高额赎金后得以释放。汉萨同盟损失约100万金币。此次事件引发整个德国不安。然而在同利沃尼亚骑士团最激烈的对抗中，诺夫哥罗德人向来会改变对汉萨商人的态度，因为需要他们的商品货物。只是过了一年，沙皇同意释放被捕者，其中许多此前已经死于牢房，还有一些死在回家的路上。

这样，伊凡三世就切断了通向欧洲的唯一商道。卡拉姆津公正地指出：

> 伊凡无疑是犯了错误，随即出现了愤怒的活动；他想改变现狀但

---

① Ключевский В. О. Русская история. Полный курс лекций в трех книгах. М., 1995. Кн. 1. С. 430–431.

是无法做到：德国商人非常担心把自己这块地盘的命运交给别人，在这里严厉的独裁者一声令下就会剥夺他们的自由、地产领地和生命，无论其有罪还是无辜。吕贝克、汉堡和其他汉萨同盟城市，全都为雷瓦尔（塔林）的遭遇感到痛苦，有理由抱怨伊凡的残忍行为，他想只有表现出愤怒和慈悲，而希望让那些害怕惩罚而驯服的德国人带着感恩戴德的心情返回到自己古时已有的市场：但是没有发生这样的事情。人们并不惧怕海上的惊涛骇浪，而不愿承受的是政府的专横。在诺夫哥罗德的德国人庭院、货栈和店铺空空荡荡；贸易活动从这里转向了里加、杰尔普特和雷瓦尔，而后是纳尔瓦，在这里俄罗斯人用自己的货物同外国商人交易。

这样，大公因一时恼怒冲动就破坏了数个世纪以来的福利事业，损害了汉萨同盟城市和俄罗斯双方，从而不利于他自己长期以来想同欧洲建立联系的努力。一些史学家不着边际地谈论说，伊凡发现在汉萨商人中间有一些宣扬民众自由的传教士，在诺夫哥罗德鼓动造反精神，为此而驱逐了他们；但是这种看法没有任何历史依据，这种看法既不符合时代的风貌，也不符合汉萨同盟的性格，它唯一考虑的是自己的贸易利益，并不会涉及居民对政府的政治态度……①

在关闭了诺夫哥罗德办事机构之后，同西方开展贸易的俄罗斯中间人角色就由诺夫哥罗德的"小弟"普斯科夫暂时承担。但是普斯科夫于1510年被莫斯科沙皇合并之后，很快就萧条并失去了自己的国际意义。

汉萨失去在俄罗斯的根基之后，也无法承受这种打击。经过半个世纪出现了汉萨同莫斯科国家讲和的可能性，但是"汉萨同盟的短期中断政策"破坏了开放的前景，因为伊凡四世请求查理五世给他机会在德国招募俄罗

---

① Карамзин Н. М. История государства Российского. М., 1989. Т. VI. С. 162 - 163.

斯需要的手工业者和教师。皇帝同意了这项请求，300名专业人士应该是通过吕贝克和雷瓦尔前往莫斯科。但是，汉萨，特别是它的雷瓦尔分支机构不愿意转送俄罗斯需要的这些"有头脑"的人，因为它希望没有西方帮助俄罗斯，使其在军事—技术上一直落后，自己好继续充当中间人角色。但是这些专业人士最终绕道来到莫斯科，汉萨的意图落空了，同莫斯科修复关系的可能性再次失去。①

（二）同哈布斯堡家族王朝的联系

如果回到20年前，应该注意到，伊凡三世因自己积极的欧洲政策引起了来自哈布斯堡家族的德国国王和神圣罗马皇帝弗里德里希三世（1440—1493）的关注。此后在15世纪70年代土耳其人开始大肆进攻施泰尔马克州，匈牙利人进攻奥地利（哈布斯堡家族的领地），弗里德里希想拉拢莫斯科大公国反对那个图谋扩张的波兰。出于这个目的，他于1489年派遣以骑士尼古拉·冯·波普劳（俄罗斯文献记载尼古拉·波佩里）为代表的大规模官方使团前往莫斯科，他在此前三年里到过莫斯科，使用常用方式建议伊凡三世成为由神圣罗马帝国皇帝加冕的"俄罗斯国王"。这位德国来访者的建议无一例外地遭到严厉的回绝。波雅尔告诉这位使者："国王，大公，托上帝仁慈之福让俄罗斯国家得以继承自己的祖先，拜上帝旨意，上帝仁慈，让这个国家永远传承给国王及其子孙；任何时候也不想听从其他权力的命令。"②

但是，这并不妨碍在双方之间建立起外交关系，并于1489—1490年交换使者。尤里·特拉哈尼奥特（希腊人格奥尔基·特拉哈尼奥吉斯，他就是尤里·格列克，与那个会说意大利语的伊凡三世第二任妻子索菲娅·帕

---

① Похлебкин В. В. Указ. Соч. С. 87.
② Карамзин Н. М. История государства Российского. М., 1989. Т. VI. С. 129 – 130.

列奥洛格一起来到莫斯科）在1489年3月成为莫斯科宫廷的使者，约尔格·冯·图伦（俄罗斯史书称尤里·杰拉托尔）在1490年成为德国皇帝之子，罗马国王马克西米利安的使者。正是他们接受委托，将同维也纳的第一份结盟条约送达奥地利确认。

该条约有以下内容：

> 遵循上帝的意志和我们的爱，我们，罗斯大公，弗拉基米尔、莫斯科、诺夫哥罗德、普斯科夫、维亚特、彼尔姆、保加尔（喀山）等诸王公同自己的兄弟，马克西米利安，罗马国王和奥地利、勃艮第、罗塔林、斯基尔、喀林吉等诸王公们约定，为了永恒的爱和誓言以便在任何时候互相帮助。如果波兰国王及子嗣同你，我的兄弟开战，为了匈牙利，你的发源地：全心全意帮助你，没有欺瞒。同样如果我们开始获得被立陶宛夺走的基辅大公和罗斯其他地盘：你们要竭尽全力帮助我们，没有欺瞒。如果来不及相互协商，只要获悉同你和我的战争开始：双方必须立即相互帮助。我们的信使和商人在双方领地自由活动。我向上帝保证对你，我的兄弟……1490年8月16日于莫斯科。①

第二年，马克西米利安同意了该条约并答应遵循它。

特拉哈尼奥特有两次机会来到德国，而杰拉托尔有一次机会拜访莫斯科，可是再也没有向皇帝提起联姻结亲的建议。此时，马克西米利安迎娶了布列塔尼的安娜为妻，从1493年起同奥地利的关系长期中断了。

大约在这一时期，有信件来往并且同吕贝克主教辖区建立起正常贸易关系。能够说明问题的是，沙皇拒绝同整个汉萨同盟建立关系，而只是给予汉萨成员——吕贝克贸易特权。恢复汉萨和俄罗斯国家间的关系及贸易

---

① Карамзин Н. М. История государства Российского. М., 1989. Т. VI. С. 131 – 132.

只是发生在 1509 年 2 月 19 日，是根据全罗斯大公瓦西里三世的决定。在他统治时期于 1517 年同条顿骑士团（未来的东普鲁士）和勃兰登堡有信件来往。

弗里德里希三世的继承人马克西米利安一世（1493—1519），在成为皇帝后重新打算将俄罗斯和德意志民族神圣罗马帝国用联姻方式联合起来。为此他于 1498 年遣使向莫斯科提议要伊凡三世的公主同一位德国选帝侯结亲联姻。这个建议遭到拒绝，因为莫斯科大公"是拥有很多领土的伟大国王"，他的先辈曾经"同遵从罗马教皇、支配着拜占庭的昔日罗马皇帝结亲联姻……这样伟大的一个国王难道会把女儿嫁给一个马尔克伯爵？"① 后来在 1500 年通过自己信使杰拉托尔，皇帝提议现在亲自迎娶出色的莫斯科新娘，可是这个提议没有实现，因为伊凡三世好像对于同德国人联姻不感兴趣。

（三）关于伙同德国人瓜分波兰的议题

伊凡三世的兴趣在于将神圣罗马帝国当作天然战略盟友以对抗波兰，此时波兰是神圣罗马帝国东部边界和俄罗斯西部边界之间的强大而富有侵略性的王国。为了同罗马帝国合作，伊凡三世试图利用马克西米利安皇帝同波兰亚盖洛王朝争夺匈牙利的竞争关系。他提议结盟并拟订未来瓜分战利品的计划：匈牙利归马克西米利安，立陶宛归自己。但是，马克西米利安考虑通过和平途径达到自己的目的。看来，在马克西米利安尚未找到更有利方式协调同波兰的关系，以及提议由自己调解莫斯科同波兰关系之前，② 德俄关系出现变化要取决于德波关系的动摇。

---

① Цит. По: Очерки истории Министерства иностранных дел России. 1802 - 2002. Т. 1. С. 115.

② История дипломатии. Т. 2. Дипломатия в новое время (1872 - 1919 гг.) М., 1945. С. 199.

(四) 引进技术与人才

伊凡三世继续发展同近邻和远邻国家的贸易、政治及文化交流。① 在这类交往中同西方,首先是同德国和意大利的交往占有不少比重,根据沙皇的指示从这些国家聘请来的工匠参与莫斯科克里姆林宫的建设工作。由于考虑到满足不断增长的书籍需求,沙皇尝试开始印刷书籍,为此聘请德国书籍出版商瓦尔福洛梅·戈丹。在 15 世纪 90 年代此人运送到诺夫哥罗德一系列政论作品(包括"生死评论"),这些出版物在俄罗斯很受欢迎。沙皇使节尤里·特拉哈尼奥特除了外交使命之外于 1489 年在德国境内招募到前往俄罗斯工作的专业人士,诸如开矿、制铁、金属、铸造、火药、石匠、木匠。顺便提及特拉哈尼奥特,此人在法兰克福受到德国国王马克西米利安——弗里德里希三世之子的接见,跟随他回到莫斯科的除了聘请的德国工匠之外,还有制造管风琴的工匠和医生。②

四 瓦西里三世与德国人的关系

(一) 关于瓜分波兰的协议

在瓦西里三世(1479—1533)执政时期,哈布斯堡家族继续交换在伊凡三世时期已开始的使节。1508 年莫斯科王公在致皇帝的信件中提及往日两国的盟友关系并提议保持这种关系。情况复杂而曲折,只是在 1514 年皇帝使节约尔格·施尼特岑帕乌梅尔(俄国史文献记载施尼岑-帕梅尔)的使团才被授权去缔结同莫斯科共同反对立陶宛和波兰的条约。授权提议,普鲁士地区,以往条顿骑士团领地和西里西亚归帝国,而基辅和其他俄罗

---

① Памятники дипломатических сношений Древней с державами иностранными. СПБ., 1851. Т. 1. С. 314 – 315. См.: Павлов Н. В. Указ. Соч. С. 32.
② Kahn H. W. Op. cit. S. 31.

斯城市归莫斯科。这是那个时代的第一次这类提议。

卡拉姆津指出，双方保证，"无论成功与否，西吉兹蒙特（立陶宛国王）的国家无论当下还是以后都无法打破这个永久的必然的同盟；这对于两个国家的旅行者、使节和商人的自由与安全而言是必需的条件"①。马克西米利安和瓦西里相互称呼兄弟，伟大国王和沙皇。科斯托马罗夫评价两个邻国合伙瓜分波兰领土的这个条约是"决定波兰未来命运的预兆"②。

俄罗斯条约文本在莫斯科被译成德文，而且超出了职务权限，签字署名并非俄文沙皇"Царь"而是拉丁文"Kayser"和"全俄罗斯统治者"。同年8月4日在沙皇使节见证下，马克西米利安以誓词确认条约，亲自签名并加盖金印。但是，很快皇帝因忙于南欧和西欧事务，同时还有自己家族婚姻事务，暂时搁置了本应履行的条约。

后来，关于瓜分波兰的建议多次重复出现。例如，在1572年11月20日马克西米利安二世致信伊凡四世并提议瓜分整个波兰，各自一半，提议整个民族的波兰领土（大波兰、马佐夫舍、库亚维、西里西亚）归帝国，而立陶宛及其领土（白俄罗斯、波德拉低地、乌克兰）归莫斯科公国。波赫列布金写道，这样关于瓜分波兰的想法在俄德关系中早已存在并被不断渲染了250多年，直至18世纪末最终成为现实。③

（二）拒绝哈布斯堡的调停要求

当波兰国王西吉兹蒙特一世在1514年奥尔沙战役后俘获一些俄罗斯军人并将他们送往罗马作为教皇利夫十世的礼物，马克西米利安一世却下令

---

① *Карамзин Н. М.* История государства Российского. Книга вторая. М., 1989. T. vii. C. 36.

② *Костомаров Н. И.* Русская история в жизнеописаниях ее главнейших деятелей：В 3 т. Ростов－на－Дону, 1995. Т. 1. С. 349.

③ *Похлебкин В. В.* Указ. Соч. С. 574.

释放俘虏并让他们返回莫斯科。1515年马克西米利安在因斯布鲁克接见瓦西里三世的使节。此后有两次在1517年和1526年，瓦西里三世会见德国使团首脑冯·格贝尔施泰因男爵，此人两次在俄罗斯领土大约待过7个月时间。第一次是受马克西米利安一世差遣，第二次是受他孙子斐迪南一世大公差遣，此人代表在德国的兄长查理五世皇帝（1519—1556）①。

在查理五世时期，德国局势极不稳定：持续的农民战争伴随着当时马丁·路德改革运动，在这极短时间内要使绝大多数民众信仰新教以平衡哈布斯堡统治家族的天主教。在西部边界地区，因法国不满哈布斯堡的政策，所以法国统治精英与德国公爵开始形成联盟以对抗皇帝家族。而在东南部地区，土耳其愈加逼近。

在这种情况下，哈布斯堡重新尝试加入同日渐巩固的莫斯科公国的联盟关系。冯·格贝尔施泰因的第一项使命遭到挫折，其间他充当莫斯科和立陶宛大公国和平谈判的调停者，因为瓦西里三世对抗立陶宛和波兰，且得益于这种斗争，他能够收回斯摩棱斯克和其他俄罗斯西部领土。同样抵抗克里木和喀山鞑靼人更为重要，他不愿意为了本想动员全欧洲抵抗土耳其的哈布斯堡家族去火中取栗。格贝尔施泰因说，俄罗斯羞辱了来使，与"罗马宗教信仰"代表握手之后洗了手，因为罗马方面只是关心天主教西方的利益，它怎能通过立陶宛和波兰威胁俄罗斯呢？奥地利人在俄罗斯的第二个使团是皇帝查理五世的使节列奥纳德·努加洛利（1526年3—11月）追求类似的目的：促成将俄罗斯和立陶宛于1527年到期的为期五年停战协议变为永久和平。但是，休战协议只延长了六年。

冯·格贝尔施泰因1549年在维也纳出版的《莫斯科札记》，虽然对大公专制独裁给予整体上的不良评价，但也列举了许多事例，当时来自德意志民族神圣罗马帝国的德国专家（有时是违背自己意愿）很有成效地帮助

---

① *Kahn H. W.* Op. cit. S. 33.

俄罗斯军人抵抗鞑靼人。他写道，特别是 1521 年鞑靼人威胁要夺取莫斯科时，德国火药专家"做出很大贡献，特别是出生在莱茵的尼古拉斯表现突出"①。格贝尔施泰因的作品大大丰富了西方关于罗斯的知识并成为当时的畅销书。

五 伊凡四世谋求同德意志皇帝合作

（一）继续招揽德国人才

在伊凡四世（1533—1584）在位时期，德国"佬"常常和俄罗斯"酒鬼"共处。此外，因 1549 年在莫斯科设置使馆衙门，从 15 世纪初开始迅速发展的俄罗斯外交具备了必要的制度性基础。使馆衙门愈加演变为外交事务部门，开始协调所有对外联系，的确，在初期阶段纯粹限于技术层面。此外，它适应了不断增加的外国人的需要，首先是为沙皇和波雅尔杜马提供关于国外事务的信息。为此目的需要经常性打探收集信息情报，不仅从返回国内的同胞身上，而且要从进入本国的外国商人、工匠和其他有用人群身上收集信息。鉴于在莫斯科大公伊凡三世在吞并大诺夫哥罗德和特维尔而成功实现"收复俄罗斯领土"，合法地巩固国家政权完整性和独立性之后，在摆脱鞑靼—蒙古压迫而争取到完全的内政与外交主权之后，发展外交职业就成为一种必要。

德国商人积极促进俄罗斯贸易发展。沙皇宫廷充斥了来自德意志的顾问，诸如埃拉特·克鲁泽和约翰·陶贝（后来他们临阵逃脱并投靠波兰人，为此沙皇严厉地处置了在莫斯科的德国人街区的德国人）。

虽然俄罗斯宫廷里的外国人招致波雅尔的公开反对，伊凡四世还是差遣德国富商约翰·施利特返回德意志老家去招募各类专家，诸如"医生、

---

① Цит. по: Dederichs M. R. Gemeisame Geschichte: Deutsche und Russen// Der neue Flirt. Hamburg, 1989. S. 203.

工匠、矿工、铸工、修建喷泉工匠、造纸、石匠，首先是那些建造漂亮教堂的工匠"①。当然，此时德国人即便是同意去从事这样的风险事业，也只有非常贫乏的有关这个国家未来变化的信息，但却是要离开久居之地而去遥远的莫斯科。得益于西方工匠的努力，沙皇能够使武器生产现代化。最终，伊凡四世让德国人定居在亚乌扎河岸边，大约在1576年，在那里建起路德教风格教堂，而后围绕它建起德国人街区。

（二）提议瓜分波兰

1558—1583年利沃尼亚战争迫使俄罗斯外交主动面向西部方向。1577年伊凡四世派遣使节贵族日丹·克瓦什宁前往德意志民族神圣罗马帝国新皇帝鲁道夫二世那里，使节受托协商关于"爱与兄弟情谊"的条约，以替换马克西米利安二世去世后失去效力的1575年协议，并且请求新皇帝同立陶宛和波兰开战以瓜分它们。俄罗斯应该获得立陶宛和利沃尼亚，德意志民族神圣罗马帝国则获得直至布格河和波兹南的波兰。波赫列布金指出，事先计划瓜分波兰的边界线几乎同365年后莫洛托夫—里宾特洛甫条约所实施瓜分的范围准确吻合！②

俄罗斯使节未能成功地使德意志皇帝同莫斯科结盟，但是也不能说完全没有收获。除此之外，克瓦什宁旅行收获不小：莫斯科的访问者应该在日耳曼增加了见识，结识了皇帝，认识了西班牙国王、苏格兰国王、英格兰伊丽莎白女王，同法国和其他大国的皇帝进行谈判，讨论有关帝国有哪些收入、有多少士兵等问题。卡拉姆津这样评价：

> 从伊凡三世开始，俄罗斯国家的上层人士，我们的沙皇已经不再

---

① Цит. по: Dederichs M. R. Gemeisame Geschichte: Deutsche und Russen// Der neue Flirt. Hamburg, 1989. S. 204.

② Похлебкин В. В. Указ. Соч. С. 169.

躲避欧洲；总是想了解国家间相互关系，尤其是出于好奇心和自己理性，特别是在它们的联盟当中为我们自己政策而寻求直接的或者未来的收益①。

六 留里克王朝末世与德国人的关系

（一）优待德国人

伊凡雷帝之子费多尔一世不再赏识和关照外国人，但是也不放过机会派遣莫斯科高官诺沃西利措夫前往奥地利，以通报自己登基的消息并建议保持"友谊"，换句话说，就是两国间能够保持军事联盟和自由贸易。可是对于软弱的费多尔二世而言这是过于大胆的方案，因此没有加以实施。皇帝答应给沙皇派遣自己的高官，但是没有兑现，只是给费多尔回了信件。

在随后的俄罗斯执政者鲍里斯·戈杜诺夫身边有来自德国的个人护卫和高薪聘用的德国医生，根据这些人的请求，允许德国人街区存在路德教堂的活动。新教牧师别尔戈记载了这个教堂的活动："莫斯科的德国人高兴地哭了起来，他们可以如此幸福地生活了。"俄罗斯君主也是第一次派遣18位青年人去西方学习，其中6个去了吕贝克和奥地利。的确，他们之中没有人返回祖国，然而那些德国战俘却安心地居住在俄罗斯，因为他们得到了自己的土地和农奴。

1601年鲍里斯在莫斯科接纳了被波兰人驱逐出故土的35个利沃尼亚骑士，允诺让贵族充当公爵，搅拌贵族成分，给每个人以高级职务，赏赐华美衣服。利沃尼亚人也没有辜负沙皇的期望，并且忠心耿耿用德国侍卫为主子效力。

---

① *Карамзин Н. М. История государства Российского.* М.，1989. Книга 3. Т. 9. С. 163.

1596 年沙皇弗奥多尔允许吕贝克在诺夫哥罗德兴建客栈。历史偏好有了回报,三年后鲍里斯的使节在吕贝克购置了满载着德国海员的两艘大海船。另外,1603 年 4 月吕贝克市长戈尔马尔斯在重要城市官员陪同下拜见鲍里斯的时候,沙皇为了表示善意而同意免除对于吕贝克商人的海关查验,同意只用支付一半的海关税收,允许汉萨同盟在阿尔汉格斯克经商,在诺夫哥罗德、普斯科夫和莫斯科开设客栈。在 1604 年已经有一批汉堡商船来到阿尔汉格斯克。

沙皇喜欢外国人,据俄罗斯大史学家索洛维耶夫的形容,他们受到了"纵容"。

> 很明显政府所说的同外国人接近的必要性是为了从他们那里获得知识。当然,很明显是确信外国人拥有优势,必须向他们学习。在军队里要增加这些外国人的数量;他们在商人阶层里出现了,沙皇赏赐给他们荣誉;离不开自己的医生,就像是离不开公爵或者波雅尔,所有这一切不能不在一些俄罗斯人那里引起一种效仿外国人的意愿,开始这种效仿,就是根据已知的法则,从外表开始。①

外国人感激沙皇的仁慈,这种情绪具有相同的特点。柯尼斯堡居民,鲍里索夫医生的一个弟弟,在 1602 年用拉丁语写成了全欧洲能够阅读的赞颂沙皇的颂诗。其中热情赞颂了俄罗斯君主的理性、仁慈和高尚情操。顺便提及,最初的一批艺术作品,它们赞颂莫斯科、诺夫戈罗德,其他俄罗斯城市,俄罗斯的河流和自然,这些都属于德国作家此前很久习惯的风格,正如本国的抒情诗那样,从传统上讲同教会联系紧密,开始的时候也是赞颂自己祖国的诗篇。帕乌利·弗莱明(1609—1640)同阿丹·奥列阿利耶

---

① *Соловьев С. М.* История России с древнейших времен. М., 2010. С. 124.

一起在 17 世纪初期完成了经过俄罗斯前往波斯并返回的旅行,写了不少叙事诗和抒情诗。德国作家汉斯·雅各布·克里斯托弗·冯·格里梅利斯加乌泽(1622—1676),他的作品属于 17 世纪德国文学最流行的,详细记载了自己主人公在莫斯科的活动。①

(二) 寻找对付波兰的盟友

戈杜诺夫赞同伊凡四世关于莫斯科必须获得利沃尼亚的想法,可是不同波兰发生冲突则无法实现。为了尝试找到同盟者,他于 1599 年 6 月派遣杜马头领弗拉斯耶夫充当使节前往奥地利皇帝鲁道夫的宫廷,此行路线是从阿尔汉格斯克离开经过丹麦和挪威,然后顺着易北河航行。奥地利高官很显然是接待了俄罗斯使节,可是无意为了莫斯科而牺牲同波兰西吉兹蒙特国王的密切联盟关系,所以,俄罗斯考虑同哈布斯堡结盟的想法也就没有任何意义:戈杜诺夫不能为了皇帝就让自己同土耳其——奥地利的宿敌——开战,皇帝也不能为了与这个遥远而不确定的俄罗斯的可疑的"友谊"前景而去同波兰人开战。虽然沙皇可以给鲁道夫以金钱帮助。

莫斯科公国同两个不大的德国人国家(勃兰登堡选帝侯的侯国和普鲁士公爵的公国,起初它们完全不同且单独分立,但是后来在霍亨索伦王朝领导下逐渐联合统一并且成为普鲁士王国,该王国就是后来德意志帝国的核心)早在 16 世纪初几乎是在同一时间就建立起关系:这一年是 1517 年,勃兰登堡是约安希姆一世选帝侯在位,条顿骑士团(后来的普鲁士)是最后一位骑士团首领阿尔布雷希特·勃兰登堡在位。② 而且随后成功地缔结了针对立陶宛国王的进攻性条约。

促使莫斯科公国寻求同不大的德国人国家进行接触的原因在于,当时的俄罗斯与这些德国人领土拥有共同的重要利益,它们有一个共同的又非

---

① *Kopelew L.* Op. cit. S. 40.
② *Похлебкин В. В.* Указ. Соч. С. 534.

常强大和危险的敌人——立陶宛和波兰大公国。这就是为什么在16—17世纪波兰和立陶宛成为俄罗斯的主要对手并且与其进行持续不断的战争的原因。俄罗斯国家同勃兰登堡和普鲁士的关系一直保持着持续的同盟和友好关系：双方相互需要作为同盟对抗波兰和立陶宛的扩张。虽然规模不大的勃兰登堡的帮助和普鲁士发起的有限打击对于俄罗斯而言算不上多么重要，可是这些德国人公爵领地从12世纪起就孕育形成了向东部方向进攻的热情，并且具有同波兰和立陶宛军队作战的丰富经验，这些德国人公国对于俄罗斯具有不小的政治和军事利益，而且它们也把俄罗斯方向视作必要的平衡筹码——对付波兰—立陶宛军事威胁的"第二战场"。这就是16—17世纪的大致情况。①

（三）俄罗斯的旧习俗

伊凡三世专制独裁的气息，对待外国人不拘礼节的态度，在很大程度上并没有给莫斯科带来决定性的东西，也没用赋予他行动的必要自由。伊凡时期贸易并没有实现繁荣；尽管有外国商人来到莫斯科，带来了大公想要的俄罗斯没有的稀罕物品，可是俄罗斯民众几乎不会购买他们的商品。所以此时的贸易大致同以往相同。这些活动类似于1485年的诺夫哥罗德，既无助于发展贸易，也无益于俄罗斯国家的福利。

在戈杜诺夫时期，对于国家秩序和社会制度的基本看法没有变化。

> 内部贸易仍旧受制于无数的税费和关税，道路的困难和不方便仍旧阻碍着交往。况且政府本身从事贸易并因此不可能有任何的贸易竞争。官家有时在交易过程中可以把任何产品据为己有，且不允许任何人从事这类产品的贸易。官家为了低价买进商品，就拼命压低商人的

---

① *Похлебкин В. В.* Указ. Соч. С. 534.

商品利润，最终迫使他们卖出或是不卖直到商品变质毁坏。英国人的商业特权有助于繁荣贸易，可是本身又带有剥削民族工业的弊病。俄罗斯商人被禁止到国外自由旅行，只有经过沙皇特许才可以例外；对于外国人这是有益的，除了波兰人之外，他们自己不愿意这样做，他们并不想通过贸易来削弱俄罗斯。这样，俄罗斯人既不能更好地生活，也不能了解欧洲贸易的行情。在当时没有任何资金用于国民教育。在这样一种状况下，西方人同俄罗斯人的贸易有了一种令人伤心的样子，这是一些知识渊博的行家里手与没有见识的门外汉在进行交往，俄罗斯人总是输掉，西方人总是用这种恬不知耻的方式发财致富。①

（四）魂牵梦萦的出海口问题

如果要总结罗曼诺夫王朝执政前俄罗斯的对外政策（而且这涉及俄罗斯王位上的彼得一世亲属前辈），那么可以赞同这种意见，即莫斯科对外政策方针的主要方向是稳定的，并且在数个世纪中一直受到13世纪初期之前就产生的历史传统的限定。那个时候在波罗的海东部沿岸就出现了德国人，他们开始排挤立陶宛人并且威胁到罗斯（普斯科夫和诺夫哥罗德）。与此同时，瑞典人也开始移居到俄罗斯地界上。面对德国人的危险性，立陶宛人在政治上组织起来成为对付敌对俄罗斯国家的公国，他们统治了罗斯的西南部，又威胁到罗斯的东北部。而在东南部地区是金帐汗国。这样，几乎同时大罗斯不得不抵抗敌人的进攻，在三条战线上，在三个方向——瑞典、波兰—立陶宛和鞑靼—蒙古人——作战。

这种斗争凝聚了莫斯科国家的对外政策力量，从它开始到终结，直到彼得一世。可以说，这种政策并没有许多的内容：莫斯科要同最

---

① *Костомаров Н. И.* Указ. Соч. С. 560.

近的邻国进行持久的源自传统的斗争,在同遥远的欧洲国家进行交往当中必须要寻找更多的手段以有助于这种斗争。在彼得时期之前,这种斗争已经使得罗斯面向巨大的政治成就,但是任务——争取完全的安全和自然的边界——仍未完成。①

---

① *Платонов С. Ф.* Лекций по русской истории. Петрозавопск, 1996. С. 505.

第 二 章

罗曼诺夫王朝时代的开始（17—18 世纪）

近代史的开启使俄德对话走上正轨。自俄罗斯土地上国家体制趋于稳定起，这种对话就具有了前所未有的特点。如果说前罗曼诺夫王朝（9—17 世纪）八个世纪是俄德关系的第一个时期，那么可以说，罗曼诺夫王朝时期（1613—1917）三个世纪是双边关系的第二个时期，这一时期使得俄罗斯转向西欧，并且同德国人结成牢固的王朝之间的密切联系，特别是罗曼诺夫王朝同北德意志王公结成蜂胶般的紧密联系。这一时期总体特征是（除去短暂的对抗时期）基于牢固基础上形成俄德关系的结构制度，它包括：第一，王朝之间上下行应有变化和在特定意义上的俄罗斯"日耳曼化"（大批来自德意志的专家、手工业者和逃难者以及其他——扩大了德国人对俄罗斯国家机关的影响）；第二，军事—政治合作；第三，扩大经济贸易联系；第四，加深了技术和文化的相互影响。

实际上这一时期，可以细分为三个阶段。第一，即 17—18 世纪，奠定了俄德合作的基础，这种合作有高潮和低潮，即便是在叶卡捷琳娜二世在位期间，考虑到三次瓜分波兰而俄德拥有共同边界这一事件，俄德关系仍然保持稳定友善。第二，即 19 世纪，特别是因反对拿破仑的民族解放战争兴起，俄德两国在所有方面扩大合作与相互支持，其顶峰是德意志领土在普鲁士霍亨索伦王朝领导下实现统一，并且建立德意志帝国，而与此同时俄罗斯也成为强大的世界大国。第三，即在 20 世纪之初，在俄罗斯帝国和德意志帝国之间发生裂痕，其结果是，一方面形成德奥同盟，另一方面形成协约国。而且对立双方的这种政治漂移就波及稳定增长的经济贸易。事态发展的最终结果就是第一次世界大战，它对俄德两国都具有灾难性后果。两个国家都成为失败者，帝国在社会革命浪潮中终结，而在帝国废墟上的人民，都遭受了罕见的社会—政治和经济磨难。

◇ 第一节　新王朝的新沙皇

1613年2月21日莫斯科菲拉列特大家族之子、年仅16岁的波雅尔贵族米哈伊尔·费多罗维奇·罗曼诺夫被扶上王位。罗曼诺夫家族大约在1280年从东普鲁士移居到俄罗斯，当时条顿骑士团针对普鲁士人的行为很是凶残。顺便提及，在罗曼诺夫王朝初期俄罗斯较快地从波兰人挑起的七年混乱时期中得以恢复。在新王朝接管俄罗斯之后，在俄罗斯和德国人之间联系不仅没有减少，相反，这种联系增加了新的内容。而同奥地利王国的关系失去了往日的友好性质。实用主义作派的帝国宫廷不打算对那个已经不能给维也纳送来贵重毛皮及其他礼物的国家以礼相待。另外，当地官员疑虑重重：俄罗斯在长期混乱之后新沙皇能否长久在位？因而决定降低同莫斯科关系的规格。索洛维约夫指出，"早在1613年6月奥国皇帝嘱咐贵族斯捷潘·乌沙科夫的书记员谢苗·扎博洛夫斯基前去马提亚什拜见罗马皇帝……使节到莫斯科送来奥皇的书信；可是在文书中没有提及沙皇米哈伊尔，只是讲到，国王同情莫斯科国家的不幸遭遇，并且希望波兰王国顾及奥皇的心愿，和约得以实施"[①]。这样，同奥地利的关系在米哈伊尔沙皇登基之初就中断了。

[①] *Соловьев С. М.* История России с древнейших времен. М., 2010. С. 144.

第二章　罗曼诺夫王朝时代的开始（17—18 世纪） 53

一　首任沙皇罗曼诺夫（1613—1645）

中世纪在俄罗斯接近终结之时，对于俄罗斯而言中世纪是在鞑靼—蒙古压迫之下度过的，时代对俄罗斯国家提出新的任务和新的挑战。

（一）实行军事改革

罗曼诺夫在 1626—1633 年推行军事改革，需要引进总计 5000 名外国的步兵、军官和大炮铸造工，首先是从德国和荷兰引进。在那里定购武器需要大量现金开销。

来到俄罗斯的外国人掌握不同技能：首先，他们能够教会俄罗斯人掌握自己的技能；其次，他们能够生产各种商品。为了不让客人吃亏受损失，也付给他们相应的价钱。例如，在米哈伊尔·费多罗维奇在位时政府提供 10 年、15 年和 20 年优惠条件给外国人，他们在俄罗斯从事自己的生产事业、皮毛加工、木工等。在外国人之中有不少德国人。

但是，俄罗斯国内市场的旺盛需求需要的不只是一些手工工场。发展国家科学的迫切需要是存在的，这样米哈伊尔提议邀请德国著名学者——数学家和旅行家亚当·奥勒阿里来为俄罗斯服务（1603—1671，17 世纪 30 年代曾到过俄罗斯，《莫斯科旅行记》作者），在致他的书信中特意强调，"我们需要这样的人"。1633 年作为大使团成员来到俄罗斯，他受霍尔施泰因－霍托尔普斯基公爵腓特烈三世的委托，在俄罗斯旅行 6 年。在自己的旅行记中奥勒阿里写道，"德国人在俄罗斯因其勇敢而出名"[1]。在他的记述中，当时的莫斯科居住着很多外国人，包括近千个路德教派新教徒家庭，他们在首都自由居住，并且在自家庭院里盖起了规模不大的新教教堂。后来在俄罗

---

[1]　Цит. по: *Dederichs M. R. Gemeisame Geschichte*: Deutsche und Russen// Der neue Flirt. Hamburg, 1989. S. 206.

斯东正教的要求下，他们的小教堂被迫撤除。

由于缺乏自己的专业人才，外国人被引进来完成重要的本国重任，特别是军事和外交职务。在罗曼诺夫初期，据史学家们的说法，在丹麦宫廷的重要事务是委托给我们熟知的汉堡商人，也委托给在莫斯科的侨民霍尔施泰因人彼得·马尔采里乌斯。

俄罗斯为了招募外国专家，在 17 世纪成立专门机构——外国人衙门，由它处理外国人事务。在文化方面引进是不得不进行的。在德国人聚居的村镇，其地位由沙皇阿列克谢·米哈伊洛维奇（1645—1676）在 1652 年下令合法化①，在 1672 年这里上演第一场德语戏剧。由此开始，俄罗斯的宫廷戏剧逐渐成长起来。顺便提及，波兰史学家亚历山大布吕克纳，此人不同于那位对德国人村镇的地位及作用明显评价不够的卡拉姆津，他认为德国人村镇是"俄罗斯上流社会的高级学校"，并且指出德国人村镇的社会生活非常成熟：穿戴服饰，相互拜访，午饭和晚会仪式，家庭节假日及野餐。这些外国人聚居公社还存在于俄罗斯其他有影响的商业中心——阿尔汉格斯克、下诺夫哥罗德、沃罗涅日、雅罗斯拉夫、谢尔普霍夫、霍尔莫戈拉赫等。

（二）欧洲三十年战争

如果说在米哈伊尔在位期间，俄罗斯很快从七年混乱时期及波兰人时常干涉内部事务中得以恢复，那么德意志由于哈布斯堡王朝天主教徒不能接受新教徒而被卷入三十年战争（1618—1648），在战争过程中丹麦、瑞典和法国相继站在新教徒的德国王公一边，当然它们作为胜利者是有自己的

---

① Официально поселение носило название Новая немецкая слобода, и в Москве в то время было несколько подобных мест проживания иностранцев. 官方正式的居民点称作新的侨民村，在当时莫斯科还有一些类似的外国人居住地。见 *Павлов. Н. В. Россия и Германия: Несостоявшийся альянс. М. 2017. г. С. 53*。

条件的。结果是德意志大伤元气，并且于 1648 年 10 月 24 日签订威斯特伐利亚和约之后就分裂为 200 多个独立领地。威斯特伐利亚和约的意义在于，它最终巩固了德意志政治上的分裂状态，实际上就是帝国的终结。正是德国王公们开始有权力实行独立的对外政策，同境外大国宣战和缔结条约，它们的对外政策并不针对帝国。

作为超民族构成的帝国的权威衰落，同时也导致奥地利帝国—国家思想的强化，"这是一种民族基于德意志—斯拉夫混合体而又同匈牙利有联系的思想，受哈布斯堡家族利益而形成的王朝联系，宗教信仰又特别强调天主教，战略上坚持同土耳其作战，只限于加强家族宫廷利益从而损害帝国利益"。事实上谈论奥地利的存在，它"属于德意志，只是有一段时期它在德意志之外"①。

二　第二任沙皇阿列克谢（1645—1676）

（一）同北德意志公国的密切来往

有关俄罗斯新王朝登基的消息，西欧并不是很快就知晓，何况阿列克谢仅有 16 岁，在管理国家事务上发挥主要作用的，起先是沙皇的老师鲍里斯·莫罗佐夫。只是在 1654 年贵族巴克拉诺夫斯基被派去见皇帝费迪南德三世，以通报阿列克谢·米哈伊洛夫维奇登基并说明同波兰国王扬·卡济米尔的分歧且莫斯科想同他开战。他从维也纳带回了答复，说恺撒想成为中间人以调解沙皇和波兰王国之间的分歧，为充当第三方调停者而准备派遣自己的使节前往莫斯科。使节阿列克格列季和罗巴赫到达莫斯科是 1655 年，此时恰逢俄罗斯—波兰战事正酣。

与此相反，俄罗斯同北德意志公国普鲁士的接触直线上升。1688 年俄

---

① Veit. V. Geschichte der Deutschen, Köln, 1991, S. 215.

罗斯政权允许勃兰登堡臣民在阿尔汉格斯克地区自由经商。第二年经过使节恰布里奇同普鲁士宫廷达成两国臣民之间可以自由贸易的协议。

（二）关于俄罗斯的"欧洲化"问题

有必要强调，17世纪在俄罗斯有关德意志的认识及概念广为人知。首先是政治精英可以这么说。外交衙门的外交官吏格里高利·科托希欣熟悉德意志并不是根据传说故事，而是根据他本人游历普鲁士和吕贝克的感受。王公安德烈·库尔布斯基和外交衙门长官阿法纳西·奥尔金-纳肖金非常熟悉"德国事务"和"德国风俗"，并且是最为典型的"西方派"。贵族鲍里斯·莫罗佐夫、阿尔塔蒙·马特维耶夫和王公瓦西里·格里岑，这些人通过外交渠道能够接触到国外的信息，而且时常能够同在莫斯科的德国人交往。如果说他们之中不是所有人都能够用德语交谈，那么至少可以说在任何情况下，他们能够使用拉丁语作为外交和文明世界的语言进行交流，尽管这些人为数不多，但是积极主张同西方接近。

虽然禁止俄罗斯精英阶层青年前往欧洲求学受教育，也不准他们接受来自异国他乡的影响以及把现代化和异端的种子带回祖国，但恰恰在17世纪，德国史学家强调，莫斯科公国同西方的关系大为加强。有关只是彼得大帝打开了"通向欧洲的窗口"并且把西方文化与技术引进俄罗斯的说法，要按他们的看法，这是没有根据的。俄罗斯的"欧洲化"，"说是彼得一世启动了这一进程，是有些绝对化，因为沙皇的权威灌输并强化了这一说法，在彼得一世之前很久这一进程就在加深"[①]。从西欧来的人，商人、工匠、各类技术专家和士兵主动移居到这个国家，虽然也有关于"不开化的莫斯科野蛮人"的可怕说法（它们不仅被西欧的宣传所散播，而且一些严肃研究者也持有这种看法，如戈贝尔施泰因和奥勒利亚）。在17世纪70年代初

---

① Rüß H. Moskauer "Westler" und "Dissidenten" // Deutsche und Deutschland aus aus russischer Sicht. Opt. cit. S. 194.

期莫斯科公国大约有 18000 名外国人,习惯上称他们是"德国人"①。

与此同时,鉴于国家已经被纳入欧洲政治进程,在莫斯科非常需要有关西欧国家的知识。信息量持续大量增加以及邮政发展获取信息速度加快大大促进了这一点。

◇◇ 第二节 彼得一世时期的俄罗斯和德国

实际上,可以将 17 世纪后半期俄德相互关系分为三个主要领域:军事、科学和贸易。在 18 世纪初之前,即因得益于彼得一世(1672—1725)政策而俄罗斯获得世界大国俱乐部平等权利之前,已经具备了根植于两国人民数个世纪交往过程中形成的相互关系的现实材料。但是为了使它变成合身的连衣裙,却是需要天才工匠之手,此人就是罗曼诺夫执政家族的彼得,即后来的彼得一世,他实施了俄罗斯国家对西欧的前所未有的冲撞,打破了双方互不了解及其后果的不信任和提防的高墙。这种强烈冲撞使得彼得同时代人及其后人开始熟悉西欧文明的各个分支,选取一切最好的为己所用,同时,也与它分享土地上的财富和俄罗斯人的天才智慧。在 1673 年客居莫斯科的德国人约翰·季利布格尔当时已经认为,俄罗斯将突然成为一个伟大的商业民族。②

一 在俄罗斯的德国人

索洛维约夫在"关于彼得一世出版物"中指出,罗斯动身启程从东

---

① Rüß H. Moskauer "Westler" und "Dissidenten" // Deutsche und Deutschland aus aus russischer Sicht. Opt. cit. S. 196.

② Kahn H. W. Die Deutschen und die Russen. Köln, 1984. S. 39.

向西前进，在这种进程之中西欧把自己的代表性标本"德国人村镇"① 提供给罗斯。"历史交流在德国人村镇附近进行，很快老旧的莫斯科崇拜这种村镇，正如以往老罗斯托夫崇拜自己郊外弗拉基米尔一样；很快德国人村镇将沙皇及其宫廷从克里姆林宫里吸引出来，自己的宫廷需要置办家具。德国人村镇——可以通向彼得堡，正如弗拉基米尔可以通向莫斯科一样。"

侨民村居住着从利沃尼亚来的俘虏和西欧来的人，俄罗斯人因不明白外国人语言就戏称他们是沉默的人——"德国人"。由此就有了这一称谓。1690 年在这里居住过超过 3000 人。居民主要是手艺人和磨面工。17 世纪侨民村的大多数住户是在俄罗斯军队里服役的外国军官，同时还有商人和小业主。在这里居住着彼得的老战友——列佛尔特、戈尔顿。

侨民村不等同于德意志民族。侨民村在此处（上下文）——更多的是西欧世界的象征物。虽然如此，德国人在随后的岁月里无论是在俄罗斯内政还是外交中都注定绝非是一个次要角色。还记得，在反对瑞典的北方战争中（1700—1721），彼得的俄罗斯的盟友是勃兰登堡—普鲁士、汉诺威、选帝侯奥古斯特二世（一段时间是波兰国王）统领的萨克森。

为争夺克里木而反对土耳其的战争的继续，迫使俄罗斯考虑关于巩固和扩大反土联盟的问题。在此，可以发现在俄罗斯和德国之间是一如既往的积极主动。在 1695 年即位初期为进行反土战争，沙皇彼得请求德意志皇帝能够给他援助炮兵和工兵，请求选帝侯勃兰登堡援助爆破工程师。1697 年在格尼茨堡停留期间，他在这里学习炮兵技艺。根据普拉托诺夫见证，当时在俄罗斯军队中，1696 年骑兵队伍里约有 23 位外国人军官，也包括将军，在步兵中有 723 位军官，而且他们大多数是德国人和瑞典人。

---

① 德国人村镇是指侨民村：(1) 16—17 世纪俄国各城市中外国人居住地。(2) 16—18 世纪莫斯科亚乌扎河地区外国人的自由村社之一。

二 欧洲形势

彼得时期莫斯科国家作为欧洲大家庭成员第一次参与到复杂的西方国际联盟。此时在欧洲大陆形成了三大力量中心，围绕它们组成不同的联盟：瑞典在北方，法国在西方，土耳其在南方。在三十战争后根据1648年威斯特伐利亚条约，瑞典除了获得500万塔列巨额赔款外，还获得德意志的一些土地：西部波美拉尼亚连带什切青城市、吕根岛、大主教区不来梅和主教区维尔登。结果是德意志河流的所有河口全都落入瑞典人之手，使得它有可能控制德意志对外贸易的大部分。瑞典因在德意志拥有领地而成为德意志民族神圣罗马帝国的成员，并且影响到德意志事务。法国获得哈布斯堡昔日在阿尔萨斯的领地，并且巩固了自己在洛林主教区美斯、土里和凡尔登的主权。作为战胜国的法国和瑞典被宣布为是履行威斯特伐利亚和约的主要保证国。

瑞典地位上升及其领土收益在德意志引起极大不满，特别是在觊觎什切青和波美拉尼亚的勃兰登堡这里。试图夺回被瑞典占领的领土的欲望就成为共同基础，基于这一愿望，俄罗斯、勃兰登堡—普鲁士、丹麦和波兰组成共同反对瑞典王国的联盟。英国、荷兰、西班牙和奥地利因反对法国而联合起来。俄罗斯、奥地利、威尼斯和波兰共同反对土耳其。一方面，上述联盟不具有很大安全系数，因为它们成员的利益是相互矛盾的。这使得莫斯科的联盟政策复杂化。另一方面，由于瓜分西班牙王朝的领地而存在的深刻的国际冲突却是有利于俄罗斯的方针。所有的欧洲大国都是紧随北方战争开始后爆发的所谓争夺西班牙王位继承权战争的参与者。无论法国，还是英国和荷兰，都同瑞典结成联盟条约关系，它们却不能履行自己的义务而向瑞典提供军事和物资帮助。

这种形势，促使彼得一世及其政府开始思考进行斗争的可能性问题，即不仅要开始反对瑞典,而且要争取波罗的海出海口——它是俄罗斯与欧洲进行交往,是俄罗斯同文明西欧接近,是俄罗斯进入欧洲大国体系的最便利通道。彼得及其随从前往西欧诸国的旅行有助于搞清楚这种形势,旅行期间沙皇同其他欧洲国家进行多次有关结成反对瑞典联盟的谈判。

三 寻找反对瑞典的盟友

(一)普鲁士

莫斯科作出决定向国外派遣大使团。大使团的目的在于确定同欧洲王室"古已有之的友谊和亲善",削弱"基督教上帝的敌人"。换句话说,就是吸引新的盟友和巩固反土联盟。大使团总计250人,首领有三位"大使":列佛尔特、戈洛文、沃兹尼岑,1697年3月初启程。彼得一世打算亲自领导谈判,想看看欧洲国家并且想学习造船技术。他不愿意让人知道自己的真实身份,而是以士兵彼得·米哈依洛夫的身份随团而行。大使团经过里加,到普鲁士、荷兰、英国和奥地利。

在普鲁士(当时还是勃兰登堡选帝侯侯国)首都哥尼斯堡,大使团受到热情接待,为彼得及使团组织了豪华节假日。根据霍亨索伦王朝①勃兰登堡选帝侯弗里德里希(在1701年成为普鲁士国王弗里德里希一世)的倡议进行有关缔结反对瑞典的联盟条约的谈判。弗里德里希使彼得确信,"我们共同的敌人不是土耳其,而是瑞典",并且建议结成反对瑞典的联盟。根据他的说法,法国在反对法国联盟存在的条件下,将不会很快去支持土耳其苏丹,"但是,瑞典是莫斯科后方最危险的敌人"。可是此时彼得还不准备搞坏同瑞典的关系,希望将对土战争进行到底,建议不要把有关进攻性联盟的提法纳入协议文本,宣称条约只是带有防御性质,并全力履行所承担

---

① 霍亨索伦王朝,1415—1701年统治勃兰登堡,1701—1918年统治普鲁士王国,1871—1918年统治德意志帝国。

的义务。彼得和弗里德里希相互承诺"帮助反对敌人，特别是反对瑞典，相互出手相助，发誓履行协议"①。条约于6月12日签署。

（二）萨克森和波兰—立陶宛公国

大使团在距离波兰边境不远处的普鲁士领地被迫停留，此时波兰正在选举新的国王。早在1687年波兰—立陶宛王国国王扬三世索别斯基去世，俄罗斯同奥地利商定支持萨克森选帝侯奥古斯特二世为波兰国王候选人，以作为俄罗斯反对瑞典查理十二的盟友。波兰国王的主要候选人之一，是法国支持的孔季亲王。彼得一世事先采取重要外交步骤：他致信波兰人，警告说孔季取得王位将被俄罗斯政府看作是破坏"永久和约"。除这种关切态度，同时还调集6万俄军逼近波兰—立陶宛公国的边境，这些措施一并决定了选举萨克森的奥古斯特为波兰国王，关于这一点，彼得一世致信说，这个候选人是"我们的，而不是法国的"。

大使团在维也纳的协商破裂，迫使彼得重新寄希望于对外政策争夺波罗的海的方针。作出决定后，他迅速并积极行动起来。在使团回到莫斯科之后经过了12天，即1698年7月31日，在俄罗斯拉瓦城（西乌克兰）他会见了萨克森选帝侯奥古斯特二世，此时他已经是波兰—立陶宛公国的国王。这时已经完全清楚，俄罗斯国家不可能继续对土耳其作战，因为反土联盟的所有成员全都离开了俄罗斯。沙皇和国王外表上相配。他俩身材高大，体格强壮，精力充沛，两个年轻人——彼得26岁，奥古斯特28岁。他们之间很快结成友谊，他们在娱乐和畅饮中一起度过三天时间，他们交流战争看法并进行严肃谈话。会谈没有目击者，虽然没有缔结书面协议，但双方在1698年8月3日相互发誓共同对付瑞典。奥古斯特和彼得相互交换帽子和长剑作为友谊和信任的信物。

---

① Богословский М. М. Петр I. Материалы для библиографии. Т. 2. М., 1941. С. 93.

奥古斯特二世的代表卡尔罗维奇和帕特库尔在莫斯科继续进行谈判。1699年11月1日在莫斯科附近布列奥布拉仁斯基村签署了关于反对瑞典王国的联盟条约。条约规定：作为萨克森选帝侯奥古斯特二世有义务立即中断同瑞典的关系，并开始在利夫兰和埃斯特兰进行反对瑞典的战争。俄罗斯有义务在缔结对土耳其和约之后参与战争，并在卡累利亚和伊若拉领地上开展军事行动。

同时在莫斯科还通过丹麦使节戈因斯同丹麦进行谈判。在同年11月谈判以缔结俄罗斯—丹麦联盟条约结束（在丹麦和萨克森之间已经于1698年3月24日在哥本哈根结成防御联盟）。打算还要把波兰—立陶宛公国和勃兰登堡也拉进联盟。只是在后来很晚时候才成功。这样就形成了大北方联盟。在结成北方联盟之后，同土耳其的和约就成为必需。于是1700年7月3日俄罗斯与土耳其签订了君士坦丁堡和约。

四 德意志盟友的变化

（一）勃兰登堡—普鲁士的坚定立场

在18世纪初，俄罗斯的德意志盟友中发生了重要的变化，1701年普鲁士王国建立，弗里德里希一世成为普鲁士国王。勃兰登堡吸收了普鲁士，此前这是同属于霍亨索伦家族另外一支的条顿骑士团的领地。自弗里德里希·威廉[①]被称为大选帝侯起，勃兰登堡—普鲁士就已经开始在国际事务中扮演重要角色，从这时起普鲁士就成为奥地利在德意志境内的竞争者。

弗里德里希·威廉被认为是勃兰登堡—普鲁士专制政体的奠基人。他

---

① 弗里德里希·威廉（1620—1688），1640年起为勃兰登堡选帝侯，即所谓大选帝侯，属霍亨索伦王朝。在位期间完成了普鲁士（此前普鲁士公国是属于波兰的封地）及其他一些邦国同勃兰登堡的统一，奠定了普鲁士专制制度的基础。

去世后，其子弗里德里希（1688—1713）登上勃兰登堡王位。他成功地保住了父亲夺得的一切，并且为未来普鲁士国家的强大奠定了基础。弗里德里希继续施行中央集权政策，于1701年在哥尼斯堡登基而成为首位普鲁士国王弗里德里希一世。由于取得国王封号，弗里德里希变成真正独立的欧洲主权国王。他在西部地区——下莱茵（伯爵领地林根和梅斯）和瑞士（公爵领地纳沙泰尔和伯爵领地法兰根）——成功地把自己的统治地盘扩大到很大规模。从这时起我们可以说这是首都在柏林的普鲁士国家。

1713年弗里德里希一世之子弗里德里希·威廉一世（1688—1740）成为普鲁士国王，史学家称他为"执政天才"。他为建立普鲁士典型军事化官僚国家做出了决定性贡献，军队是这位君主工作的主要内容。他把军队人数从3.8万增加到8.4万，并且使自己的军队成为欧洲最有战斗力的军队之一。

在1701年建立的普鲁士王国仍然是俄罗斯的可靠盟友，因为这更符合年轻的新国家的对外政策任务：它的新北方边界（波美拉尼亚）和在东部（同波兰）边界的安全实际上只有俄罗斯才能保证，因为俄罗斯是这一时期欧洲的唯一统一大国，只有它能够抵抗瑞典和波兰的扩张，并且它也很关注无论瑞典还是波兰不能再靠觊觎其他欧洲小国而壮大自己了。顺便提及，正是普鲁士重新在彼得面前让瓜分波兰的想法发出声响。虽然沙皇也发现了这种想法，可是他认为俄罗斯不能消化波兰，因为波兰的社会—政治不稳定而极不适合俄罗斯的东正教，波兰正统的天主教也不融于俄罗斯。俄罗斯对于普鲁士而言是天然盟友，而在北方战争（1700—1721年）中它有别于汉诺威，普鲁士坚定地站在了俄罗斯一边。

（二）萨克森的反复

1706年瑞典军队开进奥古斯特二世继承得来的领地——萨克森并且占

领莱比锡。奥古斯特二世于1706年10月19日同瑞典签署和约，根据和约条件放弃波兰—立陶宛公国王位从而有利于瑞典的附庸斯坦尼斯拉夫·列申斯基。作为战败的标志，奥古斯特二世把自己的长剑交给查理十二，即彼得一世在俄罗斯拉瓦赠予他的那把长剑。此外，他必须召回所有在俄罗斯服务的萨克森人，把俄罗斯使节帕特库里及所有在萨克森的俄罗斯人交给瑞典，还同意要让瑞典驻防萨克森要塞。奥古斯特二世退出战争实际上只丢下没有盟友的俄罗斯。

1709年6月27日瑞典在波尔塔瓦战役中失败，使得俄罗斯进入欧洲主要玩家的圈子。西欧开始害怕俄罗斯，并开始寻求它充当如果不是盟友，至少也是保护者。彼得成为欧洲北部的霸主，这种出乎意料的优势地位不能不影响到俄罗斯同盟友的关系。但是，从那时起俄罗斯的政治优势一直没有改变，并成为当时欧洲的重要因素。

波尔塔瓦的最初对外政策成果是恢复丹麦和萨克森同俄罗斯结盟。在获悉波尔塔瓦消息之后，奥古斯特二世立即恢复军事行动，他的1.4万萨克森人军队在弗列明戈统率下从波兰进入瑞典将军克拉萨乌和国王斯坦尼斯拉夫·列申斯基的波美拉尼亚。此后俄罗斯军队进入乌克兰、白俄罗斯并占领卢布林，奥古斯特二世重新同俄罗斯结盟，彼得再次帮助他登上王位。1709年10月彼得与奥古斯特二世在托伦会面。根据两个君主之间的秘密协议，埃斯特兰在俄军夺得之后应该留给俄罗斯，与此同时利夫兰转交奥古斯特二世作为继承领地。

彼得和奥古斯特二世之间的新关系完全不同于北方战争之前和战争初期的那种关系。那时两个国家是平等伙伴。现在奥古斯特二世在这个联盟中只能扮演次要的甚至是屈从的角色，因为他作为波兰—立陶宛公国国王的地位是取决于自己的盟友——俄罗斯。沙皇也不能像过去那样对待他，毕竟在1706年是他破坏了盟约。

瑞典军队在波尔塔瓦战败使得俄罗斯军队在波罗的海沿岸地区转入积

极军事行动。1710年秋季前夕，埃斯特兰和利夫兰完全清除了瑞典军队，波罗的海沿岸成为战争竞技场。

（三）波罗的海沿岸的德国人

在俄罗斯沙皇制度和波罗的海沿岸德国封建主之间的结盟关系由于1710年瑞典人投降认输而形成了。沙皇政府将充公没收的领地交还给原有的领主。恢复了被瑞典政权取消的贵族阶层机构。当地贵族非常乐意进入军事和民事机构为沙皇政府效劳。由于几乎所有的瑞典官吏都逃回瑞典，德国地主获得不少有利可图的职务。很明显，许多波罗的海沿岸的德国人有理由日后作为高级官员、外交官和俄军军官为沙皇效力。

由于波罗的海沿岸地区被俄罗斯合并，德国贵族和资产阶级就从俄罗斯同西欧转口贸易中获得了巨大经济利益。这些地区归并到俄罗斯国家促进了利夫兰和埃斯特兰整个经济的发展。在维也纳很少关注俄罗斯在东部地区的领地分布情况，而更多的是关心这个新的强大帝国同欧洲大国的关系，如普鲁士，在奥地利同这个国家的关系早就出现了不融洽。

五 俄罗斯—普鲁士的紧密关系

（一）普鲁士的反复

1713年春刚从波美拉尼亚的战场返回时，彼得会见了普鲁士年轻国王弗里德里希·威廉一世，关于普鲁士参战的谈话没有结果。相互貌似炙热的感情并不能掩盖普鲁士国王的真实想法，他不愿意去为对王国没有实际利益的战争让同胞流血。事情最终的结局是，同年夏，缅什科夫成功争取到同普鲁士缔结和约，据此它只是有义务保持中立，不允许反对俄罗斯、波兰、萨克森或者丹麦的瑞典军队过境。为此它应该获得什切青和直至佩涅河的所有地盘以使用至缔结和约之前。这样普鲁士打算占有施特拉尔松和维斯马，为此有义务支付盟友军事费用约40万卢布，1715年5月1日普鲁士在确认通过和平途径得不到任何收获之后，最终还是在得到什切青之后参加了北方战争。

但是，普鲁士几乎没有进行军事行动。年轻王国在俄罗斯帮助之下未经流血就占有了瑞典人的波美拉尼亚。1720年1月21日在斯德哥尔摩瑞典和普鲁士签署条约，根据条约瑞典属波美拉尼亚领土转交普鲁士，它们是地处佩涅河南部和佩涅施特运河东部，包括乌泽德和沃林岛，同时还有什切青、达曼和戈里诺夫诸城。条约5月29日生效。很明显，弗里德里希·威廉一世在实现自己的目的之后，立刻放弃了同俄罗斯结盟。正如德国著名史学家施利根指出，"对于那个时代这是绝对典型的做法和手段，不仅仅是18世纪普鲁士政策的特点"①。

彼得会见弗里德里希·威廉一世共计七次，两人相互怀有很深的敬意。普鲁士国王在1716年11月赠予彼得精致的琥珀小屋，它后来被用来点缀沙皇村。"士兵国王"珍惜俄罗斯的支持，在1722年他召集会议，嘱咐自己的"遗嘱执行人"："同俄罗斯皇帝你们应该有密切友谊和结盟关系，并努力培育它们直至永远。"②

（二）普鲁士国王谈论俄普关系

同萨克森的竞争推动普鲁士与俄罗斯在波兰采取联合行动，普鲁士无论如何不愿意允许利用波兰来加强萨克森。1722年初萨克森宫廷试图同普鲁士接近，并使普鲁士在波兰事务上离开俄罗斯。英国也想劝说普鲁士这样做。可是普鲁士的利益是要求靠近俄罗斯，普鲁士高层也明白，没有强大的圣彼得堡的支持，王国在北部欧洲的地位不稳。

---

① Schöllgen G. Die Macht in der Mitte Europas: Situationen deutscher Außenpolitik von Friedrich dem Großen bis zur Gegenwart. München, 1992. S. 27.

② Цит. по: *Kahn H. W.* Op. cit. S. 44.

第二章 罗曼诺夫王朝时代的开始（17—18世纪）

索洛维约夫在《俄罗斯历史》中援引弗里德里希·威廉的话，他在1723年初对俄罗斯外交政策的领导人一等文官戈罗夫金说："如果维也纳宫廷要想寻求我的友谊，那么就是为了两个原因：或者是让我反对法国，或者是结成一种对你们皇帝不体面的联盟，但是我抱定了俄罗斯皇帝，而不是罗马的和任何其他有利可图的好处，从而不让自己去反对他。至于结成反法联盟，那么从中自己只能期望获得很少利益，因为罗马皇帝不想，也不能在德国人地盘上给我任何一小块土地的酬劳，也不能用金钱引诱我，因为我自己有……我这里有萨克森将军瑟肯道尔夫谈论的有关重要话题，开导我说，俄罗斯皇帝具有伟大力量，其他国家不能不注意到这一点，这种力量作为最近邻居对我有最大危险……我回答他说，俄罗斯皇帝与我有情意，我从中看不到任何细小的危险，主要是我愿意，让它的力量特别的壮大，好让维也纳宫廷不得不谨慎行动并更多尊重他人。"

1724年初普鲁士国王对戈罗夫金说道："我不会舍弃你们皇帝而换取任何其他人，因为我与其他人没有这种友情，虽然我同罗马皇帝讲和了，但是现在没有将来也没有推心置腹的长谈；同波兰国王同样也是真正的情谊。任何时候我不会参与任何协议去反对你们皇帝在同瑞典人的最近战争中的征伐，不会反对霍尔施泰因公爵对瑞典人岛屿的权利主张，不会反对把石勒苏益格归还他；我愿意让他重新得到石勒苏益格，看看局势，我不能在这时候拒绝帮助他；但是我期待善意的合作，我不能一个人介入此事，我也不会赶在他人前面。"

弗里德里希·威廉从戈罗夫金伯爵那里获悉彼得去世的消息，这使得普鲁士国王难以接受，当他得知俄罗斯皇帝逝世之后，甚至悲伤得流下眼泪。他告诉俄罗斯使节会继续同彼得的继承人叶卡捷琳娜一世保持友好关系。"我想就有关我的最好朋友去世而表达自己的忠诚"——国王这样说，并在波茨坦举行从未有过的悼念仪式。哀悼活动持续四年，那时其他国王悼念只持续六周。驻彼得堡的使节马尔德菲尔德询问，如何悼念他，国王回答说:"就像悼念我。"①

六 俄罗斯与德意志诸国的关系

(一) 联姻政治

在同瑞典争夺波罗的海出海口以及确立俄罗斯作为欧洲贸易和海上大国地位的最激烈斗争中,彼得一世遵循国家更大的地缘政治打算,而不是考虑个人的喜好,同西欧著名大家族年青一代结成王朝间的姻亲关系。

有关太子阿列克谢娶妻的持续商谈,1711年10月14日在托尔高以俄罗斯沙皇之子同沙尔洛塔·勃伦施维依戈-沃尔芬比尤杰利斯卡娅的婚礼结束,新娘是德国皇帝妻子的妹妹。过了一段时间,彼得将自己的两个侄女,安娜(后来的皇后安娜·伊万诺夫娜)嫁给库尔兰公爵弗里德里希·威廉,叶卡捷琳娜嫁给梅克伦堡公爵查理·列奥波德。同后者在1716年4月8日婚礼日缔结了军事政治联盟条约。沙皇有义务保障公爵及其继承者内部和外部安全,给他军队,且不收任何酬劳,承诺在战争期间提供九个或者十个团为公爵服务,队伍要向公爵宣誓并听从其指挥,沙皇有权替换他们。在公爵与他的贵族阶级对抗的那个时候,彼得答应在皇帝宫廷里给他支持。与此同时,公爵答应沙皇臣民"为了更好地从事贸易"可以居住在自己的领地和码头,可以有自己的仓储和教堂,只是这里不能自由从事东正教事务。公爵允许俄罗斯军队经过自己领地自由移动并且可以修建俄军仓储。

彼得在1724年去世前不久,同意自己女儿安娜(他同叶卡捷琳娜一世婚生大女儿,少女时期的马尔塔·斯卡弗伦斯卡娅)与公爵戈尔施金斯基的婚事。

---

① Цит. по: *Соловьев С. М.* История России с древнейших времен. С. 324.

（二）拉拢汉诺威

俄罗斯政府早已有兴趣把汉诺威吸引到联盟，因为这位德意志王宫的主人在安娜皇后去世后可以兼任英格兰王位。彼得堡希望，这个联盟可以建立起俄罗斯和英国之间更加密切的关系。虽然1710年春，在俄罗斯和汉诺威之间缔结了联盟协议，俄罗斯外交官希望能够部分得到履行。英国政府在乔治一世继承王位后不久（1715年—1716年下半年）坚持王室对俄罗斯关系的立场应该中立。此后借助于俄罗斯的帮助，汉诺威获得了不来梅和韦尔登，乔治一世和英国政府开始对俄罗斯国家表现出严厉的敌对关系。

自1716年秋起北方联盟因英国外交官努力实际上是被拆散了，俄罗斯政府在1717—1719年的所有尝试，即想与丹麦、汉诺威、萨克森和普鲁士达成关于联合行动反对瑞典的协议却最终没有成功。1721年缔结尼什塔特和约，在那时就奠定了俄罗斯同西方军事对抗的起点。这个和约对于莫斯科国家的意义，根据俄罗斯史学家普拉托诺夫的评价："俄罗斯成为欧洲北部的主要大国，完全加入了欧洲国家的行列，将自己同他们的共同政治利益联系起来，并且可以借助于新取得的边界而获得同整个西方自由交往的可能性。"①

彼得政策的主要目标实现了——国家夺得了通向波罗的海出海口，以及可以建造沙皇钟爱的彼得堡所需的新征服土地，它们永久地属于俄罗斯国家。现在国家活动可以致力于其他方面。考虑到形势的复杂性，特别是这些有影响力的欧洲主要国家，诸如英国和法国，俄罗斯帝国应该寻找盟友以顺利完成自己对外政策的迫切任务。俄罗斯的盟国在当时大国中只有奥地利，可是1725年9月3日法国、英国和普鲁士组成了针对奥地利的联盟——所谓的汉诺威盟友。联盟成为奥地利—西班牙联盟（维也纳联盟）

---

① Платонов С. Ф. Лекции по русской истории. Петрозаводск, 1996. С. 563.

的平衡物，维也纳联盟成员试图解决自己同英国和法国的贸易—政治矛盾。两个联盟为自己积极寻求新盟友。经过一年荷兰加入汉诺威联盟，又过一年瑞典和丹麦加入。

（三）俄罗斯向奥地利的靠拢

不仅仅是同英国和法国的敌对关系推动奥地利靠近俄罗斯，在波兰方面两国利益在很大程度上吻合，在波兰问题上奥地利也类似俄罗斯，不愿意让法国影响存在。在土耳其问题上，奥地利同它的敌对几乎从未停止过。此外，奥地利没有任何意愿去接近瑞典，在北方战争时期已经有过这样的表现，当时奥地利对俄罗斯的立场完全是善意的。这种俄罗斯和奥地利在广泛领域的利益的一致性导致1726年双方缔结联盟条约。

根据这个条约，俄罗斯加入奥地利和西班牙的维也纳联盟，并且保证德意志民族神圣罗马帝国皇帝哈布斯堡王朝查理六世1713年4月19日的奥地利国本诏书（它宣布哈布斯堡所有领地不可分割，查理六世如无男嗣，由其女玛丽亚·特蕾西亚继承）。同时，奥地利也保证俄罗斯的欧洲领地，加入尼什塔特和约和1724年俄瑞联盟条约。俄奥双方同意相互给予军事帮助，规模2万步兵和1万骑兵。1726年条约秘密条款规定奥地利有义务帮助俄罗斯对付土耳其。条约对双方都有好处。

与奥地利签署协议的同时，俄罗斯政府有兴趣让普鲁士脱离汉诺威联盟，这个想法最终没有成功。普鲁士国王弗里德里希·威廉看到同俄罗斯接近会有大量资源加强普鲁士的国际地位。当发现俄罗斯和奥地利接近时，普鲁士赶忙在1726年同俄罗斯国家缔结了联盟条约。这是巩固俄罗斯在西部边界安全的新步骤，并保障俄罗斯外交在波兰地位的牢固性。与此同时，联盟致使奥地利—普鲁士关系的改善。弗里德里希·威廉同奥地利结盟并承认了奥国国本诏书。这样，可以确定，在土耳其、波兰和瑞典方面的共同外交利益是建立在彼得堡与柏林和维也纳的友好联盟关系之上。

七 关于彼得一世的活动评价

为彼得一世的活动做一个简短评价,可以印证俄罗斯史学家乌斯特亚罗夫的说法:"在叶卡捷琳娜二世之前,还没有配得上彼得本人的合适继承人,在他之后所有掌管俄罗斯命运的人,大约40年之久,全都敬仰崇拜他,全都愿意模仿他,全都想实现他的计划,可是他们没有他的那种能力。"①

乌斯特亚罗夫接着说道:"从外表上看俄罗斯表现出令人生畏的强大:从安娜手中库尔兰获得公爵,波兰王;米尼希②制服了土耳其的傲慢;伊丽莎白解决了关于查理十二王位纠缠不清的争执,停止了莱茵河沿岸的残酷斗争并使弗里德里希二世心惊胆战。整个欧洲都开始寻求与俄罗斯的友谊,西欧的帝王君主们先后给予俄罗斯的国王以皇帝封号,早先曾拒绝给予彼得大帝这类尊号:安娜的女皇显赫职位,被丹麦国王、萨克森选帝侯承认;伊丽莎白女皇,被德国皇帝、英国国王和苏丹等承认。"③

◇第三节 从叶卡捷琳娜一世到叶卡捷琳娜二世之时的德国问题(1725—1762)

彼得一世的俄罗斯横冲直撞将欧洲折腾得精疲力竭,彼得去世后,欧洲人希望能够得以安静消停。孰料彼得身后的这一时段在欧洲中部地区发

---

① Устрялов Н. Г. Русская история до 1865 года, в двух частях. Петрозаводск, 1997. С. 580.

② 米尼希(1683—1767),伯爵,俄国军事和国务活动家,陆军元帅。生于德国奥尔登堡,1721年起在俄军服役。俄国女皇安娜·伊万诺夫娜执政时的军政部大臣,1735—1739年俄土战争中指挥俄军作战。1742年被伊丽莎白彼得罗夫娜流放,1762年彼得三世把他从流放地召回。

③ См.: Устрялов Н. Г. Указ. соч. С. 582.

生了极其复杂而又非常巨大的变化,在德意志地盘上的两个竞争对手:普鲁士同奥地利就奥地利王位继承权而发生冲突,其间乘势发动攻势,侵占西里西亚、波西米亚,并且由此引发欧洲七年战争(1756—1763),这是18世纪中期整个欧洲最大规模的一场战争,欧洲大国全都卷入,俄罗斯也难以置身事外,并成为决定欧洲事态的决定性力量。

一 安娜女皇登基及国际反响

在整个彼得一世继承人——他的妻子叶卡捷琳娜女皇(1725—1727)和他的孙子彼得二世(1727—1730)时期——俄罗斯对外政策出现了萧条局面,虽然帝国在同其他国家关系方面没有失去自己的分量。同奥地利的结盟决定了在西欧方向的总路线。两国利益在很多方面吻合,首先,是在对抗奥斯曼帝国方面。同奥地利结盟,根据当时的理解,它自然导致以俄罗斯为一方和以法英为另一方之间潜在对抗的升级。俄罗斯同波兰的关系大为恶化,由于波兰人认为库尔兰是自己的省份并且公开说它应该分给波兰的将军,这是安娜·伊万诺夫娜(俄罗斯女皇,1730—1740)的旨意。

安娜·伊万诺夫娜登基(沙皇的第二个女儿、库尔兰公爵弗里德里希·威廉的寡妻)给欧洲大国带来同俄罗斯结成联盟关系的希望。我们的邻居以友好的声明祝贺这一事件。"德国皇帝对俄罗斯使节表示,他同新女皇将遵守已故先辈就已遵循的义务。普鲁士国王在得知专制体制在俄罗斯确立的消息之后,他为新的俄罗斯国王健康干杯,称赞她坚毅果断,并表示,她现在可以自由处置库尔兰的事务,不必期待波兰的同意。"[①]

然而,对安娜的祝酒词并不能掩盖欧洲对俄罗斯的蔑视态度。大家不尊重它,可是害怕它持续增长的军事力量,特别是在打败瑞典之后。所有

---

① *Костомаров Н. И.* Русская история в жизнеописаниях ее главнейших деятелей. Ростов‑на‑Дону, 1995. Т. 3. С. 525.

人都在哄骗俄罗斯,只是为了博得它的信任,全都是把依靠俄罗斯军事—政治潜力作为它们争取自己外交目的的武器。维也纳和巴黎成了要把俄罗斯吸引到自己一边来的斗争的主要对手。它们对俄罗斯政府施加影响的"代理人"就是那些德国人——对外政策实际领导人伯爵奥斯捷尔曼和军界统帅米尼希元帅。

二 干涉波兰王位继承权之争

俄罗斯参与18世纪第二个25年最大的国际冲突是反对法国傀儡成为波兰的主人。冲突起因是由于1733年2月1日已故国王奥古斯特二世的继承人问题,这就引起所谓争夺波兰王位继承权的战争。

在争夺波兰王位的斗争中两个主要候选人迎头相撞,他们背后都有大国支持。法国政府希望将波兰变成"东部屏障"中部环节,支持斯坦尼斯拉夫·列申斯基作为候选人,此人已经在北方战争初期借助于瑞典人的刺刀登上波兰王位,可是瑞典人在波尔塔瓦失败后他被迫出逃。现在他是法国国王路易十五的测试品,这是法国外交的一个额外动机,就是要支持他获得波兰王位。

俄罗斯和奥地利在经过一段犹豫后决定支持弗里德里希·奥古斯特,萨克森选帝侯。在1733年8月俄罗斯、奥地利和萨克森三方代表在华沙签署关于武力干涉的条约,意在确保王冠属于萨克森亲王。彼得堡保证提供军队和金钱以确保萨克森获得波兰王位。作为交换,维也纳宫廷承认安娜·伊万诺夫娜皇帝尊号,萨克森也必须保护波兰—立陶宛公国的现存国家制度不受破坏,而同时放弃公国对利夫兰的贪求。1733年9月在波兰选举议会上的投票活动有利于列申斯基并不是出乎意料的事件,考虑到波兰人对于各种"瓦良格人"基因里携带的不喜欢。作为2万俄军进入波兰的自然结果,此后列申斯基被迫逃往格但斯克。稍后在华沙宣布萨克森的奥古斯特为国王（奥古斯特三世）。奥古斯特三世在波兰巩固了地位。这是俄罗斯外交的重大胜利，缓解了波兰的反俄情绪。为了感谢俄罗斯宫廷的支持，奥古斯特不能不承认宫廷总管和女皇的宠臣比伦为库尔兰公爵。

三 奥地利王位继承权之争

在18世纪中期，俄罗斯卷入同普鲁士的战争，而且是两次。当时英国和法国在争夺势力范围并且反对俄罗斯，就希望拉普鲁士结盟。这时普鲁士已经成长为一个军事大国。在40年代初普鲁士争夺行动频频得手，因为俄罗斯忙于内部事务（1740—1741年宫廷政变）和同瑞典的战争，而奥地利的力量在极大程度上用于同法国和土耳其的战争。

（一）奥地利女皇特蕾西亚

1740年，意味着在德国和欧洲历史上新时代的到来。当时不仅普鲁士国王弗里德里希·威廉一世，而且皇帝查理六世都去世，新一代政治家掌握政权，德意志民族神圣罗马帝国遭到破坏的进程明显加快。自此，两个主要玩家在几乎半个世纪里决定了德国历史的进程：奥地利国王玛丽亚·特蕾西亚（1740—1780）和普鲁士国王弗里德里希二世大帝（1740—1786）。正是他们扩大了在奥地利和普鲁士之间存在的必然到来的冲突达到威胁帝国自身存在的地步。正是两个欧洲大国以及它们在帝国领土上的对抗在1740年开始而进入了称之为德国人历史上的二元论。

特蕾西亚从父皇那里继承了十分有限的政治遗产。此前奥地利输给土耳其的重要战争并且失去了自己所有在巴尔干的领土，包括贝尔格莱德和波斯尼亚的领地，塞尔维亚和瓦拉基亚。军队涣散，财政匮乏。父皇没有子嗣，希望让女儿继承王位的国本诏书（1713年）也没有发挥作用。特蕾西亚为了展示自己有权利继承哈布斯堡领土，不得不同巴伐利亚选帝侯查理·阿尔布莱希特进行激烈竞争，后者依靠法国支持而提出自己为选举皇帝的候选人。在 1742 年帝国国会选举他为皇帝，称为查理七世（1697—1745）。哈布斯堡王朝的事业似乎是要结束。法国寄希望于依附自己的皇帝，快要实现自己由来已久的梦想。可是特蕾西亚善于挽救局势。1743 年夺回布拉格之后，她戴上了捷克王冠，在查理·阿尔布莱希特于 1745 年去世后她为自己丈夫争得了德意志民族的神圣罗马帝国的皇冠。

史学家认为特蕾西亚是杰出的国务活动家，当然也存在缺陷。史学家指出她聪慧，虽然没有她的对手——弗里德里希二世那么敏锐。特蕾西亚作为一个虔诚的天主教徒，模范的妻子和母亲，为她的丈夫（弗兰茨·施特凡·罗塔林格斯基）生育了 16 个孩子。特蕾西亚以家长式态度对待政权，她把国家看作是自己的大家庭并且想成为自己臣民的母亲。奥地利女王在即位执政初期同其他欧洲国家的关系可以说明问题，她遵循更多的是妇女和多子女母亲的经验，而不是政治考虑。还有一个已经信奉了数个世纪并且由女皇在自己生活中完美体现出来的原则，这个原则就是——哈布斯堡王朝的座右铭："让他人去征战吧，你，幸运的奥地利，结婚生子：马尔斯①给他人以力量，维纳斯也能给你力量。"特蕾西亚照例安排自己孩子的命运，结果她同欧洲主要统治大家族的代表人物结成姻亲关系。她出嫁女儿和娶进儿媳，巩固了同法国、西班牙、那不勒斯、西西里、帕尔马的关系，她在同普鲁士的长期斗争中用这种办法为自己寻求盟友。那些好造谣中伤他人的人甚至称她是"全欧洲的岳母和婆婆"。

（二）普鲁士国王弗里德里希二世

弗里德里希二世不同于特蕾西亚，他具有理论家头脑，深刻理解文艺复兴的思想，喜好法国文学及音乐，反对机械式练兵法，打猎，酗酒。他

---

① 马尔斯（Mars）是意大利古时的神祇，最初是田地和收获之神，后为战神。

冷静思考和不易怜悯，有绝对荣誉感和听不得俏皮话，所有同他交往的人都知道他的这些特性。他允许不同宗教信仰，对于宗教问题比较冷淡。在1740年5月31日父王去世后，28岁的弗里德里希获得的不仅是普鲁士的王冠，而且还有8万强大的军队以及空虚的国库。虽然父王去世前有遗言说要尽可能简朴安葬，可是儿子不能这样做。弗里德里希·威廉的出殡仪式隆重豪华。

弗里德里希二世大帝是伟大政治家，是那个时代的出色统帅。他具有民族主义情感，对于帝国不感兴趣，他认为建立帝国不合理。他所有的追求就是让普鲁士成为伟大国家，主要手段就是夺取领土地盘。"我的国家的利益——我自己的利益"——这是他继位几天后说的话。无疑，许多史学家也指出了这一点，在争夺地盘的斗争中国王的荣誉感发挥了不小作用，他从不掩饰这个。在他的回忆录《我的时代的历史》中，而且是生前出版三次（1742年、1746年、1775年），他指出，他祖父弗里德里希一世，因为让普鲁士登上王位"就为自己后人播下荣誉心的种子"。因而可以确定，弗里德里希二世的西里西亚进军对他而言就是"争取荣誉的行军"和"加强国家实力"①。据他说，"统治者首要关心"的是"自我肯定"，而第二个关心的是"大大增加自己的实力"。为此值得去做，不要怀疑，不要意见分歧，没有哪个统治者不想扩大自己的领地。另外，正如欧洲的其他统治者，他坚信，任何政权的基础是"尊重和荣誉"，君主政权首先建立在它的荣誉基础之上。弗里德里希论述和谈论威望是"欧洲最重要的和最需要的东西"。战争对他来说是荣誉的事情，可以有助于"维护国家权威"。他留给继任者的国家居民，其人数是他继承父王的两倍。他的军队被认为是不可战胜的，国库充实。他给帝国带来很大打击，它们伴随着革命岁月的到来明显地加速了帝国的终结。

---

① Цит. по: *Schöllgen G.* Op. Cit. S. 19.

四　奥地利王位继承权的战争开始——西里西亚战争第一阶段（1740—1742）

在 1740 年 12 月争夺奥地利王位继承权的战争开始（1740—1748）。这是全欧洲的冲突，其根本原因是奥地利—普鲁士为争夺在德意志地盘上的主导权和争夺西里西亚，同时也有英法因美洲殖民地和控制大西洋贸易通道的对抗。弗里德里希二世从维也纳获悉查理六世于 1740 年 10 月 20 日去世的消息后立即开战，查理六世没有男嗣不得不把皇帝宝座传给自己的大女儿特蕾西亚。有必要提醒，查理六世的决定早在 1713 年有国本诏书予以认定，法国和奥地利是保证国，1726 年俄罗斯和普鲁士也承认了它。

争夺奥地利王位继承权的战争为结成不同的国际联盟提供了最好的理由。因为法国和普鲁士同奥地利和俄罗斯进行对抗，联盟集团的成员就自然形成了。英国、俄罗斯和奥地利做出响应。于是有萨克森及波兰—立陶宛公国、尼德兰、撒丁王国加入。另一个联盟是法国、普鲁士和瑞典。巴伐利亚和西班牙靠近法国—普鲁士联盟。联盟成员的摇摆及临时差异通常是比天气变化还要快。

普鲁士国王施行武力政策的首要目标是奥地利的西里西亚，它蕴藏自然资源丰富并距离普鲁士最近。在得知特蕾西亚拒绝放弃西里西亚并坚持反对任何外来入侵的立场后，弗里德里希二世在五个星期内占领整个西里西亚及其首府布勒斯劳（1740—1742 年西里西亚战争第一阶段），只有一些要塞坚守。奥地利政府自然不愿意失去西里西亚，维也纳和柏林之间的战争无法停止。

五　伊丽莎白女皇

此时彼得堡发生宫廷政变，彼得一世女儿伊丽莎白（1741—1761）登基。她自己没有孩子，因而她最为关心的是王位传给彼得大帝世系。出于这个目的她决定把自己姐姐安娜·彼得罗夫娜（先前嫁给石勒苏益格－霍尔施泰因－戈多尔普公爵并且生下儿子后很快去世）的儿子从基尔带回俄罗斯，这是彼得一世的外孙。回到俄罗斯后14岁的查理·彼得·乌尔里希于1742年接受东正教并且以彼得·费多罗维奇的名字被宣布为王位继承人。过了两年，在普鲁士国王弗里德里希二世直接参与下，未来的沙皇彼得三世与公主安加尔特·采尔布斯卡娅·索菲亚·奥古斯特·弗雷德利卡订婚，公主来到俄罗斯后与彼得成婚并皈依东正教，更名为叶卡捷琳娜·阿列克谢耶夫娜。

（一）彼得堡宫廷外交政策的辩论

在伊丽莎白周围那些就同奥地利结盟问题的支持者和反对者之间展开了一场激烈的外交斗争。奥地利政府自从弗里德里希入侵之时起就一直坚持争取彼得堡的帮助，援引1726年联盟条约。它极力要同俄罗斯结成牢固联盟，为此目的在1724年中期承认伊丽莎白·彼得罗夫娜皇帝尊号。与此同时，伊丽莎白不能不明白，登基消息已经通报普鲁士国王，而且当时还表示自己将同普鲁士保持友好与联盟，该协议于1740年12月27日经普鲁士人奥斯捷尔曼之手签订。当时他认为，同土耳其讲和之后国家主要任务是同普鲁士共同保卫波罗的海沿岸诸省，并且不知道关于弗里德里希二世入侵奥地利的事情。恰好是在同弗里德里希缔结联盟的这一天，彼得堡获悉奥地利遭到入侵这一消息。这样，俄罗斯的立场极为矛盾：它是两个朋友的盟友：根据1726年条约它必须帮助奥地利反对普鲁士，而根据1740年条约必须帮助普鲁士反对奥地利。[①] 这种外交上杂乱无章的后果是，最终1741年7月底瑞典同俄罗斯开战，弗里德里希二世对俄罗斯提供帮助的请

---

① Очерки истории Министерства иностранных дел России. 1802 – 2002. Т. 1. 860 – 1917 гг. М., 2002. С. 180.

求也置之不理。

彼得堡有理由认为，普鲁士是鼓动瑞典对俄罗斯开战的主要角色。的确，弗里德里希二世担心，俄罗斯可能会妨碍他的占领计划，坚持要求盟友法国能够争取瑞典参战反对俄罗斯。1741年6月普鲁士告知法国使节，如果瑞典不能立即攻打俄国，它也不会履行同法国的联盟义务。

（二）决定支持普鲁士

形势的错综复杂性以及1741年开始同瑞典战争，使俄罗斯失去积极干预争夺奥地利王位继承权的可能性，弗里德里希二世放手实施自己的占领行动，愿意争取到俄罗斯政府对西里西亚领地的保证，提议开始有关联盟条约的谈判，在1742年和1743年期间断断续续进行。他命令驻彼得堡使节不要吝惜金钱去实现这一目的。但是俄罗斯政府坚决拒绝普鲁士国王对这种保证的要求。伊丽莎白政府逐渐知道了贪婪的普鲁士的庞大扩张计划。由此别斯图热夫-留明（伊丽莎白·彼得罗夫娜在位时俄罗斯外交政策的实际领导人），支持同法国结盟，说必须警惕普鲁士国王，他认为这个国王是"帝国最近的也是最有实力的，因而自然也是最危险的邻居"。

最终，1743年在俄罗斯和普鲁士之间缔结了防御性联盟，它要求在任何战争中相互军事援助，除了在对波斯和土耳其。就在签署这个条约时，俄罗斯政府致信弗里德里希二世，对普鲁士军队长时间驻留奥地利领地之事表示惊讶和"惋惜"。信中强调必须严格遵守条约，特别对国本诏书的保证。为了表达"愿意效劳"以调解奥地利—普鲁士冲突，俄罗斯政府请求停止普鲁士军队再次进入奥地利领土。

这种关切提示弗里德里希二世有1726年俄罗斯—奥地利联盟条约的存在。可是俄罗斯内部不稳定而且又是刚刚缔结俄罗斯—普鲁士条约使弗里德里希二世确信，俄罗斯方面也只限于表达惊讶，所以他继续自己对奥地利方面的扩张方针。

六 普鲁士入侵波西米亚——西里西亚战争第二阶段（1744—1745）

（一）普鲁士的扩张野心

占领西里西亚只是普鲁士扩张的开始，弗里德里希二世觊觎波兰、捷克、萨克森和库尔兰。在彼得堡40年代中期之前，人们越发认识到普鲁士扩张的危险性，正如别斯图热夫-留明所说的"最近的邻居且实力大增"。但是在俄罗斯政府圈子中眼下还缺少关于外交主要方向的一致意见。当政府还不明确时，1744年8月普鲁士军队开进奥地利的波西米亚（西里西亚战争第二阶段）。只是在1745年弗里德里希二世军队入侵俄罗斯盟友——萨克森的领土之后，由伊丽莎白召集知名俄罗斯国务活动家组成的特别委员会才一致表示给予萨克森援助。俄罗斯军队约5万人奉命在库尔兰集结以作为警告，如果弗里德里希不同萨克森的奥古斯特三世讲和，那么俄罗斯会援助后者。事态没有达到直接军事冲突，1745年12月25日普鲁士和奥地利，随后普鲁士和萨克森在德累斯顿缔结和约，根据和约整个西里西亚划归普鲁士，并由1742年布列斯拉夫条约条款确认，在此弗里德里希承认特蕾西亚的丈夫弗兰茨·施特凡·罗塔林格斯基为神圣罗马帝国皇帝（弗兰茨一世皇帝，1745—1765）。西里西亚战争的结果是普鲁士领土从11.89万平方公里增加到19.48万平方公里，居民人口从224万增加到543万。很明显，奥地利不可能这么简单地容忍失去西里西亚。

（二）俄罗斯转而支持奥地利

1745年1月，奥地利、英国、荷兰等在华沙签署反对普鲁士的条约。

其成员向俄罗斯政府指出弗里德里希二世扩张对俄罗斯的危险性,指出它想占领库尔兰和利夫兰,并建议伊丽莎白的政府参与华沙条约。

最终,在别斯图热夫-留明——俄罗斯外交的实际领导人主张同奥英两国结盟——的影响之下俄罗斯政府作出选择,以稳定欧洲形势并建立起有助于对抗法国"东部屏障"政策和普鲁士扩张的力量平衡。克留切夫斯基评价道:"拥有30万军队的伊丽莎白能够成为欧洲命运的主宰者;欧洲的版图处在她的掌控之下,可是她却懒得瞥上它一眼,以至于直至生命结束时仍然坚信可以通过走旱路达到英国……倦怠,任性,变化无常,惧怕任何严肃重大思考,终其一生逃避任何事务性工作,伊丽莎白不能参与当时欧洲复杂的国际关系,不能明白属下别斯图热夫-留明的外交阴谋诡计。"①

她更多地受个人喜好的支配,可以说,这些偏好在选择时发挥了决定性作用。伊丽莎白听到有传闻说,普鲁士国王是那个爱说笑话的伏尔泰的热情崇拜者,根据自己的阅历说话和做事,用自己俏皮话,既不爱惜俄罗斯大臣,也不体谅女皇本人。这些做法自然就损害了伊丽莎白的自尊,也因为这些加剧了她厌恶弗里德里希。

特蕾西亚领导的维也纳外交,成功利用女皇的不满并建议确认俄罗斯—奥地利防御性联盟条约。伊丽莎白欣然同意。1746年俄罗斯同奥地利缔结为期25年的新联盟。两个国家保证一旦任何一方遭到来自土耳其或者其他邻国(波斯除外)攻击时相互提供3万军队的帮助,如果侵略一方是普鲁士,这种帮助应该加倍,即6万人(步兵4万和2万骑兵)。随后为了争取同奥地利结盟,俄罗斯政府进一步同英国靠近。1747年签署三个英俄资助协定,根据协定,俄罗斯向英国和尼德兰提供士兵以供在莱茵河地区和在荷兰保护不列颠国王的汉诺威领地不受普鲁士侵害的军事行动之用。

---

① *Ключевский В. О. Русская история. Полный курс лекций в трех книгах. Книга третья.* М., 1995, С. 179.

此外，在库尔兰港口应集结50艘大桅战船。俄罗斯为此得到一次性10万英镑（或者45万卢布）和每年30万英镑的资助①。

同英国的条约和英俄协定阻止了普鲁士扩张，并且终止了奥地利王位继承战争。法国处于非常不利的境地，在1748年1月3.7万俄军从库尔兰逼近莱茵地区，巴黎开始寻求讲和。1748年4月法奥之间签署初步协议，10月签署亚琛条约以确认国本诏书和特蕾西亚继承王位权力。西里西亚仍然留在普鲁士之手。

七　俄罗斯与普鲁士关系的中断

（一）彼得堡削弱普鲁士的打算

1750年俄普外交关系中断，在伊丽莎白在位期间一直没有恢复。亚琛条约的签订没有给欧洲带来长期和平，因为在波罗的海和波兰，普鲁士打算排挤俄罗斯和瑞典并且还想占据统治地位。同弗里德里希的冲突不可避免地降临。因而在1756年3月中期女皇御前会议提出了作为当前俄罗斯外交的主要任务——"不允许普鲁士国王获取新的显赫地位，但它的力量已经取得适度边界，一句话，对于本地区的帝国而言不再是危险"②。可是如果俄罗斯政府"主要打算"是要"削弱普鲁士国王，让它在本地区的各方不再害怕和不再担心"，那么会议考虑更广泛的计划以防发生事件。初步打算，为争取把西里西亚归还给奥地利，要用更实际行动巩固俄奥联盟以反对土耳其；而后要把东普鲁士转交给波兰，并从波兰得到"相互依存"，同意库尔兰合并到俄罗斯并且在俄罗斯和波兰之间建立这些边界，以便彻底结束双方就这个问题的纷争，或许，甚至"波罗的海的商业贸易

---

① Мартенс Ф. Ф. Собрание трактатов и конвенций, заключенных Россией с иностранными державами. Т. I. С. 145－146.

② Семилетняя война: Сб. документов и материалов. М., 1948. С. 25.

同黑海连接起来,并经过它同整个地中海东岸商业连接起来"。当然,这些打算只是远景。

(二) 俄罗斯加入凡尔赛条约

预见到同普鲁士的军事冲突,彼得堡把赌注押在同奥地利缔结军事协定上。当然沙皇政府从来不愿意过度削弱普鲁士,为的是保存一种能够平衡奥地利或者法国的力量。维也纳对俄罗斯的打算采取拖延立场,奥地利外交害怕,在奥俄联盟还没有能够吸引法国也加入之前,奥俄结盟会刺激弗里德里希二世进攻奥地利。俄罗斯政府认为现在需要同法国接近,尽管彼得堡还不希望同巴黎结盟,只是争取它能够保持中立。

只是在1756年英国同普鲁士结盟以及英俄联盟协定解除之后,才造成俄罗斯和法国关系正常化的前提条件。奥地利使节告诉伊丽莎白,说眼下缔结法奥联盟的条件是俄罗斯也加入其中。

弗里德里希在几乎10年期间"保持着安静,既没有惊扰奥地利,也没有惊扰萨克森,也没有惊扰俄罗斯,而是专注于科学,诗歌,写作智慧箴言、美妙诗篇,同学者交谈,发展工业;然而,每年都在扩充自己的军队,教导士兵不要懈怠并保持10万军队,在所有方面都不断完善,在欧洲还没有类似情况"[①]。领导奥地利外交的考尼茨担忧地注视着普鲁士的不断强大,它威胁到奥地利会使其失去在德意志国家中的统治地位,或者至少,也是要分享其在德意志的领袖地位,所以思考着需要通过缔结新的军事政治联盟来巩固自己国家的防御能力。他成功地拉拢了欧洲的大部分,甚至是奥地利的可怕竞争者——法国。1756年5月1日条约使两个大国保证一旦普鲁士国王有敌对行动就相互尽全力帮助。这就是著名的《凡尔赛条约》,1756年12月31日俄罗斯加入该条约。几乎在同时俄罗斯和奥地利签署针

---

① *Устрялов Н. Г. Указ. соч. С.* 573 – 574.

对普鲁士的进攻性联盟条约，它确认以往的俄奥联盟协议。确实，俄罗斯在这个联盟中扮演配角，奥地利要求作战军队和俄罗斯外交要完全服从自己①。

（三）弗里德里希的打算

在获悉《凡尔赛条约》存在之后，弗里德里希认为，联盟成员只是等待合适的机会，以便夺走西里西亚，甚至要消灭它的王国，于是决定首先开始主动行动，要用实力同它的敌人做斗争。与此同时，联盟成员没有一个有兴趣去完全消灭普鲁士，反而是考虑着要在未来为了自己的利益而利用它。大家是想削弱普鲁士并使它返回到西里西亚战争之前的边界线。为了实现这个目标，盟友组成41.9万人的庞大军队反对普鲁士。弗里德里希二世麾下只有20万士兵，外加受雇的英国守卫汉诺威队5万人。

考虑到同奥地利战争的不可避免以及自己资源的有限性，弗里德里希将赌注押在"英国人黄金"，即英国对俄罗斯施加影响的传统，思考要阻止俄罗斯参加目前的战争并且极力避免两线作战。结果他被迫同三个欧洲大陆最强国家及其盟友组成的联盟——由三个女人组成的联盟［特蕾西亚、伊丽莎白和蓬帕杜（路易十五宠信的女子，曾干预国事）］——进行作战。普鲁士国王对他的对手的嘲讽把戏掩盖了对自己胜算的无把握：欧洲大陆上的力量过于不对等，英国没有强大步兵，除了金钱之外给他的帮助很少。

八 欧洲七年战争——西里西亚战争第三阶段（1756—1763）

（一）俄罗斯和普鲁士的公开对抗

1756年8月开始的七年战争（西里西亚战争第三阶段）是18世纪中期

---

① Очерки истории Министерства иностранных дел России⋯С. 185.

最大的国际冲突。几乎所有欧洲国家都参与其中。这次国际冲突破坏了在欧洲现有的军事政治联盟体系并且引发一系列欧洲大国的外交重新组合，它是著名的"联盟彻底改变"。问题在于，战争集团成员的目的急剧分化。为了反对共同敌人而联合起来，反对普鲁士联盟的成员却没有考虑去忘记自己的传统民族利益和矛盾。英国和法国相互开战是为争夺殖民地和海上通道。普鲁士作为英国盟友进行战争首先是为了靠损害奥地利和萨克森以扩大自己在德意志的领土。俄罗斯和奥地利把普鲁士看作自己的主要对手，可以看出，这是整个俄普外交关系上俄罗斯和普鲁士之间的第一次战争。奥地利不能容忍失去西里西亚，它根据1748年亚琛条约仍由普鲁士占据。特蕾西亚在回应这个和约时迫切表示，她希望普鲁士尽快归还这块领地，"虽然她不得不让出这件最后的裙子"。

（二）伊丽莎白对弗里德里希宣战

普鲁士最危险的敌人是俄罗斯，它轻易能够很快消灭普鲁士国王。在宣布弗里德里希是欧洲和平的破坏者之后，俄罗斯政府想把西里西亚归还给奥地利，想把普鲁士的大部分让给奥古斯特三世以弥补他因萨克森三次破坏而蒙受的损失，而只留给弗里德里希一块地盘——勃兰登堡。在宣战后几乎过了一年俄罗斯方面的军事行动开始了："我们对普鲁士开展五次主要进军……伊丽莎白希望一次进军，一次打击就能制伏弗里德里希；否则：我们应该参加激烈斗争，为他人事业而作战并用宝贵代价收获胜利。"[①] 在弗里德里希的对手中间出现了分歧，这是由利益矛盾而引发的，首先是奥地利贪恋领袖地位，这在战争进行中是最致命的，这些分歧成为战争结果的一个主要原因，它们使得普鲁士能够进行反抗。

普鲁士还不等到对手们集结好自己力量时，弗里德里希就把赌注押在

---

① *Устрялов Н. Г.* Указ. соч. С. 573–574.

各个击破消灭它们，1756年8月29日弗里德里希二世首先开始军事行动，突然入侵同奥地利结盟的萨克森并占领它。1756年9月1日伊丽莎白对普鲁士宣战。9月9日普鲁士包围坚守皮尔纳阵营的萨克森军队。10月1日前去解救萨克森人的奥地利统帅布劳恩的3.35万军队在洛波西茨被击溃。因陷于绝境，10月16日1.8万萨克森军队投降。在德累斯顿档案馆内弗里德里希发现了关于奥地利、俄罗斯、萨克森和法国结盟反对普鲁士的真正文件并公布它们。可是这些证据太晚了并不能使任何人相信。几乎所有欧洲国家都支持特蕾西亚。英国虽说是有义务帮助普鲁士，但也很快抛弃了它，弗里德里希必须单独同整个欧洲作战。

九 俄罗斯对普鲁士政策的急剧变化

（一）彼得堡宫廷对柏林政策的不确定性

1757年夏，应奥地利关于帮助的请求，俄罗斯军队进入东普鲁士境内并夺取了因斯特堡、梅梅尔和其他城市。1757年8月19日在格罗夏格尔斯道夫附近发生了在阿普拉克辛指挥的俄罗斯军队与列瓦尔德统帅指挥的普鲁士军队之间的第一次重大战役，在损失0.75万军队后，普鲁士人撤退了。对俄罗斯而言出现了无障碍进军哥尼斯堡的机会。但是正如史学家所说，阿普拉克辛是宫廷倾轧把戏的能手，可是在军事事务上过于优柔寡断，喜欢奢华排场，不愿意让多余的行军为难自己，他停止追击普鲁士军队，而且命令自己的军队偏离库尔兰和立陶宛，理由是会损失过多，俄罗斯军队的粮食不足且伤病增多。普拉托诺夫同意他的这些理由①。

另外一些研究者解释他行为的原因是，那时他得知伊丽莎白病重且一旦女皇去世有可能王位传给继承人——彼得·费多罗夫维奇，这位继承人

---

① Платонов С. Ф. Указ. соч. С. 666.

以崇拜弗里德里希二世而著名。可是伊丽莎白健康时，阿普拉克辛受到过司法指控。别斯图热夫－留明被判了死刑，但事情以他流放到一个名叫莫扎伊斯克附近的地方而结束。主战派人士、同法国关系更加密切的沃龙佐夫成了首相。但是这已经不能改变事态，1757年战争最终以毫无结果而结束。

（二）俄罗斯军队兵临城下

1758年1月22日，俄军夺取了东普鲁士首府哥尼斯堡城，1759年1月底占领整个东普鲁士，可是这并不能使俄罗斯的盟友高兴，它们害怕俄罗斯实力增强。由于分歧和缺乏必要的配合行动，盟友们不能成功彻底消灭普鲁士军队，但是也没有妨碍俄军和奥地利分队于1760年10月9日进军柏林。在城市停留四天后，索取到柏林市民的足够军税，部分俄军撤退至奥得河。因害怕奥地利军队退出战争，俄罗斯被迫于1761年重新把自己军队的主力派往西里西亚以帮助奥地利人。与此同时俄军被派往波美拉尼亚，俄军在12月初的勇敢行动打开了通向彻底进军什切青—柏林方向的道路。普鲁士的处境更加困难，因为英国此前已经使法国和西班牙在殖民地失败从而实现了自己的主要目的。对英国而言普鲁士作为盟友的价值在于拖住法国在欧洲的主力，此时已经掉价，于是抛弃了弗里德里希二世，任其听从命运摆布，也停止了资助金钱。

（三）新沙皇彼得三世下令撤兵

弗里德里希二世面临着灭亡。他的物资完全消耗殆尽。他的王国的大部分领土——波美拉尼亚、西普鲁士和东普鲁士——都处于俄罗斯占领之下，而在萨克森和西里西亚他遇到两倍多奥地利军队的对抗。普鲁士作为一个国家面临着完全失败和被瓜分的危险。记得伊丽莎白有一次说过自己有决心继续战争至彻底胜利，甚至是如果她不得不为此卖掉自己半数的衣裙，她的衣橱里总计有 1.5 万多件衣裙。弗里德里希已经准备好退位和以自裁方式结束生命，只是 1761 年 12 月 25 日（1762 年 1 月 5 日）伊丽莎白逝世把他从自己最危险的敌人手中解救出来。王位继承人是彼得三世（1728—1762），是伊丽莎白已故姐姐——安娜和霍尔施泰因－戈多尔普公爵查理·弗里德里希的儿子。他长在基尔，是弗里德里希的疯狂崇拜者，他再一次改变了俄罗斯外交的方向，不仅同普鲁士讲和，而且急于同它结成联盟关系。

十　俄罗斯与普鲁士的和好

（一）彼得三世的亲普鲁士政策

由于彼得三世的身世和经历，"自登基之时起彼得极力全面表现自己对弗里德里希二世的无限崇拜。他在众人面前虔诚地轻吻国王的半身雕像，在一次宫廷午宴时当着众人面对他的画像屈膝弯腰"。他身穿普鲁士制服，佩戴普鲁士勋章，让彼得一世俄罗斯近卫军的服装换成普鲁士样式制服。"普鲁士的信使在登基之前，就已经向弗里德里希二世通报了七年战争关于俄罗斯军队的消息，在俄罗斯王位上的彼得成了普鲁士大臣的代理人。"[1]

俄国新沙皇的第一件事是同弗里德里希讲和。由于个人喜好和原则上缺乏对普鲁士的敌视的原因，彼得想尽可能快地结束这场拖延已久的战争，俄罗斯加入奥地利同普鲁士流血战争五年多，已经成为彼得堡的沉重负担，而且没有带来任何利益。七年战争代价很昂贵：超过 30 万士兵和军官死于战场及伤后死亡。战争对于俄罗斯国库而言也是耗费巨大，根据当时统计数额是 3000 万卢布。

对于彼得而言同弗里德里希讲和的必要性还因为，他必须集中全力对

---

[1] Ключевский В. О. Указ. соч. С. 185 – 186.

付自己家族的古老敌人,即丹麦国王。有关石勒苏益格长达半个世纪的问题还没有得到解决。在女皇安娜在位时,在彼得堡、维也纳和哥本哈根三个宫廷之间签署的关于以100万帝国银把石勒苏益格交给丹麦国王的协定,并没有解决纷争:当时霍尔施泰因公爵查理·弗里德里希——彼得三世的父亲,不同意盟友提出的条件,事情仍然没有解决。在伊丽莎白在位时争论再起。丹麦使节善于取得女皇近臣别斯图热夫的支持,想用和平契约解决此事,女皇也想这样。但是,在父亲去世后继承了霍尔施泰因,大公坚决否决了丹麦国王的所有条件,坚持要求归还石勒苏益格,在成为俄罗斯皇帝后,决定要使用武力支持自己的权力,向丹麦宣战;普鲁士国王有义务开放自由通道让俄军通过自己的王国;军队从各个方向进入波美拉尼亚;海上的舰队准备好包围哥本哈根;国王自己想前往由鲁缅采夫伯爵指挥的军队。但是,诸多无法预料局势的汇集就阻止了萌芽状态的战争,使北欧免于全面动荡。

在伊丽莎白去世的当天,彼得派自己的亲信给弗里德里希二世送去书信,其中提议在俄罗斯和普鲁士之间建立"友好协议和友谊"。"感谢上帝,我们的后方自由了"——在收到这份书信后,弗里德里希致信自己弟弟时如此写道。

很快彼得三世命令在西里西亚的俄军,离开奥地利。1762年3月5日在俄罗斯和普鲁士之间正式签署停战协议并开始关于和约的谈判,并于1762年4月24日在圣彼得堡签订。和约规定:所有领土都归还给普鲁士,包括俄军付出重大牺牲夺取的波美拉尼亚和东普鲁士,而且返还这些领土给普鲁士是没有任何先决条件和补偿的。先前伊丽莎白已经征得奥地利同意而准备把它们合并到俄罗斯,弗里德里希实际上不得不容忍失去自己大片省份。

紧接着开始谈判联盟事宜。此前,俄军主力已经接到命令要返回俄国,可是还是分出1.8万人合并到普鲁士军队,并联合行动以反对前不久还是俄罗斯盟友的奥地利。在同普鲁士使节的谈话中，彼得三世还向弗里德里希转告这些话："我将为反对自己整个帝国的苦难环境而战斗，如果他（弗里德里希）下令的话。"① 1762年6月8日俄罗斯签署了同普鲁士的联盟条约。根据盟约准备联合行动反对丹麦，为的是收回石勒苏益格交给霍尔施泰因公国。同俄罗斯以往盟友的条约尚未解除，但事实上，它们已经因为同普鲁士的和约及盟约而被废除了。

（二）俄罗斯拯救了普鲁士

实际上是俄罗斯拯救了普鲁士，其边界线于1763年在胡贝土斯堡签署的和约得到奥地利和法国的认可。弗里德里希二世应该为此而感谢俄罗斯，就像奥地利一样，普鲁士成为德意志领土上的第二个有实力国家，并且能够挤进欧洲大国俱乐部，与俄罗斯、英国、法国和奥地利并肩而立。这一结果重新评价了普鲁士的军事实力和弗里德里希的军事才能，以及大大加剧了维也纳和柏林之间的竞争对抗。

彼得三世公开亲普鲁士的外交政策引发俄罗斯贵族的不满，这成为后来他很快被妻子叶卡捷琳娜依靠近卫军军官推翻并被处死的主要原因之一。他在位只有六个多月。关于俄罗斯宫廷政变的消息沉重打击了弗里德里希二世。根据俄罗斯外交官考尔夫目睹，在柏林因为6月28日政变，"恐惧如此巨大，以至于王国国库连夜搬往马德格堡"。人们等待着，俄罗斯会同普鲁士重新开战。这种命运令俄罗斯的前盟友兴奋，而令普鲁士国王恐惧，他"非常不安"，俄罗斯代表列普宁告知他叶卡捷琳娜二世（彼得三世的妻子）登基，新女皇如果不是政变阴谋的策划者，那么也是阴谋的鼓动者之一。

但是，接下来的事实没有证实弗里德里希二世的担心，也已经不能改

---

① Цит. по: *Dederichs M. R.* Op. cit. S. 211.

变和约有利于俄罗斯的条件，况且国际形势此前也发生了变化。彼得三世的行为只是加剧法—俄—奥联盟瓦解的进程而已。在1763年奥地利、萨克森、法国同英国和普鲁士签署和约。主要目的已经完全实现了，因为开始反对弗里德里希的战争时，俄罗斯政府提出的那个目标——削弱普鲁士——已经完成。

在1779年，在重新任命的大使前往圣彼得堡之前，根据回忆录作者的见证，弗里德里希说："我从未停止过哀悼彼得三世。他是我的朋友和救命恩人。没有他我是必败无疑。"在说这些话的时候普鲁士国王流下了眼泪。至于特蕾西亚，正如在她暮年时民众称赞她所说的，说实在的，女皇"给自己的王冠和家族带来荣耀"，她为此而战，可是"她没有敌人"。

第三章

叶卡捷琳娜二世时期的俄德关系
（1762—1796）

叶卡捷琳娜二世，原为德国公主索菲亚·费列杰里卡·奥古斯塔·安加尔特－采尔布斯茨卡娅，其父是普鲁士将军，按母亲血统属于北德意志数个王公家族之一的霍尔施泰因—戈多尔普家族。她登基之时俄罗斯外交面临着采取积极措施以恢复因彼得三世在位期间退出七年战争而受损的俄罗斯国际地位。在位期间她除了为俄罗斯牟取巨大扩张利益之外，还大量引进德意志移民从事开发。

◇◇ 第一节　来自德意志的女皇

莫非是俄罗斯人命中注定要接受来自异乡人的统治，又莫非是波罗的海沿岸的人天生地喜好到处闯荡，俄罗斯历史上前后两个王朝——留里克王朝（862—1598）和罗曼诺夫王朝（1613—1917）——都有波罗的海沿岸的人的踪迹，留里克王朝的始祖留里克根据《往年纪事》记载是北欧人，罗曼诺夫王朝家族的祖上是东普鲁士移民，而为俄罗斯牟取巨大扩张利益并广受赞誉的叶卡捷琳娜二世则是地道的德意志公主。

第三章 叶卡捷琳娜二世时期的俄德关系（1762—1796）

一 叶卡捷琳娜大帝

叶卡捷琳娜二世女皇不同于她的头戴王冠的丈夫，她同丈夫从1745年就在俄罗斯度过，她很快适应了俄罗斯生活习俗和东正教教会习惯，并以自己的友善赢得俄罗斯臣民的爱戴和尊敬，很快就被接纳为自己人。何况在登基之初，由于悬空的内政和外交让她得以很快获得"大帝"尊号。有人认为，由于叶卡捷琳娜二世登基在俄罗斯是理性占据统治地位。许多德国人认为现在俄罗斯是"一个开明专制确立为一种政治理论的国家"。

与此同时，在她执政期间不仅同普鲁士的紧密关系得以发展，而且还巩固了同德国的联系，虽然在宫廷里是俄罗斯人扮演了首席提琴手，并且是纯粹按照俄罗斯方式理解俄罗斯利益。"叶卡捷琳娜作为国家的女王并不逊色于伊丽莎白。"①

二 女皇的外交成就

外交政策——叶卡捷琳娜国务活动最出色的方面，给同时代和后世留下最强烈的印象。当人们想说最好的，就是说这一朝女皇，是说同土耳其战争的胜利，是说波兰被瓜分，是说叶卡捷琳娜声音在欧洲国际关系中的分量。另一方面，外交政策是竞技场，在这个舞台上叶卡捷琳娜更容易博得民众的好感：在这里全体民众理解和感受到的问题都解决了：波兰人和鞑靼人对于当时罗斯来说是最不受欢迎的人。最终，在这里既不需要思考规划，也不需要寻找刺激：因为这些任务是历史上数个世纪直接提出准备好的，并且要求解决这些任务要先于

---

① *Платонов С. Ф.* Лекции по русской истории. Петрозаводск. 1996. С. 715.

其他任务。所以女皇最关注这个方面。①

叶卡捷琳娜二世执政时期俄罗斯在国外的大使馆和公使馆数量大为增加就是为外交服务的。如果在1724年它们的数量达13个（包括在德意志领土，在英国、普鲁士和汉堡也有），那么到18世纪末它们的数量已经有26个。在德意志民族神圣罗马帝国地盘上，有新的公使馆开设在德意志帝国国会所在地雷根斯堡，在萨克森、吕贝克、法兰克福、巴伐利亚，有总领事馆和领事馆开设在汉堡、莱比锡、格尼茨堡、吕贝克、基尔和奥格斯堡②。

叶卡捷琳娜二世的外交政策可以分为两个时期：70年代末之前和1780年之后。在70年代末之前，当时普鲁士是作为俄罗斯的主要欧洲盟国（在70年代前存在所谓北方和弦，包括俄罗斯、英国、普鲁士和瑞典）；在1780年后，当时签署俄罗斯—奥地利盟约导致同弗里德里希二世的关系复杂化。1789年武装中立法成为两个时期之间的转折点。该法令颁布是因美国争取独立战争，并且致力于支持反对英国的殖民地革命。法令确认中立船只有权同交战国进行贸易并进口所有商品，除了武器和战争物资之外。这个分期法是有足够条件的。问题是，从自己国务活动的开始到结束前叶卡捷琳娜二世是根据自己对于俄罗斯国家利益的概念体系出发的，其基础是彼得一世外交确立的——确立俄罗斯在波罗的海和黑海沿岸的地位。早在1761年3月前整理的《叶卡捷琳娜·阿列克谢芙娜笔记》第36点已经很清楚，未来的女皇写道："黑海与里海连接起来，两海与北方连接起来，通过鞑靼能够同中国和东方印度进行贸易——这样可以使俄罗斯登上强大地位，超

---

① Ключевский В. О. Русская история. Полный курс лекций в трех книгах. Книга третья. М. 1995. С. 227 – 228.

② Очерки истории Министерства иностранных дел России. 1802 – 2002. Т. 1. 860 – 1917 гг. М., 2002. С. 228.

过欧洲和亚洲其他国家。"①

当叶卡捷琳娜还是大公时从她的笔记中流露出的片段文字，可以明显看出，在俄罗斯"三位一体"传统外交中（瑞典、波兰、奥斯曼帝国）南部的黑海—巴尔干方向就成为她思考的优先问题。但是当成为最高政治决策者时她就成了现实主义者，叶卡捷琳娜试图确立自己对外政策路线有赖于在欧洲力量平衡如何得以维持。在她当政的不同时期她不得不分别关注波兰、德意志或者瑞典事务。然而她的外交的主要方向集中在西南方面：确保俄罗斯贸易船只自由通过黑海以及随后能够达到西地中海，帮助同宗信仰的巴尔干和希腊人民仍然是她政策的主要目的。正如俄罗斯史学家认为，在这里"表现出叶卡捷琳娜外交的主要特点——她的定位方向朝着合理理解国家利益"②。

◇ 第二节　同普鲁士结盟

起初叶卡捷琳娜中断了同弗里德里希二世的军事联盟。在任何情况下，女皇身边大部分人都想回归伊丽莎白的政策，正是在这一点上那些憎恨普鲁士者开始这样解释她最初命令的词句。政治精英猜想女皇会再次调动自己的军队帮助奥地利并迫使普鲁士放弃先前夺得的领土。这样就开始拟订计划，东普鲁士划归俄罗斯。统帅萨尔蒂科夫正是这样理解事态的，他在收到6月28日国家政变通报后立即命令由军队占领已让出的普鲁士地区。但是叶卡捷琳娜命令干预这件事，使其重新回到原来的阵地并遵守和约条件。

---

① Бумаги императрицы Екатерины II, хранящиеся в Государственном архиве МИД. Т. I. СПб., 1871. С. 99.

② Очерки истории Министерства иностранных дел России… С. 190.

一 同普鲁士结盟的主要原因

女皇关于俄罗斯军队撤出东普鲁士的命令拖延至1762年底才完成,这证明了,她认为同弗里德里希的战争合理合法,并且放弃了取得某些属于她的领土。她需要和平,"由于她的地位不是很稳固,她愿意专注于内部事务,改善民众境况,用这些办法争取权力使民众记住她,以证明6月28日事件的正当性,为了这一切需要金钱,以及重要的是停止驻国外军队的开销"[1]。

需要和平还因为波兰事务。在波兰有人天天盼着暮年的国王奥古斯特三世死去,非常明显这样一些重量级选手,诸如俄罗斯、普鲁士、奥地利、土耳其、法国和瑞典,它们照例要为争夺波兰王位继承权而进行公开的搏斗。俄罗斯政府也关心有关这位继承人选举的问题,此人应该是俄罗斯在波兰施加影响的代理人,至少也不能成为敌视俄罗斯的大国手里的工具。可以理解,俄罗斯利益要求要推出自己的代理人,要友善,忠于东正教,顺从和感恩。

不难预测,法国、奥地利和土耳其通常都会积极参与同波兰—立陶宛公国国王选举相关的政治斗争,所以必然反对俄罗斯的傀儡。在这样一种力量布局之下俄罗斯自然需要盟友,普鲁士客观上就成为这样的同盟。更何况,彼得三世时在俄罗斯和普鲁士之间缔结的1762年联盟条约中规定,两大国要在波兰有关新国王选举和保护波兰非天主教居民权利问题上共同行动。

弗里德里希二世准备在波兰问题上支持俄罗斯以替换联盟关系,虽然它具有防御性特点。依据七年战争的经验他非常清楚,借助于彼得堡支持的国家军事政治分量有了足够提升。作为一个清醒的有思维能力又特别依

---

[1] Соловьев С. М. История России с древнейших времен. М., 2010. С. 540.

靠武力的专制君主，弗里德里希永远遵循"以最小代价捞取好处"的原则，并且只有在有可能实现国家面临的具体利益的那个时候才会加入短暂联盟。俄罗斯也明白这一点，因为在涅瓦河畔最终再次响起了一种意见的声音，即同普鲁士接近客观上符合俄罗斯对外政策利益，并且有必要采取所有努力以防止普鲁士国家同法国联手，后者数十年来一直是俄罗斯的主要敌人。俄罗斯同法国的对抗恰好适合自己对瑞典、波兰和土耳其的政策，三者组成所谓东方屏障的重要环节——这是法国对外政策在东欧的工具和支柱。

> 波兰位于德意志后面，自然应该使它接受法国的友好命令，因为巴黎是德意志帝国和哈布斯堡王朝的对手。类似的原因使得俄罗斯同德意志国家保持友好关系，特别是普鲁士的出现，对它而言，波兰就是前进道路上真正的绊脚石。①

所有这些情况就决定了崇拜普鲁士"有组织国家体制"的女皇同普鲁士保持和平，并且在随后一次接一次地三次瓜分波兰—立陶宛公国：1772年、1792—1793年、1795年。

在同柏林接近问题上发挥很大作用的是伯爵帕宁，此人是女皇的主要外交顾问，直至他1783年3月去世。他不仅主张同弗里德里希讲和，而且主张同他直接结盟，指出没有这个人支持在波兰不可能得到什么。女皇有意拖延而不做决定：她不想成为那个自己不喜欢的前任政策的继续者，不想成为那个在七月宣言中她称之为是俄罗斯罪犯的国王的同盟者。可是帕宁善于坚持己见，女皇无条件信任他的外交天才。

1763年1月女皇同意俄罗斯驻华沙大使和帕宁的老战友伯爵凯泽林格关于同普鲁士接近的建议，宣布"可以同普鲁士国王就波兰事务达成协

---

① *Данилевский Н. Я.* Россия и Европа. СПб., 1995. С. 384.

议"。但是考虑到同普鲁士结盟的保密性,她要求这个问题的通信要在她和弗里德里希二世之间直接进行。此外,女皇表示,希望让普鲁士国王方面表现出主动。弗里德里希二世求之不得。同俄罗斯结盟对他来说很有必要还有另一个原因。他要求得到波兰的一部分土地,即能够把东普鲁士同他的其他领地连接起来,而达到这一目标的唯一途径是通过与俄罗斯共同行动。

1763年2月普鲁士国王开始对俄罗斯驻柏林大使公爵多尔戈鲁基坚持强调关于愿意同俄罗斯结盟。在这个时候他打出了主牌,表示如果俄罗斯同普鲁士结盟,那么他准备支持俄罗斯提议的波兰—立陶宛公国王位的任何候选人。对于彼得堡而言这个问题非常重要,这是为什么呢? 1763年2月15日在胡贝士斯堡在俄罗斯没有参与下(它试图在这个问题上居中调解)奥地利和普鲁士之间缔结和约。在这样的条件下巩固俄罗斯在库尔兰和波兰的阵地就具有特别意义,在这里俄罗斯的利益同奥地利和普鲁士的利益发生了冲突。

还是在同普鲁士公开谈判结盟之事前,外交衙门于1762年12月5日通过决定要把在米塔瓦执掌政权的萨克森公爵查理——七年战争时期奥地利和俄罗斯的盟友——调换成刚从流放地返回的比伦,借此使这个波罗的海国家回到俄罗斯影响之下。这样,叶卡捷琳娜二世善于利用弗里德里希二世的想法来实现她的安排,争取同意恢复比伦在库尔兰的王位。但是这就要求萨克森的亲王查理——在七年战争时期被库尔兰公爵挑选的奥古斯特三世之子——离开库尔兰。现在萨克森家族代表在库尔兰王位上开始对俄罗斯不利和不友善。这个比伦从流放地返回并且被扶上库尔兰王位,是俄罗斯影响的更为可靠的代理人,要胜过萨克森和奥地利支持的萨克森亲王查理。

在波兰事务中俄罗斯决定支持的候选人斯坦尼斯拉夫·波尼亚托夫斯基更符合这些条件。克留切夫斯基写道,对于俄罗斯而言,谁占据波兰王位在原则上都一样:这个国王,敌视俄罗斯,对俄罗斯是无害的,友善俄罗斯——无用的；在任何情况下它一直都是自己手中的玩物和工具。可是叶卡捷琳娜选择波尼亚托夫斯基出于两个主要原因："1. 还是在伊丽莎白女皇在位时的彼得堡，斯坦尼斯拉夫给叶卡捷琳娜留下日常生活方面良好的回忆；2. 叶卡捷琳娜利用斯坦尼斯拉夫候选人为自己争取到不少快乐以使弗里德里希二世回信加以认可，经女皇之手给他送去对他而言是非常宝贵的阿斯特拉罕小西瓜。原因是公开的，至少是彬彬有礼。"① 这里的关系是明显的，弗里德里希自然要用奉承及无限客气话极力增加女皇对自己的好感。叶卡捷琳娜也时不时给自己的"盟友和朋友"送去阿斯特拉罕小西瓜、葡萄及其他"时令水果"，以此感谢"他们给予完美国土的赞美"②。

二 俄普防御协议及关于波兰的秘密协议

普鲁士同意俄罗斯的候选人。在波兰国王选举问题上表现出的共同行动有助于完成关于俄罗斯和普鲁士之间的联盟谈判。1764 年 3 月 31 日在圣彼得堡俄罗斯全权代表帕宁及公爵格里岑和普鲁士大使索里姆斯伯爵签署了为期八年的俄罗斯—普鲁士防御协议③和关于波兰的秘密协定④。正如马

---

① *Ключевский В. О.* Указ. соч. С. 229.

② *Туполев Б. М.* Фридрих II, Россия и первый раздел Польши // Россия и Германия. Вып. 1. М., 1998. С. 75.

③ С.-Петербургский союзный договор, заключенный с Пруссией от 31 марта (11 апреля) 1764 г. // Собрание Трактатов и Конвенций, заключенных Россиею с иностранными державами / Сост. Ф. Мартенс. Т. VI. Трактаты с Германией. 1762 – 1808. СПб.: Типография Министерства Путей Сообщения, 1883. С. 11 – 25. См.: *Павлов Н. В.* Россия и Германия: Несостоявшийся альянс М: 2017 г. С. 105.

④ Секретная конвенция относительно избрания на польский престол Пяста, подписанная в С.-Петербурге 31 марта (11 апреля) 1764 г. // Собрание Трактатов и Конвенций, заключенных Россиею с иностранными державами. С. 25 – 33. См.: *Павлов Н. В.* Указ. соч. С. 105.

尔滕斯指出的，双方当时的主要利益由以下内容构成："普鲁士国王利用波兰事务是为了把俄罗斯（他确信俄罗斯的军事实力）同普鲁士紧密连接起来并以此使俄罗斯同奥地利不可能结成紧密联盟"，而"女皇利用这个联盟为了让普鲁士增进俄罗斯在波兰的利益"①。

双方保证对方的领地并且一旦任何一方受到攻击时保证相互给予帮助，以武装力量或者金钱资助方式（1万步兵、0.2万骑兵或者40万卢布一年）。彼得堡条约的秘密条款其中一条事先提及同盟者共同行动以保护当时在瑞典现存的统治方式。

可是具有特别意义的是那些涉及波兰问题的文件。俄罗斯和普鲁士谈判条件存在矛盾，在采取武力前不能有悖于波兰—立陶宛公国的"宪法和基本法律"；事情涉及有关保护这个国家已经过时但却给邻国提供干涉其内政机会的政治制度。此外，条约双方决定以"最有力方式保护"居住在波兰—立陶宛公国的东正教徒和新教徒，并使他们享有同天主教徒的同等权利。在选举波尼亚托夫斯基为波兰国王的问题上，双方还约定完全协调和相互支持。

如果弗里德里希二世利用波兰问题是为了争取同俄罗斯签署联盟条约，其中双方相互保证自己领地并承诺一旦一方受到攻击要提供武力支持，那么叶卡捷琳娜二世得益于防御性条款牢牢地把普鲁士同自己在波兰—立陶宛公国的利益连接在一起。

如果根据叶卡捷琳娜的考虑，同普鲁士结盟应该更容易使她借助于普鲁士后方掩护而干涉波兰内政，那么对于弗里德里希二世来说同

---

① Секретная конвенция относительно избрания на польский престол Пяста, подписанная в С.-Петербурге 31 марта (11 апреля) 1764 г. // Собрание Трактатов и Конвенций, заключенных Россиею с иностранными державами. С. 10. См.: *Павлов Н. В* Указ. соч. С. 105.

俄罗斯结盟，就可以在政治上确保普鲁士作为第二个德国人大国的自立能力，这是"国家利益"的需要。归根结底，普鲁士—俄罗斯"相互同意"对于弗里德里希要比女皇更加重要得多①。

三　俄普结盟的战略意义

同普鲁士结成联盟在长时间里就决定无论是俄罗斯还是普鲁士对外政策的主要内容。两国结盟使得俄罗斯影响波兰事务，遏制土耳其，在北方占据优势，在欧洲扮演主要角色，而不必自己付出特别开销。所以两个大国的联盟关系从一开始就不简单。甚至是在最好的时候俄罗斯—普鲁士联盟也经受着倾轧。当涉及俄罗斯利益时，叶卡捷琳娜不同意对普鲁士在一些问题上表现出的"偏激冒进"作出任何妥协，诸如在但泽和维斯瓦河口问题上，在两国间关税征收问题上，甚至在提高普鲁士邮政税收上②。

至于弗里德里希二世，在确信保持同俄罗斯条约时，他认为，他不再需要什么了。"我只是需要同俄罗斯结盟……我不需要其他的联盟"，他在1766年对俄罗斯代表萨利德恩说了这番话。1768年，此时弗里德里希已经历过七位俄罗斯皇帝和女皇，他在自己的遗言里写道："英国不能让我们听从命运摆布，而会出卖……我们长期的利益要求，要我们保持我们同俄罗斯的联盟甚至还要巩固它。"在1776年他解释说明，俄罗斯为德国人掩护着东普鲁士的后方。"唯有时间能够作出改变，他写道，联盟的许多毫无道理的要求能够迫使我们承担其他一些义务，但是任何时候也不能在其他大国那里找到俄罗斯所具有的那种优势。"对于西欧大国他补充道，法国人只是不坚定地支持自己的盟国，在那时正如"本应付出金钱的英国人，他们

---

① *Туполев Б. М.* Указ. соч. С. 74.
② Там же. С. 101.

为达到和平而牺牲自己的盟友"。相反"如果我同俄罗斯结盟,那么整个世界使我平静,我会保持和平"①。

引人注目的事实是:当试图确信叶卡捷琳娜二世对自己的友谊时,1778年普鲁士国王授予女皇的两周岁孙——大公亚历山大·帕夫洛维奇一枚官方勋章。

弗里德里希常常告诫自己的继任者们,他父亲就叮嘱他,"培育"同俄罗斯的友谊。这项训令在1786年弗里德里希二世去世后的100多年时间里总体上和基本上仍然居于普鲁士(德国人)对外政策的首要位置。可是当提起俄罗斯—德意志关系面临特别严重威胁之时,这个基本原则常常同那种所谓西欧大国对德意志的文明影响的因素相矛盾,这些西欧国家对于俄罗斯长期以来秉持一种蔑视态度,并且以谈论"野蛮人"的口吻谈论俄罗斯。当1890年亲俄罗斯方针成为多余的声音时,德国迅速地失去了后方掩护并陷入两面夹击之中。

◇ 第三节　瓜分波兰

俄罗斯伙同德意志国家普鲁士和奥地利瓜分波兰,谁最急迫?相比之下要数普鲁士。弗里德里希二世朝思暮想要取得一块波兰领土。普鲁士王国那时被隶属于波兰—立陶宛公国的领土——波莫瑞(波罗的海沿海地区的西普鲁士或者波属普鲁士)分隔开,为了更有效地管理它们需要统一起来。所有其他的任务,特别是要保护那些属于波兰的脱离国教者路德教徒居民,被认为是服务于那样一种看法,即他们要尽可能地促成将西北部波兰土地纳入普鲁士王国版图的政策实现。因为在现存条件下争取实现这一

---

① Цит. по: Kahn H. W. Die Deutschen und die Russen. Köln, 1984. S. 48.

第三章 叶卡捷琳娜二世时期的俄德关系（1762—1796）

目标只能根据同俄罗斯的协议，弗里德里希从18世纪60年代末开始极力争取它同意瓜分波兰。

一 第一次瓜分波兰

由于俄罗斯—土耳其战争（1768—1774）开始，在俄罗斯外交成效影响下受到奥地利和土耳其的煽动怂恿，早先就源自不同国家而时常出现的瓜分波兰的计划，又再一次拿到台面上。在1768年底奥地利大臣考尼茨计划同弗里德里希二世达成一项协议，据此普鲁士将西里西亚归还奥地利，为此取得库尔兰和靠近波罗的海沿岸的一些波兰土地。紧接着在1769年土耳其对奥地利提出瓜分波兰。在同年弗里德里希二世把波兰瓜分计划通报给彼得堡，可是俄罗斯对此没有作出答复。

在1770年中期奥地利军队占领波兰境内两处盛产盐矿的大公庄园，其理由是在某个时期这块领土属于匈牙利。这样，维也纳成了第一个入侵者，危害到波兰—立陶宛公国的国家主权。实际上，这成为瓜分波兰的开始——弗里德里希二世没有反对这样做，而俄罗斯没有机会下手，因为它忙于南部边境战事。

弗里德里希二世利用对俄罗斯形成的这一形势，还是坚持提出关于瓜分波兰的计划。在对土战争困难的条件下，此时奥地利威胁反对俄罗斯，而普鲁士又站在奥地利一边，俄罗斯不得不于1772年接受弗里德里希二世的建议，即通过各自兼并一小块波兰领土在三大国之间要保持和平和平衡。建议在俄罗斯和普鲁士之间同意了，当向奥地利建议要兼并它们时，它立即改变自己对于俄罗斯和土耳其的和约条件的立场。奥地利大臣考尼茨宣称，现在奥地利宫廷"承认俄罗斯的要求完全合理"，他准备支持俄罗斯实现自己的目标。

根据1772年实施第一次瓜分波兰—立陶宛公国，白俄罗斯东部地区划归俄罗斯（过去的古罗斯），包括波洛茨克、维捷布斯克、莫吉廖夫周边土地面积 9.3 万平方公里及居民 130 万，主要是东正教徒，还有部分立陶宛地区。对于他们而言转入俄罗斯政权具有进步意义。波兰人居住的土地，俄罗斯没有争取。没有涉及普鲁士和奥地利占据的世居本土波兰人和乌克兰人的领土。如果将白俄罗斯和拉脱维亚土地合并到俄罗斯有正当理由，那么不能忽视瓜分波兰行为本身，虽然是局部的，但整体上破坏了波兰的独立，威胁到波兰民族国家的政治存在。

奥地利的份额，弗里德里希论及特蕾西亚，"她哭了，可是接受了"，她从波兰取得了人口最稠密的部分。合并到奥地利的有：中世纪俄罗斯的加利西亚，利沃夫附近的西部土地，同时还有克拉科夫周边纯属波兰省份的部分地区，合计面积 8.3 万平方公里及人口 265 万。弗里德里希获得东普鲁士经济上最诱人那部分地区，合计面积 3.6 万平方公里，半数居民为德国人（约 58 万新臣民），包括通向东普鲁士的陆路走廊。甚至算计过维斯瓦河上的大城市格但斯克和托伦，但没有转入普鲁士的控制之下。普鲁士开始控制 80% 的波兰贸易周转①，并通过实行高关税恶化了波兰—立陶宛公国的经济状况，这在后来的事件当中发挥了重要作用。总之在第一次瓜分波兰之后波兰土地仍有大部分原封未动。

第一次瓜分波兰并非一时的行动。在 1776—1777 年前奥地利和普鲁士就试图把自己同波兰的边界线向波兰领土内挪动。普鲁士军队占领 52 个城镇和 1300 个村子，这超过了瓜分波兰—立陶宛公国参与者之间同意的份额。只是因为俄罗斯的坚持，这些被奥地利和普鲁士陆续蚕食兼并的土地才最终成为它们的领土②。在第一次瓜分波兰后弗里德里希二世才接受了"普鲁士国王"尊号，这说明兼并波兰领土对于提高他的国家的国际地位很有意

---

① *Тынянова О. Н.*, *Калашников И. А.* Первый раздел Польши в фокусе геополитического анализа // Пространство и Время. М., 2012. No 3 (9). C. 122.

② *Туполев Б. Н.* Указ. соч. C. 99 – 100.

义。普鲁士兼并波兰土地是夺取西里西亚之后普鲁士国王的第二次巨大领土收获①。

二 第二次瓜分波兰

虽然俄罗斯和普鲁士关系出现过冷漠,在帕宁支持下弗里德里希二世还是成功拉拢叶卡捷琳娜二世让联盟条约延长,规定1777年3月20日同普鲁士的联盟协议确认此前1764年3月31日缔结的联盟和秘密协议。

从18世纪70年代末起,叶卡捷琳娜二世从同普鲁士结盟中获得所有能够得到的一切之后,开始有意识地弱化俄罗斯—普鲁士的联系。1781年俄罗斯—奥地利联盟意味着在70年代末就已出现的俄罗斯外交的新方向。在1768—1774年俄罗斯—土耳其战争的那些年已经显示出普鲁士远不是忠诚的盟友。此外,由于这场战争缘故同土耳其相互关系问题就上升到俄罗斯外交的首要位置,能够同奥地利结盟现在特别宝贵。

俄罗斯—奥地利接近是始于俄罗斯调解签署1779年特申和约之后。战争在觊觎巴伐利亚领土的奥地利和普鲁士之间发生,因俄罗斯要求而停止。俄罗斯和法国的政府成为特申条约的保证国。俄罗斯国际关系分量得以加重,它有机会影响在德意志的事态。

1780年奥地利皇帝约瑟夫二世应叶卡捷琳娜邀请而前往俄罗斯旅行。在与莫吉廖夫会面和交谈期间,约瑟夫同叶卡捷琳娜讨论了关于缔结主要针对土耳其的联盟问题。叶卡捷琳娜坚持说约瑟夫有可能为奥地利取得罗马,教皇国,北部意大利。在这些说明中可以清楚地看出女皇想划分清楚俄罗斯和奥地利的利益。同时奥地利皇帝也发现,他的谈话者可能在考虑关于夺取自己的罗马,即君士坦丁堡。所以他先表示同意夺取土耳其首都,

---

① *Туполев Б. Н.* Указ. соч. С. 101.

甚至鼓励女皇可以做到这一步。叶卡捷琳娜和约瑟夫以真挚朋友方式分手，起誓要在所有方面相互帮助。

弗里德里希二世在得知这些接触后，赶快扭转形势并在奥地利皇帝返回祖国后急忙派自己未来继任者弗里德里希·威廉前往彼得堡以便使女王支持自己。可是已经晚了。普鲁士王国重要人物受到冷遇。此后弗里德里希得到了拒绝恢复防御联盟的答复。这种冷淡的主要原因是国王不谨慎地提议要在俄罗斯、普鲁士和土耳其之间缔结防御联盟以反对奥地利皇帝的贪心计划。叶卡捷琳娜想，在同土耳其开战时不能寄希望于弗里德里希，奥地利的友谊胜过同普鲁士的联盟。

关于俄罗斯—奥地利结盟的正式谈判因奥地利的倡议而开始，并于1781年3月完成。俄奥确认1772年有关瓜分波兰协议和1779年特申条约，一旦其中一方遭到进攻必须相互给予帮助1.2万人军队，若瑞典进攻俄罗斯而奥地利军事帮助替换成金钱资助一年40万卢布。双方保证维持波兰现存国家制度以及不触动波兰领地在1773年的边界线。联盟最重要的条件是针对土耳其。奥地利保证俄罗斯—土耳其条约。如若土耳其方面破坏这些条约或者土耳其进攻俄罗斯，奥地利同意要对土耳其宣战并提供与俄罗斯同等的军队数量。在同奥地利缔结联盟关系后，俄罗斯同普鲁士的联盟退居第二位。

随后俄罗斯—普鲁士关系冷淡不是因为国王在东欧方向外交主动性的衰减，而是他有几年更加关注国内问题。弗里德里希二世死于1786年8月17日，享年74岁。因为老国王没有男嗣，他的继承人是侄子弗里德里希·威廉二世（1786—1797）。弗里德里希·威廉二世轻佻，有音乐天赋，但是不具备管理国家所需的知识、健全思维、意志力。由弗里德里希二世历经多年努力创建起来的普鲁士强大军事机器在下滑衰落。国王的亲信们掌管国家。多情的王朝的情人明娜恩克享有最大声誉。她对国事具有很大影响并在普鲁士扮演了类似蓬巴杜夫人的角色。但是，弗里德里希·威廉二世在位的主要事件发生在外交领域。

在 80 年代末期由于俄罗斯—土耳其关系破裂（1787—1791），而后俄罗斯—瑞典战争以及俄罗斯和奥地利关系紧张，这是一方面，普鲁士和英国，这是另一方面，在波兰的局势大为复杂化。在这个国家里，外国争夺影响力的斗争加剧。普鲁士外交表现出特别积极性，它决定利用俄罗斯的困难，以便依靠波兰土地来争取新的领土收获。这时候在柏林的俄罗斯外交使团阿罗佩乌斯保证了在叶卡捷琳娜和普鲁士国王弗里德里希·威廉二世之间的直接联系。

在 1790 年 3 月波兰和普鲁士缔结公开反对俄罗斯的联盟条约。议会寄希望于普鲁士帮助并考虑利用俄罗斯同时与土耳其和瑞典作战的困难，单方面提出了取消俄罗斯保证波兰国家制度的资格。

1789 年法国革命在一定程度上促成了当时欧洲王朝国家的接近。还是在 1791 年 8 月弗里德里希·威廉和神圣罗马帝国皇帝列奥波特二世约定共同反对革命的法国。类似的接近也出现在彼得堡和柏林之间，而且普鲁士争取要使波兰土地成为它参与镇压法国革命的奖赏。1792 年夏俄罗斯和普鲁士签署联盟条约，其秘密条款约定联合反对 1791 年 5 月 3 日的波兰宪法。随即普鲁士开始在彼得堡提出新的瓜分波兰土地建议。

在 1792 年 4 月法国对"匈牙利和波西米亚国王"宣战，实际上就是针对整个帝国。在初期，同奥地利合作的普鲁士军队开始击退法国人，夺取了瓦朗斯、隆维、凡尔登诸城。普鲁士军队进入香槟，开始威胁到巴黎。随后，普鲁士和法国互有胜负，1793 年底普鲁士军队退守莱茵河。1794 年普鲁士军队失败。国王很不高兴投入这种没有结果的战争。作战行动需要大量耗费，国库被掏空，弗里德里希·威廉开始寻求讲和。在 10 月普鲁士参与同法国政府的谈判。1795 年 4 月在巴塞尔缔结和约，据此普鲁士国王同意法国退居莱茵河左岸。

这场战争的同时，在东方开始准备照例瓜分波兰。弗里德里希·威廉对准备照例瓜分波兰—立陶宛的俄罗斯和奥地利表示,在法国继续进行战争只能是在这种情况下,即从波兰得到补偿。叶卡捷琳娜二世和约瑟夫·弗兰茨无法反对,在1792年底普鲁士军队进入大波兰。1793年1月12日在俄罗斯和普鲁士就第二次瓜分波兰—立陶宛公国缔结的秘密条约中直接表述为,普鲁士获得一系列波兰土地"以补偿耗费",即它参与同法国的战争。条约最重要的条件是第四款,普鲁士必须继续参加反对法国造反者的战争。

第二次瓜分波兰,俄罗斯取得白俄罗斯及明斯克和右岸乌克兰(第聂伯河),总计人口300万;普鲁士取得格但斯克、托伦、波兹南、部分大波兰,面积5.8万平方公里及人口110万,主要是波兰人,实际上完全掌控了维斯瓦河的贸易。这一行为的后果就是科斯秋什科将军领导下的克拉科夫波兰起义,此次起义遭到俄罗斯和普鲁士军队的镇压,主要统帅是苏沃洛夫。

三 第三次瓜分波兰

根据胜利者的战果而进行第三次瓜分波兰。就这一次瓜分条件而言最固执己见的是普鲁士,争执的主要目标是克拉科夫。这个时候俄罗斯因来自奥斯曼帝国的新威胁而需要奥地利的支持。因为1794年12月23日在圣彼得堡,奥地利认可了第二次瓜分的结果并且俄奥签署第三次瓜分波兰的声明,考虑到眼下同普鲁士关系紧张而附加了结盟反对普鲁士的保密的俄奥声明,它按照弗兰茨二世意愿以自己亲笔交换信件方式完成。

1795年10月13日在圣彼得堡,普鲁士不得不签署俄普关于第三次瓜分波兰的协议,按照第五款只能放弃克拉科夫,这是俄罗斯外交在复杂条件下而取得的毋庸置疑的成就。双方相互保证新领地,直至当新领地遭到任何第三方攻击或者企图为波兰夺回它们时给予军事支持。条约保证普鲁士取得华沙，包括维斯瓦河右岸至斯维德河——纳雷夫河与西布格河汇合处，克拉科夫及周边地区交给奥地利。在条约中没有提及俄罗斯取得的波兰部分。规定普鲁士和奥地利在波兰的边界线确定自动造成俄罗斯同这些国家的边界线。根据事实叶卡捷琳娜二世取得了布格河以东的全部土地（面积 12 万平方公里）及 120 万新臣民。普鲁士领土增加 1/3，居民人数从 540 万增加至 870 万。此后 100 多年间波兰—立陶宛公国不复存在。

但是，关于克拉科夫的问题最终仍然没有解决，同时还有关于取得领土的具体划界问题。俄罗斯不得不充当调解人。最后经过长时间谈判于 1797 年在各方之间签署一系列划界决议，1797 年 1 月 15 日已是叶卡捷琳娜二世去世后和保罗一世登基，三大国在圣彼得堡签订关于最终瓜分波兰的条约及附件波兰国王退位决议，称之为彼得堡声明。决议调整了关于波兰的债务问题（它们必须返还），关于前波兰国王的地位问题（保证他获得生活退休金），以及类似问题。要特别注意该声明附带的个别保密条款，各方必须"消灭所有可能回忆起波兰王国存在的一切"，包括不准使用波兰王国的称号或者标识。只是经过几天各方最终商定和签署了克拉科夫省的划界决议。

整个俄罗斯—德意志边界线，曾经在 1815 年被确认，在一战初期已经结束了，在此后经过 1/4 世纪——1939 年 9 月 17 日——在二战初期，又得以恢复并且存在了 22 个月。此后俄罗斯和德意志已经不再相互接壤交界：它们为国境线的忙碌尝试及经验在 475 年间占去了 127 年，即它们外交关系的 27% 时间①。

---

① 19 Похлебкин В. В. Внешняя политика Руси, России и СССР за 1000 лет в именах, датах, фактах. Вып. II - Войны и мирные договоры. Кн. 1: Европа и Америка: Справочник. М., 1995. С. 571.

◇ 第四节 俄罗斯帝国内政中的德国因素

在俄罗斯的德国人开始纷纷"归顺"罗曼诺夫家族的统治。在米哈伊尔·费奥多罗维奇在位时就有外国人,首先是德国人,他们积极参与已克服了混乱和灾荒时期的年轻国家的生活。在俄罗斯经济中外国企业家数量在持续增长。1680 年德国人埃科马在卡卢加附近建起铁制品工厂。正如德国研究者施特科尔指出,"17 世纪可以说是第一层意义上的,但远不是后来意义上的俄罗斯欧洲化"[①]。彼得一世的活动开始了第二层意义上的欧洲化,他虽然没有可能获得基础知识,可是经常自己学习并且在成年时能够用荷兰和德国语言自由表达,懂得英国和法国语言,能够阅读拉丁语。大致可以说,俄罗斯早期现代化的人才及知识大部分来自德国人。

一 利用德意志人才

国家内部稳定与外部安全是借助于建立起良好军队和贸易富裕国家——这是彼得活动的两个目标,他在 1702 年关于引进外国人的上谕中做了清楚的说明,德意志外国人(企业家、商人、工厂主和手工工匠)受邀到俄罗斯有优惠条件:完全自由进入,路途安全并给予一切支持,自由信仰。外国人不应该按照俄罗斯习惯受到审判及处罚,为此计划成立军事委员会的保密部以履行司法审判。第一,按照上帝的法律;第二,按照罗马公民法和其他民法。

---

① Цит. по: *Kopelew L.* Zur Vorgeschichte russischer Deutschenbilder// Deutsche und Deutschland aus russischer Sicht 11. – 17. Jahrhundert / Hrsg. Von Dagmar Herrmann. München,1989. S. 47.

上谕中,计划是为了让俄罗斯人能够学习之前他们不知道的知识。很明显,在这样一种实用观念之下,彼得不喜欢莫斯科科学院的性质,因为它不是专业性学校,眼下只有两种方式能够满足俄罗斯青年获得必需的知识——派人到国外和在莫斯科办学校,这里有外国老师教授当时最需要的科目。这样的学校就是数学和航海学校。

1703年在莫斯科的波克罗夫克建起另外一种性质的学校(旧俄中学)。它的创建人是被俘的马里延堡新教牧师戈留科,在祖国故乡时他借助于来自普斯科夫边境处佩切尔斯克修道院修道士而自学俄语。戈留科自愿无偿教授俄罗斯青少年(贵族、御前侍卫、贵族会议、近臣会议、任何服务宫廷商人的孩子),"他很随和也很博学有吸引力",他教授地理学、道德伦理,政治,拉丁语雄辩术,笛卡尔哲学,多种语言:希腊语、犹太语、西尔和迦勒底人语、法语、德语和拉丁语,舞蹈艺术,等等,戈留科为自己的学生用俄语讲解路德教基本教义,祷告书,德语语法,多种语言:俄语、德语、拉丁语、法语等。戈留科1705年去世,很快学校衰落并关闭。总之,"戈留科是第一个尝试举办世俗普及教育学校的人"[①]。

德国学者法哲学博士久伊森为俄罗斯服务,此人寻找人选和从事翻译并邀请外国人为俄罗斯服务:有军官、工程师、纺织工场业主、造枪工匠、画家美工、驯马师、铁匠和其他工匠;他从事翻译,印刷沙皇为俄罗斯建设军队的指令;他鼓动荷兰人、德国人和其他外国人学者为沙皇,为沙皇家族成员,为沙皇大臣服务,让他们以自己的专业知识服务,主要是历史、政治和机械,同时还让他们写俄罗斯的文章;他参与同不同国家邮政局长就正确投递俄罗斯信件的谈判活动。

当认识到德国语言对俄罗斯的益处时,1716年1月沙皇下令派遣30—40名年轻书吏前往哥尼斯堡学习德语。随同他们一起前往的还有专门监督

---

① *Ключевский В. О.* Указ. соч. С. 93.

他们学习的人，以便督促他们努力学习。①

认识德国著名学者莱布尼茨和沃尔弗对于沙皇在国民教育和依照西欧模式现代化的夙愿方面发挥了影响作用。彼得于 1711 年在托尔高了解到莱布尼茨，1712 年和 1716 年在彼尔门特同他会面，并且委托他改革俄罗斯法律。根据他的建议（莱布尼茨是普鲁士科学院的奠基者），彼得 1724 年 1 月 27 日下令成立俄罗斯（彼得堡）科学院，"在这里学习语言、科学和许多事务"。1725 年 12 月 27 日召开第一次高级学术会议，而且科学院第一届成员 13 位都是邀请来为俄罗斯工作的德国学者，最初四位领导人是德国人。18 世纪在彼得堡科学院成员 111 人中间有 67 人是德国人，占 60%。

自认识起直至莱布尼茨去世为止，沙皇一直同他保持通信。彼得给这位私人顾问的奖赏是一年 1000 帝国银币，莱布尼茨把自己的各种改革方案寄给彼得。他首先建议彼得要对所有国家管理部门实行集体管理以及专家学者不能拥有继承特权。他建议研究制定官阶清单，后来被沙皇成功实现。莱布尼茨建议彼得收集和保护文字与实物的古代遗存，派遣考察队开辟亚洲和美洲之间的航道，建立同中国的正常关系，组织科学考察以便于地理和物理发现，在俄罗斯建立高等学校或者名称为"科学院"的大学。

沃尔弗先是高卢而后是马尔堡的教授，他是当时著名的数学家，开始同彼得建立联系纯属偶然，他们通过沙皇的医生有了联系。彼得在去世前还主动同他联系，同他讨论建立科学院方案，劝说沃尔弗为俄罗斯服务，可是没能成功。②

正是在彼得在位时德国人开始为俄罗斯带来声誉，他们以信念和真情为俄罗斯服务。在彼得年轻时在俄罗斯有 1.8 万德国人，其中大部分在莫斯

---

① *Костомаров Н. И.* Русская история в жизнеописании ее главнейших деятелей. Ростов – на – Дону, 1995. Т. 3. С. 115 – 116.

② Там же. С. 116 – 117.

科，总计约有 2.8 万外国人。① 后来他多方努力把新的有声望的德意志民族代表人物争取到自己一边。

1721 年黑森—戈姆堡王族成员为俄罗斯服务。同年米尼希移居俄罗斯，他出生于奥登堡伯爵领地，是一位工程师，负责开建喀朗施塔得和拉多加水道，在托斯纳河上建立水闸。彼得去世后他在安娜·伊万诺夫娜宫廷里很有影响。从 1728 年起他是因格尔曼兰吉亚、卡累利阿和芬兰将军—州长。从 1732 年开始他是军事委员会的领导人。在 1734 年他指挥军队包围和夺取格但斯克，此地有觊觎波兰王位的斯坦尼斯拉夫·列申斯基。1735—1739 年统率俄军进军克里木和比萨拉比亚。他被授予伯爵封号，获得将军—元帅官衔。

沙皇还邀请德累斯顿的戏剧团来到克里姆林宫。1713 年彼得堡建设中还有汉堡建筑师、工匠参与。彼得一世认命布留埃尔为矿业委员会主席，任命戈宁格为俄罗斯东北部所有冶金企业的总负责人和叶卡捷琳娜堡矿业学校校长。根据沙皇委托在 1720—1727 年著名地理学者梅瑟施米德研究西伯利亚经济潜力。

在 18 世纪同彼得一样俄罗斯人开始前往西欧，以便于学习技术和科学。彼得后时期最典型的例子是米哈伊尔·罗曼诺索夫，他在 18 世纪 60 年代在马尔堡学习。

不能不提起著名德国人奥斯捷尔曼，他是一位牧师的儿子，重要的俄罗斯国务活动家，著名外交家，从 1703 年开始为俄罗斯服务。正是他签署了尼什塔得和约，巩固了俄罗斯通向波罗的海出海口。为此他被赐予伯爵封号，他担任外交委员会副主席、最高秘密委员会成员等职务。他在安娜·伊万诺夫娜宫廷里有不小影响，执行类似副首相的职责并促成彼得一世同叶卡捷琳娜一世婚生女儿——伊丽莎白登上王位。

---

① *Kahn H. W.* Die Deutschen und die Russen. Köln, 1984. S. 44.

同时应该强调，彼得助手圈子无论其民族和社会成分有多么不一样，他们都是做事的骨干力量，无限忠于沙皇及其改革方针凝聚了他们。珍惜和信任外国人，就像是自己同胞一样，可是彼得"没有置他们于最高位置：在他们之上到处都是俄罗斯人，虽然熟悉事务不如外国人"①。

二　比伦暴政

在安娜·伊万诺夫娜女皇在位时的德国人不同于前辈们，更准确地说，波罗的海东部沿岸地区的德意志人开始在宫廷里占据优势地位。安娜不信任俄罗斯人，任用外国人保护自己的安全，正如克留切夫斯基所说："从米塔瓦，从德国各个角落弄来一群外国人。德国人纷纷来到俄罗斯，就像从破袋子里掉出来的垃圾，他们聚集于朝廷，围绕着宝座，攫取管理机关中所有的肥缺。这群乌合之众分属于两个有势力的保护人，一个是'库尔兰流氓'——比伦，据说他只会到处搜罗纯种狗；另一个是'利夫兰流氓'——列文沃尔德伯爵，他当过手艺人的帮手，他与比伦在宫廷争宠。他们吃得脑满肠肥，寻欢作乐，累倒方休。"②

实际权力集中在女皇宠臣比伦之手，他是库尔兰林区主管比伦的儿子，曾供职于安娜在米塔瓦的宫廷，在彼得堡成为伯爵，1737年成为库尔兰公爵。列文沃尔德掌管宫廷事务，奥斯捷尔曼掌管外交内政，米尼希掌管军事。还是在1730年外国大使们发现，一群德国人在管理俄罗斯。

自然，俄罗斯民族精英的情感被深深地刺痛。还有财政问题也很严重。国库由于管理混乱而空虚。女皇喜欢奢侈排场，消遣娱乐。她周围开始有了各种想捞到好处的外国人：女皇慷慨赏赐。所有这些都需要国库的大量金钱。在国家和社会生活的所有领域里，外国人主要是德国人的权势，宫

---

① Платонов С. Ф. Лекции по русской истории. С. 598.
② Ключевский В. О. Указ. соч. С. 137.

廷无度奢靡，女皇亲信们侵吞、野蛮剥削人民，掠夺国家财富，残酷镇压不满分子，特务，告密——所有这一切在俄国历史上被称为"比伦暴政"。

女皇亲信们实施的国家恐怖激起俄罗斯中小贵族和近卫军团以及德国人自己的不满。在女皇突然去世和比伦试图作为摄政王把持权力失败之后，他们的日子到头了，等待已久的惩罚到来了：米尼希、奥斯捷尔曼、宫廷事务总管伯爵列文沃尔德、秘密顾问男爵缅戈杰恩、将军曼施泰因和比斯马尔科发动政变，逮捕了比伦并直接将其流放西伯利亚。

三 引进德意志各国的移民

叶卡捷琳娜二世掌权初期在彼得堡已经约有4万名来自德国的居民，莫斯科有2万，敖德萨有1万多，而且他们之中许多人远不是第一代人。她在位期间俄罗斯出现了第一波正式的德国移民。他们受俄罗斯邀请而来开发帝国无人居住地区。1762年12月4日时年33岁的女皇，表示自己打算依靠西方移民来增加自己的臣民人数——首先是德国人。

可是12月的表态带有官样文章的性质。此外，由于外交形势这种表态没有生效。所以1763年7月22日女皇颁发了两份立法文件："建立照看外国移民事务办公厅"命令和"允许所有进入俄罗斯的外国人移居到他们愿意居住的各州并赐予他们权利"上谕。其中详细说明了对移民的优惠条件。女皇第一次召唤德国人——农民、手工业者和工场业主从事俄罗斯各省的有序殖民开发，并且定居俄罗斯帝国巨大空旷之地。除此之外移民还享有为期十年无息贷款以从事经营。保障宗教活动自由和移民区自决。为了实现这个目标有专门代表前往德国，俄罗斯使团为招募移民出现在巴登、符登堡、阿尔萨斯、瑞士，招募到的主要是贫穷农民和手工业者。

来自被德意志七年战争破坏，特别是黑森当地王公把自己臣民当作士兵被出售的人，来自南部德意志的天主教公爵领地上受到排挤的新教徒，来自阿尔萨斯的许多不愿忍受"法国化"的人，大批移民涌进俄罗斯。大规模运动的结果是印象深刻的：俄罗斯南部州来了约6万移民。村舍的名称各有特点，可以说明它们开拓者的来源，如朱利兹、卡尔斯鲁埃、斯特拉斯堡。

叶卡捷琳娜二世在伏尔加流域各州实施类似的招募移民政策。在许多德国人地盘上散发的众多招募性告示吸引了不少人到俄罗斯。从1763年发布女皇的第二份上谕起到1770年，俄罗斯总计有11.7万德国移民，其中6.5万在萨马拉州，4.6万在萨拉托夫州，其中他们中间还有2.7万来自施瓦本、萨克森、普鲁士。每一个家庭获得至少35加土地，同时还免税。他们后来就被命名为"伏尔加流域德国人"。对德国移民的这些优惠中有一项是免除军役。这项特惠在1874年被亚历山大取消了。

1774年第二波移民到来，在1789年后来自东普鲁士的门诺教徒来到俄罗斯。叶卡捷琳娜二世邀请数千德国农民到俄罗斯定居，主要来自施瓦本。他们移居黑海北部沿岸地区。没过几年，在俄罗斯就有3500个德国人村社，许多都有了自己的教堂和学校。

四 德国人在各领域的活动

（一）政界

不少德国人给俄罗斯带来声誉，以他们的信念和真诚服务俄罗斯，无论是彼得在世还是彼得之后在俄罗斯变成强大帝国的过程中。值得提及的有，根据叶卡捷琳娜二世命令施勒策尔编著《俄罗斯历史古代史料汇编》并出版《法律和习惯法文件集》，而后于1767年在德国出版关于名为《新变化的俄罗斯》女皇统治历史著作。欧拉是著名数学家和力学专家，彼得堡科学院活跃成员，几乎一世都是在俄罗斯度过，并对创建俄罗斯科学做出重要贡献。这些17—19世纪的杰出自然科学研究者，诸如沃尔弗、帕拉

第三章　叶卡捷琳娜二世时期的俄德关系（1762—1796）

斯、贝尔、潘德尔和其他一些人，都同时属于德国和俄罗斯。冯维辛在外交委员会任职 20 年，写了讽刺宫廷道德的喜剧《准将》。十二月党人彼斯捷尔和丘赫尔别克是德国人后裔，他们的前辈们早在彼得一世时就生活在俄罗斯。在本肯多夫、赫尔岑的血管里流淌着德国人的血。还有很多德国移民参加军事活动的故事，如 1828 年与土耳其争夺博斯普鲁斯和达达尼尔海峡的战争，1853—1856 年克里木战争和 1877—1878 年俄土战争。

1780 年克林格尔（1752—1831）来到俄罗斯宫廷，他是写过许多文学作品的著名作家，包括剧本《风暴与猛攻》。他作为军官成为未来王位继承人——皇帝保罗一世的侍从武官。在 1783—1785 年参加反对土耳其的远征，后来成为俄罗斯教育界的关键人物，获得中将官衔。

政府高度评价德国移民的贡献，作为俄罗斯帝国"全体臣民学习的好榜样"而表彰这一贡献。

（二）实业界

在 19 世纪有许多德国手工业者、商人、银行家为寻找自己的幸福而来到俄罗斯帝国。谢里曼的一位同事称赞当时的俄罗斯是"唯一有远大前程的国家"。他们成为成功的商人和百万富翁，在经济生活中发挥重要作用，同俄罗斯商界代表人物保持联系，挤进了有权势上层的圈子。克诺普被誉为俄罗斯印花布之父，埃尔丹格尔是制作面粉业大王。他在俄罗斯建造第一家巨大使用轧辊破碎的面粉厂，工厂运转很长时间。类似发明创造实例很多。德国企业家在制糖和面粉加工业扮演重要角色。

德国商人克诺普进入俄罗斯贵族阶层，虽然他是一个自持谨慎的人。克诺普 19 世纪上半叶来到俄罗斯，在去世前他成为 200 家工厂的主人和富商。在 1847 年克诺普为莫罗佐夫建立现代化机器纺织工厂，而后照此方案给众多客户建立了 100 多家。1852 年前他已经积累了足够资金为自己创办公司。1857 年他与俄罗斯同事在爱沙尼亚建立工厂并成为该企业的核心。

晚年时克诺普返回故土不来梅，1894年去世。儿子们继续父亲在莫斯科的事业到1917年，在纳尔瓦的事业到1939年。

（三）知识界

1823年用德语出版了俄罗斯诗歌作品集，收集了普希金、莱蒙托夫和茹可夫斯基的诗作。19世纪出现俄罗斯文学翻译成德语作品增加的特点。双方进行着文化交流，一方面是居住在波罗的海沿岸并且掌握两种语言的德国人的创作活动，另一方面是俄罗斯诗人和作家的创作活动，他们许多到德国多地旅行或者长期在德国生活。例如，1830年丘特切夫是俄罗斯使团驻慕尼黑二等秘书，屠格涅夫在德国侨居8年，深信俄罗斯应该学习德国。

在19世纪后期德国诗人里尔克作出了回应。去俄罗斯旅行对他来说就是到一个西方能够向它学到许多东西的国家去朝圣。他记述要去拜见列夫·托尔斯泰的情景："莫斯科是第一个目的地。复活节是第一高兴事。托尔斯泰是我在新的国家里拜问的第一个人。"在俄罗斯，里尔克看到了在西方，按他的说法，已经失去了或者是正在遭到排斥的现代文明。

19世纪下半期在德国出现了许多年轻的俄罗斯人，他们后来成为知名人士：心理学家谢切诺夫，数学家索菲亚·科瓦列夫斯卡娅，艺术家希什金，化学家布特列罗夫和博罗金。在德国甚至形成了特有的"俄罗斯圈子"。

根据1897年全俄人口调查资料，德国人占俄罗斯帝国总人口的1.47%。在欧俄地区有德国人1312188人，在波兰有407274人，在高加索有56729人，在西伯利亚有5424人，在中亚有5425人。大多数德国人——占76.62%——是农业居民，23.38%是城市人口。在1914年前夕德国人数量在俄罗斯迅速增长至240万。随着一战开始因反德国情绪高涨，俄罗斯籍的德国人出现回流趋势。平心而论移居情绪只涉及侨民，主要是门诺派教徒大部移居美国，其他类型的德国人宁愿留在自己的第二故乡。

五 沙皇家族成员的德国妻子

在罗曼诺夫王朝时期皇室成员与德意志王公家族常常联姻，叶卡捷琳娜二世最为经典。按照德国大土地占有者福姆和楚姆·施泰因的说法，在罗曼诺夫家族统治时期德意志王公家族成了远在俄罗斯的"沙皇家族围栏里的母狗"①。在最后六位沙皇中间只有一位——亚历山大三世为自己挑选了一位丹麦公主为妻。从1800年起沙皇家族30位成员中有18位有德国妻子。简略介绍几位。

其一，保罗一世的妻子符腾堡公主索菲亚-朵罗捷娅在俄罗斯留下慈善博爱的持久传统，她按照东正教仪式第二次受洗而得到玛丽亚·费多罗夫娜的名字。她是叶卡捷琳娜大帝亲自为自己儿子保罗选中的。"她——正是我们想要的那个人"——在进一步了解了未婚妻之后，叶卡捷琳娜兴奋地在一份私人信件里这样写道。

正是这位为表示对她尊敬而被称之为叶卡捷琳娜的公爵大小姐，皇后玛丽亚·费多罗夫娜的女儿，后来的俄罗斯沙皇亚历山大一世和尼古拉一世的妹妹，成为符腾堡王后，她并没有玷污伟大产婆的美名。她还有可能取得法兰西的王冠，因为拿破仑"本人"向她求婚，可是傲慢自负的叶卡捷琳娜拒绝了这个"篡位者"，而是嫁给了公爵格奥尔格·奥尔登堡，此人是特维尔总督。他在同拿破仑作战期间探视军医院染上伤寒后死了。叶卡捷琳娜丧偶成了寡妇。她重新使符腾堡的威廉迷上了自己而又交上了好运气。这个威廉甚至取消了自己前面的婚姻以便娶叶卡捷琳娜为妻——真是

---

① Цит. по: *Dederichs M. R.* Gemeisame Geschichte: Deutsche und Russen// Der neue Flirt. Hamburg, 1989. S. 213.

极为少见。

在斯图加特,叶卡捷琳娜赶上了灾荒和饥饿。拿破仑战争和自然灾害破坏了往日繁荣的王国。年轻的叶卡捷琳娜,因其从俄罗斯带来的丰厚嫁妆和善于活动的特性,成为符腾堡的真正拯救者。她在符腾堡生活得更为谨慎简朴,组织从俄罗斯运来粮食,开始在王国各地建立公共餐桌以救济穷人和孤儿院。由于她的缘故在斯图加特为穷人开办医院,为女孩开办学校(它们至今存在并以叶卡捷琳娜命名),建立起"民众"储蓄所、高级农业科学院。

其二,亚历山大一世和尼古拉一世的弟弟,米哈伊尔大公的妻子——符腾堡的莎罗塔——东正教名叶莲娜·帕夫洛夫娜出嫁时17岁,在俄罗斯生活了半个世纪。她是俄罗斯历史上最著名的艺术赞助者之一。她的沙龙在米哈伊洛夫宅邸也载入传说,她的音乐晚会不仅吸引了著名作曲家和演奏家(如安东·鲁宾施泰因、里哈德·瓦格纳),而且还有文学家、学者、政治家、著名旅行家。叶莲娜·帕夫洛夫娜极力反对农奴制,并且在解放农奴之前的一些年就给自己的农奴以自由。

其三,虽然在俄罗斯王位上有几位德国公主是常见的现象,可这是一个例外,这桩婚姻,不仅对于俄罗斯王位来说是独一无二的,而且作为一个公主,享受荣光,首先要爱丈夫。她就是普鲁士公主弗里德里克-露易丝-莎罗塔·威廉明娜。在成为大公尼古拉·帕夫洛维奇——后来的沙皇尼古拉一世——的妻子之后(他们结合时她10岁,尼古拉12岁),她同丈夫一起管理俄罗斯30年,婚姻和睦。她和丈夫生育七个孩子,其中长子是后来的沙皇亚历山大二世。可是她不仅因为是普鲁士公主,又成为俄罗斯皇后,才得以在历史上留名。她本人能力非常出色。亚历山德拉,正如人们按照东正教习惯称呼她,她舞蹈优美,走访上层人物,欣赏音乐和绘画有造诣。同时代人有时还发表一些关于她的评论。她最主要的职责就是皇后要支持自己丈夫的权威,化解对丈夫的不利攻击。她很善解人意,尼古拉也很信任她，只有她的参与就足够了。

六　俄罗斯贵族上层的德国人

俄罗斯贵族很多都有德国人姓氏。20世纪初在俄罗斯总计有24854个人继承得来的和17134个人挣得的贵族，他们都有德国人血统。

尼古拉一世时期俄罗斯外交界由来自不同国家的外国人构成，主要是德国人。在俄罗斯外交界供职的不仅有"自己的"德国人——出生在利夫兰、库尔兰和埃斯特兰，还有"外来的"——众多出生于德国公国而后来到俄罗斯"寻求幸福与官位"。根据一些资料，在尼古拉一世在位初期非俄罗斯出生的外交官占到外交界的68%，到他执政结束前这一比例上升到81%。[①] 这些外交官给俄罗斯带来荣耀，如外交大臣伯爵涅谢尔罗德，他在1816年领导外交衙门。在亚历山大二世在位时是吉尔斯领导外交，在尼古拉二世时是拉姆兹多夫。在19世纪之前俄罗斯帝国财政部大臣有12位，其中5位是德国人，他们之中有出生在黑森的康克林和维特，后者成为俄国第一次革命后的总理大臣。顺便提及，德国人思维给予维特职业思想形成以很大影响，他认为同德国交战是很大的不幸。

尼古拉一世的志同道合者交通大臣克莱因米赫尔，主持建造著名的尼古拉耶夫铁路；宪兵队头目本肯道夫·盖斯马尔（俄罗斯中将，1828—1829年俄土战争的英雄）；出生在普鲁士的元帅吉贝兹。尼古拉继任者亚历山大二世时期的海军大臣是知名航海者男爵弗兰格尔，以他的名字命名了北冰洋岛屿。内政大臣普列卫、陆军大臣雷迪格尔、其他杰出国务活动家和军事长官——全是德国人。他们忠于俄罗斯且始终如一，即便在复杂形势中也不应质疑。

---

① Очерки истории Министерства иностранных дел России… С. 305-306.

19世纪中期，俄罗斯国家机关不少于15%的高级职务被德国人——路德派教徒占据。根据1897年人口调查资料，在俄罗斯总计有1790489名俄罗斯籍德国人，其中大多数居住在欧俄地区、波兰和波罗的海沿岸地区。其中有5万人拥有高等教育学历，有3.5万人在军事和国家部门供职。在一个时期德国人手中掌握了外交部门领导岗位的57%，军事部门的46%，邮政部门的62%。在6061名自1830年到1890年荣获俄罗斯"光荣国民"称号的同胞中，有954人（100人里有16人）是德国人①。他们中的大多数出自波罗的海沿岸地区、圣彼得堡和莫斯科。

这样一种"德国人权势"在褒义上来说并不偶然。维特内阁成员内政大臣杜尔诺沃的思考解释了这其中的联系，他强调说，德国人不同于法国人和英国人，他们"长期生活在俄罗斯并迅速地俄罗斯化"。他写道："有谁没看见过，例如，有法国人或者英国人，差不多一辈子都生活在俄罗斯，但是，却不能用俄语说话？与此相反，在俄罗斯可以发现有很多的德国人，他们虽然是有条件的承诺，可是总归能够用俄语说清楚事情。况且，有谁没有看见过真诚的俄罗斯人，东正教徒，内心深处忠于俄罗斯的国家原则，但是，在来自德国移民的第一代或者第二代里全都是这样的人。"那时候国家杜马中有一位右翼领袖马尔科夫的说法很有意义，他解释说，"同德国人的小联盟要胜过同英国人的大友谊，这个很简单，在这里我们更容易进行谈判"②。

---

① Molau A. Eliten In St. Petersburg und Moskau. Warum der deutsche Einfluß auf die russische Politik ausgeschaltet wurde und Panalawismus gewann// Deutsche Geschichte. 1993. No. 2. S. 28.

② Цит. по: *Олейников Д.* От рыцарства до презрения. Влияние Первой мировой войны на отношение к немцам // Россия и Германия в XX веке. М. 2010. Т. 1. С. 146 – 147.

第四章

俄普亲近与德国统一（1801—1871）

进入19世纪的欧洲最重大的国际关系事件要数拿破仑帝国和德意志第二帝国，它们对于当时欧洲地缘政治影响巨大。拿破仑法国在反法联盟的联合抵制下以失败而告终，维也纳会议和神圣同盟确立的秩序得以维持约50年左右的时间。在普鲁士领导下德国实现统一从而成为欧洲大陆中部的强大国家。在如此巨大的国际关系巨变过程中，俄罗斯和普鲁士保持了非常亲近的关系。如果不是彼得堡的顽强坚持，普鲁士在拿破仑法国打击之下恐怕是要亡国消失，如果不是彼得堡的鼎力协助，也不至于会有后来的德国统一，至少是德国统一的道路不会如此顺畅。这一时期的俄普关系可以说是俄罗斯和德意志国家关系历史上最亲近的。

◇◇ 第一节 拿破仑战争时期的俄罗斯和普鲁士

欧洲七年战争期间，俄罗斯沙皇彼得三世下令撤兵，挽救了普鲁士。拿破仑帝国兴起，建立起法国霸权，前四次反法联盟均遭失败，俄罗斯的盟友奥地利战败，普鲁士奄奄一息，只有东部的俄罗斯屹立不倒。在整个拿破仑战争时期，俄罗斯和普鲁士一直保持紧密关系。得益于俄罗斯的顽强支持普鲁士由弱变强，成为反法联盟的主力之一和维也纳会议及神圣同盟的主要国家。

一 沙皇保罗一世

在19世纪初期前夕,法国1799年雾月十八日政变并建立拿破仑·波拿巴军事专政之后,欧洲的局面发生根本改变。法国的军事优势长期地决定了欧洲大陆的力量分布。这一优势是法国在同欧洲许多国家直到1815年的长期战争中取胜的保证,战争的目的就是要确立巴黎在欧洲和世界的霸权。此前弗里德里希·威廉二世在普鲁士(1797)和叶卡捷琳娜大帝在俄罗斯(1796)安息了。弗里德里希·威廉三世(1797—1840)成为普鲁士国王,这位腼腆不果断的执政者,是个善良和容易轻信的人。顺便提及,他的女儿莎罗塔(东正教名亚历山德拉·费多罗夫娜)嫁给大公尼古拉·帕夫洛维奇(后来的俄罗斯皇帝尼古拉一世)。这样,弗里德里希三世成为亚历山大二世的外祖父。他对外交缺少经验,很不了解国际事务,缺乏决断并常常拖延采取最终决定。

叶卡捷琳娜的继承人,她的儿子保罗一世(1796—1801)接班掌权时42岁,他的外交注意力集中在地中海和黑海以帮助巴尔干东正教徒和斯拉夫人民以及使马耳他骑士团处于自己的庇护之下。顺便说一下,他娶符腾堡公主索菲亚-朵罗捷娅为妻。在欧洲大陆俄罗斯君主王朝开始反对革命法国。由于1798年建立第二次反法联盟(包括英国、俄罗斯、土耳其、奥地利和那不勒斯王国),应盟国请求,他于1799年派苏沃洛夫统率俄罗斯军队及奥地利军队进军意大利。4月15—17日苏沃洛夫渡过阿达河,此后5个星期成功把法军赶出北部意大利,未经战斗就解放了米兰和都灵。苏沃洛夫计划进一步军事行动以同奥地利协同行动,但是被多瑙河君主的政府打断,它力争要掌握征伐意大利并争取保罗一世同意把苏沃洛夫部队调遣到瑞士。在确信奥地利和英国的利己主义,以及不愿意成为它们手中的玩偶后，1799 年 10 月保罗一世解除了同奥地利的联盟，下令苏沃洛夫队伍回国。

后来，保罗一世同不久前还是自己敌人的法国缔结和约，同普鲁士签署联盟条约以反对奥地利，同时与普鲁士、瑞士和丹麦反对英国。他甚至计划同法国联合进行印度远征并下令哥萨克前往希瓦和布哈拉以及占领英属印度。可是他的计划未能实施。在位统治六年，他死于一场并非没有反对彼得堡和巴黎接近的人士参与的宫廷密谋。24 岁的亚历山大一世（1801—1825）登上俄罗斯王位，他非常小心地对待波拿巴的占领政策，并希望建立一个由俄罗斯皇帝领导的反对法国的联盟。

二 亚历山大一世对于欧洲形势的看法

亚历山大具有出色的政治智慧和外交才能。他执着地追求自己的目标，争取不用简单直接的手段实现它们，而是用迂回绕行的方式。在同时代人里很少有人具备他的外交手段。有人评论他，"亚历山大非常敏锐，就像针尖和锋利的剃刀，而不足信靠不住，就像海上的浪花"。拿破仑认为他是"拜占庭的希腊人"①。亚历山大心理活动引人注目的特点是他对世界的广阔视野。对他来说，全欧洲的安全与安宁是重于狭隘的民族利益的。

亚历山大一世原则上能够同拿破仑共同瓜分欧洲并建立两个巨大权力中心，但是却宁愿使欧洲摆脱军事帝国的统治。1812 年卫国战争之后，他同样也有足够力量以便把一种根据自己意志的和平强加给欧洲大陆，可是此时他理智地放弃了这一想法，因为他最关心的是"欧洲的安宁"，他不追求俄罗斯的单方面霸权。维也纳条约基于欧洲秩序一直存在至 1914 年，它的出现是得益于俄罗斯皇帝保证和平及大国之间协调的意愿。德国评论家施特劳②认为，亚历山大一世通过建立神圣同盟想把全欧洲国家纳入到集体

---

① Вернадский Г. В. Русская история: Учебник. М., 1997. С. 197.
② Frankfurter Allgemeine Zeitung. 2008. 28 Aug.

安全的统一体系中。在这种情况下，正式的协商和会议应该足以避免战争。但是货真价实的完全合乎要求的神圣同盟并没有出现在人世间，它的地位被三皇同盟顶替了——普鲁士、俄罗斯和奥地利（北方联盟），结果是由这三国去捍卫维也纳条约以及条约确认的和平秩序。

对于英国和法国来说这些条约是"令人讨厌的负担"，因为它们所理解的历史是"地理分布运动"，并意识到根据自己的意愿改变欧洲大陆边界线机会的有限性。但是它们不能对抗三皇同盟。所以它们的目的是要拆散北方联盟，并尽力把那个"对和平不友善的俄罗斯"挤到欧洲的边缘位置。

然而，不妥协的俄罗斯民族主义者非难责备亚历山大是背叛者，或者至少受到俄罗斯民族主义者利益的鄙视，同样那些受宠的外国人更愿意在军界和外交界供职。亚历山大还有个性格特点是他的神秘主义，这在同拿破仑作战时期很明显，并且反映在1815年神圣同盟的组建上。

在亚历山大执政初期，国家主要外交任务在很大程度上仍然是18世纪末期形成的旧课题：维护和巩固在波罗的海、黑海沿岸和巴尔干地区的地位，保证西部和南部边界的安全，在这种情况下不参与足以使彼得堡卷入欧洲武力冲突的负担沉重的联盟。外交理论的妥协特点可以被称为——"双手自由"政策。①

三 亚历山大一世尝试俄普奥联合

初期亚历山大极力克制不卷入欧洲事务。可是1803年在英国和法国关系破裂后，俄罗斯介入了后来的国际危机。在准备对法国开战以支持英国时，沙皇试图尝试给国际外交界带来新的规则并为欧洲协调建立理论基础。在1804年他委派秘密委员会成员（这是亚历山大一世即位初期的一个非正

---

① Очерки истории Министерства иностранных дел России. 1802 – 2002. Т. 1. 860 – 1917гг. М., 2002. С. 244, 245.

式国家协商机构，成员都是沙皇的近臣）诺沃西利采夫作为自己的特使前往伦敦。在给诺沃西利采夫的"指示"中，亚历山大主张在中欧和巴尔干地区建立斯拉夫联邦，同时强调了拿破仑帝国政策有悖于欧洲联邦的原则。伦敦谢绝了沙皇的计划，可是同意与彼得堡的联盟。

临近1805年亚历山大一世同英国和普鲁士联合，试图争取普鲁士国王，早在1802年他们在梅梅尔会晤并自此给他留下友好的感觉。根据沙皇看法，第四次联盟应该成为顺利反对拿破仑的主要条件。在这时亚历山大决定暂时不必关注东方和巴尔干问题的解决，而是集中全力对抗法国在欧洲的扩张。可是，弗里德里希·威廉三世回想起前两次类似联盟的失败，也不信任维也纳宫廷的政策，认为在基于强大军队的柏林严守中立原则是防止法国入侵的唯一保证，在他看来普鲁士是法国攻击的首要目标。他答应要支持奥地利，可是在1805年拿破仑军队入侵奥地利领土之后却决定忠于巴黎并没有干预冲突。普鲁士王朝非常期待法国为中立政策而把汉诺威和其他北部土地给予柏林，可是只是在它放弃了拜罗伊特、纳沙泰尔等几处地方之后才得到了这些土地。最终法国军队在未经许可的情况下穿过属于普鲁士的侯爵领地安施巴赫而实施突然袭击，并且在1805年10月25日在乌尔姆打败奥地利军队，这些事情使威廉三世震惊，才不得不同拿破仑的敌人进行谈判。

1805年11月3日在波茨坦，亚历山大一世皇帝和奥地利大公安东同弗里德里希·威廉三世签署协议，根据协议普鲁士国王有义务要求拿破仑同意召开欧洲会议以恢复基于吕内维尔条约的和平。一旦被拒绝，弗里德里希·威廉答应让自己的军队加入联盟军队。在分手之前，亚历山大和弗里德里希·威廉去见普鲁士王后露易丝并对着弗里德里希大统帅（弗里德里希二世）陵墓起誓要相互友好，可是事情也就到此为止了。弗里德里希·威廉派首相伯爵豪格维茨去见拿破仑，可是什么也没得到。1805年12月2日在奥斯特里茨附近，拿破仑取得一连串出色战绩阻碍了普鲁士王朝履行自己的义务。1805年12月15日豪格维茨同拿破仑订立有损普鲁士的申布隆和约，它成了普鲁士陷入国际孤立的原因。对于德国的爱国人士来说这个条约是屈辱的。实际上，从德国的敌人手里接手汉诺威，很明显是不体面的，在那时大多数德国人为奥斯特里茨的失败而哭泣。国王的侄子路德维格亲王和内政大臣哈登贝格公爵极力主张对法国宣战。逐渐地主战派人数在增加。豪格维茨遭到了凌辱。激愤的普鲁士近卫军官们手持马刀叫骂法国驻柏林的使馆。民众拥护正在部队面前骑马驰骋的王后露易丝。人民等待王后的决定，可是国王默不作声。

普鲁士的中立在许多方面不利于共同事业——建立反法联盟，因为盟国失去了从北部方向进攻法国从而分散拿破仑力量的可能性，并且使拿破仑有机会集中兵力于一个方向以实施攻击。俄奥军队在奥斯特里茨惨重失败成为俄罗斯—普鲁士—法国战争的转折点（"第四次反法联盟的战争"）。

四　亚历山大一世顽强支持普鲁士

在法国军队抵达莱茵河畔之后，波拿巴获得了新的德国领土。战略目的在于消灭德意志民族的神圣罗马帝国。1806年6月12日16个西南部德意志国家（个别被拿破仑升格为王国）在法国统治下合并成莱茵联盟，其主要任务在于军事上支持法国。在8月份它们宣布自己退出神圣罗马帝国。同月哈布斯堡的弗兰茨二世皇帝退位，开始称之为奥地利弗兰茨一世皇帝，历史上的欧洲联盟制度在形式上停止了。

这一切影响到了弗里德里希·威廉并促使他行动起来。最终，他鼓足勇气并且向拿破仑提出傲慢的最后通牒，其中要求腾空南部德意志并同意建立柏林庇护下的北方联盟。普鲁士首都在这些日子里弥漫着非同一般的爱国主义情绪。人们谈论说，该是解放德意志并且使法国退回原来边界的时候了。这个时机挑选得极不成功，因为奥地利已经遭遇失败，而俄罗斯还没有准备好作战。

始于 1806 年 10 月 8 日的军事行动就在这个月的 14 日以普鲁士在耶拿和奥尼施泰德附近的战役中遭到彻底失败而结束。10 万战俘和 4000 门大炮成为法国人的战利品。大多数普鲁士要塞投降。普鲁士遭到失败。同日拿破仑进入柏林，城市居民恭敬地迎接胜利者。只有丹齐格及剩余不足 2 万普鲁士军队和哥尼斯堡没有投降，宫廷也逃往哥尼斯堡。后来他转移到梅梅尔。

来自俄罗斯亚历山大一世的军事支持到来得太迟，可是来自沙皇的积极抵制在 1807 年 7 月 8 日缔结提尔西特和约过程中阻碍了拿破仑要从欧洲版图上完全抹去普鲁士的计划（同日法国和普鲁士订立了和约）。"如果在 1807 年普鲁士从地理版图上消失，正如德国史学家写道，谁知道，还会发生德国人胜利的事儿（1813 年反对拿破仑）。"①

在这种情况下从普鲁士获得比亚韦斯托克地区后，俄罗斯退出不成功的战争并无损失和屈辱。可是亚历山大皇帝并不局限于订立和约，还同拿破仑结盟，该联盟的条件是同波拿巴在提尔西特城附近涅曼河中间木筏上幔帐里会晤时秘密制定的。"联盟的原则基础是承认拿破仑在欧洲西部的统治权，而承认亚历山大在东方的统治权。"拿破仑坦率地告诉亚历山大，俄罗斯壮大应该靠瑞典和土耳其，而德国和意大利则交给法国。两位皇帝同意共同反对英国，亚历山大被迫同意拿破仑的"大陆封锁"。该政策是要大陆国家放弃同大英帝国的贸易关系，不允许英国船只和商品进入自己的港口。这样拿破仑觉得可以达到经济上困死这个岛屿帝国的目的。

弗里德里希·威廉三世不同于亚历山大，他在提尔西特跌入了屈辱的深渊。拿破仑对待普鲁士国王非常傲慢，不邀请他参加第一次会晤，即便在第二次会晤时也是勉强同他说几句话而已。然后去吃午饭，两位皇帝把

---

① Цит. по: *Kahn H. W.* Die Deutschen und die Russen. Köln, 1984. S. 53.

弗里德里希·威廉留在门外。拿破仑开始时甚至不愿意听到有关独立的普鲁士国家的说辞，他说普鲁士"不必存在"，并建议亚历山大在法国和俄罗斯之间直接把它的领地瓜分了。

只是得益于亚历山大一世的顽强坚持，因为他不想丢下这个可靠盟友，根据提尔西特和约"老普鲁士"、波美拉尼亚、勃兰登堡和西里西亚归还给弗里德里希·威廉三世。他在西部和东部的所有省份全部被没收。拿破仑在没收来的这些地方成立了两个新的傀儡国家——威斯特法伦王国，拿破仑的弟弟热尔为首脑；华沙大公国，被交给萨克森国王。在拿破仑的走卒傀儡之间开始了勒索无数的赔款，被法国军队占领的普鲁士变成了法国的附庸，就像1809年的奥地利。

提尔西特和约分割了欧洲，但这次瓜分不是出自俄罗斯之手，它是被强加的。在提尔西特亚历山大一世是为自己赢得喘息时机，不过它太过于短暂。1810年同法国的关系重新紧张，而在1811年拿破仑宣布将在五年内统治世界。根据他的话说，只剩下一个俄罗斯了，但是他会打败粉碎它。他允诺普鲁士国王会得到波罗的海沿岸地区，答应奥地利皇帝得到东南乌克兰，答应土耳其苏丹得到克里木和格鲁吉亚，答应波斯沙赫得到东部高加索。

在1810—1811年，拿破仑兼并整个西北部德意志及吕贝克、汉堡、不来梅和奥尔登堡。法国的扩张及其新的举动产生了巨大影响，受其影响的不仅是经济而且还有国家体制和德意志国家社会生活的发展和现代化。首先是西南部德意志。在萨克森机器制造业获得强劲发展。在鲁尔地区是冶金工业。可是变化最大的是普鲁士。

对于大家而言一切都十分明显，没有国家制度和军队的重大改革，国家不能摆脱受侮辱的地位。国王提拔男爵冯·施泰因主持管理工作并委托他实施一系列行政、社会、农业和军事的改革，在1807—1812年得以实施。施泰因的挚友同僚有将军沙恩霍斯特，将军—元帅格涅瑟瑙和伯爵哈登贝格。这些最基本的内部改革最终结果是为民族自我意识觉醒和摆脱法国压

第四章　俄普亲近与德国统一（1801—1871）

迫而奠定了基础。这些改革包括：划分立法权和执行权；实施地方自治；废除农奴制和农民赋税；改革中小学教育制度（八年制国民学校，传统中学，创立柏林大学）；实施有助于促进工业化的企业经营自由；实施全民兵役制（这一措施促成在1813年3月底前组建起12万人的军队），建立民团和现代总参谋部。

五　亚历山大一世组建俄普奥联盟

1812年6月12日（24日）拿破仑不宣而战进攻俄罗斯。他的远征丢脸地结束了，随同法国人一起有20万德国人参与其中。这一时期许多普鲁士军官不愿同拿破仑合作而跑到俄罗斯（其中有冯·克劳塞维茨）。由于他们的参加，组织起志愿者德国—普鲁士军团，同俄罗斯军队一起参加反对法国的战斗。普鲁士国务活动家查理·施泰因来到了莫斯科，他因强烈主张在普鲁士领导下实现德国民族统一而著称。他多次同亚历山大一世会面，后者从1804年起主张建立没有奥地利参与的德意志联邦。著名德国诗人阿恩德特是施泰因在俄罗斯的合作者之一。在普鲁士本土主张建立反对拿破仑的俄罗斯—普鲁士联盟的核心支持者是陆军大臣沙恩霍斯特。

得益于俄罗斯在1812年卫国战争中的胜利，德国于1813年摆脱法国占领者。中立协定就是这样做的动机之一，它是1812年12月30日于陶罗根在普鲁士将军冯·瓦尔滕布格和俄罗斯将军季比奇之间缔结的。根据这个文件普鲁士军队脱离法国军队的约束，这可以帮助普鲁士避免成为"敌对国家"。从政治角度看意义更大：普鲁士成为俄罗斯的盟友。这一事件开始在普鲁士—德国历史学和在普鲁士学校有数十年里被称为"解放战争"[①]。在东普

---

① Мэрц П. Германия и Россия на пути от старой Европы к эпохе империализма // Германия и Россия: события, образы, люди: Сб. российско-германских исследований / Под ред. С. В. Кретинина. Воронеж, 2008. Вып. 6. С. 206.

鲁士恰是在这个条约之后开始形成最初的志愿者分队。

在德国人眼里法国是军事对手和占领者国家。所以同拿破仑的斗争发展成为广泛的民族解放运动。普鲁士成为这一运动的代言人，它仍然是俄罗斯长期的唯一盟友。1813 年 1 月俄罗斯军队进入东普鲁士领土后，很明显是觉察到了德国人的爱国热情以及他们同俄罗斯结盟以共同反对拿破仑的意愿，俄罗斯统帅库图佐夫向普鲁士国王的臣民发出呼吁，号召他们共同反对法国人。在整个王国集中一切手段实现这一目标，组成了民团。1813 年 2 月 16 日（28 日）弗里德里希·威廉三世在卡利什订立普鲁士—俄罗斯防御和进攻联盟条约。他在 3 月才号召自己的民众，此时已经起来反对法国了，而哥萨克在捷滕鲍恩统帅指挥下解放汉堡。结果 3 月 27 日普鲁士对法国宣战。军事行动持续展开，盟国军队威胁要进入奥地利领土，如果它仍然站在拿破仑一边，这样维也纳宫廷不得不于 8 月 12 日对法国宣战。为了巩固联盟关系，亚历山大一世坚持要在联盟成员之间签署新的条约。1813 年 9 月 9 日在特普利采（现捷克）订立三个联盟条约：俄罗斯—奥地利、俄罗斯—普鲁士和普鲁士—奥地利。三国有义务相互给予军事支持并且不经相互同意不能签订和约或者停战协议①。

1813 年 10 月在巴伐利亚和其他德意志国家加入普鲁士—奥地利—俄罗斯联盟后莱茵联盟停止存在。10 月 18 日联盟军在会战中打败拿破仑并且迫使他离开德意志。在这次战役中参战者多达 50 万人，战死和受伤超过 10 万人。拿破仑和亚历山大皇帝亲临战场，奥地利弗兰茨皇帝、普鲁士和萨克森国王也参与。

六　维也纳会议与五大国联盟

为了把同拿破仑的战争进行到彻底胜利，并且在他面前切断有可能同

---

① Очерки истории Министерства иностранных дел России…С. 263.

联盟中任何成员单独媾和的所有渠道，1814年3月10日俄罗斯、英国、奥地利和普鲁士签署肖蒙协定，实质上是再次形成和巩固第六次反法联盟。其中强调，联盟的主要目标——建立欧洲平衡，不允许在大陆出现新的战争，建立一种基于法律原则的国际关系。肖蒙协定保证了四大国在战后欧洲发挥主导作用，并且在很多方面准备好了维也纳会议的决议。1814年3月19日（31日）俄罗斯沙皇和普鲁士国王作为胜利者隆重进入巴黎。拿破仑被放逐到厄尔巴岛。拿破仑失败和法国第一个帝国垮台对欧洲大国关系带来巨大改变。法国霸权被英国、俄罗斯和奥地利三国政治统治所取代。

出席1814—1815年维也纳和平会议的有2个皇帝，4个国王，2个世袭亲王，3个大公，215个公爵领地家族首领，同时还有450个外交和官方人士。亚历山大一世在欧洲统治精英的代表大会上是最有影响力的人物。英国、奥地利和法国在和会上联合起来，并且没有让普鲁士获得因放弃波兰领土转交萨克森所受损失的"补偿"。妥协的结果是建立了隶属于俄罗斯王国名下并拥有自己的自由宪法的波兰王国（第四次瓜分波兰）。普鲁士为自己争取到但泽、托伦和波兹南，并且获得大约一半的萨克森（另一半保持自己的独立），威斯特法伦和莱茵省。奥地利获得东加利西亚，而克拉科夫成为自由城市。重要成果是在德国土地上建立德意志联盟——奥地利在其中居主要地位的德意志国家联邦。维也纳会议恢复了欧洲的五大国——俄罗斯、英国、法国、奥地利和普鲁士（称之为五国联盟），在会议上确定的东欧边界线在一百年之内没有变动。

在会议进行期间传来一个不好的消息，即拿破仑逃离厄尔巴岛回到巴黎并且恢复了自己的帝国。联盟军队重新开赴法国边界，但是俄罗斯军队尚未赶到，拿破仑的军队在滑铁卢附近被英国和普鲁士军队打败，拿破仑本人被放逐到圣赫勒拿岛。然而，俄军再次进入法国并在这里停留至完全确立秩序和稳定。

七 神圣同盟与三大国联盟

为了维护维也纳确立的国际秩序而很快成立了神圣同盟。1815年9月14日（26日）在巴黎，俄奥普三国签署关于全体基督教国家互助声明，此后所有欧洲大陆王朝都参与进来，除了罗马教皇和土耳其苏丹。神圣同盟虽然还不是一个真正的有义务约束力的国际法行为，然而还是作为"联合组织载入欧洲外交的历史，该组织带有教权主义—王朝统治意识形态的显著轮廓，其原则是镇压可能出现的革命情绪"。大国自认为完全满意在维也纳会议上分配的"奖赏"，因而同意欧洲国家联盟和定期召开国际会议应该成为维护已确立的国际秩序的手段。

神圣同盟的倡导者是俄罗斯皇帝亚历山大一世，他萌生关于联盟基于基督教友爱与正义的想法，显然是受到思考通过建立联盟而成为欧洲和平缔造者这一理想的影响，该联盟甚至可以消除国家之间的军事冲突。这种想法促使他呼吁自己的盟友——奥地利皇帝和普鲁士国王，结成一个基于承认人们生活在和平与友爱的基督教训谕之上牢不可破的联盟。王朝的君主帝王们同意了：

> 无论是在管理自己的臣民，还是在处理与其他政府的政治关系都要遵循福音书之训谕，它们不限于适合单个人，应该直接约束沙皇们的意志和指导他们的行为，作为规范人们行为和奖励他们不完美的唯一手段，遵循着它联合成为牢固兄弟的紧密关系，并且在任何时候和任何地方互相帮助与友爱；要把臣民当作一个家庭的成员，本着兄弟情谊精神去管理他们，以维护信仰、正义和安宁①。

---

① Цит. по: Устрялов Н. Г. Русская история до 1865 года: В 2 ч. Петрозаводск, 1997. С. 802.

第四章 俄普亲近与德国统一（1801—1871）

　　神圣同盟的清晰目的在 1818 年 9 月 20 日—11 月 20 日召开的亚琛会议上加以明确。由亚历山大起草并以五大国——俄英奥法普——名义发布的宣言昭示欧洲，神圣同盟行为的唯一目标是"维护安宁和作出有助于人民安康的保证和原则的决议，联盟的王朝承认自己有义务确保人民的权利，王朝希望自己幸福，如果联合起来可以增进国内福利，通过和平手段造福民众并在民众心里留下信仰及道义的拯救情感，正如宣言中所说，拯救情感的行善行为在我们这个不幸的时代已经快要死亡"。

　　神圣同盟决议的这种虔诚表达掩盖了作者们的真实目的。他们的目的有二：第一，维持 1815 年在维也纳会议上确定的领土现状不得侵犯；第二，进行不妥协的斗争以反对所有出现的"革命精神"。实际上，神圣同盟的活动几乎大部分集中于同革命做斗争。1820 年 11 月 19 日，在西班牙和那不勒斯的革命开始后，俄罗斯、奥地利和普鲁士在特罗普帕伊（捷克奥帕瓦城）会议上签署议定书，它公开宣称三大国——神圣同盟创立者有权干涉其他国家的内部事务以反对革命。英国和法国没有签署这个文件，但是也没有表示反对。结果在特罗普帕伊通过的决议，奥地利获准武力镇压那不勒斯革命并且在 1821 年 3 月底用军队占领那不勒斯王国，此后在这里恢复了君主专制制度。同年 4 月武力镇压在皮埃蒙特发生的革命。

　　维也纳会议确立的欧洲战后体系背离了新兴资产阶级的利益，阻碍着它的发展，因而究其实质是反动的。资产阶级反对封建君主专制势力成为欧洲大陆历史进程的主导力量。在 19 世纪 20 年代末神圣同盟开始解体。其分离解体的原因有两个。第一，神圣同盟成员之间的矛盾加深：一方面，英国的利益在这时期同神圣同盟的政策背道而驰，无论是在拉丁美洲的西班牙殖民地和宗主国之间的冲突事务，还是在处理持续不断的希腊人起义问题上；另一方面，俄罗斯和奥地利在对待土耳其问题上存在利益冲突。随着联盟成员之间矛盾加深，俄罗斯宫廷和俄罗斯外交对欧洲政治的影响力开始下降。第二，这一点特别重要，虽然欧洲王朝君主想方设法镇压，欧洲革命力量却在继续增长。在1830年发生了法国和比利时的革命，而在波兰爆发了反对沙皇统治的起义。在英国高涨的人民群众运动迫使统治阶级实施1832年选举改革。这不仅沉重打击了联盟的原则，而且对其存在本身亦是如此，它事实上已解体。在1833年俄罗斯、奥地利和普鲁士的王朝君主试图恢复神圣同盟，可是这种尝试未能成功。

八　拿破仑战争期间俄普关系的评价

在19世纪初欧洲国家反对拿破仑入侵的解放斗争再次证明，俄罗斯和德国是战略盟友，欧洲大陆的和平与安宁主要取决于它们的协调。它们在1813年10月莱布尼茨城下的人民战争中一起流血并帮助欧洲摆脱"科西嘉怪物"的统治。后来由于相互矛盾和害怕19世纪中期革命运动从而促使英法俄三国采取单方面行动以巩固普鲁士（德意志当时是一个几乎由40个国家拼凑起来的"破烂毯子"，普鲁士也只是它们其中之一，虽然绝不是一个二流国家），并且导致圣彼得堡同柏林的亲近。还有一个非常重要的局势。此后正如奥地利，从长期前景看英国也表现出了不是彼得堡的可靠盟友（特别是它反对俄罗斯在黑海—地中海地区扩大影响的东方政策证实了这一点），对于俄罗斯领导集团而言不存在非此即彼的抉择，而是如何事先得到柏林的支持。正是俄罗斯需要这种来自西部边界的可靠伙伴的角色，并且也适合王朝君主统治的棱堡对付来自巴黎和衰弱的维也纳的自由—民主风气。

德国伙伴建立统一德意志国家的希望在拿破仑战争后并没有实现，取而代之的是1815年6月8日维也纳会议上成立的邦联——德意志联盟，其中的主席位置落在奥地利身上。这是一个由39个拥有主权的德国人国家组成的"国际—法律联盟"（1815年7月8日维也纳最终决议）。联盟的目的在于维护各个国家的外交和内政的安全、独立和完整。唯一的共同机构是联邦会议（联盟国会）——这是不经选举的国会，而全权大使会议则由各成员国代表构成。联邦会议在美因河畔法兰克福召开，成为后来的联邦联院。在随后十余年联盟把遏制任何主张统一与自由的意图看作是自己的主要任务。

由于处在普鲁士和奥地利之间的第三者地位，因而联盟不是一个牢固的组织，与此同时在经济领域也发生个别德国人国家的联合。拿破仑宣布并致力于反对进口英国商品的所谓大陆封锁的废止就加剧了德国人国家和英国之间的竞争。但是内部关税壁垒体制不利于德国内部市场的发展。这导致 1834 年建立起德国关税联盟，几乎所有德国人国家全部参与进来，除了奥地利。实际上，成立关税联盟成为在建立统一国家"小德意志方案"（没有奥地利）道路上的最初实施步骤。

◇ 第二节 通向德国统一之路

1825 年 12 月初有关欧洲解放者亚历山大一世去世的消息传遍欧洲。尼古拉一世（弗里德里希·威廉三世的女婿）继承俄罗斯帝国王位，这个人命中注定差不多就成了欧洲外交的最高仲裁官，外交也是他最热衷的事业之一。确实，无知粗鲁、极其反动和坚定不移地忠于君主专制政治原则就使得他成为恐吓整个欧洲社会的稻草人，欧洲人送给他一个"欧洲宪兵"的绰号。虽然不具有远见，可是他内心深处却预感到在自己盟国里革命事件在逐渐临近，尼古拉害怕奥地利和普鲁士政府——德意志联盟的领袖——表现出惊慌失措与软弱。"我们是有三个，而现在只有一个半，因为我认为普鲁士还不完整，而奥地利只是半个。"——俄罗斯独裁者在 1846 年对一个丹麦外交官如是说[①]。这个娶普鲁士公主为妻的尼古拉，在俄罗斯军官里非

---

① Цит. по: История дипломатии. Т. 1. М., 1941. С. 425.

常不受欢迎，不仅是由于自己的普鲁士血统和反动观点，而且是因为残酷镇压十二月党人起义及随后的迫害。

对尼古拉来说在同柏林保持所有亲属关系的情况下，同普鲁士的关系也只是具有第二位的意义，当面对在黑海和地中海地区由于所谓东方问题加剧而出现的诸多问题时，因为要考虑同伦敦、巴黎和维也纳的相互协调的优先次序。所谓的"东方问题"，在此时应该能够理解："所有问题，全都是由于出现了土耳其解体和俄罗斯在巴尔干半岛占据优势。欧洲大国不能满意尼古拉皇帝的政策，因为他认为自己是巴尔干斯拉夫人和希腊人的保护者。是他的野心破坏了欧洲政治的平衡……"①

一 尼古拉一世同普鲁士的分歧（1825—1855）

原来，彼得堡和柏林的关系从两边非常对称的双边关系发展成为多层次的多边关系，在这种多边关系中在任何程度上都要全面考虑黑海和地中海区域的问题。特别是，亚德里雅堡和约在尼古拉请求自己岳丈之后成为普鲁士居中调解的结果（米夫林格男爵的使命），该和约在1828—1829年俄土战争后划出边界线并且确定了非常有利于俄罗斯的条件。俄罗斯和普鲁士作为"欧洲演唱会"的领袖，在1840年参加了在伦敦召开的有关东方问题的全欧洲会议，会上五大国（英奥普法俄）确定共同保护土耳其。1841年7月13日"五大国"成员同土耳其签署关于博斯普鲁斯和达达尼尔海峡的协议，其中约定在土耳其同任何一方发生军事行动时要关闭海峡以禁止所有大国的军舰通过。由此带来的国际化，即参与东方问题范围扩大就有了相反的效果。它导致建立起全欧洲阵线以对抗彼得堡，也包括中立的奥地利和普鲁士，造成了俄罗斯在巴尔干的影响力下降。

---

① Платонов С. Ф. Лекции по русской истории. Петрозаводск, 1996. С. 776.

法国1848年二月革命迅速波及德意志。在3月整个德意志领土发生人民运动，那些被吓坏了的德意志统治者们对民众做出让步妥协。5月18日在美因河畔法兰克福召开了国民大会，它在解决德意志未来结构问题上出现了原则性分歧且没有实际解决。1849年3月28日国民大会通过"帝国宪法"，它是朝着发展民主和国家结构道路上迈出的一大步骤。德意志联盟28个成员国承认宪法。但是普鲁士国王拒绝从人民手中接受王冠从而使得建立统一德意志国家的尝试破灭。顺便提及，俄罗斯史学家确认，1840年继承王位的弗里德里希·威廉四世（1840—1861）的这次拒绝，在很大程度上是受到了那个可怕的彼得堡内兄——尼古拉一世立场的影响，他无论如何不愿意让普鲁士的辛苦努力和德意志的统一被置于一群称之为"革命聚会"的法兰克福议会的统治之下①。原来是，沙皇在自己联盟政策中指望不上普鲁士国王，有关把他作为全欧洲君主专制领袖去对抗革命的能力的评价很低，而是更多地指望皇帝弗兰茨·约瑟夫作为自己的继任者去领导保守的三巨头（俄罗斯、奥地利和普鲁士）——神圣同盟的核心。正如俾斯麦强调："似乎我们这里的王位人选，对他更加充满喜欢，正如年轻皇帝弗兰茨·约瑟夫，他有可能支持普鲁士，在当时争论德意志的领导权，如何支持奥地利。"②

弗里德里希·威廉四世先天被赐予许多才能：富有激情的雄辩口才，敏锐活跃的头脑和炙热的精神。他得到出色的培养教育，热爱艺术，非常迷恋中世纪，同时也是哈雷（瑞士诗人和自然科学家）和施塔尔（德国哲学家、政治家和法学家）的狂热追随者。他容易冲动的气质在平静的国务活动中并不能为自己找到快乐。在成为国王之后，他常常生活在某种紧张及愤怒之中，搞出一个接一个的方案，并且很快就在国家管理中造成混乱。开始时好像是个自由派人士，很快就表现出自己是个典型的反动派，货真

---

① История дипломатии. Т. 1. С. 428.
② Бисмарк О. фон. Мысли и воспоминания: В 3 т. М., 1940. Т. 1. С. 188.

价实又当之无愧的彼得堡的亲戚。1848年法国二月革命后，在一些德意志公国又一次爆发起义，其中在巴登的规模最大，国王高兴地派普鲁士军队去维持秩序。德国革命以1849年5—7月巴登起义被镇压而结束。在克里木战争期间，作为尼古拉一世的狂热支持者，弗里德里希·威廉四世保持了友好俄罗斯的中立政策。

相反，尼古拉一世发现了普鲁士会威胁到欧洲现存状况，明显是不愿意支持柏林去统一德国。他的反普鲁士立场表现在为稳定奥地利君主专制国家体制而镇压1849年维也纳起义，表现在不愿意支持霍尔施泰因脱离丹麦转交普鲁士。1850年8月2日俄法英奥四国代表在伦敦签署了确认霍尔施泰因领地属于丹麦的协议。1850年11月在奥地利和普鲁士之间发生新的冲突，因为柏林干涉黑森和霍尔施泰因事务。在尼古拉表示公开支持多瑙河王朝之后，11月29日在奥尔缪茨城签署柏林和维也纳协议，而且普鲁士再次处于屈辱地位，因为它不得不放弃那些致力于消除由维也纳会议确认的德意志领土—政治分散状态所采取的单方面行动步骤，不得不放弃在它领导下建立德国人国家联盟。的确，协议是奥地利外交反对普鲁士的最终胜利。"奥尔缪茨屈辱"长久地被整个德意志记住是尼古拉之手造成的，他也再次宣称自己是两个德意志霸主之间的仲裁者。另外，根据尼古拉的建议奥普于1851年签署联盟条约，为的是巩固君主专制政治的团结一致。但是，作为欧洲最大国家极力谋求欧洲事务最高仲裁者的角色，专制统治下的俄罗斯所取得的成效是短暂的。它们无法避免俄罗斯在克里木战争中遭到失败。

二 俾斯麦首相的亲俄政策（1862—1888）

19世纪50年代的特点是德意志经济蓬勃高涨，其基础是工业革命和工业化。普鲁士在经济领域占据主导地位，1861年已经64岁的威廉一世

(1861—1888) 开始掌权,他从 1858 年 10 月 7 日起是王国的摄政王,因为大哥弗里德里希·威廉四世晚年病重失去行动能力。

新国王接受过军事教育,自 1814 年起在军队服役,参加了反拿破仑战争,根据评语,他是个勇敢的士兵。毫不奇怪,在获得王位后,威廉一世首先关心重新组织训练普鲁士军队。威廉不是优秀出色的人,没有想入非非的幻想和自己前辈的种种手腕。可是他以埋头实干而著称,顽强努力去实现提出的目标,意志坚强,善于起用有创造力和天才的人。俾斯麦写道:"在他身上体现了最为理想化的普鲁士军官的品质,即在履行职责时毫不畏惧和独立负责,甚至面对死亡也是一句话'下命令',当他面对困难时,并不惧怕死亡而是害怕受到长官和身边人的责难,或者听到指责妨碍他采取正确决定并实现它们。"①

他缺乏首创精神,可是有时候同意了某种计划方案,他会毫不动摇地支持它。因为具有求实思想和讲究实际,威廉不能成长为大政治家:他性情过于直爽,过于受到妻子的影响,他不具备善于出谋划策的视野、知识和天赋。由于 1815 年后在外交使团获得的经验,他是个不错的外交官。

1862 年 9 月 23 日威廉一世任命自己以前的战友和志同道合者、在巴黎任普鲁士大使的 47 岁的伯爵俾斯麦(1815—1898)担任普鲁士首相和外交大臣,此人坚决主张加强普鲁士国家的外交阵地。正如 19 世纪伟大俄罗斯思想家丹尼列夫斯基称呼的"天才大臣",他开始自己的职业生涯是在 1847 年担任普鲁士国会的代表,并为自己赢得了一个具备实力、毅力和善于正确评价对手力量的人物的声誉。从 1851 年至 1859 年在联盟联院里代表普鲁士的利益,他作为政治家的时间,最先在 1853—1856 年克里木战争时期开始。在俄罗斯要求保护在土耳其的斯拉夫希腊居民并且在 1853 年为坚持自己要求而占领了多瑙河沿岸的摩尔达维亚和瓦拉基亚之后,法国和英国

---

① *Бисмарк О. фон*. Мысли и воспоминания: В 3 т. М., 1940. Т. 1. С. 240 - 241.

（后来还有撒丁王国）站在土耳其一边并在克里木取得一系列胜利。英国尤其坚持要普鲁士参与对俄作战。俾斯麦积极主张反对这样做。对于奥地利来说甚至暗示着巴尔干未来会变成俄罗斯的保护国，这被理解成是直接挑战它的势力范围，于是在1854年加入了三个西方大国的联盟。即使在克里木战争之前俄罗斯支持了奥地利的反普鲁士政策，那么在60年代它并非没有内心满足地看到，普鲁士是如何把奥地利排挤出德意志。可是这已经是尼古拉的继任者，大儿子亚历山大二世（1855—1881）执政了，他对自己的亲舅父——普鲁士国王抱有极大好感。

在1859—1862年俾斯麦出任普鲁士大使驻沙皇亚历山大二世宫廷统治下的俄罗斯，在1862年出任驻法大使。在驻圣彼得堡期间他受到厚待。主要原因在于，他在俄罗斯首都是以政治家和克里木战争期间竭尽全力反对动员德国军队参与反俄战争而出名。此外，寡居的皇后——尼古拉一世的妻子和亚历山大二世的母亲（普鲁士公主莎罗塔所生）也感谢这位彬彬有礼和有教养的故乡人。俾斯麦是唯一一个与沙皇家族保持密切交往的外交官。

他获得声望和成就还有一个原因是能够说俄语。当刚刚获悉新任职的消息后，未来的"铁血宰相"开始学习语言。开始时自学，来到俄罗斯后，找到补习教师——大学生兼翻译阿列克谢耶夫。正如俾斯麦传记作者斯滕贝格指出①，普鲁士大使找到适合自己的学习方法：他同自己的老师一起阅读刚刚出版流行的屠格涅夫小说《贵族之家》，在俄罗斯被禁的赫尔岑《钟声》（他通过自己的途径获得）。俾斯麦很想熟悉情况，无论是政治，还是世俗生活。总计经过同补习教师四个月的俄语学习，俾斯麦能够同他用俄语交流，这在不少程度上要归功于他的神奇记忆力。他在自己的政治生涯中一直在使用俄语。俄语词句经常出现在他的书信里。在已经成为普鲁士

---

① *Steinberg J.* Bismarck: Magier der Macht. Berlin, 2013. S. 745.

政府的首脑后，他甚至在正式文件做批示时有时还用俄语写上"不可以"或者"慎重"字眼。俄语"还可以"成了"铁血宰相"的喜欢用语。他很欣赏俄语的细微差异，多重含义，并且在私人书信中使用，例如："都还可以。"

在回顾俾斯麦生活在彼得堡时期时有必要指出，他面前并没有柏林方面的重大政治任务。他的主要职责更多是领事馆性质的事务：在俄罗斯当时约4万是普鲁士王国的臣民。

俾斯麦在彼得堡觉得郁闷，没有"大政治家"的用武之地。拜访，吃请，官方接待，观看芭蕾，所有这些都不是渴求荣誉的政治家希望得到的。然而很快国王——登上王位的未来的德意志帝国恺撒·威廉一世，任命他为普鲁士首相。俾斯麦完全献身于"大政治家"和建立统一德国的事业。

俾斯麦成为一个外交家所受的巨大影响是他同俄罗斯著名国务活动家戈尔恰科夫的交往，未来"铁血宰相"称他为自己的老师，又说他"过于虚荣"，同时训诫，远大前程属于德国人。后来在祖国，俾斯麦一心致力于在欧洲构建力量平衡体系，并不隐瞒自己的主要目标——建立强大统一的德国。戈尔恰科夫的外交风格与俾斯麦大不相同，前者不止一次在外交舞台上给自己的同事带来令人惊讶的失败（特别是在1878年柏林会议上）。普鲁士人常常负面地甚至是轻视地评论俄罗斯同事。他的伟大尊重哪里去了？他倒是很欣赏近卫军将军、俄罗斯驻英国大使舒瓦洛夫。

俾斯麦赢得了普鲁士国王的无限信任，不仅自己忠于国王，而且立场坚定，当时就增加军事补助金问题在普鲁士地方自治会议代表和政府之间发生宪法冲突过程中，他劝说君主不要放弃王位。自此首席大臣直至威廉一世于1888年去世一直利用国王，正如利用国家报纸，用于重要目标。

三 亚历山大二世对普鲁士的期待（1855—1881）

在俄罗斯新沙皇执政是作为解放者亚历山大二世的时代载入历史的，不仅是因为他解放土地和人民，而是因为废除农奴制度，还进行了一系列重要改革（地方、司法、军事等），它们可以称之为伟大的改革。青年时候，他在1838年到欧洲旅行并且在黑森—达姆施塔德大公家结识了14岁公主索菲亚·玛丽亚，后来选她为自己的妻子。他带她回到俄罗斯，在这里她按照东正教规章接受神圣的敷油膏仪式并获得大公名玛丽亚·亚历山大洛夫娜。他们于1841年4月16日结婚。亚历山大与玛丽亚有七个孩子。

在亚历山大二世执政时期外交领域在西欧方向没有发生突破，虽然在柏林统治下统一德国的进程中俄罗斯保证了普鲁士后方。虽然在他继位时俄土战争以公开的失败结束，在1856年3月签署的巴黎和约算不上是最坏的，可是毕竟对俄罗斯规定了苛刻的条件。这个和约完全改变了欧洲的国际局势，因为摧毁了1815年维也纳章程所确立的欧洲体系。世界政治的中心重新从彼得堡转移到巴黎。巴黎条约成了欧洲外交的核心环节，直至1870—1871年普法战争。在亚历山大在位期间俄罗斯吞并了高加索（1864）、哈萨克斯坦（1865）、中亚大部分（1865—1881）的领土。为了加强在巴尔干的影响和帮助斯拉夫人民的民族解放运动，俄罗斯重新参与1877—1878年俄土战争。

在克里木战争失败后俄罗斯外交部门在1856年3月编制了特别报告——《关于签署巴黎和约后俄罗斯的政治状况》，其中主要关注民族利益，并且强调有必要回避那些神圣同盟要求俄罗斯干涉其他国家事务的原则，对国家的国际行为做了负面表述。这是因为，俄罗斯需要关心照料自己本身的内部问题，它们在尼古拉执政晚期出现并且表现在克里木战争中。

但是，这并不妨碍俄罗斯皇帝于 1856 年春访问柏林，在这里他同普鲁士国王弗里德里希·威廉四世进行会晤。两个君主秘密地加固了两国联盟，这样就突破了针对俄罗斯的外交围困，它在一段时间里决定了自我放弃西欧事务。这样，在 1859 年奥地利—意大利冲突期间，俄罗斯只限于武装中立。在丹麦—普鲁士战争期间皇帝努力成为调解者，而在 1866 年奥地利—普鲁士战争期间仍然保持这种中立。在 1870 年法国—普鲁士战争期间的中立立场就提供了很好的理由以争取废除巴黎和约对俄罗斯的不利条款，它不允许俄罗斯在黑海拥有舰队。

俾斯麦的政策主要关心德国民族统一这一梦寐以求的目标，19 世纪后半期仍然处在分裂状态的德国弥漫的这类情绪在很大程度上促成了"铁血宰相"的这一政策。在民众当中呼吁所有德国人国家联合成为新的统一国家的声音不再沉默。这些思想早在 19 世纪上半期已经出现在那些受法国启蒙思想家鼓舞的学院学生中间。主张联合的运动不可能压制下去，虽然有许多进步德国学生成员被说成是蛊惑分子和国家叛徒。可是如果民主人士主张通过人民自由民主表达意志"自下而上"统一德国，那么俾斯麦是想在普鲁士领导下争取实现统一。根据他的看法，联合统一应该是通过接受相关王公领地的决定而"自上而下"实现的。奥地利挡在实现这一目的的道路上。因而俾斯麦要极力实施计划以武力把奥地利从觊觎充当德国统一领袖角色的名单中排除出去。

在这个过程中俾斯麦需要友善关系，需要彼得堡方面从后方给予掩护。在那几年俄国思想家丹尼列夫斯基公正地指出，普鲁士国家的任务，"还是在弗里德里希时期非常明显地开始了，在俾斯麦领导下非常明显的继续，可是还远未完成——结论在于，毫无疑问，在德国统一，在为德国人民提出政治目标和统一。这个目标没有俄罗斯的帮助与支持无法实现"[①]。彼得

---

① *Данилевский Н. Я.* Россия и Европа. СПб. , 1995. С. 385.

堡可以维持敌视柏林、法国和奥地利的政策。"当然，对于俄罗斯来说普鲁士的帮助很重要，因为任何其他国家，至少在旧世界，不可能指望上这种帮助（在这段文字里丹尼列夫斯基是指柏林的支持以便解决东方问题和波兰事务。）……因此，虽然存在政治家的算计阴谋，俄罗斯和普鲁士是相互需要，当然，也是相互依赖，可是普鲁士的需要更多，因而依赖性也更强烈——明白和了解这一点并不是坏事。"①

成功的阵风鼓舞着"铁血宰相"的风帆，他早已听到了柏林上流社会的亲俄声音，虽然实际上并不是这样的。他作为出色的分析家和战略家正确地指出：

> 我们应该高兴的是，在我们所处的位置和历史发展中我们在欧洲遇到了这样的大国，我们同它们在政治领域没有任何的竞争利益，在今天俄罗斯就属于这样的国家。同法国我们任何时候也不能生活在和平当中，同俄罗斯我们任何时候也不会有打仗的必要性，如果只是自由派的糊涂或者王朝的失算也不足以使这种位置发生颠倒②。

四 俾斯麦的外交策略

（一）利用波兰局势动荡

当1863年在"俄罗斯波兰"发生反政府起义的时候，俾斯麦就有了"撬动"亚历山大二世并这样选择政治得分点的机会。一直等待着起义者的局面没有希望之时，俾斯麦建议威廉一世给予沙皇政府"慷慨帮助"，提议联合行动对付起义者。他的倡议来得不是时候。恰巧此时英国、法国和奥地利一起努力不仅要维护波兰人，而且还要损害俄罗斯的国际阵地。柏林

---

① Данилевский Н. Я. Россия и Европа. СПб., 1995. С. 386.
② Бисмарк О. фон. Указ. соч. С. 192.

需要去迎合彼得堡的步骤：第一，为了显示不同于维也纳的政策；第二，为了给普鲁士西里西亚和波兹南的波兰起义者提供保护；第三，为了对抗俄罗斯—法国接近；第四，为了使亚历山大二世政府里力量对比变得有利于普鲁士，并且因柏林的"效劳"而获得俄罗斯皇帝的赏识，这种效劳会在以后得到相应的酬谢。

1863年1月27日外交大臣公爵戈尔恰科夫和来自柏林的普鲁士国王的将军阿尔温斯列本在彼得堡签署了预计采取一系列共同措施以镇压波兰运动的军事协议。根据协议，普鲁士应该调集在东部边界的军队，并事先授权一旦有必要越过俄罗斯边界线，俄罗斯军队也拥有同等权利进入普鲁士领土追击波兰起义者。而且在公开文件主要内容时，俾斯麦将事情描绘得似乎在协议背后隐藏着某些秘密条款已经不是个别性的，而是总体性的。这样可以给"欧洲演唱会"的其他成员留下有关俄普联盟有可能复活的模糊印象。

确实在波兰起义过程中，亚历山大因奥地利—波兰的阴谋和西方大国的干涉而深受刺激，建议柏林有较之阿尔温斯列本协议更紧密的联盟，指出在这种情况下两国利益的共同性。而这必然意味着或多或少地共同反对奥地利和法国，并且借助于彼得堡的帮助而快速解决德国问题。可是讲究实际的普鲁士宰相不想和不能同彼得堡结成紧密联盟，因为在他的认识里俄罗斯处于比之普鲁士更加有利的地缘政治位置，用他的话说，在这种情况下"需要有更长的杠杆撬臂"。换句话说，在奥地利失败后也没有同多瑙河君主王朝联盟的前景，普鲁士德国完全不依赖于俄罗斯了。然而俄罗斯在克里木战争失败之后的一段时间内不可能同巴黎有共同点的情况下，自这时起出现了彼得堡靠拢柏林。

（二）一战丹麦

1863年11月15日丹麦国王弗里德里希七世去世，其继承人赫里斯蒂安登上王位。很快就出现了一个问题,同丹麦联合的石勒苏益格和霍尔施泰因应该归谁管理。丹麦作为霍尔施泰因和劳恩堡公国的所有者是德意志联盟的成员。石勒苏益格公国不属于德意志王权统辖的国家,从康拉德十一世(1024—1039年德意志国王,1027—1039年神圣罗马皇帝)起就如此;可是德国人居民开始在这里占据多数:公国南部地区1/3是德国人,中部地区是混居,但是在统治阶级中德国人占多数,只有北部地区才能够称之为丹麦人。在历史和地理方面两个公国本身融合在一起,当时处于同其余丹麦——日德兰半岛及其岛屿——的力量在较量。

对于俾斯麦而言向全体德意志国家展示权威的事业,就是热情关心"解放"德意志兄弟并且亲手掌握民族统一事业。可是奥地利挡在他的道路上,同时也不晓得,在这个问题上其他欧洲大国会有如何表现。"铁血宰相"成功地说服英国和法国,普鲁士并不竭力追求把"易北河流域公国"纳入自己的版图,而只是想让它们和睦地民族发展。对待奥地利大致也是如此,让维也纳满意,普鲁士只是参与解决石勒苏益格—霍尔施泰因问题,换句话说,分一点丹麦人的"大蛋糕"。

1864年普鲁士联合奥地利开始自己的第一场反对丹麦的"统一"战争,当年10月30日战争以签署和约而结束。石勒苏益格、霍尔施泰因和劳恩堡公国归胜利者所有而处在它们的临时共同管理之下(共同管辖)。在1865年俾斯麦施展巧妙计谋,据此小公国劳恩堡归普鲁士完全所有,为此补偿给奥地利250万丹麦里克斯达列尔(瑞典旧时银币),石勒苏益格公国归普鲁士完全管理,而霍尔施泰因公国归奥地利。此外,普鲁士获得海军港基尔,有权直运通过霍尔施泰因并成为两个公国在关税联盟上的成员。这个计谋于1865年8月14日在霍尔施泰因奥地利和普鲁士签署的协议里被加以认可。

至于俄罗斯,在普鲁士和奥地利吞并丹麦"易北河土地"的过程中,彼得堡继续保持中立并没有主动干涉欧洲事务,因为俄罗斯政府正集中精力进行内部改革，计划着通过这样的途径建立良好条件以发展经济并降低社会中的冲突潜能。戈尔恰科夫和其他大臣上呈沙皇的一系列报告都指出有必要缓慢和逐渐地"内部改革"，特别是在公爵戈尔恰科夫总结1856—1867年俄罗斯外交的报告里。在这里指出了财政资源匮乏，缺少发达的铁路网，俄罗斯虚弱的原因源自它的"内部发展缓慢"[1]。在这个时期俄罗斯军队就其备战方面不仅不能同法国和普鲁士军队相比较，就是同奥地利也有较大差距。所有这一切都排除了俄罗斯武力干涉大陆西部战争的可能性。

（三）二战奥地利

普鲁士政府思考着如何尽快利用在欧洲的有利形势特别是俄罗斯的"不好动"，以便粉碎奥地利并在自己领导下统一德国。1866年6月16日普鲁士军队发起针对奥地利的军事行动并宣布解散德意志联盟。普鲁士军队在天才战略家老毛奇（1800—1891）将军指挥下于1866年7月3日在波西米亚的萨多瓦附近给奥地利以毁灭性打击。对俾斯麦来说完全消灭多瑙河君主统治并不有利。他需要平衡西方和东方——法国和俄罗斯——这两大力量。所以正如俄史学家斯卡泽金强调的，"如果保留奥地利是必需的，那么同它结盟就成为必然"[2]。因而在萨多瓦会战当日他多次宣称："争执的问题已经结束，现在应该重新争取同奥地利友好。"[3] 这种联盟能量在19世纪末20世纪初原本由宰相建立的平衡体系遭到破坏的条件下就导致了一战的爆发。

1866年8月24日在布拉格两个国家之间签署和约。奥地利事实上被排

---

[1] *Нарочницкая Л. И.* Россия и войны Пруссии в 60 - х годах XIX в. за объединение Германии 《сверху》. М., 1960. С. 76.

[2] *Сказкин С. Д.* Конец австро-русско-германского союза. Исследование по истории русско-германских и русско-австрийских отношений в связи с восточным вопросом в 80-е годы XIX столетия. М., 1974. С. 38.

[3] Там же.

挤出德意志并被迫同意普鲁士方案而忍痛重新分割德意志。战争结果是普鲁士合并汉诺威王国，黑森—卡塞尔选帝侯国，拿骚大公国，美因河畔法兰克福自由市，完整的石勒苏益格—霍尔施泰因。巴伐利亚和黑森—达姆施塔德让给普鲁士不大的一块领土。在这之后普鲁士兼并的领土达到34.75万平方公里，人口2400万。

在军事战斗胜利后，1866年8月10日（有21个北德意志国家成为新的联邦成员）柏林宣布建立北德意志联盟。根据1867年通过的北德意志联盟宪法，有22个德意志国家加入联邦，同时还有自由市汉堡、不来梅和吕贝克，即位于美因河以北的国家。奥地利的盟友——汉诺威、库尔黑森、拿骚和美因河畔法兰克福——干脆把普鲁士排除在外。普鲁士国王成为联盟的世袭主席，而俾斯麦成为宰相。可是"铁血宰相"的事业尚未完成。还剩余南德意志国家（巴伐利亚、符登堡和黑森），同它们签署了秘密防御和进攻协议，但是要兼并它们还需要一场取得胜利的战争才可以。

早在正式结束普奥战争之前，俾斯麦派出男爵将军曼托伊费尔外交使团前往彼得堡，委托他同俄罗斯方面讨论柏林就建立北德意志联盟和排挤汉诺威及其他小公国的计划。普鲁士想不仅要取得沙皇对于在德国收获领土的同意，而且要利用俄罗斯同法国进行斗争。按照俾斯麦的计划，这能够成为军事联盟的基础，为了建立这一联盟可以答应彼得堡支持它在东方和波兰问题上的立场以及废除1856年巴黎条约的苛刻条款。虽然由于俄罗斯政府冷静考虑没有缔结军事联盟，很明显同普鲁士的战略联盟是有利的。戈尔恰科夫在1866年9月底指出："我越是研究欧洲政治地图，就越是确信，同普鲁士的重要和密切协调是最好的联合，如果不是唯一的。"在10月中旬他致信俾斯麦说，虽然存在小的分歧，俄罗斯打算同普鲁士保持"最紧密关系"是"毫不动摇"[①]的。

---

① Цит. по: *Нарочницкая Л. И.* Указ. соч. С. 154.

（四）三战法国

1866年11月普鲁士太子来到圣彼得堡，他同沙皇进行谈判的目的在于进一步巩固俄罗斯—普鲁士关系以应对法国—普鲁士关系紧张以及拿破仑三世同维也纳宫廷的明显靠拢。自然，普鲁士在对奥战争中取胜就引发了反普情绪在法国的高涨，并且加剧了法国—普鲁士分歧，首先是在领土问题上。奥地利期待着复仇。当拿破仑三世执政的法国连同奥地利考虑为萨多瓦向普鲁士复仇的时候，俄罗斯迅速冷却了奥地利人的热情。在法国宣战（1870年7月19日开始）之前的五天里，在"政府通报"里发布了关于俄罗斯中立的声明。又过了一天，亚历山大二世告知威廉一世，如果维也纳继续对普鲁士不友好，那么他将派兵30万进入加利西亚，并且一旦普鲁士遭到入侵将对奥地利—匈牙利展开军事行动。

然而俾斯麦千方百计挑拨的军事冲突终究不能避免。围绕西班牙王位继承的外交冲突成了普法战争开始的借口，"埃姆斯电报"成为导火索①。电报一公布就引起巴黎的一片嘲笑讥讽，也从根本上改变了德国的心理情绪。德国人理解法国的再三要求不像是在两个执政王朝之间挑拨关系，而像是侮辱了全德意志民族的自豪情绪。与此同时，受到冒犯的法国政府于7月19日对普鲁士宣战。

战事进展没有改变俄罗斯在这次冲突中的原则立场。问题在于，9月21日俾斯麦确认了早在1866年向彼得堡承诺过的在对俄罗斯最重要问题上给予支持——废除1856年巴黎条约规定俄罗斯不能在黑海拥有舰队的条款。

---

① 当时威廉一世正在巴特—埃姆斯疗养地时拒绝给法国大使贝内代蒂作出书面保证，说他作为霍亨索伦王朝的亲戚任何时候也不会觊觎西班牙王位。而且在离开疗养地这一天威廉承诺法国人就此在柏林继续商谈。他用电报告诉俾斯麦此项事宜并委托他用"合适方式"向报界通报此事。宰相对稿件做了简化编辑，在稿件里删除了国王在车站对贝内代蒂说过的就此事在柏林继续谈判的一席话，送去报纸发表。现在这意味着，普鲁士国王威廉一世完全拒绝就此事展开进一步谈判。这就是载入史册的"埃姆斯电报"。

普鲁士宰相的这一手段把俄罗斯纳入到自己计划里是达到了自己的目的，因为废止巴黎条约一系列条款是俄罗斯政府梦寐以求的事情。法国战败就消除了一个坚持苛刻条款的国家并为取消这个文件创造了有利局面。① 这样俾斯麦履行诺言并支持俄罗斯。在1871年1—3月伦敦会议上——法国战败后——通过相关决议，确认两海峡不对外国军舰开放的原则。

1870—1871年普法战争由于南德意志国家加入普鲁士联盟条约而变成了德法战争。由战争激发起来的爱国亢奋使得南德意志国家加入北德意志联盟，法国宣战后过了几个月就投降了。1871年1月18日在德国人夺取巴黎之前，普鲁士国王威廉一世在凡尔赛宫明镜大厅被宣布为德意志皇帝。1871年1月28日签署停战协议，2月26日签署预备和约，5月10日在美因河畔法兰克福签署最终和约。法国被迫交出阿尔萨斯—洛林并支付战争赔款总计50亿法郎。

五 关于德国统一过程中的俄普关系评价

俄罗斯外交不仅阻止奥地利去干涉，而且在整个战争期间从战略上保护普鲁士军队的军事和政治行动的自由，直至达成和约和缔结法兰克福条约。在1871年2月14日电报中威廉一世表达了对亚历山大二世的感谢，在以戈尔恰科夫为代表的外交部大力支持下普鲁士达到了自己的目的并建立起新的强大帝国，而在德意志帝国支持下俄罗斯恢复了在克里木战争后被剥夺的在黑海拥有舰队及建立海岸要塞的权利。这样，没有俄罗斯对普鲁士的支持，就没有德意志统一。俄罗斯掩护了普鲁士后方。

在克里木战争中失败充分暴露了俄罗斯经济与社会结构的低效率，有必要使它们按照西方标准现代化。因而在俄罗斯统治精英的认识中逐渐确

---

① История дипломатии. Т. 1. С. 521.

信要参照先进法国经验的这些条件。但是1863年的波兰起义又一次表明了西方思维方式的危险性，特别是民族主义、民主主义和社会主义思想的危险性，整个巴黎恰恰是传播这些思想的中心。其次，法国公开表达自己同情并明确表示支持起义的波兰人，以至于在俄罗斯看来它是一个值得怀疑的同盟者。因而俄罗斯政治领导人完全重新确定方针面向普鲁士，它在克里木战争中表现出对彼得堡的团结一致并利用波兰事件公开表示支持俄罗斯。自这时起普鲁士开始因军事和政治原因掩护俄罗斯西方化旗帜，并且在实施内部改革的情况下以这样的方式保证使自己的东方邻居保持安静。

此后的奥地利，而后是法国表现出自己无力长期成为俄罗斯的可靠盟友，那么只有指望普鲁士。亚历山大二世对自己柏林亲戚的个人好感也强化了这种想法，一旦有需要在同等条件下还是首先想到普鲁士。至于宰相的外交战略及战术，即德意志土地的收复者和统一者俾斯麦，他的贡献在德国人面前是无可争辩的。

第 五 章

俄罗斯帝国和德意志帝国的关系
（1871—1914）

自1871年德意志帝国成立，俄罗斯和德国之间关系具有了新的性质，因为在国际舞台上出现了实力接近的世界级玩家，它们非常熟悉了解，并不因相互矛盾而感觉负担沉重，甚至是相互抱有好感。君主王朝相互赏识扮演了重要角色，在很多承诺及谴责的特定气氛里都是带有相互有利的政治对话的底色。在双边关系发展的开始阶段，原来是遵循着得益于俾斯麦及其方针去维护在德国统一过程中形成的欧洲结构得以充分稳定的路线发展。俾斯麦的战略目标实现了，所获的成果有任何的丢失都会给邻居的任意一方带来严重不协调，并且会破坏新统一德民族国家大厦的稳定性。虽然在德意志帝国境内仍然有许多德国人，出于狂热情绪而支持德国统一大师的政策，可是俾斯麦并不赞同并且千方百计努力制止境外的大德意志情绪，不愿意以牺牲年轻国家的安全去迎合那些非德意志的德国人。

为了实施具有浓厚普鲁士色彩的统一德国"新外交"的出发阵地还是有利的。东部边界由俄罗斯做保证。南部也是安全的，因为俾斯麦认为，奥地利的德国人应该留在故土多瑙河王朝统治之下，这样他把冲突潜力最小化了。其他的德国人还有在比利时，在巴尔干，在波罗的海沿岸地区和欧洲其他区域，他不想把他们看作是从事地下破坏欧洲和平稳定的"第五纵队"。对于"铁血宰相"来说，从法国夺回大片操德语的阿尔萨斯和洛林土地，并获得诸如美特兹和斯特拉斯堡重要地区，使法国失去了战略工业省份并削弱了法国在西方的竞争力，以及50亿法郎巨额赔款，这一切促进了德国工业的高涨。

◇第一节 现实主义政策——维护和平的手段

新德意志帝国存在的最初几年明显特点是前所未有的工业发展，首先是由于法国为普法战争失败支付巨额赔款而给德国经济带来的订货量大增。依靠获得新领土而扩大经济空间从而促进了经济成就。建立和扩大银行系统和贸易，铺设铁路，住宅和工业化建设都以强劲速度进行。开始发展议会制度和政党体系，为国家社会主义政策奠定基础。所有这一切有利条件都促进了稳定的人口增长。在1870年德国人口为4000万，在1914年人口增加至6800万[1]。

一 第二帝国建立的影响

德意志帝国建立给欧洲力量的配置带来了重大变化。在欧洲版图上取代普鲁士而出现了一个经济上最雄厚、军事上最强大的大陆性大国，足以同英法俄奥匈对峙。对于1870—1871年事件，英国议会保守派领袖迪斯累利最先给予评论，他在1871年2月9日表示，法国—德国战争不是一般通常的战争，不是那种普鲁士—奥地利的，意大利的或者克里木的战争。"这次战争意味着德国革命，更有意义的政治事件，超过一百年前的法国革命。我不想说，这是重大的或者就其重要性而言是这样的社会事件……可是现

---

[1] Die Teilung Deutschalnds 1945–1955. Informationen zur politischen Bildung. Bonn, 1991. S. 5.

在发生了什么？力量均衡完全被打破；由此受到损害最大的国家并且最强烈感受到这种变化的国家就是英国。"

在 1871 年后在欧洲形成了"武装和平"。根据基辛格的说法，在 19 世纪俾斯麦的德国就拆散了"欧洲演唱会"，把欧洲外交变成了强力政策的冷血竞赛①。"铁血宰相"非常清楚柏林地缘政治崛起对于德国周边的所有危险性。他强调：

> 我们应该努力真诚地和爱好和平地利用我们的实力去缓解减弱那种因为我们变成了真正伟大国家而引发的不满情绪，为的是让世界相信，德国霸权在欧洲更为有益和更为公正，而同样对于自由的危害也是比其他国家的霸权更小，如法国的，俄罗斯的或者英国的。②

二 俾斯麦的"现实主义"政策

在几乎二十年期间俾斯麦巧妙出色地操作利用义务和利益去维护欧洲和平和巩固年轻德意志帝国的阵地，所遵循的原则是"现实主义"政策。在他的认识理解中"现实主义"政策意味着拒绝多愁善感和追求绝对冷静考虑的力量。所以他有一句名言，"政治是一门可能性的，有关相对性的艺术"。

俾斯麦在首相位置上待了 19 年。后来实行结盟方针，他极力在欧洲大陆新的力量关系框架内稳定帝国的地位。一方面，他试图尽力对抗那个不能忍受战争失败和失去了阿尔萨斯和洛林的法国，确有一定成效。另一方面，同彼得堡在 1887 年签署秘密条约之后，他继续发展同俄罗斯的友好关

---

① Киссинджер Г. Дипломатия. М., 1997. С. 9.
② Бисмарк О. фон. Мысли и воспоминания: В 3т. М., 1940. Т. 2. С. 242.

系，还同普鲁士的世代竞争者——奥匈建立联盟关系。在俾斯麦执政时德国开始在非洲和太平洋马绍尔群岛殖民扩张。

（一）德国笼络俄罗斯

俾斯麦看到了自己的主要外交任务是孤立法国，消除巴黎寻找盟友的可能性。在这种情况下他明白，具有普鲁士强大军事机器的德意志帝国存在本身这个因素就威胁到了自己的所有邻国。他为此不安并不奇怪，正如俄罗斯驻伦敦大使伯爵舒瓦洛夫所说，针对德国的"联盟噩梦"，它的竞争者——俄罗斯、法国、奥地利和英国都有可能加入其中。因而宰相想同奥匈、俄罗斯建立友好关系，赌注押在三个君主的靠拢接近并在它们之间结成联合。他非常清醒地算计到，同彼得堡冲突必然会导致法俄接近，迫使德国军队两线作战。同时他也清楚奥地利、维也纳不会忘记在1866年被普鲁士打败的场景，而且在一定条件下可能会学着法国的样子走上复仇的道路。因而无论用任何形式他试图要让奥地利政权明白，在划分了利益和影响边界之后柏林和维也纳是相互的天然伙伴。这样，在1871年同法国签署最终和约之后他明确表示："法国壮大，它想依靠吞并德意志自古以来奥地利的德国人土地，这不符合我们的政策目标。"

在19世纪70年代初期有利于实现宰相夙愿的局面出现了。英国—奥地利靠拢是基于在巴尔干对抗俄罗斯，可是由于伦敦不愿意履行某些联盟义务而无法实现。奥地利—德国联盟建立的前景令俄罗斯害怕，它准备同两个大国对话，为的是在欧洲牌局中不陷于孤立。俾斯麦出色地利用自己的底牌并且争取到1872年9月在柏林举行期待已久的三个皇帝的会晤。会晤本身带有更多的象征意义。具体谈判是外交长官，他们商定保持在巴尔干的现状，不干涉奥斯曼帝国内部事务，同时赋予德国仲裁职能（在维也纳和彼得堡之间关系紧张时）。顺便提及，正是在此会晤中在德意志帝国第一位首相俾斯麦和俄罗斯帝国最后一位首相戈尔恰科夫之间第一次出现明显矛盾。俾斯麦关心三个大国联盟的反法方向，与此同时戈尔恰科夫确切地让俾斯麦明白，他不支持柏林的这一创举。俄罗斯需要一个在军事—政治方面有行动能力的法国以平衡在中欧占据优势地位的德国。后来俾斯麦在私下里责备戈尔恰科夫"法国人的虚荣心"。俾斯麦写道："他个人的不友善，可以更能认识到他对俄罗斯的责任。他不想需要我们的任何效劳，并且争取疏远德国和争取法国方面的酬谢。"[①]

两个国务活动家走到一起还是在19世纪50年代初期在美因河畔法兰克福的德意志联盟议会里，作为参会代表公爵戈尔恰科夫被任命为俄罗斯政府全权代表及在符登堡宫廷里维持原有外交职务。俾斯麦是作为普鲁士代表参会。俄罗斯影响当时在德意志政治生活里占优势。彼得堡认为"维护总体和平的保证"在于恢复联盟议会。戈尔恰科夫在法兰克福待过四年。在法国战败以后，俾斯麦和戈尔恰科夫的相互关系出现了变化：德国首相超过了自己的老朋友并且不再需要他了。从这个时候起对俄罗斯外交来说出现了一连串痛苦的扫兴事儿，它们给戈尔恰科夫活动的整个后期带来了痛苦、凄凉的色调。可以预见，东方问题会很快以任何形式重新出现，俾斯麦急于建立新的政治联盟，奥地利作为俄罗斯在东方的平衡物会参与其中。这个三方联盟的原则是1872年9月确定的，彼得堡加入使得俄罗斯外交不仅依赖于柏林，而且依赖于维也纳，奥地利却是没有任何需要。奥地利同俄罗斯的关系只有从德国的经常调解和支持中才能获得利益，而俄罗斯却被赋予权利要保护这种所谓的整个欧洲，即本质上是奥地利的利益，这些利益的范围完全扩大到整个巴尔干半岛。

（二）协商性的三皇联盟

在1872—1873年之交根据俄罗斯元帅伯爵贝格、波兰总督的倡议，提

[①] Бисмарк О. фон. Мысли и воспоминания: В 3т. М., 1940. Т. 2. С. 99.

出一个方案要在俄罗斯和德国之间缔结防御性军事协定。俾斯麦同意这个条约的思想，但是他强调了"如果奥地利不加入，不会有力量"①。1873年5月初威廉一世在俾斯麦和老毛奇陪同下前往彼得堡，签署了俄罗斯—德国军事协定。在文件第一款强调条约的特殊防御性质："如果欧洲某个大国攻击两个帝国之一，那么后者可以在最短时间内获得20万军人组成的军队的帮助。"在协定里商定有效期两年，在其中一方预先告知对方后另一方有权终止它。两位元帅——老毛奇和贝格签署了协定。同日5月6日协定由两位君主签字生效。②

由于担心被卷入同英国的冲突，奥地利拒绝加入俾斯麦坚持的俄罗斯—德国军事协定。作为替代，于6月6日在维也纳的申布隆，俄罗斯和奥地利皇帝之间签署有关在具体问题出现分歧时政治协商而不具有条约义务的协议。一旦遭到第三方攻击威胁时两个君主国家应该协调"联合行动路线"。然而戈尔恰科夫认为，协议"只是忘记了过去的不愉快"。1873年10月23日在回访奥地利时德国皇帝威廉一世根据自己宰相的建议加入了申布隆协议，它得到了一个不完全准确的三君主联盟。

"三君主联盟"，斯卡兹金写道，"是一个以最好形式解决了普法战争后德国面临国际任务的联盟。它预防俄罗斯—法国的接近，保证了奥地利的完整性，为后者开辟在巴尔干的有利前景并且三个东方国家联手，其中的两个靠拢不仅是由于共同原因，而且是由于它们的利益矛盾，并且使其中的第三方（德国）获得了利用一方针对另一方的手段。只是在三方联盟中俄罗斯的友谊对德国很有价值，因为有利于德国的完全保留下来，而不利于德国的却因奥地利加入而变得没有力量。可是三方联盟的存在丝毫不会妨碍德国同联盟的其中一方保持紧密关系。只是存在一个问题，从国际关

---

① История дипломатии. Т. 2: Дипломатия в новое время (1872 – 1919 гг.). М., 1945 С. 14.

② Там же.

系角度看联盟只能同其中一方保持紧密关系。对这个问题不能有两个答案：同奥地利，因为它更弱小"。他继续写道，"从小德意志的内部政治观点看和从它的国际地位看，联盟同奥地利的紧密程度要超过联盟同俄罗斯的关系，这是历史的必然性。"①

(三) 俄德矛盾

在两个"铁血宰相"之间第一次严重不和发生在1875年，此时戈尔恰科夫接受了法国扮演保护者角色与普遍和平免遭德国侵害的维护者角色。早在1871年12月他给驻巴黎大使奥尔洛夫的指示中强调，俄罗斯和法国没有敌对利益，法国一直把彼得堡看作是欧洲平衡的因素。因而俾斯麦事先挑拨同法国发生新的冲突的那些伎俩也是得不到俄罗斯支持的。1875年冬根据首相指示德国外交部门掀起针对法国的报界舆论战，借口好像是法国要准备同德国的战争。同时柏林建议彼得堡提供外交支持或者在对法战争中保持友好中立以协助俄罗斯在巴尔干行动。戈尔恰科夫认为这是违背和平的挑拨和教唆。亚历山大二世对威廉一世表达了强烈抗议，后者被迫让他相信，根本不想反对法国，所有罪过都是报界造成的。1875年5月1日俄罗斯驻外代表们接到的通报照会令俾斯麦恼怒，其中强调"要保证维护和平"②。

关于这一点斯卡兹金指出："从1875年经验中俾斯麦得到了教训，在对法关系上任何挑起新的流血冲突的做法将引起英国和俄罗斯的担心，并且可能导致对他来说最可怕的英法俄三国靠拢。对他来说最直接的危险是法俄联手。所以甚至是在如果德国不需要新的战争的情况下——按照俾斯

---

① Сказкин С. Д. Конец австро-русско-германского союза. Исследование по истории русско-германских и русско-австрийских отношений в связи с восточным вопросом в 80-е годы XIX столетия. М., 1974. С. 51.

② Очерки истории Министерства иностранных дел России. 1802–2002. Т. 1. 860–1917 гг. М., 2002. С. 369.

麦的说法，在它们中间，'富裕的德国'真的不需要战争，俄罗斯力量虚弱，是有可能出现的反德联盟最危险的成员，使彼得堡注意力不去关注法德关系就是俾斯麦政治利益的全部。"①

（四）柏林条约取代圣斯特凡诺和约

1875年"战争威胁"成了俄德关系冷淡的开始。俄罗斯外交注意力从这时起重新返回大陆南部，这里斯拉夫少数族群和基督徒整体上呼吁帮助反对奥斯曼压迫的斗争。这不可避免地导致在巴尔干地区存在利益冲突的彼得堡和维也纳之间关系趋于紧张。俄罗斯利用和平手段改善基督教徒处境的企图由于土耳其不愿意向欧洲妥协而受挫，在1877年4月亚历山大二世对土耳其宣战。但是，在1877—1878年俄土战争中俄罗斯军队的战绩和有利于俄罗斯的圣斯特凡诺和约（1878）并没有导致同英国和奥匈的对抗。根据它们的倡议1878年夏在柏林召开由1856年巴黎和约签字国参与的欧洲大国会议。因为不满意俄罗斯在巴尔干扩大阵地，维也纳和伦敦要求仔细讨论俄土战争的结果。

在柏林会议上主要讨论领土问题，柏林条约取代圣斯特凡诺和约，迫使俄罗斯放弃了把奥斯曼帝国部分领地转交保加利亚的要求。奥地利获得暂时占领波斯尼亚和黑塞哥维那"直至在那里建立秩序"（1908年它宣布吞并这些领土）的权利。德国宰相极力支持俄罗斯大部分要求，可是最后，还是不能有力地捍卫俄罗斯的政治利益，由衰老和消极的戈尔恰科夫带队的俄罗斯外交官从谈判危机开始到结束，没有明确提出目标和缺乏考虑实现它们的方式。由于俄罗斯军事政治失误和外交缺陷而责备俾斯麦是过于天真幼稚，他本人确信，俄罗斯这一次就了结了与东方问题的关系并且给予奥地利和英国参与土耳其遗产瓜分的一定份额。戈尔恰科夫主要关心大

---

① Сказкин С. Д. Указ. соч. С. 61.

国协调，关心欧洲利益，关心俄罗斯的公正无私，而不是关心俄罗斯民族—国家利益。就他自己来说，在这里他的政治潜能用尽了。自此他几乎不再参与事务，虽然还保留着国务首相的尊号。柏林会议上彼得堡在领土问题上的退缩在俄罗斯被认为不是戈尔恰科夫的失误，而是俾斯麦的政策刻意为之，他要用尽一切办法损害俄罗斯，不允许它壮大。

三 俄罗斯疏远德国

（一）俄罗斯抨击德国

稍后部分俄罗斯泛斯拉夫报纸猛烈攻击德国及其首相，把俄罗斯的不成功全都归罪于它们，两个大国之间关系冷淡。在这时巴尔干危机因柏林和维也纳靠拢而结束。俾斯麦的思想是坚持要消除所有有争议的德奥问题并且准备同维也纳宫廷建立战略联盟。还是在1876年9月他同葛根罗埃公爵谈话时表达得很清楚：

> 如果俄罗斯和英国发生冲突，这不会给我们带来任何损失。英国和俄罗斯不可能一个对另一个造成很大损害，我们可以是这一争斗的平静看客。如果我们中立，争斗一方任何时候也不会原谅我们。如果奥地利被彻底消灭，那我们不会从中得到任何好处；当然，我们能够同德国人联合，可是我们不知道，同斯拉夫和匈牙利做些什么。在德国公众舆论不允许我们同俄罗斯合伙去反对奥地利。奥地利毁灭对我们很危险。如果奥地利继续存在，我们可以阻止任何鲁莽行为。①

年迈的恺撒竭尽全力抵制同奥地利紧密联盟的路线，无论任何情况下

---

① Цит. по: *Сказкин С. Д.* Указ. соч. С. 37.

他都不想卷入同俄罗斯的冲突,他还在思考反拿破仑斗争时期的那种联盟关系。俾斯麦也是,德国史学家法伊特指出,"他越是了解那个泛斯拉夫思想涌动、资产阶级贪婪扩张、群众性革命恐怖运动盛行的新俄罗斯,他就越不想发生冲突,同时认为,只有同那个遭到威胁的奥地利进行合作才能够消除这种冲突或者完全排除它"①。

所以宰相善于克服恺撒威廉一世的抵制并在1879年结成了针对俄罗斯的秘密防御性联盟,俄罗斯是有可能出现的反德联盟的最危险成员。

在德奥靠拢之时柏林和彼得堡出现了向直接对立面的场面。原因之一是在俄罗斯的反德情绪加剧,特别是俄罗斯政治精英当中,乃至整个社会上都弥漫着这类情绪,确信同柏林的关系是过时残余。法国和英国已经不再是那种可怕的和不可相处的对手,而普鲁士也变成了令人心烦的妻子。存续时间不超过十年的和约在新沙皇继位时开始出现裂痕,无论是政治方面的还是纯粹的唯利是图考虑。柏林同维也纳的接近,正如俄罗斯报界强调的,在柏林会议期间俾斯麦对俄罗斯利益的故意丢弃态度在俄罗斯知识精英中留下极其消极的印象,并且由于极有影响的泛斯拉夫主义思想意识而大大强化。第二个原因具有纯粹经济的性质。

(二) 俄德贸易摩擦

德国是俄罗斯原料的最重要市场之一。1879年它吸纳了俄罗斯出口的30%,占据英国之后的第二位。70年代开始的世界农业危机大大加剧了争夺粮食和原料商品的市场。普鲁士容克地主要求保护德国市场免遭外国竞争。因为受到这个群体的巨大压力,首相被迫规定几乎完全禁止从俄罗斯进口牲畜。这样做的借口是在阿斯特拉罕州发现了鼠疫。禁运严重损害了俄罗斯地主的钱袋子,也更加剧了俄罗斯亲斯拉夫报界的反德情绪,它在

---

① Veit. V. Geschichte der Deutschen, Köln, 1991, S. 459.

柏林会议后批评俾斯麦背叛俄罗斯利益并主张同法国结盟。同戈尔恰科夫联系密切的彼得堡报纸"呐喊"效法这种接力比赛。德国驻彼得堡大使施瓦伊尼茨将军就此事在日记中写道,"针对兽医学鼠疫的这种措施引发了俄罗斯更大的不满,超过了所有其余的"①。

德国宰相,这位宁愿以剑代笔可也并不忽视对同报界交流的人予以报复。两位首相的"报纸战"就这样开始波及全欧洲。

紧随1879年限制进口牲畜之后德国政府又对谷物进口实行关税限制,这类措施对俄罗斯农业打击的严重程度要超过预防性兽医学措施。彼得堡和柏林之间关系迅速激化。关于此事俄罗斯沙皇对德国皇帝的知名"侮辱"可以证明。换句话说,亚历山大二世8月15日致信威廉,在信中他抱怨薄情寡义的德国,首先是抱怨俾斯麦在柏林会议上的表现。但在9月3—4日俄罗斯领土靠近边界的亚历山大洛夫的个人会晤中出现了和解。

四 俾斯麦的联盟政策

事情的有利结局并不能使首相感到满意。他认为有必要在任何情况下拦住奥匈这辆生火待发的火车头。如果是在19世纪70年代为了巩固德国的统一,他一时押注在同奥地利和俄罗斯结盟上,那么在80年代形势已大为改变。基辛格指出:

> 德国成了过于强大的国家,以致像路边栏杆可以把整个欧洲联合在自己身边。它再也不能像在历史上那样应该,几乎是不由自主地去支持俄罗斯。德国成为需要朋友的巨人。俾斯麦解决这个进退两难问题是通过完全改变以往的方式以适应现在的政策。他再也不能支持力

---

① История дипломатии. Т. 2. С. 52.

量平衡，承担着比他的潜在论敌更少的义务……当时他决定同大多数国家建立关系，比起任何一个论敌主张的都多。这为他提供了根据形势需要从众多盟友中进行选择的可能性。俾斯麦放弃了自己二十年外交特有的灵活自由方式，开始建立联盟体系，显然是刻意想做的，一方面，德国的潜在对手不能纳入自己的联盟；而另一方面，要能够控制德国伙伴的行动。在俾斯麦有时非常矛盾的联盟中，德国总是更接近每个单独被捉住的伙伴，而它们相互间的接近更差，因为俾斯麦总是掌握着联合行动的否决权，而同时又有单独行动的可能性。在十年期间他成功地同自己联盟的对手缔结条约，这样他好像是缓和了同所有各方的紧张关系。①

（一）德奥联盟条约

俾斯麦在1879年同奥地利结成秘密联盟以此揭开了自己政策的新篇章。有三重考虑促使他同维也纳接近。首先，宰相不排除，源自黑塞哥维那起义运动的威胁会发展成为巴尔干地区的泛斯拉夫革命并且严重动摇奥匈的地位；其次，1877年1月15日在布达佩斯签署的俄奥条约证明了德国的两个东方邻国，在形成了自己的外交战略时，无论如何是考虑到德意志帝国的地缘政治地位并且在特定条件下用现有方式去支持它的立场；最后，俾斯麦确信，俄罗斯不会冒险同它视为战略伙伴的德国断绝关系。无论是多瑙河君主同德意志帝国接近的动机，还是它同英国的分歧矛盾都是有利于这种乐观主义的预测，它们再次提醒自己在柏林会议上和1875—1878年东方危机期间彼得堡和维也纳的利益冲突。"同德国结盟——俾斯麦强调，是基于部族情感，对于奥地利来说历来是最自然和最安全的。可以说，这个联盟是奥地利在任何形势下的永久需要。"②

---

① *Киссинджер Г.* Указ. соч. С. 138 – 139.
② *Бисмарк О. фон.* Указ. соч. Т. 3. С. 123.

相信俄罗斯会重新考虑同德国接近，同时也肯定奥地利"会屈服于对手的影响"，如果不找到德国这样的"支撑点"，那么会同英国"在一起"，上述这些决定了俾斯麦的行动并且不顾皇帝意志而促使他同多瑙河君主缔结所谓双重联盟，它是"危机时期政策"的逻辑继续。① 针对俄罗斯的奥地利—德国联盟条约于1879年10月以奥匈外交大臣安德拉西伯爵坚持的表达方式签署（大使雷斯公爵代表德国签字）。条约应该是保密的，这样做的动机之一是安德拉西害怕在奥地利议会中的反对派。②

（二）中立性的三皇联盟

在这种情况下，特别是新沙皇亚历山大三世（1881—1894）因害怕外交孤立，决定同意复兴奥地利—俄罗斯—德国合作联合。

亚历山大秉持保守观念并在国内推行反改革政策，同时对民族边疆地区实行大俄罗斯化政策。亚历山大三世外交的主要方向，用他自己的话说，要"亲自挂帅外交部门"，致力于加强俄罗斯在黑海和巴尔干的影响力；寻找可靠的盟友；保持同所有大国的和睦关系；在中亚南部确定边界线；加强俄罗斯在远东新领土的地位。他以和平缔造者的名声载入革命前的官方历史，因为在他执政期间第一次长时间里俄罗斯没有进行大规模战争。他在位时外交部门在1882年3月由俄籍德国人吉尔斯负责，他支持维护帝制俄罗斯同德意志帝国联盟的路线。在外交部门众多机构长官头目和俄罗斯驻世界主要大国使领馆中仍然是有经验的戈尔恰科夫一派的外交官。

在寻找盟友和巩固欧洲和平秩序方面的最初步骤之一照例是往常的俄罗斯—德国—奥地利关于军事政治互助协议。相应的三年期条约于1881年6月6日签署，并且同时冠有响亮尊号的三皇联盟载入史册。但是不同于

---

① *Schöllgen G.* Die Macht in der Mitte Europas: Situationen deutscher Außenpolitik von Friedrich dem Großen bis zur Gegenwart. München, 1992. S. 36.

② История дипломатии. Т. 2. С. 63 – 64.

1873 年那个纯粹的协商性条约，它首先是有关中立的协议。正如基辛格强调的，第二个三皇联盟是基于"现实主义政治"的基本原则，它们褪去了任何形式的道德原则。① 条约各方相互有义务遵守善意中立，一旦它们同其他国家处于战争状态。这意味着，俄罗斯对德国承担起了不干涉法国—德国战争的义务。作为交换，德国和奥地利保证对俄罗斯承担同样的义务，一旦英国—俄罗斯处于战争状态，它们也不干涉。中立保证还适用于同土耳其发生战争。但是在这种特定条件下，已经预料到，条约成员中谁也不能试图改变在巴尔干的现存领土状况，如果没有同另外两个伙伴进行协商。此外，柏林和维也纳答应彼得堡，给予俄罗斯以外交支持反对土耳其，如果它放弃对所有国家军舰关闭海峡的原则。这一条对于俄罗斯政府来说特别重要，因为预料到有可能英国—土耳其进行协商，并且及早消除英国海军出现在黑海的危险性。

俾斯麦利用 1881 年条约使自己免遭法俄结盟的危险，作为交换自己对俄罗斯保证不干涉英俄战争。这一外交联合的脆弱敏感之处在于三皇协议有效期是在 1875—1878 年东方危机结束后已经缓和的奥俄矛盾不再重新出现之前。换句话说，三皇协议的牢固持久只是因为在地中海的状况还多少算是平静稳定。② 在 1884 年条约延长三年，但是在照例发生巴尔干战争和保加利亚战胜塞尔维亚之后，作为后果——奥俄关系迅速冷却而再也闭口不谈任何有关延长协议的话题。

（三）德奥意三方联盟

在第二年帝国宰相巧妙地打出"法国牌"并且把意大利拉入自己的阵营。他们拼命地联手在中非同法国争夺，后者在 1881 年使用一切手段建立起对突尼斯的控制（巴尔多斯条约）。在军事和经济方面虚弱的意大利在

---

① *Киссинджер Г.* Указ. соч. С. 139.
② *История дипломатии.* Т. 2. С. 58.

"大国外交"中处于不受重视的边缘位置,同欧洲君主大国的联盟无论从外交还是从内政来看都是非常有利的,况且在国内人们普遍感觉到共和主义者的紧逼压力。

1882年5月20日在德国、奥匈和意大利之间签署联盟条约,有效期五年并且称之为三方联盟。按照条款,它的两位成员——柏林和维也纳——对罗马承诺一旦遭到法国攻击要给予军事支持。意大利也承诺对奥匈方面保持中立,包括俄奥战争。俾斯麦称这个条约是和平联盟,它同那个针对俄罗斯的1879年奥德联盟和1881年三皇协议同时平行存在。令人感兴趣的是,三方联盟的条约基础更为复杂并且保持自身效力至一战开始。这是因为德国伙伴自负情绪的增长和罗马与维也纳之间地缘政治利益存在分歧,所以有必要用法律加以规范。

(四) 联盟政策的困难及选择

实际上,史家们指出,在19世纪80年代初一段时间,俾斯麦开始巧妙地展示"用五个球玩手技",昭示同每一个欧洲大国的关系,并不只是同它们中的一个有关系。但是在80年代下半期俾斯麦费力建造的联盟体系出现了裂痕,因为它的内部存在着数不清的贪婪与矛盾。1887年俾斯麦成功说服自己在罗马和维也纳的伙伴而同英国缔结所谓地中海协议,根据协议相关各方共同维护在地中海和黑海的现状。这个秘密文件的反俄倾向是非常明显的:三个国家有义务同时抵制领土兼并、扩张和建立保护国。德国并不愿意使自己承担起条约义务,它是欧洲大国中唯一非正式的联盟成员。宰相认为,英国同奥匈接近并且一段时间内加强伦敦外交的反俄声调这符合德国利益。俾斯麦也不想要俄罗斯和德国最紧密盟友奥匈之间的战争。可正是这种威胁的增长在后来对维也纳来说出现了借助于缔结地中海条约而需要英国的后方掩护。

为了防止"联盟的噩梦",对于德国外交来说,如果能够从"外交平衡"抽象出来，只有两个选择能够有助于解决国际事务中的众多问题。

一个选择是，主要是军界和社会上某些代表人物愈加迷恋上一种想法，即利用先发制人的战争以一次打击解开无法解决的外交和内政任务的死结。如果说得更具体，那就是在德意志帝国的政治精英中军人团体具有很大影响，这个团体的代表人物就是虚荣心极度膨胀的阴谋家、参谋总部长官助手、伯爵瓦尔德泽将军，这个团体要求在同一时间两线作战——针对法国和俄罗斯。设想是要在战争中取得成功要靠英国方面的善意中立。在维也纳也有类似的疯狂之人，还同罗马尼亚搞了秘密条约，他们疯狂地把德国"主战派"的设想倡议当作是借助于德国军事机器以便加强自己在巴尔干的地位。俾斯麦果断地反对这种同欧洲邻国进行清算的有利机会。正如他认为的那样，欧洲不会容忍损害法国的重大领土和地缘政治改变。至于俄罗斯，它在军事、政治和人力潜能方面明显超过德国。① 在19世纪90年代前威廉皇帝坚决反对先发制人的战争。

另外一个选择是，容忍及安于德国的现状——作为一个地区霸主并且同两个世界大国其中之一结成联盟关系。在这个方案中作出有利于俄罗斯的选择对于最高权力集团、军界、政界和社会的绝大多数人来说是不可接受的。他们的反俄情绪注定了要转向英国方面。可是帝国首相未能实现这一选择，因为果断决心的战利品最终是要用于捍卫年轻德意志帝国的独立性。为此他遭到了来自多方面的无情批评和责备，认为他在推行一种软弱无力和没有前途的政策。高层还是有清醒考虑，俾斯麦在同法国关系上采取了退却政策并且加强同俄罗斯的军事政治联系。这就是德意志帝国建筑大师的最终重大行动。

（五）德俄"再保险条约"

1887年7月6日在柏林俄罗斯大使舒瓦洛夫伯爵和德国宰相签署为期

---

① *Hildebrand K.* Deutsche Aussenpolitik 1871–1918. München, 2008. S. 14.

三年无附加改动的所谓德国和俄罗斯之间的"再保险条约"。早在4月沙皇亚历山大三世同意了同柏林恢复有关用俄德双边协议来替换已到期三皇条约的谈判活动（特别是，鉴于俄奥在巴尔干矛盾紧张他不打算延长条约）。同时，宰相也想用这种方式排除法俄接近的危险性。"再保险条约"由两部分构成：保密基本防御性协议和"严格保密"补充进攻性议定书。一旦法国攻击德国或者奥匈攻击俄罗斯，德国和俄罗斯相互承诺保持中立。在理论上俄罗斯和德国现在担保在作为防御一方的条件下免于两线作战。但是困难之处在于入侵的定义，换句话说，何为"进攻"。解决问题在于，谁攻击谁，俾斯麦做了保留，大概是想体现他的"诚意"。

形势的复杂性因为自1883年存在的奥地利—罗马尼亚联盟而加剧了，由于这个联盟一旦遭到俄罗斯攻击，奥地利应该给予罗马尼亚军事帮助。在它签署后德国很快就遵守这个条约，实际上让自己承担了对俄宣战的义务，如果俄罗斯入侵奥匈。同样一旦俄罗斯攻击罗马尼亚那么柏林也应该这样做。虽然有这种复杂性，"再保险条约"保障了在彼得堡和柏林之间的必要联系。它使彼得堡确信，虽然德国也将捍卫奥匈帝国的完整性，可是不会帮助它去损害俄罗斯。德国还成功地争取到延缓结成法俄联盟。

在补充议定书里承认了俄罗斯在保加利亚的利益，这是有悖于奥德联盟条约、三方联盟和地中海协议的。对于俾斯麦来说主要任务在于，要掌握俄罗斯在东方问题上的孤立并借此迫使英国去支持奥地利和意大利在巴尔干和地中海的政策。

"再保险条约"的意义常常是得到两方面的过高评价，因为俄罗斯没有对达达尼尔海峡那么表现出积极性。但是，重要的是它有助于保持现状，虽然不能预防法俄接近。俾斯麦曾经呼吁不要放弃"同俄罗斯的联系"，由于他的离职，条约没有延长，在1892年彼得堡和巴黎签署了军事条约。

（六）关于俾斯麦外交政策的评价

在所有外交事务中俾斯麦遵循着纯粹的算计原则。他完全不同于多愁善感之人。俄德"再保险条约"事例可以表明，宰相无论如何不会签署两个不相容的条约，当诚实地履行其中之一而排除履行另外一个。主要的——这是服务于巩固年轻德意志帝国的安全，它还过于弱小而不足以在大陆占有统治地位，相反，又过于强大和勇猛而不足以持久地参加欧洲均势体系。

德国人从来没有在这方面抱有幻想，即没有盟友却能长久地活下去。国家的地理位置，邻国的数量，同时还有它们的实力与影响从17世纪开始就迫使德国（普鲁士）寻找合适的伙伴。为了预防最大的危险——陷入经济、政治，首先是军事包围——就需要在最近的邻国当中找到这样一个盟友。因而德国政治精英的镜头自然而然就首先对准了俄罗斯和法国，偶尔会对准奥地利以及在特殊形势下对准英国。但是作出有利于"东方"或者"西方"选择的必要性本身带有陷入依赖联盟伙伴危险境地的风险，这种依附性在表面上具有乐观情绪的条件下可能会损害德国的安全。所有这一切迫使俾斯麦把邻国和伙伴连接起来，甚至使用潜在的条约网络，它们整体上形成完整联盟体系，德国处于中心位置。对此基辛格写道：

> 俾斯麦外交的成果是相互交错的联盟，就目标而言部分是吻合重叠的，而部分是相互抵触的，要保护奥地利免遭俄罗斯攻击，使俄罗斯免遭奥地利冒险行为，使德国免遭包围，而同时吸收英国参与防止俄罗斯在地中海方向扩张的事业。为了使如此复杂体系的挑战降低到最小程度，俾斯麦竭尽全力普遍地满足法国的自负与傲慢，除了阿尔萨斯—洛林之外。他鼓动法国的殖民扩张，部分是为了把法国的注意力从中欧引开，而更大程度上是为了让法国同殖民扩张的对手发生冲突，特别是同英国。[①]

---

① *Киссинджер Г.* Указ. соч. С. 140.

他的主要目标在于，让处于欧洲大陆周边的大国搞清楚它们相互之间的关系，并借此减轻德国所承受的军事政治压力。他善于建立起围绕德国的庞大而复杂的联盟及集团体系，它们被另外一些只是具有暂时意义的联合所掩盖。他力求在各种无论是迅速出现的还是瞬间破灭的形势中使自己免遭祸害。后来俾斯麦在建立同欧洲主要大国关系的外交艺术上完全可以比作是有经验的手技演员，他可以同时耍五个球，很轻松容易地把它们抛到空中，不能让它们相互碰撞，也不能让它们停在手里，可是需要时刻关注它们的运动。

1888年3月9日92岁高龄的威廉一世皇帝去世。他的继承人是弗里德里希三世，具有自由派情调的儿子，娶不列颠女王维多利亚的女儿为妻。但是在继承王位之前，他已是重病缠身，不能实现自己想把国家改造成为英国式立宪君主制的愿望。"百日恺撒"于1888年6月15日去世。新皇帝，弗里德里希三世之子，29岁的威廉二世，开始时将俾斯麦当作父皇——帝国创立者和他的内政外交建筑大师来尊敬。但是，他自负傲慢地推行独断自主方针就同前任宰相发生了抵牾。后来他的干部政策红线就是"谁反对我，我就消灭谁"。在年轻皇帝和宰相之间出现了从琐碎细微的小事直到重大原则问题的分歧，诸如社会和外交的政策（新皇帝没有兴趣去延长作为俾斯麦联盟体系支柱的俄德"再保险条约"）。威廉二世不想长久地忍受帝国首相的专横和固执，并且采用十分粗暴的方式于1890年3月20日让俾斯麦离职。75岁的俾斯麦获得公爵和近卫军大元帅的尊号，但是完全不让他过问事务。他被选为帝国议会代表，全德国祝贺他80岁生日，他还出席了俄罗斯皇帝尼古拉二世的加冕仪式。

◇ 第二节 "你想要和平——就去准备战争"

威廉二世执政时期同作为德国外交关键人物俾斯麦时期极不相同。如果过去是实行一种用中欧框架严格自我限制的方针,那么从19世纪90年代起德国政策突破了大陆框架,转向了全球政策。这种剧烈变化在极大程度上是由于德国恺撒的专横霸道个人性格,人们谈论他,他自己既是皇帝又是恺撒。年轻君主最有兴趣的是外交事务。为了巩固同友好和联盟国家的关系,他开始遍访欧洲宫廷和出席同大小国家首脑的个人会晤。早在1886年他首先访问俄罗斯并且在此期间授予未来皇帝尼古拉二世铁十字勋章。此后还两次到俄罗斯——1888年7月和1890年8月。

一 积极准备战争的政策

对威廉二世而言政治就是游戏比赛,他因狂热和兴奋而迷恋这种游戏,在这种情况下并不了解自己行为的后果。如果说在德国内部事务上,帝国国会在某种程度上还能抵挡住威廉二世为自己祖国服务的强烈愿望,那么外交则完全处于他的职权范围。威廉对无论出现在全球哪个角落的所有世界冲突都作出反应,常常作出预测且语调激动人心。例如,他警告"欧洲人民"面临"黄祸",赋予自己"大西洋将军"尊号,傲慢地指示俄罗斯沙皇,俄罗斯的使命不在欧洲而在东方亚洲。可是有关德国优越的想法,正如在德国人诗歌里表达的("德意志超越一切"),就变成了世界霸权的狂躁思想,变成了皇帝的所有想法及行动的核心。1900年7月4日威廉二世宣称:"没有德意志帝国和没有德意志恺撒就不应该采取任何重大决定。"[①] 无论属于何种类型的邻国——潜在盟友或者潜在对手——现在只能这样做。许多国际联盟是以威廉为首,而过了一段时间又被其他联盟所取代。开始时他要求同俄罗斯和法国接近以便于保护德国殖民地免遭英国侵害。而后突然他又想同英国结盟,甚至让出殖民地。最后,又开始对英国和俄罗斯

---

① Цит. по: Kahn H. W. Die Deutschen und die Russen. Köln, 1984. S. 80.

疑心重重并试图在法国那里寻求支持。德国应该同任何盟友一起作战去反对任何敌人，威廉在积极准备战争。

皇帝的口号就是"以全球政治作为任务，世界大国作为目标，海军作为手段"。为了迅速登上世界霸权的宝座，就伴随着出现各种冒险主义，不仅有狂躁的大人物威廉带头行动，而且首先是"自由派和暴发的资产阶级，德国民族运动的追随者，它现在由于经济实力不断增长，极力想要扩张和获得世界的重要地位"①。德国政策的实质由当时普鲁士外交大臣和德国外交部门长官、未来的（从1900年开始）首相毕洛夫做了解释说明，他在1897年12月6日的帝国议会上表示，德国不想把"任何人挤到无阳光的地方"，可是"要求得到阳光下属于自己的地盘"。

二　德国经济实力及国民心态

（一）跃居世界第二的德国工业能力

19世纪90年代中期前在德国大体上完成工业革命并开始转向基于最新科学技术成就的工业革命"第二次浪潮"。尽管有1901—1903年和1907—1908年的世界危机，可是有利的市场行情一直持续到1913年。在1895—1913年国内工业生产总量增加两倍，全部总产品增加50%。在1885年工业和农业的就业人数持平。在世界工业生产中德国份额从1870年的13%增加到1914年的16%。在一战前夕德国超过英国并在工业生产能力方面居于美国之后的第二位。临近1913年就贸易总量德国占世界第二位（世界贸易量的13%），只是居英国之后，而在人工合成材料和药品方面在世界市场上居于垄断地位。

此外，指望着短时期取胜的战争而争夺"阳光下的地盘"，德国政府

---

① *Шульце X.* Указ. соч. С. 128.

没有采取相关措施以应对它同经济上许多领域都依赖世界市场中断联系。德国国民经济没有准备在封锁条件下进行长期战争。帝国在准备军备和发展军工方面居世界第一，在国民经济领域几乎是可以单挑它的所有敌人。①

德国增加工业品输出，也常常降低关税壁垒，包括农业产品。德国商品差不多把英国商品挤出俄罗斯市场及奥匈、丹麦、瑞士、罗马尼亚、土耳其和其他国家的市场。德国的金属制品以低于英国的价格在大不列颠销售。英国和德国银行业也开始了残酷竞争，争夺在拉美国家、近东、中东和远东的投资场所。在英国和德国之间经济矛盾超过了它们想要遏制俄罗斯在亚洲和巴尔干扩张的共同意愿。

在19世纪末德国在太平洋夺取了战略意义重要的卡罗琳、马绍尔和马里亚纳群岛，同时还有部分萨摩亚群岛。它在山东半岛站稳脚跟，强加给中国极不平等条约。可是目前英国仍然是"海上霸主"，德国没有强大海军舰队，无法谋求世界霸权。德国史学家法伊特就此强调："德国的全球政策要求到处存在，并且如此热衷于所有世界事务，在外国所有国家都激起了对德国人的不友善。"②

德国的扩张型外交和经济及殖民政策伴随着强烈的军队建设和军队在内政地位上的强化。实际上那一时期德意志帝国的政治文化在很大程度上是由普鲁士的军事侵略传统决定的。因而在不小程度上助长了体力方面不足的威廉二世的爱好，喜好军队和军事象征物，以及过高估计了军队在社会上的作用。兵役制度等同于"国民学校"。所有这一切导致了在世界公众舆论中德国变成了军国主义的堡垒。

---

① История Германии: Учеб. пособие для студентов вузов: В 3 т. /Западно-сиб. центр герм. исслед.: под общ. ред. Б. Бонвеча, Ю. В. Галактионова. Т. 2: От создания Германской империи до начала XXI века. Кемерово, 2005. С. 46–47.

② Veit. V. Op. cit. S. 491.

恺撒将很多精力用于准备战争。如果在1909年帝国预算中用于军备支出为4.28亿马克，在1913年则超过了20亿马克。威廉最关心海军舰队的建设——自己"最热爱的孩子"。终于变成了世界第二的海军大国，德国成了英国最危险的竞争者和潜在的敌人。

海军部门长官蒂尔皮茨（1849—1930）成为"造舰计划"倡导者和领导者。在20世纪初前德国海军舰队居世界第五位，不仅位居英国和法国、美国，而且位居沙皇俄国舰队之后。在1910年德国已经有93艘驱逐舰，41艘巡洋舰，8艘潜艇。况且，在1912年帝国议会同意更大规模地增加本国海军军备。新法案计划额外建造50—60艘潜艇，增加舰队人员至10万，建立第三支分舰队以便在任何时候处于随时战斗准备。根据1911年法案海军军备预算如下：1912年2100万马克，1913年2970万马克，1914年3170万马克，1915年4410万马克。① 这样的装备接近一战初德国潜艇数量位居世界第一，水面舰艇居世界第二，同美国持平。

然而伦敦开始建造航速更快、装备重炮、吨位更大的重型巡洋舰"无畏号"。德国人不甘落后，花费巨额资金不仅建造超级军舰，而且改造以"恺撒威廉名字命名的运河"，把北海和波罗的海连接起来，同时还有威廉海军港。1912年前伦敦采取慎重态度就限制海军问题开展对话没有带来成效，首先是因为德国皇帝拒绝进行有关"自己舰队"话题的谈判。

（二）狂躁膨胀的国民心态

德国不仅拥有从地区性竞争大国变成全球性竞争大国的潜力，而且还拥有这方面政治要求，这种愿望从19世纪90年代开始就出现了并且在思想上由众多鼓吹民族主义、军国主义、广泛对外扩张的联盟和团体提供营养物质。

---

① Могилевич А. А., Айрапетян М. Э. На путях к мировой войне. М., 1940. С. 88.

在1891年成立了泛德意志联盟，它在很许多方面强化了德国外交的扩张和侵略性。联盟鼓吹德国民族自我意识同假冒人民的帝国主义口号结合起来，并且要求实行更具侵略性的殖民主义政策，海军舰队被看作是实现这一政策的工具，呼吁巩固阳光下的德国地盘。在数量方面这个激进的沙文主义组织网罗进自己队伍里接近4万人，它在恺撒的政府和军队里都有自己的联系网络。正是它呼吁要扩大"德国人的生存空间"，要清除非雅利安人种，这就为后来的纳粹思想意识奠定了基础。战争老战士联盟联合了280万人，德国舰队联盟共计有110万人。

支持"泛德意志"和舰队联盟活动的组织有：德国殖民协会，东部马尔克反波兰的德国人联盟，反社会—民主主义者的帝国联盟，以及类似众多团体。它们在帝国境内有分支机构，出版大量报纸、传单等。在这种宣传鼓动性文艺作品中也满篇都是主要话题——德国人优越于其他民族，必须在全世界建立德国霸权。

三 威廉二世拒绝延长俄德"再保险条约"

政治愿望是好的，当国家首脑遵循着冷静的思考，考虑到地缘政治现实的细微差异，并且倾听政治和经济领域有经验专家的建议的时候。威廉过高估计了自己在德国历史上的作用并使用平庸却好说话的首相做帮手，他们不能使皇帝避免在外交上犯下战略错误，以至于注定使国家参与两线作战且必然走向失败。对于在后俾斯麦时代宣称的外交上的"新方针"来说，其特点就是简单化看问题，相应的解释就是在世界舞台上分散力量，背离了现实主义原则。对于俾斯麦的继任者卡普里维来说，"五个球的手技游戏"（欧洲五国联盟）原来是过于复杂，他干脆放弃耍这种手技。为了暗示德国和奥匈，他表示在自己手里只能同时握住"两个玻璃球"。但是国际生活的现实自然更复杂，并且容不得机械呆板的简单化。在使用这种办法的情况下，只能押注于两个大陆玩家，德国高层有意、无意地迫使其他欧洲大国走上了相互靠拢的道路。

严重失算是德国恺撒拒绝延长已到期的同俄罗斯保密且有效期三年的"再保险条约"。这一决定的倡导者是德国外交"灰衣主教"，德国外交部门主要顾问，同时也是首相霍尔施泰因（1906 年 4 月前是德国外交界"灰衣主教"）。霍尔施泰因被认为是反俄人士，坚持要中断三皇同盟并认为同奥匈和英国联盟对于实现德国外交利益来说是最佳的。俄驻柏林大使顾问穆拉维约夫于 1890 年 6 月按照外交大臣吉尔斯的指令所采取的尝试没有取得成效，吉尔斯对维持同柏林的稳定关系赋予特别的意义，可是吉尔斯和卡普里维两人有关愿意维持两个帝国之间友好关系的看法，只是口头交换得到了一份书面确认而已。俄德条约就这样被埋葬了。

正如基辛格强调的，在自己执政一开始就反对俄罗斯的倡议，德国皇帝及其顾问"可以说，从俾斯麦相互交织联盟网体系中拔掉了最结实的一根连线"[1]。实际上这意味着俄德联盟关系中断了。一些有影响的德国政治家认为，俄德条约有悖于德奥协议且不能使德国免遭法国攻击。他们能够让恺撒相信这一点，皇帝早在 1895 年就宣称："普鲁士大元帅，只有他可以下命令，所有普鲁士军队都听他的指挥。"[2] 德国离开俄罗斯和俄罗斯的孤立威胁促使俄罗斯和法国接近以及协约国成立，英国也因把德国看作公开对手于 1907 年前夕加入其中。在欧洲形成了两个军事政治集团：协约国为一方，德、奥、意大利为另一方（1891 年 5 月三方联盟照例得以延长）。这样，在威廉二世执政时期破坏了欧洲联盟的整个体系，这是俾斯麦花了很多心血搞成的。

---

[1] *Киссинджер Г.* Указ. соч. С. 157.

[2] Цит. по: *Астафьев И. И.* Русско-германские дипломатические отношения 1905–1911 гг. (от Портсмутского мира до Потсдамского соглашения). М., 1972. С. 160.

四 尼古拉二世的外交政策

不同于威廉二世,他的彼得堡同事和远亲是一个性情温和、平和的人。在23岁前俄罗斯储君获得各方面的广泛知识和对君主来说是传统的军事培养。尼古拉二世的优点和缺点引来同时代人相互矛盾的议论评价。尼古拉没有留下强势个性的印象。据熟悉他的人评价,他具有特别的自制力,这有时候给国家和个人带来不同的命运,如当获悉旅顺口保卫战失败或者一战时期俄军失败的消息时他表现得特别冷漠。同时代人发现,沙皇具有不一般的记忆力、观察力,是个谦逊谨慎的人。这样他更珍惜自己的平静、习惯、健康,特别是自己的家庭。在国家事务忙碌中尼古拉二世表现得"特别的埋头肯干",虽然要管理巨大帝国对他来说是"沉重担子"。

内政不是皇帝的强项。然而正是在他在位期间俄罗斯经济增长速度在历史上最高。在1880—1910年俄罗斯工业产品增长速度年均9%。根据这个速度俄罗斯在世界上属于领先,甚至超过了发展强劲的美国。根据主要农作物生产量,俄罗斯同样处于世界领先位置,生产了世界上1/2多小麦,1/4多的黑麦、燕麦、大麦,1/3多的马铃薯。俄罗斯成了主要的农产品出口国,首个"欧洲粮仓"。它占世界农产品出口份额的2/5。积极开展铁路建设,在1898年铁路总里程4.4万公里,到1913年前夕超过7万公里。根据铁路里程计算俄罗斯超过任何欧洲国家,仅次于美国。

(一)俄罗斯的外交优先——远东方向

外交主要是靠沙皇身边的职业外交家谋划。1896年尼古拉二世完成了欧洲旅行,会晤了弗兰茨·约瑟夫、威廉二世、维多利亚女王。在1897年来到彼得堡访问的有三个欧洲主要大国的首脑:弗兰茨·约瑟夫、威廉二世和法国总统费利克斯·福尔。在弗兰茨·约瑟夫访问过程中俄奥签署了为期十年在巴尔干保持现状的协议。有别于自己的父亲，尼古拉二世不属于反德人士，可是他的外交情绪很受他的"随员"的影响，包括他的德国人妻子亚历山德拉·费多罗夫娜。"政权高层存在的这种'亲德'和'反德'的斗争明显地出现在俄罗斯皇帝对德国和德国人的看法上。这种影响对于在一战时期的尼古拉来说是非常明显的。"①

作为一个极为虔诚的人，沙皇对于战争持有排斥态度并因此在国际舞台上的活动是诚实和真诚的。此外还有其他因素：政府需要同不断增长的革命威胁做斗争，需要发展处于转折阶段的经济。所有这一切问题预计是靠开发亚洲来解决。为此需要在欧洲保持和平。原则上在大陆极为有利的环境足以建立起俄罗斯外交最近前途的主要方向：加强同法国的联盟，同德国在具体问题上开展实用主义的合作，冻结东方问题。在1898年尼古拉二世对欧洲各国政府发出呼吁，建议签署有关维护普遍和平并确定军备长期增长规则的协议，结果遭到了已经转向推行"全球政策"的威廉的抵制。在1899年和1907年召开了世界海牙会议，会上的个别决议一直持续至今有效。根据沙皇的倡议并且在他支持下在1899年举行第一届世界和平会议以讨论维护和平和裁减军备问题。此后成立了常设仲裁法庭——在海牙的第一个国际法庭。

有一种看法，早在1895年沙皇预见到有可能同日本在远东发生冲突并为此而做准备——既有外交也有军事方面的。实际上，在尼古拉二世执政前半期的俄罗斯政策中优先选项是远东问题——"大亚洲计划"。1902年7月在雷瓦尔会见威廉二世时俄罗斯皇帝坦率说道，思考着巩固和强化俄罗斯在东亚的影响正是自己执政的任务。正是在军事方面俄罗斯—日本战争是第一次使用最新式武器的大规模冲突：远程大炮、铁甲舰、驱逐舰。

俄日战争（1904—1905）在一段时间对德国来说消除了组成英法俄联

---

① Олейников Д. От рыцарства до презрения. Влияние Первой мировой войны на отношение к немцам // Россия и Германия в XX веке. Т. 1. М., 2010. С. 145.

第五章　俄罗斯帝国和德意志帝国的关系（1871—1914）　**181**

盟的危险可能性并且削弱了法俄联盟，这样欧洲的力量对比变化有利于德奥集团。新的形势对于巩固德国在欧洲的阵地形成了有利因素，但是德国帝国主义的扩张可能性因迅速发展的英德对抗而受到约束和钳制。因为德国统治集团的部分很有影响力人士看到现在德国外交的主要任务在于，要继续同俄罗斯接近的路线，争取通过同彼得堡的协议来阻断法俄联盟。一旦实现了这一目标德国就会在欧洲扮演主角，并以此建立强大军事经济基础以便同最主要对手——英国——在世界范围进行最后的斗争。

但是始于1904年因为签署有关瓜分殖民地（协约国）双边条约的英法接近，在柏林统治精英中引起震动，虽然事件的这种发展完全可以预料到。早在这一事件发生前一年，评论国王爱德华七世访问巴黎一事，大多数德国报纸虽然否认此次访问的政治意义，还是强调它会导致英国和法国更紧密靠拢从而损害德国利益。另外，有些出版物甚至开始严肃讨论俄法英三国之间有可能建立三方联盟。而且，在柏林不是很相信存在建立反德三方联盟的严重可能性，还寄希望于同俄罗斯的协议作为免遭法国攻击的保证。毫不奇怪，无论恺撒还是他的政府都不能想象有可能英法接近，还在确信两国之间殖民地矛盾的无法克服性。

（二）俄德联盟条约的流产

俄日战争不仅使俄法和俄英关系复杂化，它对沙皇统治的内政带来消极影响。在这些条件下在德国方面的压力下尼古拉二世同意威廉二世有关会晤的建议，因为在战争期间柏林公开表示对彼得堡的友善中立。此后德国皇帝常常同俄罗斯沙皇保持联系，沙皇的妻子黑森公主和皇帝是表兄妹。1905年7月24日举行会晤并且双方签署俄德联盟条约。整个文件包括四项简洁条款[①]：第一，一旦其中一方遭到一个欧洲大国的攻击，盟友要用在欧

[①] Сб. договоров России с другими государствами 1856 – 1917. М., 1952. С. 335 – 336.

洲的所有陆上和海上力量给予帮助；第二，双方有义务不同共同对手之一缔结单方面和约；第三，条约有效期根据俄日之间缔结和约而定，并且一直保持有效至被宣布废除后的一年之内；第四，俄罗斯沙皇在条约生效后采取必要步骤让法国了解这一条约，并让它作为盟友加入这个条约。

但是在尼古拉返回彼得堡之后俄罗斯政府拒绝承认这个条约，这由重要原因引起。第一，柏林不愿意吸收法国参加这一条约。第二，俄德能够成为盟友只是在具备共同危险敌人的情况下，在柏林看来伦敦才是这个敌人。但是，对于俄罗斯和德国来说由于地缘政治条件，来自英国的潜在军事威胁是很难做到的，况且英国在法国支持下正在积极争取改善英俄关系。所以同德国结盟可能导致德国霸权在欧洲大陆的建立并且使俄罗斯处于依赖于柏林的地位。另外，作为德国盟友的奥匈双元帝国内部存在尖锐矛盾，俄罗斯难于做到俄德靠拢。

综合这些因素证明了，德国政府给俄罗斯建议的联盟是在后者明显不能接受的条件下，因为它们主要只是有利于柏林。另外在彼得堡还留下一种印象，德国外交不仅希望同俄罗斯联盟，而且还希望加剧英俄矛盾且阻断法俄联盟。沙皇政府有兴趣同法国结盟，其原因在于法俄联盟是有效手段以便反对在欧洲建立起德国霸权。此外，为了镇压国内革命运动沙皇政府不仅需要德国方面的政治支持，而且也需要金钱，它能够或者在英国或者在法国得到这些资金。只是由于这些原因，俄罗斯不能在原则上同德国结成有前途的联盟，以至于被威廉理解成个人受辱。

五　俄法英三国靠拢

在柏林的国务活动家确信，"沙皇和共和国"（俄罗斯和法国），专制和民主的联盟就其思想意识想法是不可能的。同样也不放弃他们的信念，"鲸鱼和北极熊"（英国和俄罗斯）任何时候也不会相互来往。但是这个似乎是根深蒂固的谬见。在第一种情况下威廉的鹰犬仆从们已经忘记了，正是在1891年7月28日法国军舰访问喀琅施塔得海军基地时，沙皇亚历山大三世伫立聆听了革命的"马赛曲"。这个事实本身似乎并不能说明什么。可是在此之后当年夏天彼得堡和巴黎之间签署了协商条约，过了一年即1892年8月17日又签署了有关互助的秘密军事条约（沙皇于1893年12月底签字）。该文件预见到一旦德国攻击法国要派遣俄罗斯军队70万—80万人。早在由俾斯麦开始的针对俄罗斯的关税战又在1893年秋被首相卡普里维恢复了。沙皇政府在俄日战争失败后需要金钱来解决诸多国内问题，可不是从德国而是从法国银行得到，在1906年初法国给予俄罗斯信贷约25亿法郎。

德国政策不仅在政治上而且在经济上也有助于俄英接近。如果早在1898年伦敦建议柏林建立针对俄罗斯的联盟，那么已经是接近20世纪初因德国积极殖民政策，而英国需要重新审视自己外交优先选项，现在集中在俄罗斯和法国身上。在彼得堡此前同样也发生了外交重点的变动。新的外交大臣伊兹沃尔斯基取代拉姆兹多夫并且规划了自己政策的主要方向：（1）保持和巩固俄法联盟；（2）逐渐消除同日本和英国在亚洲的紧张关系；（3）维护同德国尽可能好的关系作为俄外交内政的主要因素，但是也不屈从，不牺牲这些关系去迎合同英国共同协议的想法。俄罗斯遵循这个规划是可以的，"现在第三个方面不能同前两个方面抵触。这时出现了关于选择的问题，它已经由事件自身发展过程而解决了"①。

俄德关系恶化的最初明显预兆在1906年春爆发出来，因为在阿尔赫西拉斯会议上（为解决法德在摩洛哥的冲突而根据德国倡议在西班牙城市阿尔赫西拉斯于1906年1月15日—4月7日召开），俄罗斯支持了法国和英国。

在第二届帝国议会上各个阶层中爆发出来的强烈泛德意志情绪，

---

① *Астафьев И. И.* Указ соч. С. 63.

以及来自联盟法国方面对俄罗斯社会舆论施加的压力就一起形成了德国人新的固定形象——不单是东正教和斯拉夫的异己分子，而是军国主义分子和俄罗斯土地的侵占分子。①

1907年8月18日事态出现转折，当时并非没有法国的支持而在俄英之间签署了关于瓜分波斯、阿富汗和西藏势力范围的协议。这样就形成了所谓三方协议——英国、法国和俄罗斯组成针对德国、奥匈和意大利的三方协约国，意大利实际上已经由于1902年签署法意协议而离开联盟框架内的积极合作。协约国建立证明，英德对抗原来是要超过英俄和英法对抗的程度。伦敦被迫承认德国为自己主要敌人并且面对德国威胁从而同巴黎和彼得堡谈判讲和了。顺便提及，1908年5月27—28日在雷瓦尔港英国国王爱德华七世与沙皇举行会晤在柏林被解释成为组成反德联盟的步骤，虽然尼古拉反对同英国接近以免损害同德国的关系。

在经济扩张过程中德国银行同重工业代表合作在19世纪末渗透进小亚细亚的土耳其并在1899年建立阿纳托利亚铁路公司。因为来自多方面的经济订货公司获得土耳其苏丹同意修建从君士坦丁堡到巴格达的铁路，以后还要延伸至波斯湾。但是，因为这个方案德国经济进入了伦敦和彼得堡地缘政治利益的范围。所以1903年开始修建巴格达铁路具有了政治色彩。

六　俄德经贸联系

在国家交往当中政治不能与经济分开，特别是这种相互联系在国家达到一定工业发展水平和参与世界经济程度时更是明显。俄德两国之间的实际合作始于19世纪后半期。例如，"西门子"公司在1853年开始建设连接

---

① *Сергеев Е.* 《Дипломаты в погонах》 и их представления о немецко-русских связях накануне Перовой войны//Россия и Германия в XX веке. Т. 1. М., 2010. С. 62.

彼得堡与敖德萨的电报线，在1855年"西门子"在俄罗斯已经拥有大企业，有数千从业者。还有"戴姆勒-奔驰"、巴斯夫、拜耳等，它们在电器、化学、机器制造领域同俄罗斯一直进行合作。

在尼古拉二世和威廉二世在位期间由于历史和地缘经济原因德国仍然是俄罗斯的主要贸易伙伴：1903年俄罗斯对德国的出口量为17885.5万金卢布（出口总量为76158.3万金卢布），英国占第二位是15675.1万金卢布。从德国的进口量21095.4万金卢布（进口总量59342.5万金卢布），英国占第二位是10295.4万金卢布。① 有趣的是，甚至在俄德政治对立条件下双方经济联系仍然牢固。在1909—1913年平均每年俄德贸易量有93220万金卢布，即比1900—1904年增长2倍多（42880万金卢布）。② 一战前夕德国占俄罗斯进口的47%和出口的30%多。③ 在战争条件下即1915年俄罗斯在册的2841家企业，它们完全或者部分属于德国人或者奥地利人。④

因此，由于工业革命，随着经济实力增长，在两个国家里，政治精英全部积极性用于在新的地缘政治条件下寻找"阳光下的地盘"以便支撑强大的军事工业潜力，这就为民族主义土壤增添了肥料，民族主义在俄罗斯培育出泛斯拉夫主义（大俄罗斯沙文主义），在德国培育出具有侵略性的大德意志资产阶级民族主义。两个类似的癌症肿瘤早在亚历山大三世和威廉一世在位期间就开始积极渗透到所有的社团组织。它们互不接受表现得极为明显，其中部分源自邻国的诸多缺陷，互不接纳表现在波兰土地上的两国边境地区，在这里一方对居民实施德意志化，另一方对居民实施俄罗斯化。

---

① Хронология российской истории: Энциклопедический справочник/Под рук. Ф. Конта; пер. с фр. М., 1994. С. 154.

② Астафьев И. И. Указ соч. С. 248.

③ Kahn H. W. Op. cit. S. 81.

④ Олейников Д. Указ. соч. С. 284.

◇ 第三节　俄德王朝联盟关系的终结

自俄罗斯罗曼诺夫王朝 17 世纪初期建立以来，同德意志公国尤其是同北德意志公国的王公家族建立起了紧密的联系。王朝间关系主导着国家间关系，随着时间推移，王朝间关系愈加容纳和承载了内容日渐丰富的国家间关系。如果王朝君主能够正确引导，一定能增进国家间关系。可是由于威廉二世的轻狂及自以为是，俄德王朝间将近 300 年的紧密关系到 20 世纪初期伴随着一战中两个王朝的覆灭而终结。

一　德奥联盟压倒德俄联盟

在当时同奥匈结成双边联盟是俾斯麦最关心的事儿。可是帝国创立者和首相清楚地看到这个"双元君主"碰到的困难，个别民族总是高调宣称自己的自决权。在这些条件下通常要求突破双边联盟框架，并且通过超出德国外交边界视野的联盟体系来建立帝国安全的额外保证。这种结构的寿命活不过本身的建筑师。奥匈从德国唯一可靠的盟友变成了公开的累赘。这个多民族国家本身（在它领土上约有 700 万塞尔维亚人、克罗地亚人和其他斯拉夫族人），它在东南欧地区实行积极的侵略性政策。在柏林会议上捞到实惠，又在 1908 年吞并了前土耳其省份波斯尼亚和黑塞哥维那之后，维也纳政府又插手巴尔干地区尚未解决的问题并且闯进了被泛斯拉夫主义思想预热的俄罗斯势力范围。维也纳的做法威胁到俄罗斯盟友——塞尔维亚，它把统一南部斯拉夫人和争取亚得里亚海出海口作为自己的任务。在争夺欧洲土耳其领土的 1912 年和 1913 年巴尔干战争之后，就危及奥匈自身的命运。接下来照例成了明显的对德意志帝国来说是一大问题的多瑙河君主国盟友，它深受内部多民族矛盾和来自泛斯拉夫主义外部威胁的困扰。在伦敦和柏林之间就维护和平事业而达成妥协的结构性合作是能够预防当时两大联盟的大规模战争爆发的，可是没有发生这样的事情。

由于同奥地利联盟，德国不可避免地同俄罗斯发生对立，因为彼得堡并不准备放弃支持塞尔维亚。这样，已经成了欧洲多年来纷争焦点的巴尔干终于变成了国际紧张的发源地，进而开始成为整个欧洲而后又成了世界战争的发源地。

1914年6月28日在萨拉热窝塞尔维亚民族主义分子普林西普刺杀奥地利皇储弗兰茨-斐迪南德成了一战爆发的导火索。世界冲突主要参与者那里众多的真正动机任何一方也没有大肆宣扬。难怪在28日美国总统威尔逊就此表示说："大家都在寻找并且也不能找到战争爆发的原因。寻找它们是徒劳枉然的，他们也找不到这个原因。战争爆发不是由于某个单一的原因，战争爆发因为众多原因。"

英国不能原谅德国人在1899—1902年英布战争中支持布尔人，认为德国是真正的贸易与经济竞争对手，后者开始渗透到前者的传统势力范围并因此破坏了英国的国际威望；认为柏林的军备实力威胁到自己的强盛，伦敦正是以此保证强大贸易和海军。

法国试图要为1870年普法战争失败而对德国复仇，并且夺回阿尔萨斯和洛林。同英国一样，它在自己传统销售市场上因为同德国人竞争而惨遭损失并且不计代价要保住自己的殖民地，特别是北非地区。当然，巴黎看到了来自德国的军事威胁，想要一次或者永远消除这种威胁。

德意志帝国试图谋求在欧洲大陆的政治和经济统治地位；在1871年之后参与争夺殖民地，希望在其他国家的殖民地领地上享有同等权利，诸如英国、法国、比利时、荷兰和葡萄牙，因而表现出特别的积极性想要获得新的市场和取得新的领土；认为法国是期待着复仇的历史上的敌人，而英国是主要的军事、政治及经济对手。俄罗斯不是柏林的直接威胁，而只是潜在的对手，只是因为同德国的盟友奥匈在巴尔干发生了冲突。威廉二世恺撒没有接过弗里德里希二世桂冠的安静，他没有扮演决定性的角色。

奥匈这个多民族帝国和欧洲不稳定的经常性发源地，想利用同塞尔维亚的小规模胜仗来稳定内部形势，试图保住 1908 年已占领的波斯尼亚和黑塞哥维那，自然就成了想要充当巴尔干斯拉夫人保护者的俄罗斯的敌人。

俄罗斯在这段历史中扮演了次要角色，实际上，它只是德国盟友奥地利的地缘政治竞争对手。

在萨拉热窝刺杀事件后奥地利准备立即对塞尔维亚实施打击并且得到了恺撒和德国政府的完全支持。柏林确信俄罗斯不会干涉冲突，因为获悉尼古拉二世反对战争。7 月 23 日维也纳对贝尔格莱德下达最后通牒，7 月 25 日塞尔维亚做了答复，可是不能令奥方满意。同日奥地利断绝同贝尔格莱德对外交关系并开始动员。7 月 28 日宣布同塞尔维亚处于战争状态，次日炮击贝尔格莱德。

1914 年 7 月 16 日（德国对俄宣战前两天）尼古拉二世致电威廉二世，建议"把奥塞问题提交海牙会议"。但是，德国恺撒没有回复俄罗斯沙皇的这一和平倡议。

在欧洲形势进入根本转折时。帝国首相贝特曼-霍尔维戈采取无法取得成效的尝试，即在 7 月 29 日夜到 30 日说服奥地利政府直接同俄罗斯谈判，以便限制因同塞尔维亚的冲突造成的损失。可是时间不等人。双方的军事机器已经开动，事件进程已经不受健全思维和外交的支配，而是受到总参谋部的战略计划和战役地图的支配。7 月 30 日彼得堡宣布全面动员武装力量。军事机器——这是"国王的决定性理由"——全速运转，什么也无法阻挡。

恺撒关于开始战争的决定是出自本能，还是思考过的和具有合乎逻辑的理由？著名的威廉二世传记作者英国人雷利认为，早在 1914 年之前很长时间皇帝思考过有可能发动欧洲战争：在 1902—1912 年在俄罗斯保持中立条件下反对法国和英国,而从 1912 年秋希望在英国保持中立条件下,反对法国和俄罗斯。1914 年 7 月 5 日他做出决定给予奥匈以军事支持,甚至如果有必要攻击塞尔维亚并引起同俄罗斯和法国的战争,这就不奇怪了。恺撒在战前一年半时间里不仅同自己身边的顾问讨论,还同奥地利将军和国务活动家进行过讨论,显得"无法描述的好战"①。

俾斯麦最担心的糟糕事情终于出现了,他生前警告过各种"愚蠢"和"王朝失误"可能导致在德意志和俄罗斯之间发生战争。前维特内阁的外交大臣杜尔诺沃的预言也开始应验了,他在 1914 年 2 月给沙皇的奏折中"非常准确地"预言说俄罗斯和德意志军事冲突的最终结果——在两个国家里导致革命,两个王朝垮台和经济灾难。② 罗曼诺夫王朝时代走向了终结。

二 俄德王朝联盟关系终结的君主原因

在 1870 年建立统一德国民族国家之前,俄罗斯外交政策的德国方向是十分模糊不清的。德国方向只是一个特殊的局部情况,相应地,地理上总是不确定,它们源自 18 世纪起德意志的两重性二元特征——在奥地利和普鲁士之间的对抗以及争夺德意志民族神圣罗马帝国框架内的领袖地位,而后来出现了德意志联盟。由于形势需要,这类策略性战术意义上的联盟存续时间不长并且不能发展成为战略性长远意义的联盟,以至于可以在决定性程度上影响到欧洲特有的多中心政治结构。

由于 19 世纪后半期在欧洲最终形成了柏林和彼得堡两个民族国家,方针非常明确,就是致力于维护已形成的以五国联盟为代表的结构,它似乎是一种稳定的结构并且可以使两国在它们民族国家利益的外围地区实行相对独立的政策:德国——在非洲、亚洲和远东,俄罗斯——在东南欧、亚

---

① Die Welt. 2009. 27. Jan.

② Олейников Д. Указ. соч. С. 146.

洲和远东。在欧洲大陆中心地区两个大国集中力量维持现状，选择充当临时盟友是地缘政治需要。这样需要强调，谁也没有思考过周密重大的计划以及要消灭任何一个世界级玩家。已经不再谈论关于战略性俄德联盟的话题了，因为不列颠帝国扮演着重要的制约因素，它并不依赖于同欧洲大国结成外交联盟，它早已拥有了"海洋主人"的地位，同时，还是力量平衡、普遍和平及安康的维护者。只是由于这种地位受到了德国要求"阳光下的地盘"的影响的侵蚀，同时也由于军事工业革命的发展，在柏林和彼得堡精英的地缘政治意识中往日习惯了的有关受这样或者那样民族主义思想支配的世界制度前景的观念开始出现了变化。

在君主统治的欧洲，君主个性在外交政策中扮演的角色，如果不是决定性的，也是很大的，对于君主来说国家利益占据首要位置，而不是血缘亲情。当然，他的身边人"扮演"专横君主，他们不可能是同一大家族，只是代表这个或那个主要国际玩家的"支持者"。他们积极活动的动机完全是不同的。可是主要的——无论任何一个国际协议，以及联盟的和军事政治性质的，并不接受广泛国民舆论的详细评论。它也不需要议会批准认可。所以它们的未来命运就取决于君主的进退，君主通常是一时遵守，在最好情况下也是遵守中期利益。公众不是最具决定性因素——君主们不代表公众意见也没有获得来自居民的道义、心理的认可。换句话说，无论在俄罗斯还是在德国，当确定国际舞台的战略伙伴时都是缺少广泛的国民认同。

在君主统治垮台后这种冒牌的虚假的认可开始在建立起强大宣传机器的集权国家里形成了，它们的代表是希特勒德国和斯大林苏联。

第 六 章

在帝国的废墟上重建俄德关系
（1917—1933）

在一战关键一年即1917年10月在俄罗斯发生了十月革命，自此开始了俄罗斯和德国（苏联—德国）历史上的第三个时期，也是最短的时期，它延续74年，直至1991年苏联解体。从俄罗斯角度看，苏维埃—德国关系可以有条件地分为三个阶段——战前、战时和战后。如果从德国人角度看，可以分为魏玛共和国、第三帝国、二战、战后调整德国问题和苏联—民主德国、苏联—联邦德国独自处理关系这样几个阶段。无论如何，这一时期的战前和战后阶段的明显特点是苏维埃俄国，而后是苏联都力图同德国——魏玛共和国、法西斯政体或者民主德国——建立关系，这一"特殊"关系是对"帝国主义国家"的对冲与平衡。采取这种做法的依据有历史上同普鲁士合作的经验，有地缘战略考虑，也有布尔什维克的思想意识宗旨。本章所讨论的问题是在帝国的废墟上如何重建俄德关系。

◇ 第一节　战争与革命

1914年8月1日在德国要求俄罗斯取消动员令被拒后开始对俄罗斯宣战。这件事情发生是在彼得堡和柏林之间就危机性质缺少开展政治对话的尝试，而且，正如基辛格指出的，在德国和俄罗斯之间总体上不存在直接意义上的有争议问题。波赫列布金客观地指出，俄罗斯帝国在同帝国主义集团关系上处于依附和从属地位，在战争中选择盟友对于俄罗斯领导集团来说也不像英德对立那样明显和清楚。

一　两个帝国的失败

从世界经济发展角度看俄罗斯应该在世界大战中保持中立，或者站在自己西部边界直接邻国德国一边。但是有两种情况妨碍了它这样做。①

第一，19世纪70年代初期彼得堡所接受的并且在1877—1878年俄土战争结果被证实了的外交理论，它要求押注在欧洲的亲斯拉夫主义政策上（斯拉夫人的思想及物质支持和支持俄罗斯周围全体斯拉夫国家及民族的政治联合）。这种外交理论自然使得俄罗斯处于德国盟友——奥匈的主要敌人的地位，使得它参与在巴尔干的争夺。同时泛斯拉夫主义方针使得俄罗斯必然卷入同德国集团的二等盟友——土耳其的冲突当中。需要再次强调：在这个问题上在柏林和彼得堡之间不存在直接的矛盾对立。同土耳其的斗争对于俄罗斯外交来说不仅提出了要保护在土耳其帝国的斯拉夫人的任务，而且提出了争夺在黑海战略统治地位并且由此提出了夺取黑海两海峡的问题，正如斯拉夫人思想，这个同俄罗斯没有直接经济利益。恰恰是技术上虚弱落后的俄罗斯，这种"斯拉夫—帝国的自负"膨胀心理的非现实性就为俄罗斯革命者和民主人士提供了攻击的靶子，他们批评这种外交方针毫

---

① Похлебкин В. В. Внешняя политика Руси, России и СССР за 1000 лет в именах, датах, фактах. Вып. II-Войны и мирные договоры. Кн. 3: Европа в 1-й половине XX в.: Справочник. М., 1999. С. 17–18.

无意义和前途，它实际上具有反人民的、反祖国的特点。这导致了内部政治紧张局势的升级。

第二，凭空虚构出来的"斯拉夫人思想"使得俄罗斯不仅同德奥集团，而且还同自己的盟友——英国和法国发生冲突，对于它们来说地中海是自己的"势力范围"，控制黑海两海峡也属于它们海洋和整个外交的主要优先选项。正如在克里木战争中，无论在什么条件下盟友都不能让俄罗斯把土耳其逐出欧洲领地。

波赫列布金断言，俄罗斯加入一战是出于"非现实性的（不是民族意义上的）并就其实质是出于幻想产生出来的外交计划纲领，从一开始就要注定失败，即无论战争结局如何这个计划不能实现"。

至于德国，还没有开战，它已是注定要失败。问题在于，在德国人这里所具备的军事理论——施里芬计划（普鲁士军队参谋总部长官施里芬伯爵）——过于陈旧。计划中的两线作战——同法国和俄罗斯，这原本是威廉二世及其将军的前辈们最为担心的事情。在第一阶段计划经过法国北部和中立国比利时领土对法国军队实施密集的先发制人的打击，第二阶段集中力量击退可能出现的俄罗斯入侵。德国人认为，动员在俄罗斯需要很长时间。这个计划的实质威廉二世用两句话做了表述："午饭我们在巴黎享用，而晚餐在圣彼得堡。"

从军事技术角度看该计划深思熟虑，可是它命中注定要带来政治后果。针对法国的闪电战计划要破坏得到英国保证的比利时的中立，这迫使伦敦加入反对德国的战争。在1906年该计划做了调整（在德国参谋总部长官老毛奇主持下）而不再有那么绝对的特点——大部分军队仍然计划部署在东部战线，接下来的进攻经过比利时，可是不触犯中立国荷兰。

8月4日帝国议会一致同意了政府军费预算要求，过了几天俄罗斯军队从1762年起首次在德国人地盘东普鲁士境内抵挡住了国防军，从而埋葬了德国速决取胜战的希望。

在获悉有关边界发生了好像是法国方面挑起事端的消息后，8月3日德国对法国宣战。在借口国防军进入比利时，英国8月4日对德国宣战。帝国被迫两线作战。柏林并不能迅速击溃法国：德国被迫调集两个精锐军团从西线赶到东普鲁士，这样就保证法国和英国在马恩河取胜。进军巴黎的行动被迫停止。为了帮助自己的盟友俄罗斯被迫付出惨重代价，8月底在坦能堡和9月初在马祖尔湖的两场会战中俄军损失惨重。1915年春夏奥德军队在加利西亚突破俄军防线，保障了自己进入波兰、立陶宛和库尔兰。

在取得初期军事成就后德国拥有的优势超过对手很多。很快战争在西线转变为阵地战，物资与粮食供应愈加成为大问题。在这样的条件下，1917年1月9日高层领导不顾首相贝特曼－霍尔维格反对而采取对国家要命的关于开始"无限制潜艇战"的决定。考虑到前几年在德国潜艇鱼雷攻击英国和法国客轮的行动中造成许多美国公民死亡，这个决定就会被国际舆论理解为是向华盛顿挑战。美国的反应就是断绝外交关系并在4月对德国宣战。美国军队很快就补充到西线，以至于事先决定了早已料到的战争结局，这可是在同德国长时间拼命厮杀中精疲力竭的俄罗斯发生的无论二月革命还是十月革命都不能改变的。在1916年伴随着大量人员损失的好几次进攻性战役遭到失败后，沙皇军队因受革命情绪影响而精神不振，纪律涣散。因为德国不再进口俄罗斯商品，俄罗斯出口实际上陷入停顿，沙皇政府不得不再次求助于自己的西方盟友，主要是英国，得到80亿卢布。农民已经破产，居民的食品供应开始紧张。

二　战争引起革命

1917年2月23日在彼得堡开始群众性骚乱，工人和警察之间发生冲突。在俄罗斯各地出现了士兵和工人苏维埃，它们接管了政权。在首都资产阶级政党组成以利沃夫公爵为首的临时政府并迫使尼古拉二世于3月2日

第六章　在帝国的废墟上重建俄德关系（1917—1933）

退位。

十月革命被许多同时代人理解为不是"新型的革命"，而首先是能够以决定性方式影响世界战争结局的事件。无论是德国统治精英还是协约国成员都想看到沙皇俄国的军事失败，并通过全国规模的革命手段使它分解成数个小规模民族国家。德国驻哥本哈根大使布洛克多夫－兰特采于1915年12月6日致信首相贝特曼－霍尔维格时指出："胜利作为战利品而世界第一把交椅属于我们，如果及时成功地使俄罗斯革命化并借此打破联盟。"①

与德国驻伯尔尼、伊斯坦布尔和斯德哥尔摩的大使同时，布洛克多夫－兰特采负责同侨居在国外失意的俄罗斯反对派代表人士和革命人士达成秘密协议。

从内部动摇沙皇统治，借此使俄罗斯退出战争，并把军事力量集中在西部方向的思想在那时的柏林居于上风。这种思想在德国不仅得到了犹太复国主义团体的支持，它们猛烈抨击沙皇在"犹太人问题上的政策"（城市定居点、禁止从事农业、犹太人流氓化等），而且还得到了俄罗斯革命人士——社会主义者的积极推动，像帕尔乌斯（1869—1924）这样的人，他在1914—1915年变成了德意志帝国和俄罗斯革命运动之间联系的关键人物，包括同布尔什维克及其领袖列宁。② 在1918年1月前帕尔乌斯收到来自德国的数百万马克，其中部分估计放在了列宁的皮箱里（的确，过去没有发现足以证实这件事的文件）③。布尔什维克党及其领袖的主要财务资金来源于在国际封锁条件下由帕尔乌斯组织的经过斯德哥尔摩和哥本哈根的盈利

---

① Цит. пот: Koenen G. Der deutsch-russische Nexus// Aus Poltik und Zeitgeschichte. 2007. 29 Okt. S. 28.

② См.: Павлов Н. В. Россия и Германия: несостоявшийся альянс. М.: 2017. С. 227.

③ Об этом достаточно убедительно пишет российский историк из Воронежа П. В. Макаренко. См.: *Макаренко П. В.* Германский фактор в Октябрьской революции 1917 // Вопросы истории. 2008. № 5. С. 30－45.

贸易收入。

德国高层为国外工作拨出总计3.82亿帝国马克,其中约4050万马克用于在俄罗斯策动革命(单是通过外交部门渠道至少有2600万马克,约值现在7500万欧元),而且在二月革命后同列宁的合作具有特殊意义。要知道这笔资金数量不大,然而也不能低估它的意义。正如《明镜周刊》确认,没有威廉二世的帮助,列宁很难按照自己写好的剧本去组织十月革命。"况且:没有德国支持,列宁的布尔什维克们不可能在自己最初的决定性一年里把握住政权。"[1]

德国外交部和陆军最高统帅部首先推动这一军事、政治计划,当时它们在帕尔乌斯协助下于1917年4月9—12日用常用的密封车厢把瑞士侨民(经过德国和瑞士)列宁及其31个追随者(应该是觉察到真实情况,列宁极力避免直接同德国代表接触)送回俄罗斯。德国人的打算是,列宁获得的物质帮助足以使布尔什维克发动革命,夺取政权并结束帝国在东线的战争。在列宁从事活动出乎德国高层预料之前,列宁"客观上"从事着受德国影响的奸细的活动。柏林方面非常清楚,布尔什维克的领袖们追求的完全是另外的目的,不同于德意志帝国政治和军事高层的打算。但是,他们容忍了这一点,因为在东线的胜利并且以此结束两线作战对于他们来说比什么都重要[2]。

三 苏俄退出一战——布列斯特和约

俄罗斯布尔什维克发动革命并宣告建立工人阶级专政,1917年10月26日建议所有交战国基于各民族自决权利而缔结无割地无赔款和约。如果联

---

[1] Der Spiegel. 2007. 10 Dez.

[2] Winkler H. A. Der lange Weg nach Westen. Deutsche Geschichte 1806 – 1933. Bonn, 2002. S. 357.

第六章 在帝国的废墟上重建俄德关系（1917—1933）

盟国家拒绝承认俄罗斯新政权，它们会援引 1914 年 9 月 5 日有关禁止盟国缔结单独和约或者媾和从而断绝同新政权的所有联系，而帝国首相冯·戈特林格公爵在国会上表示，苏维埃的建议"为开展谈判确定了讨论的基础"，并表示希望恢复"邻国关系，特别是经济领域"。结果于 1917 年 12 月在布列斯特—利托夫的德国军事营地，德国最高统帅和四国联盟的代表开始了困难重重又时断时续的和平谈判，因为俄罗斯代表提出的所有要求让他们无法接受。

在 1918 年 1 月列宁解散了布尔什维克只有 1/4 席位的制宪会议之后，柏林在按照德国条件签署和约的成功可能性大增。同样参与布列斯特—利托夫谈判的苏俄代表团成员的不明智行为也促成了这一机会，首先是外交人民委员托洛茨基中断了和平谈判而导致帝国发动新的攻势。结果好像是灾难性的。德国人占领了波罗的海沿岸地区、乌克兰，同时还有南部俄罗斯直至高加索。直到列宁威胁说要辞去职务，最后以 116 对 84 不算太多的票数批准条约并于 1918 年 3 月 3 日签字。苏俄代表团签署"屈辱性"条约，只是迫于形势。布尔什维克急需和平以便回击君主派反革命复辟活动，同时使苏维埃政权生存和巩固。后来布尔什维克采取同样的策略处理对德关系，也去资助德国人的革命运动。德国人也需要和平以便实现明显是非现实的目标——把东线的力量调回来，争取在西线赢得胜利。

根据 1918 年 3 月 3 日在苏维埃俄国和四国联盟代表之间的条约以及补充条约（1918 年 8 月 27 日在柏林签署）莫斯科应该实行军队完全复员，归还土耳其的卡尔斯、阿尔达汗和巴统，承认芬兰、爱沙尼亚、立陶宛、波兰、乌克兰、格鲁吉亚、亚美尼亚的独立，这样就失去了领土 142 万平方公里及人口 5800 万（俄罗斯帝国人口的 1/3），在这个区域里革命前有全俄 27% 的农业耕作土地，26% 的铁路，33% 的纺织工业，73% 的钢铁生产，89% 的煤炭开采，90% 的食糖加工；这里具体有 918 家纺织工厂，574 家啤酒工厂，133家烟草工厂，1685家酒厂，244家化工工厂，615家造纸厂，1073家机械加工制造厂，共计有40%的产业工人。在缔结布列斯特—利托夫和约时，布尔什维克寄希望于"革命火星"蔓延到德国士兵和工人，奴役性和约的条件将会很容易地结束。难怪列宁的老战友、彼得格勒苏维埃主席季诺维也夫强调："现在德国帝国主义分子在不幸条约里搭建起来整个建筑，就像是酥木制成的篱笆，不会是别的什么东西，历史将会在不太长的时间里无情地拆除它。"同时，德意志军事政治高层考虑着要消除前俄罗斯帝国区域而现在是独立国家里出现任何布尔什维克的威胁。在芬兰、波罗的海沿岸地区和乌克兰，帝国积极参与镇压共产主义地下组织及活动。

四 苏俄和德国的后续协议

德国的所有方面都成为列宁政府最为关注的对象——无论是革命链条上的下一个环节，还是在经济和军事—技术合作方面的最优先伙伴。俄罗斯曾经作为最积极的协约国盟友，如今已经退出战争并同主要对手缔结单独和约，这样就从潜在的胜利者转到了受屈辱国家的行列。这个事实反映在布列斯特和约里。因为签订了这个条约在恺撒德国和苏维埃俄国之间建立起了外交关系，即作为国际法主体处理关系。早在1918年4月20日参与布列斯特谈判的全权代表、托洛茨基的老战友约夫前往柏林任大使。

在抵达德国首都后，很快约夫及随员就同德国的左翼激进独立社会民主党和"斯巴达克"领导人建立联系，目的是从事内部瓦解活动并且按照布尔什维克样板策动革命。为此借助于设在常设代表团下的"文艺处"开始吸引和鼓动俄罗斯侨民。俄罗斯电报代办处发挥了积极作用。在它的柏林处领导班子里有彼得堡出生的职业革命家，后来是巴伐利亚苏维埃共和

第六章　在帝国的废墟上重建俄德关系（1917—1933）

国的积极分子列维涅和 1905 年革命参加者、陪伴列宁从瑞士经过德国到俄罗斯的阿克雪里罗德。

在 1918 年 7 月 6 日德国驻俄罗斯大使遭到挑衅性刺杀事件之后，苏俄政府被迫于 8 月 27 日同德国签署补充协议。在柏林严格保密状态下签署了俄德布列斯特和约补充条约和俄德财政金融协议，全权代表约夫代表苏俄政府签字，德国方面是根茨和克里格。具体主持谈判活动的：俄罗斯方面是德国通用电气公司前合作者工程师卡拉辛，德国方面是德国工业俄罗斯财团主席施特雷泽曼。在经济上测算的"赔偿"占整个冶金工业黑色金属的 75% 和赔款 60 亿马克，其中 15 亿马克需要用纯金支付——245564 公斤。① 西罗特金确认，在 1918 年 9 月抵达柏林有两列军用列车装载着黄金和货币。从苏俄政府手里德国人收到 93535 公斤黄金和货币（"罗曼诺夫克"和"杜马克"），价值约 203000635 卢布。② 德国在战争中的失败妨碍了剩余部分的支付。所有支付的黄金总数 124835549 金卢布。③ 后来"列宁黄金"作为支付赔款落入法国手里，就这样德国人没有用上它们。在俄罗斯史料中没有涉及德国如何处置黄金。同样德国人对此也是羞于提及，很明显不愿意承认西罗特金确认的这类事情，事实就是作为战争失败的赔款"静悄悄地"落入法国人手里。

布列斯特和约使乌克兰变成了德国的农业—原料附庸，而苏维埃俄国成了德国反对协约国的经济盟友，这使得德国把一半多军队调往西线，并在 3 月 21 日开始用 70 多个师开展大规模进攻。但是在马恩河会战失败和亚眠附近面对英国坦克退却之后，柏林复仇的希望最终破灭，成了一战总体

---

① *Пахлебкин В. В.* Указ. соч. С. 83 – 84.

② *Сироткин В. Г.* Золото и недвижимость России за рубежом. М., 2000. С. 107.

③ История Германии: Учеб. пособие для студентов вузов: В 3 т. / Западно-сиб. центр герм. исслед.; под общ. ред. Б. Бонвеча, Ю. В. Галактионова. Т. 3: Документы и материалы. Кемерово, 2005. С. 108.

失败的转折点。

五 德国战败

西线军事行动的失败成了普遍投降的溶解剂：德国的盟友们一个接一个开始失去作战勇气。1918年9月29日保加利亚第一个退出战争。接着10月30日是土耳其，11月3日是奥匈。最终不可避免，在这些条件下对柏林来说有必要同布尔什维克继续对话，后者正在德国积极从事内部瓦解活动，因为德国被看作是世界革命链条上的下一个重要环节。来自俄罗斯使馆的大量布尔什维克宣传品散布到德国各大城市，超过了柏林政权的容忍程度。11月4日在"弗里德里希—施特拉斯"车站柏林警察对俄罗斯大使馆代表进行公开"盘查"：在外交行李移交时一个搬运工"偶然"把其中一个皮箱掉在石台阶上，皮箱散开，从中露出了传单，上面写着号召总罢工和革命。借着布尔什维克资助德国无产阶级革命的理由，巴登斯基政府宣布断绝同苏维埃俄国的官方关系，并迫使苏维埃使馆迁出柏林；借着于11月11日德国同协约国签署的康边停战协议，它要求德国废除布列斯特和约及其补充条约。这样，交给德国人的"俄罗斯黄金"的可耻篇章因客观原因就被掩盖了。

德国的军事失败伴随着政治危机。在战争初期签署的"公民和约"在德国社会强化了政党、政府和最高军事当局的封闭性。饥饿和施行粮食分配票证加剧了社会紧张。在1918年10月底军舰上开始发生哗变，很快发展成革命，蔓延到整个国家。到处开始建立工人和士兵代表苏维埃。在许多军舰上挂上了红旗。在德国的革命波及基尔、汉堡、慕尼黑和其他城市。1918年11月9日柏林出现示威抗议。这一天德国成立了已经掌握政权的人民代表苏维埃。

威廉二世被迫退位并且逃往荷兰。德国君主政体最后一位首相巴登斯基移交国事给最大议会政党主席——德国社会民主党的艾伯特,他于11月10日组成临时政府——人民代表苏维埃。德国成了共和制国家。

第二天帝国国务秘书和政党代表艾茨贝格在康边附近树林同法军最高统帅福煦的铁路车厢里签署了停战协议,是基于美国总统威尔逊的"14点"主张。一战终于结束。卷入一战的有38个国家及15亿人口——87%的全球人口。约有1000万人死去,2000万人受伤。德意志帝国全部人口损失约700万,包括200万人死去,超过100万人被俘。

六 战争失败的后果

对于俄罗斯来说战争结果更加灾难深重。第一,因为同德国签署单独和约,自动就落入战败国的行列。第二,这样就失去了反对入侵者的主要盟友。战争动员人数1500万,应征入伍1330万。不可挽回的损失(死于战场和死于伤病)总计约230万人,超过270万人成了残废。另外,一战还未结束由于布尔什维克发动革命导致国内战争,卷入内战的人员约有2300万。在红军和白军的内战中损失,据最保守估算约有500万人,而这种所谓卫生保健意义损失(受伤的,受震的,被炸的,生病的)达到1500万—1800万人。此外,一战和内战损失了前俄罗斯帝国的大片领土,它只是在建设斯大林模式国家过程中得到局部补偿和恢复。

回顾1918年秋的事件,可以发现康边停战协定保留了德国军队并没有预先规定办法以便完全和有效地解除武装。德国应该在15日内撤出本国军队从法国、比利时、卢森堡、阿尔萨斯—洛林、奥匈、罗马尼亚、土耳其及其他领土,交给胜利者一定数量的重武器和运输工具。部分德国领土——莱茵河左岸——由协约国占领。保留封锁国家。

协议第12条具有特别意义,即胜利者要让德国扮演反对苏维埃联盟的角色。它规定:"现在还滞留在战前属于俄罗斯地盘的所有德国军队,在观察这些地区内部状况后,一旦盟国认为时机到来,同样应该返回到称作是德国边界之内。"

正如后来所知道的,第 12 条保留了秘密条款,使德国在波罗的海沿岸在协约国军队抵达前进行反对苏维埃俄国的军事行动。这在 1918 年 12 月德国军官证词中反映出来,他们是转入立陶宛地区的苏维埃军队。① 滞留在波罗的海沿岸地区的德国军队有自己的任务,不仅实施干涉行动而且还充当反革命白卫军政府的盟友去反对苏俄政权,而后来又反对协约国本身。

德国政权从胜利者那里争取到未来和平的温和条件。它们的主要理由是关于反对布尔什维克的必要性问题。德国外交官采用了拖延与盟国谈判的策略,胜利者不能对德制定统一政治路线的姑息纵容,导致了停止协议多次拖延。

◇◇ 第二节 凡尔赛和约的结果

一战的主要战胜国法英美在巴黎召开和平会议,战败国德国以及同德国缔结布列斯特和约的苏俄没有被邀请参加会议,和会对战败国以及战后秩序作出安排——凡尔赛和约。由于欧洲的两个主要国家苏俄和德国没有代表出席会议,和会作出的种种安排命中注定是要落空,更何况在遭到放逐的这两个国家看来,凡尔赛和约对于它们是极大的不公平。所以,这一时期的苏俄和德国相互靠拢,缔结拉帕洛条约,摆脱国际孤立,进而再次成为影响欧洲和平与安全的重要力量。

---

① Ушакое В. Б. Внешняя политика Германии в период Веймарской республики. М., 1958. С. 28.

一 关于战争的责任和惩处：凡尔赛和约

（一）德国承担全部战争责任

帝国最高军事当局于1918年10月2日不得不公开承认德国的失败，承认凡尔赛和约相关的苛刻条件以及和约认定的德意志帝国要对一战爆发承担全部责任，这一切在民众当中引起极大震动。在欢迎从前线返回的队伍时，德国人不停地重复关于德国士兵"在战场上不可战胜"的话题。只是那些支持魏玛共和国的革命分子对他们"在背后捅了一刀"，右翼报纸特别卖力地宣传这种虚假观念。兴登堡元帅就属于这种观点的支持者，1919年11月18日面对国民会议调查委员会时，他援引一位英国将军的说法称好像德国军队是遭到了来自后方的致命性打击。前元帅不可争辩地重复这一说法，在德国社会中也被继续使用，促使这种"在背后捅刀子"的臆想超乎寻常地迅速传遍全国并且达到了自己的目的，虽然就其实质而言是完全荒谬的。这种说法常常被右翼激进势力用来当作反对魏玛共和国自由—民主政党的武器。最终，它成了纳粹宣传的组成部分，实际上成了反对魏玛共和国的致命性打击。

1919年5月7日外交部德国代表团收到和约方案，它是在巴黎会议上没有战败国参与而由战胜国起草制定的。所有德国方面的愿望和申请仲裁建议全部被删除。1919年6月23日德国国民会议通过决议毫无保留地同意和约条件，6月28日在凡尔赛明镜大厅举行签字仪式，这里是当年德意志帝国宣布成立和威廉一世被尊称为皇帝的地方。

条约于1920年1月10日生效。第231款名为"关于战争责任的补充说明"，基辛格称之为"最粗暴的心理失算"，条款讲到德国对一战爆发负有全部责任并给予严厉的道义谴责。条约中大多数性质苛刻的措施正是基于这个理由——政治的、军事的和经济的惩罚措施。第231款在德国人中间称为"有关战争责任的谎言"，它在随后的20年间成了民族主义宣传攻击战胜国的最喜欢目标。魏玛共和国在战争责任问题上的这一态度并不被接受，甚至对于那些不相信"在背后捅了一刀"臆想的政治团体亦是如此，这种态度在欧洲常常反映出政治气候的变化。德国国务活动家极力缓解同战胜国的关系，结果就被民族主义分子看作是协约国"意志的执行者"。其中有两位有威望的政治家——埃尔茨贝格和拉特瑙——被右翼激进—反犹太复国主义分子谋杀。

（二）对德国的处罚

从地缘政治角度根据凡尔赛和约德国失去了全部领土的 13%（7 万平方公里）和人口的 10%。德国的殖民地在主要战胜国之间被瓜分。它必须将阿尔萨斯和洛林交还给法国以回到 1870 年边界线以及所有经过莱茵河的桥梁。萨尔盆地煤矿储量转归法国所有，地方管理转交国际联盟 15 年，在此期间公民投票应该最终解决萨尔归属问题。莱茵河左岸包括科隆、科布伦茨、美因茨，由协约国占领（英国和法国）15 年。莱茵河左岸德国部分和右岸区域宽 50 公里成为非军事区。某些领土脱离比利时和丹麦，波兰和捷克斯洛伐克获得国家主权，它们的独立应该得到德国的承认。德国的东部边界在北部现在经过人为设置——波兰走廊——把东普鲁士与德国其余部分分隔开。此外，东普鲁士在波罗的海沿岸的最大港口——但泽和默麦尔——脱离德国司法管辖并转交国际联盟。奥地利被禁止同德国统一联合。

在涉及军事问题方面，凡尔赛和约规定，完全解除德国武装应该是各国普遍限制军备的前提条件。这个后来给柏林以借口，它引证盟国关于普遍限制各国军备的承诺没有得到履行并且以此为借口拒绝条约的军事条款。

德国要承担全部战争责任。陆军由志愿者补足编制不应该超过 10 万人，包括军官不超过 4000 人。参谋总部被解散，禁止拥有一切重型武器。所有要塞工事撤除，除了南部和东部的。舰队缩减至 6 艘铁甲舰，6 艘轻型巡洋舰，12 艘重型巡洋舰和 12 艘驱逐舰。剩余德国军舰应该转售盟国或者当作废物利用。海军人员数量限制在 1.5 万。作为对被德国潜艇击沉的船只的赔偿，英国形式上得到了德国商船。德国被禁止拥有军用和海上飞机与飞艇。但是德国免于被占领。这里应该强调，不同于二战，在欧洲战争行动开始经过了四年在德国领土上没有出现过一个敌人士兵。为了监督条约的军事条款履行情况而建立了三个国际监督委员会。

条约的经济条款并非不严苛。德国失去 75% 的铁矿、26% 的煤炭、68% 的锌矿的储量、44% 的生铁和 38% 的钢铁等生产能力。17% 的马铃薯和 13% 的谷物的种植土地。整个领土最大的一块交还给遭瓜分 123 年后的波兰。已经在停止协议条款规定了最严厉的要求：立即没收 5000 台机车（27% 的铁路机车数量，同 1913 年相比）、15 万节铁路车厢（23%）和 5000 台载重汽车（50%）。根据条约还有 90% 的商船。被查封扣押的德国国外资产数额为 70 亿美元，同时还没收许多德国专利。在 10 年内德国必须向法国供应 1.42 亿吨煤，向比利时供应 8000 万吨，向意大利供应 7700 万吨。德国必须交给盟国一半的有色金属和化学产品。

对于俄罗斯来说，重要的是，柏林必须放弃布列斯特条约和布加勒斯特条约，并承认和尊重所有在 1914 年前属于前俄罗斯帝国领土的独立。和约第 116 款承认俄罗斯有权获得德国相应部分的赔偿。凡尔赛和约第 433 款重申康边停战协议第 12 款关于德国军队滞留在波罗的海沿岸地区的内容。

（三）战后安排的后果

原则上可以同意个别史学家的看法[①]，认为在 1919 年战胜国的目标（不同于二战后的和平调整）不是整体上解除德国作为一个世界玩家的地位，而只是遏制。换句话说，使用一定限制和降级方式使它从战前拥有顶级地位的大国行列中降级到一个中等地位的欧洲国家。可以说有利于这种

[①] См., например: *Schöllgen G.* Die Außenpolitik der Bundesrepublik Deutschland von den Anfängen bis zur Gegenwart. München: Beck, 2001. S. 52.

解释的，像关于取消德国殖民地的决定，1919年7月12日协约国取消对德国的贸易经济封锁，此项权力后来集中到国际联盟，这个机构在德国被理解成为战胜国联盟和致力于要使战后秩序永久化的工具。

因此，不同于维也纳会议，巴黎和会战败国没有代表参加。回想一下，苏维埃俄国没有得到邀请，并严厉地批评这一措施。结果是，凡尔赛体系不包括前不久还是大陆两个主要大国——俄罗斯和德国，它们总体拥有欧洲一半多的人口和最大的军事潜力。还有一个事实，正如基辛格强调的，凡尔赛调整遭到了失败。有趣的是，在康边停战协议签署后过了半年前协约国军队总指挥官法国元帅、1918年11月11日接受德国投降的福煦作出令人惊讶的准确的预测，他表示，战后安排——这不是和平，而是"为期20年的停止协议"。过了20年，德国入侵波兰，发动新的战争，其规模、惨烈程度和破坏力远超结束不久的一战。

凡尔赛和约不可分割的部分是国际联盟章程。关于建立有代表性国际机构的问题因其如下原因而显得重要。第一，作为一个组织国联能够作出实际贡献以便为调整国际关系和减少战争出现的危险性；第二，它计划是要把美国纳入世界玩家的行列（确实，华盛顿没有批准和约，只是于1921年8月25日同德国签署了单独和约）；第三，它的章程赋予大国政治家以法律和道义职能，以便使这一职能在社会公众眼里合法化[1]。

二　苏俄和德国的相互靠拢：拉帕洛条约

（一）相互靠拢的条件

德国在战争中的失败和十一月革命导致共和国建立，这意味着在柏林和莫斯科关系上新的阶段来到。十一月革命和凡尔赛和约更强化了德国对

---

[1] Системная история международных отношений в двух томах / Под ред. А. Д. Богатурова. Т. 1: События 1918 – 1945 годов. М., 2006. С. 62.

于苏维埃政府的意义,后者为了保住政权被迫进行残酷战争并击退了干涉。同时,魏玛共和国领导集团试图在国际舞台上在西方和东方之间随机应变,所以获得了"跷跷板上的政治家"称号。这个政策反映在,一战结束后两年里柏林极力恳求西方战胜国放松凡尔赛和约的限制条件,作为交换就是把自己当作反对布尔什维主义的跳板。在这种讨价还价中忍受了挫折后,德国统治精英决定"回想"俾斯麦外交的传统,1922年在拉帕洛同苏维埃俄国靠拢,拉帕洛协议的意义从历史、经济和地缘政治角度看对于柏林来说难以作出过高评价。有必要提及,一战前在德意志帝国领土上有25处俄罗斯领事馆和11处外交代表处在工作。①

1922—1925年,在外交部长施特雷泽曼亲西方倾向影响下,特别是在关于德国西部边界保证和仲裁问题的1925年洛迦诺条约签署后,在1926年签署柏林友好与中立条约做了短期转向东方后,德国外交的主要方向重新转向西方。

魏玛共和国政权经过社会主义革命的尝试,可还是对共产党人充满疑虑,并不承认苏维埃政府。然而,它们放弃了附和支持由协约国宣布的封锁苏俄的做法。德国外交部门的长官米勒在国民会议上表示反对附和大多数代表支持的这种制裁。

由于在俄罗斯停止内战和在魏玛德国民主推进在两个国家里就开始理解双边合作的必要性。早在1920年春在柏林签署了关于交换战俘和被扣留公民的协议。双方同意尽快迅速解决被扣押人员问题,提供便利条件使他们抵达指定地点。

在形势压力之下,也由于同西方国家争夺市场的竞争加剧,德国政府在1920年春开始解除对于德国的贸易限制。相互对话的经济必要性好像比政治分歧更强烈。还有一个导致双方靠拢的重要因素,克里姆林宫向其他

---

① Белковец Л. П., Белковец С. В. От любви до ненависти. Германская дипломатия в России (СССР). 1918 – 1941. Новосибирск, 2013. С. 5.

国家输出革命的行动停止了，换句话说，世界革命被搁置在无法确定的未来。为了新政权的生存，在俄罗斯共产党（布）第十次代表大会上，列宁不得不承认这一点，承认在其他国家现在没有发生革命，呼吁出让"许多百万，还有亿万"俄罗斯丰富自然资源，"只是得到先进资本主义国家的帮助"。据他说，我们以后可以得到好处。在政治局成员加米涅夫宣读的《资本主义包围中的苏维埃共和国》决议里，确认了资本主义国家方面表现出了想要建立正常贸易关系的方针，并且计划实行在这种关系中组织外国租让企业以便进口技术和发展本国生产力的路线。

这是1921年春开始有关三个俄德协议谈判的思想理由。三个协议是：恢复贸易关系，遣返战俘和被扣押公民，建立两国间常规信使专用快车。1921年5月6日，在柏林签署了俄德临时协议。协议确认进一步协商在两国间恢复和建立贸易经济和政治联系的途径。它的重要意义在于，有关承认苏维埃国家的问题是要早于那时的相关文件，因为在柏林的俄罗斯苏维埃联邦社会主义共和国代表机关是"俄罗斯国家在德国的唯一代表机关"。在专门条款中强调，双方常设使团及其人员不得从事针对驻在国的鼓动宣传活动。

1921年夏德国政府向莫斯科派出了自己的贸易专员代表，此前负责外交部外贸局的科林商学院政治经济学教授魏登菲尔德，他于9月19日向全俄中央执行委员会主席递交国书。1921年10月莫斯科向柏林派出自己的代表，他是老布尔什维克克列斯金斯基，坚定支持同德国发展关系。政治局成员、俄共（布）书记处、政府财经人民委员三方共同参与委派驻德国的代表这一事实证明，国家高层非常重视同德国建立起紧密和有利的合作关系。克列斯金斯基一到柏林就同德国最高军事和政治领导建立起联系。这就是说在拉帕洛协议商定之前双方的合作已经在进行之中。

（二）苏俄政府外贸负责人——克拉辛

实施相互靠拢的方针是有合乎逻辑、基于历史根据且考虑前途的做法，支持这一做法的人无论在柏林还是莫斯科都担任了一定的职务。特别是俄政府外贸负责人克拉辛积极主张建立和加强俄德相互关系。

> 他写道，俄罗斯和德国，可以这样说，相互建立关系，一方是资源和矿藏极为丰富，劳动人口众多的巨大国家；另一个是拥有最先进技术和殷实居民，而且有条件发展出口和运输业的工业化国家，在同俄罗斯合作方面西欧国家当中任何一个国家也没有这样的经验，没有这么深入和确切地熟悉我们国内的条件，就像德国这样。战前在俄罗斯有数万德国人，其中许多都熟练掌握俄语并且在俄罗斯到处都有最广泛的个人联系。
>
> 最后，我们全部的文明，首先是我们的技术发展、工业和贸易，都是基于数十年来同德国合作的工作，对于俄罗斯工业家、商人，甚至对于工人来说，同德国人更容易找到共同语言，这超过任何其他的外国人。①

克拉辛提及关于在俄罗斯的德国人数量因战争带来灾难性社会经济后果比革命时期减少几乎1/3。在1926年欧俄地区德国人有1232627人，包括西伯利亚15万人（1897年是5424人），在伏尔加河有俄籍德国人379930人。1918年7月26日赋予他们自治权。在1924年德国人集聚的伏尔加专区（面积25447平方公里）享有自治共和国地位。首都城市恩格斯。在共和国内有196所学校德语属必修课，发行21种德语报纸。

（三）德国国防军负责人——塞克特

1920年同波兰的战争失败后，俄罗斯被迫按照1921年3月18日里加条

---

① Цит. по: Dederichs M. R. Gemeisame Geschichte: Deutsche und Russen// Der neue Flirt/ Klaus Liedtke (Hrgs.). Hamburg, 1989. S. 223.

约而承认波兰东部边界线,即1919年底由盟国确定的在寇松线以东200—300公里处。德国人,就像布尔什维克,不同意领土损失(上西里西亚和波兰走廊)以有利于新的波兰民族国家。国防军陆军指挥、战后德国军队总监、上将塞克特在1920年初,即苏波战争前,就坚决主张只有"同伟大俄罗斯结成紧密联盟"才能使德国拿回失去的土地和恢复德国作为世界主要大国的地位。首相威尔特也是积极主张在国防军和红军之间秘密合作,他完全支持塞克特的立场。在1920年他多次要求消灭波兰并且用抹掉波兰以恢复德俄边界。

因为在红军和国防军之间的接触而维持着两个国家应对凡尔赛和约核查的政策,早在1920—1921年冬根据塞克特倡议就建立了联系,并且一直保密到1926年前。只是在一家英文报纸《曼彻斯特卫报》上登载一篇文章,使得世界舆论看到了两个遭到放逐而失去原有身份的国家的幕后合作,这导致威廉·马克思政府辞职。无独有偶,1927年1月,社会—民主党人"慕尼黑哨兵"刊载文章,说在俄罗斯有国防军高级军官,这照例引发了政治丑闻,其结果是停止在苏俄工厂生产飞机和坦克,同时停止德国公司参与制造炸弹。然而,红军军官在德国学习和德国军官在苏俄受训一直顺利进行。

1921年初,德国军事部根据塞克特提议成立专门小组以负责同工农红军的合作。在苏俄它称为军事小组。同年夏,在苏俄首都保密状态下迎来以该小组长官尼德迈耶尔少校率领的军事使团,他同革命军事委员会主席和苏俄军事人民委员托洛茨基进行会谈,参与谈判的人还有人民委员会和劳动国防委员会副主席李可夫,外交人民委员契切林。从9月起,在莫斯科和柏林严格保密情况下轮流进行建立军事合作的谈判,德国方面有少校本人,而后有将军,最后有魏玛共和国总理施里亚伊赫尔等人。苏俄方面有工农红军参谋部长官列别杰夫,驻柏林的全权代表克列斯金斯基等人。同年底,国防军高级军官哈瑟少将来到莫斯科。只是1922年2月谈判进入完成阶段，塞克特和拉狄克进行会谈。①

（四）苏俄和德国的军事合作

1922 年 7 月 29 日，即签署拉帕洛条约后，在柏林签署国防军和红军在三个领域军事合作的协议：航空、坦克制造和毒气生产。协议规定在苏俄领土培训相关人才并交换军事技术情报。8 月，国防军抽调出来的德国军官来到俄罗斯。

1923—1924 年之交，特别小组来到莫斯科并在 1924 年 6 月开展工作。国防军的"莫斯科中心"在国防军和工农红军之间进行联系，监督德国（军事）代理处的活动，监督实施有关国防军在苏联建立培训中心及功效的协议（飞机和坦克学校），同时还从行政、经营和财务方面对这些机构进行监督。此外，它向参谋总部汇报有关苏联军事政策的信息，作为一个行政中心负责同在苏联的德国工作人员保持联系。该中心负责人是已退伍的前恺撒空军司令部长官冯·里特－托姆津。②

俄罗斯方面对双边合作的兴趣在于利用德国技术的成果，德国方面是为了借助俄罗斯帮助挣脱凡尔赛和约的种种限制，诸如在培养军事人才，飞机和舰艇建造，重型武器生产，同时还有炸弹和军用毒气生产方面。另外还有它们对波兰的领土觊觎。

当时红军利用德国军工的技术成果和德国参谋总部的现代组织方式，国防军获得机会在三个自己的学校中培养大批飞行员、坦克手及化学武器专家（瓦斯），同时还借助于德国军工企业在俄罗斯的子公司来培养自己的军官，学习那些在德国境内禁止生产和拥有的新式武器。

---

① Kießwetter C. Die geheimen 12 Jahre. Zur militärischen Zusammenarbeit der Deutschen und Russen// Deutsche und Russen. Deutsche Geschichte No. 2. S. 46.

② Горлов С. А. Совершенно секретно: Москва-Берлин, 1920 – 1933. Военно-политические отношения между СССР и Германией. М., 1999. C. 87 – 88.

客观地说，俄罗斯是拥有足够的许多地方机构的物质基础，诸如训练场，用于交换经验的相关技术和场地。此外，国内制度也能保证高度机密。毫不奇怪，军事部门试图最大限度利用这些机会。在苏维埃境内1925年春在利佩茨克组建航空学校（这里毕业了300名德国飞行员）。有关建立两个航空化学站（训练场）的协议，分别设在莫斯科和萨拉托夫，另外还有在喀山的坦克学校，这是苏联战功侦察兵副主席温施里希特1926年3月访问柏林期间达成的协议。① 在20世纪20年代末30年代初军事合作达到顶点。

1929年，"莱茵金属制品公司"康采恩为了便于同苏联接触而建立分公司"布尤塔斯特"（技术工作及研究局），1930年8月28日在柏林签署秘密条约，规定德国帮助莫斯科组织生产六种火炮系统。"莱茵金属制品公司"应该为苏联提供试验用武器样品、全套文件和组装各类武器的全套半成品。条约有专门条款规定，苏联不能公开合同的任何条件，德国武器的任何资料，德国不能泄露唯有自己知道的关于苏联火炮工厂的情报。"德国方面提供的所有计划中的武器，这都是当时最新研制成果。"②

尽管红军和国防军进行密切合作，也达到足够充分的经济和军事—技术合作，但因为20世纪20年代初缺乏外交关系限制了两国间的全面合作。"俄德关系处于一种非同寻常的状态之中，是介于一方面开展精诚合作，另一方面又缺少外交关系。"③ 军事合作并没有发展成为军事—政治联盟，但是在魏玛共和国本身摆脱执政联盟成员掣肘之前，这类合作几乎一直是双

---

① *Горлов С. А.* Совершенно секретно: Москва-Берлин, 1920 – 1933. Военно-политические отношения между СССР и Германией. М., 1999. С. 126 – 127.

② 17 *Гурьев Е. П.* Взаимовлияние технических идей на развитие техники в СССР и Германии в первой половине XX века // Исторический опыт взаимодействия России и Германии: Материалы междунар. науч. - практ. конф. /Под ред. И. Ю. Лапиной, С. Ю. Каргапольцева, Е. П. Гурьева. СПб., 2012. С. 32.

③ 19 Hartl H., Max W. 50 Jahre sowjetische Deutschalndpolitik. Boppard am Rhein, 1967. S. 95.

第六章　在帝国的废墟上重建俄德关系（1917—1933）

边联系的重要支柱。

（五）苏俄和德国建立外交关系

魏玛共和国缓慢地采取措施以解决制度方面的问题，苏俄的制度还没有放弃在德国颠覆政权并使它布尔什维克化。只是后来1921年列宁宣布"暂缓"世界革命和打算同柏林建立正常国家间合作，建立外交关系的问题才开始变得紧迫起来。

1922年1月31日，大工业家、前德国电气公司总裁、德国民主党创始人之一的拉特瑙（1867—1922）被任命为德国外交部长。他的同行伙伴是职业革命家和外交家，出生于贵族家庭的契切林，后者的家族史同俄罗斯和德国的外交史紧密相连。契切林的祖父伊戈尔·卡季米罗维奇·梅因多尔夫是知名自然科学家。祖母的娘家姓施塔克尔贝格，也属于出了不少国务活动家和外交家的家族。① 然而，契切林本人既不属于亲德派，也不属于仇德派。他是一个理想主义者，无产阶级—社会主义制度和民族—国家利益高于世界革命思想的坚定支持者。

这时德国政府已经收到战胜国邀请参加战后第一次国际会议（在热那亚）以讨论战败国财政—经济问题。苏维埃俄罗斯也在被邀请国家之列。可以非常可信地设想，两个国家——正如劳合·乔治称它们"为欧洲外交无权的人"，在会议之前试图协调自己的立场。外交关系在1918年后没有恢复，可是从1921年5月起在两国首都开始贸易代表工作——这是迈向相互承认的第一步。

关于调整现存有争议问题的谈判在抵达热那亚前已经开始，包括1922

---

① Томас Л. Вариант Чичерина. Германия в биографии первого советского министра иностранных дел // Россия и Германия в XX веке: В 3 т. Т. 2: Бурные прорывы и разбитые надежды. Русские и немцы в межвоенные годы. М., 2010. С. 125.

年 1—2 月，契切林率领苏维埃代表团在前往热那亚途经柏林逗留时会见了总理威尔特和外长拉特瑙。在这些接触中双方在许多事情上靠拢，结果使双方同意在最近尽快解决实际问题。德国摇摆不定，因为同莫斯科的单独条约已使对于因革命和国有化所受损失而放弃赔偿的要求固定化了，还是担心同战胜国恢复关系的可能性。结果，最终协议在热那亚之前就搁置下来。

1922 年 4 月 16 日可以认为是预测国际复兴和俄德两国回归和平政权的一个关键节点，这一天在意大利拉帕洛城热那亚会议时双方外长契切林和拉特瑙"私下里偷偷地"签署条约。其特点在于，对于两国而言都无法接受凡尔赛和约就成了理由和基础。

俄德条约认为，尽快全面恢复两国间外交和领事关系，并通过相互放弃赔偿要求，首先是放弃战争中所受军事和民事损失的赔偿要求，以调整所有有争议问题（根据不同测算德国支付总数在 80 亿—300 亿金马克），达成协议要本着最优惠原则去促进俄德贸易经济关系。

拉帕洛条约的特点在于，它的条款很快生效。只是个别条款要等到正式批准才能生效，当然 1922 年 5 月 16 日俄罗斯批准，德国 7 月 4 日批准，而且是一致通过①。

（六）拉帕洛条约的反响

德国史学家舒尔茨称拉帕洛条约是魏玛共和国存在初期同德国外交相关的一系列失败与屈辱的"唯一明显的污点"。如果总理威尔特"恩准了"这个条约，那么他的反对派会吵闹不停。其中有德国独立社会—民主党的代表布莱特沙伊特，他称这个文件"可能是，在最近的将来对德国利益是最严重的损失"，因为它妨碍了同西方在经济问题上开始建立的相互理解。

俄德两国在拉帕洛找到共同语言，在西方大国中引起了极大不安，首

---

① Ахтамзян А. А. Рапалльская политика. Советско-германские дипломатические отношения в 1922 – 1923 годах. М., 1974. C. 81 – 82.

先是在法国。在热那亚会议是否因出现拉帕洛条约在确定合理赔偿条款上取得进展，仍然是个突出问题。在任何情况下，主观上想要调整德国财政负担问题的前景，在俄德靠拢之后就带有了非常黯淡的特点。

然而，德国外长拉特瑙高度评价了德国出席热那亚会议。他说，"对于我们而言，的确，是热那亚促成了历史性事件，不是本次会议，它奠定了确立和平和同俄罗斯真正和平的基础，热那亚是确立德国政策的主动性原则的地方"①。

魏玛共和国领导集团赋予这一事实以特殊意义，德国在战后第一次开始在欧洲扮演独立角色。

在柏林的反响照例是两个方面混杂在一起的，但总体上是正面的。知名德国作家克列尔曼1946年在回忆录中写道："在拉帕洛之后当我遇到拉特瑙，我祝贺他和他的勇敢行动……拉特瑙打开了通向东方的大门……很明显，德国和俄罗斯，原来是，可以直接建立经济合作。德国是装备了先进机器设备的大工厂，昼夜不停地生产工业制造品，广袤而神秘莫测的俄罗斯是最大的农产品和资源蕴藏量无限的国家……这两个国家发现，相互补充可以保证成功……"

拉特瑙在议会内部会议上强调了同苏俄签署拉帕洛条约的意义，他表示："许多国家都明白了，德国重新出现在欧洲的政治舞台上。"

1922年11月5日，根据专门协议拉帕洛条约开始适用于其他苏维埃共和国——乌克兰、白俄罗斯、格鲁吉亚、阿塞拜疆、亚美尼亚和远东共和国。

（七）拉帕洛条约的影响

何种外交和内政原因促成了拉帕洛条约的签署？它对历史的后来进程的意义有多大？

---

① *Ахтамзян А. А.* Рапалльская политика. Советско-германские дипломатические отношения в 1922 – 1923 годах. М., 1974. С. 83.

第一，一战后，虽然美国参与了一战，但现存的任何有效集体安全结构都无法凝聚起来，以欧洲为中心的传统多极世界结构得以保留下来。第二，俄罗斯和德国在失去了大块领土后，掉入了战败国行列，凡尔赛体系为它们预备好了被放逐国家的角色。另外，它们不能出席巴黎和平会议。结果是，和约虽然结束了战争，可是并未包括两个最重要的欧洲国家——德国和俄罗斯，它们合计拥有欧洲人口的一多半和最大军事潜力。这一事实就使得凡尔赛调整很不成功。第三，"根据凡尔赛条约的和平"导致了俄罗斯和德国开始瓜分那些对于自己前保护国有强烈奢望的新的民族国家地区。第四，有别于其他主要世界大国，无论在俄罗斯还是在德国社会—政治制度已经发生了重大变化。

再次强调：主要是两个国家都不能接受凡尔赛和约的共同点成了俄德接近靠拢的理由和基础。基辛格指出，签署拉帕洛条约不可避免，其原因是西方盟国预先决定了这一事件的发生，"借助于建立一些小的、相互敌视的国家的区域，同时也借助于肢解德国和苏联，两个最大欧洲国家遭到了放逐。所有这一切都造成了最大限度的刺激性，无论对于德国还是对于苏联，它们都有强烈动机去克服思想意识的敌对并联手合作破坏凡尔赛体系"①。虽然条约不是调整德国同其他国家关系的模式，然而它是魏玛德国和苏俄关系的重要里程碑，并且给它们同外部世界的相互关系烙上了印记。② 条约为两国关系奠定了政治—法律、经济，还有一定意义上的心理基础。几乎在整整十年里，它在欧洲中心地带造成了谁也无法操控的俄德这一对外交伙伴，它们扩大经济联系和军事—技术合作。主要是它给凡尔赛

---

① Киссинджер Г. Дипломатия / Пер. с англ. В. В. Львова; послесл. Г. А. Арбатова. М., 1997. С. 235.

② Случ С. Германия и СССР в 1918 – 1933 годах: мотивы и последствия внешнеполитических решений // Россия и Германия в годы войны и мира (1941 – 1995). М., 1995. С. 40 – 41.

体系造成了决定性打击,而且凡尔赛体系的建筑师们此时还没有意识到它的全部意义。有趣的是,在热那亚,威尔特总理同契切林会晤时表示赞成"恢复两国1914年的边界线"。在这一点上,他同德国统治阶级的许多代表人物是一致的。

◇ 第三节 苏德关系的两副面孔

苏德签署拉帕洛条约标志着正式建立外交关系,应该是双边关系走上正轨。可是在苏俄的对外政策中存在着深刻的内在矛盾,一方面是年轻国家迫切的实际需求,以便与同德国进行经济、贸易、军事、技术合作;另一方面却是布尔什维克党人执着于意识形态的理念需要,急于输出革命,以便在德国的民众当中宣传鼓动发动革命。这就是苏俄对德国政策的双轨制,结果遭到魏玛共和国的坚决抵制。德国方面的对苏政策也时常出现摇摆:面向东方还是西方?

一 苏俄对德政策的内在矛盾

苏维埃外交需要很多努力以便贯彻拉帕洛协议。可是这受到了俄共(布)和共产国际依据无产阶级国际主义原则在德国发动革命的方针的妨碍。德国史学家哈特尔和马克思比较分析了苏德关系在签署拉帕洛条约之后的相互矛盾的两副面孔。实际上,一方面,国家间关系发展"正常"和表现出友好。另一方面,"思想意识和政治的战争继续以毫不减退的力量在昏暗中进行地下破坏行动"[①]。共产国际,表面上看起来,是世界上所有共

---

① Hartl H., Max W. Op. cit. S. 81.

产主义政党的独立的最高协调机构,可实际上,是苏维埃政府的第二个"我",绝对不会感觉到拉帕洛条约的义务同自己有什么关系。最明显的证据是1923年在图林和萨克森出现德国"红色十月"事件①。结果在1923—1924年俄德关系发生了某些冷却。

需要把共产国际的方针与布尔什维克党的官方政策和苏维埃政府的外交政策区分开来。在1924年1月7日外贸人民委员全苏会议上契切林作为外交人民委员发言表示,主张把苏维埃政府和共产国际作以区分:

> 在苏维埃政府和共产国际之间没有隶属或者相互依赖的关系。苏维埃政府和共产国际相互没有服从,相互没有依赖关系。我们不对共产国际负责,不对它的工作和活动负责。这是两个完全不同类型的组织,它们有完全不同的工作领域。它们中间一个是国家的,另一个是党的②。

正是苏维埃外交战略的这种模糊性质不能使双边关系达到伙伴的盟友

---

① 1923年8月23日,在俄共(布)中央政治局会议上,拉狄克提议要在德国组织武装起义,理由是在德国的革命形势已经成熟。可是斯大林对这个建议持有怀疑态度,虽然没有反对建立准备革命的专门委员会。1923年9月,共产国际执行委员会通过关于起义的最终决议。1923年8—9月,一组具有革命和地下工作经验的高级别党员干部,同时还有许多"顾问"——他们都是各个领域的专家,诸如武装夺取政权的战术,进行内战,组织反对"阶级敌人"的专门措施,组织德国契卡等,在其他名目掩护下从俄罗斯进入德国。在同波兰的边界处集结了强大的骑兵打击力量,为的是一旦有需要这股力量就经过波兰领土向德国进发。此次行动的军事领导人是苏维埃将军格列夫(罗泽)。为了帮助起义者,莫斯科从苏维埃预算中拨出3亿金卢布(据其他资料是2亿金卢布),同时还有6000万普特谷物。但是由于魏玛共和国的坚决行动,在德国的1923年10月武装起义,换句话说,国家政变的企图被及时防止了。见 Павлов Н. П. Россия и Германия: несостоявшийся альянс. М., 2017. С. 251.

② Цит. по: Очерки истории Министерства иностранных дел России. Т. 2. 1917 - 2002 гг. М., 2002. С. 81.

所具有的那种水平。1924年底莫斯科发出了理由为更紧密政治合作的试探，遭到了德国外长施特雷泽曼的坚决回击。他的优先选项在西方。根据他的确认，那里有经济发展和投资帮助的动机。从政治分量和军事潜力看，西方国家对于德国来说是有比苏维埃俄国的不容置疑的更大意义。甚至俄罗斯和德国利益在任何领域的部分吻合都不能胜过莫斯科外交无法预料性的事实。当然，施特雷泽曼没有忘记在1923年自己的总理职位上发生的德国"红色十月"。所以他在1925年7月写道："与共产主义的俄国结成婚姻就意味着同杀害自己人民的人睡在一张床上。最终结果，在未来前途方面不能维持这种局面，当俄国政府要对德国实行友好政策时，而第三国际试图使德国屈从。"①

另外，1925年9月，他预先警告普鲁士的威廉太子要远离"同布尔什维主义打情骂俏的幻想"。

二 苏德的经济合作

俄德两国的经济联系，似乎无法经受起政治风浪的摇摆。在欧洲的地理位置上俄德是领土接壤的最大邻国，同时经济专业化和政治地位的不同在大陆百年以来就决定了，俄德是最大的天然贸易伙伴。"1919年凡尔赛条约，一战的战胜国依据条约瓜分了俄罗斯、奥匈和德意志三个帝国，凡尔赛体系力图削弱俄罗斯和德国的影响力，同时也就使得它们相互靠拢。"②在战后俄罗斯的市场上德国工业巨头表现得最为积极活跃，诸如"德国电

---

① Цит. по: *Niedhart G.* Die Außenpolitik der Weimarer Republik. 3., aktualisierte und um einen Nachtrag erweiterte Auflage. München, 2013. S. 22.

② *Стродс Х.* Взаимные стратегические поставки СССР и Германии (1939—первая половина 1941 года) // Трагедия Европы: От кризиса 1939 года до нападения на СССР / Под ред. А. Чубарьяна и Х. Мёллера по поручению Совместной комиссии по изучению новейшей истории российско-германских отношений. München, 2013. С. 215.

气公司""奥拓—沃尔夫""克房伯""西门子""容克"等。俄德企业合作开发贸易、运输、石油工业、航空领域。早在1922年在向俄罗斯出口工业制成品的所有国家中柏林位居第一（32.7%），超过英国（18.8%）。1924—1925年德国暂时让位于美国和英国，因为它们能够给莫斯科提供更优惠的贷款。①

1924年12月25日，契切林提出关于苏德两国签署政治协议的正式建议，双方有义务不与第三国反对协议另一方，既不参与政治的也不参与经济的集团、条约、协议或者联盟。关于苏德条约的谈判进行得很困难并且持续了半年多时间，同时贸易经济继续进行。

1925年10月12日，在洛迦诺协议签署前的四天里，在莫斯科签署了苏德经济条约，以调整一系列重要的经济和法律问题，还有民事法律帮助协议和领事条约。同时"德意志银行"同苏维埃驻柏林贸易代表签署向苏联提供短期贷款的协议。

苏德经济条约由一系列专约构成：涉及居住和一般法律保护；经济和铁路；海运；税收；贸易仲裁法庭；保护工业财产。文件确认拉帕洛条约制定的两国经济贸易最优惠的原则。经济协议规定促进相互贸易并使贸易交易量达到战前水平。承认苏维埃驻柏林的贸易代表是苏俄实行对外贸易国家垄断的机构，这具有很大政治意义。在文件中规定贸易代表的任务，他的工作地点享有治外法权。

1925年10月12日一揽子协议加强了两国的国际地位，并为发展经济合作奠定了基础。它规定德国银行在1926年向苏联提供总数3亿马克的贷款以便在德国订货，这为减低欧洲政治紧张做出了贡献。"条约，实质上，成了20世纪20—30年代同其他国家发展经济贸易关系的样板。"②

---

① Kahn H. W. Die Deutschen und die Russen. Köln, 1984. S. 106.
② Белковец Л. П., Белковец С. В. Указ. соч. С. 132.

三 苏德签署柏林友好条约

1926年4月24日,在柏林德国外长施特雷泽曼和苏维埃大使克列斯基签署了柏林友好与中立条约,俄德在该条约里发展了拉帕洛政策。条约成了对冲洛迦诺公约的平衡物,因为在莫斯科抨击这个公约是加强了帝国主义反对苏维埃俄国的阵线。俄德柏林条约使两个伙伴严守中立,如果一方即便是爱好和平而遭到攻击(是指波兰)。莫斯科和柏林一致同意:如果在三个大国之间(是指西方国家)结成反对本协议一方(是指苏联)的联盟,其目的是进行经济和金融制裁,那么本协议任何一方(意指德国)既不能参与这一联盟也不能参与这种制裁。两国政府确认:"苏德关系的基础是拉帕洛条约。"这一切意味着,两国在相互关系方面使自己走出了集体安全体系。而德国已经把自己排除在针对任何一方的同盟体系之外。

1931年6月,这个三年期限的条约得以延长,其动机,从苏俄方面来说,担心因为德国西部方向的定位过于强烈并且有可能使它卷入资本主义国家的反布尔什维克阵线;从德国方面来说,必须实行同东方和西方的平衡政策;从双方来说都希望修正波兰边界,都不是最后边界,无论是东方的还是西方的。在这个问题上两个大国是一致坚持,就像是不接受凡尔赛条约那样。

柏林条约在原则上没有引起西方大国的严重不安,因为它们发现其中不包含抵触洛迦诺公约和国际联盟的目标的条款,只是强化了双方进一步发展各领域关系的意愿并为此建立了明确架构,同时增加德国利益集团(工业、国防军)同苏联扩大合作的影响力。① 仅此而已。

1926年5月1日在会见自己同胞时,施特雷泽曼表示:"德国任何时候

---

① *Случ С.* Указ. соч. С. 50 – 51.

也不准备附和针对东方的西方战争集团。由于自身的地理位置，德国是天然的重要中间人和东西方之间的桥梁。"①

在议会批准这个为期五年的柏林条约时，只有三票反对。它受欢迎的程度超过了洛迦诺公约。同俾斯麦签署的"再保险条约"类似，据施特雷泽曼考虑，它应该防止法俄联盟复活并掩护德国后方，德国同西方的关系要力图让莱茵河地区摆脱军队占领并降低赔款负担。对于苏联来说，它的意义在 1927 年得以证实，当时在 6 月 7 日苏联驻华沙大使沃伊科夫被刺身亡后苏波关系紧张起来，英国外长张伯伦（早在 5 月就同苏联断绝了外交关系）请求施特雷泽曼允许将英法军队途经德国调往波兰。德国回绝且很坚持。同日，他就国联问题发言时表示："我认为任何远征俄罗斯的想法都是盲目和非理性的。它只会使俄罗斯团结起来并削弱欧洲……"②

正如德国史学家卡恩写道，大致经过一年"两个伙伴命运的一致性"就变成了更加冷静的"目的的一致性"，虽然"拉帕洛之父"离开了政治舞台（1926 年塞克特将军退伍，马利灿成了驻美大使并于 1927 年死于航空事故，驻苏大使"红色伯爵"兰采伊在 1928 年 9 月过早离开人世，契切林生病并于 1928 年底把自己的权力交给了明显的仇德人士李维诺夫），双方相互有利的合作还在继续。国防军和红军之间的军事合作还在进行，尽管在 1926 年底被德国社会民主党公开揭露。贸易得益于德国 3 亿马克贷款而继续发展，这使得德国经济在同西方的竞争中加强了自己的地位。1929 年 3 月 19 日在去世前半年，施特雷泽曼称同苏联的关系是在国际舞台上德国玩家"重要的一张牌"。

20 世纪 20 年代末 30 年代初，德国重新成为苏联最重要的贸易伙伴。合作基础是 1925 年和 1933 年的协议。如果 1923 年在德国进口中苏联份额

---

① Цит. по: Kahn H. W. Op. cit. S. 108.
② Ibid..

为1.5%，那么1933年它增加到10.9%。① 同年苏联——就像沙俄帝国那样，本国47%的进口来自德国（1936年新的五年计划开始，减少到25%）②，进口主要产品是机器、机床、汽车等。在世界经济危机期间苏德经济合作达到峰值。当时莫斯科实际上只从德国进口为完成第一个五年计划所需的基本生产资料。同时，"俄罗斯订货"有助于德国大工业保持自己的生产规模，这为1933年迅速投资武器生产创造了前提条件，同时在高失业率条件下也帮助许多德国人保住了工作岗位（据一些统计当时有失业人数50万）。

四 影响苏德关系的复杂因素

20世纪20年代后半期，苏联内政开始对苏德关系产生更大影响力。新经济政策的废止，国家垄断贸易的费用，苏籍德国人处境的恶化，强迫集体化和镇压活动，这些在苏联只是影响30年代初苏德之间政治关系的一些因素。德国社会民主党作为苏维埃领导集团的反对派而实行的反苏维埃政策起到了不小的作用，同时还有与凡尔赛体系削弱和德国地位加强相关的国际局势的变化。所以在苏德关系中的消极倾向是诸多内外因素相互作用的结果。

对此斯鲁奇写道："在一定意义上出现了难以置信的死胡同局面：一方面，苏维埃领导集团公开表示有意愿保持同德国的良好关系，结果是又否定了这一想法，它的政策可能成了它们关系变坏的原因；另一方面，柏林外交方向出现大的变化也可以解释这些关系的变坏，因为受到关于战争威胁增大话题的影响，就迫使自己的外交朝着国际舞台上的这种步骤发展，

---

① Цит. по: Kahn H. W. Op. cit. S. 109.

② Руффман К.-Х. Ключевые даты в германо-советских отношениях до начала Второй мировой войны // Россия и Германия в годы войны и мира (1941–1951). М., 1995. С. 16.

德国人可以评估这些步骤是莫斯科外交优先权出现了变化。"①

在 1931 年初非常复杂又内外因素相互影响的环境里，德国方面提出了柏林条约延长的问题。在谈判过程中双方同意无限期延长条约——关于废除的通知限在半年或者一年。可是后来因为总理布留宁戈的坚持［他是积极支持同西方大国相互理解而损害同苏联的关系的（尽快解决赔款问题的愿望在这里发挥了重要作用）］，条约延长两年并且在 1931 年 7 月 24 日在莫斯科签署了延长备忘录。布留宁戈此时同法国进行复杂博弈，计划大幅修改凡尔赛条约，所以有意拖延它的批准。他想有必要保持行动自由，不愿意把自己限制在苏联关系的义务当中。柏林条约莫斯科备忘录的批准几乎经过了两年，此时不仅总理布留宁戈，而且魏玛共和国都成了历史遗产。

1932 年 12 月 2 日之后，国防军部长施利亚赫尔将军成了德国总理，在莫斯科升起轻松气氛，希望苏德关系有积极变化。布留宁戈和帕佩恩时期倾向于西方的日子过去了。这可以在总理和苏联外长李维诺夫会晤时的谈话中得到证实，1932 年 12 月 19 日在柏林施利亚赫尔表示扩大双方在政治和军事领域的合作，同时承诺全力加强经济联系。但是，这些承诺无法兑现，因为他的任期只延续了两个月。

这样，在魏玛共和国存在的最后时期两国间关系存在不少问题的情况下，无论是在国际舞台上还是在垂死挣扎的魏玛共和国的内政上，政治抉择摇摆不定在 30 年代初期还没有那么大的程度，不足以造成直接威胁到双方联系的实用主义性质，基于这些合作，正如国防军部长布洛姆贝尔格的亲信费舍尔少校指出的，"长久以来的军事合作，它比拿到的所有条约还要多"②。随着魏玛共和国的垮台，苏德关系开始了重要的新阶段，它先是思想意识的竞争、实际上的合作，而后是两个政权的直接搏斗厮杀出现在国际舞台上。

---

① Случ С. Указ. соч. С. 54.
② Там же. С. 57.

第七章

苏德关系中的交易与厮杀（1933—1945）

如前所述，凡尔赛和约的安排使得苏德两国觉得不可接受，拉帕洛条约使一战后的两个国家相互靠拢，历史将再次上演不断出现的场景——欧洲大陆的和平与安全在极大程度上是取决于中欧大国德国和东欧大国俄罗斯相互关系的性质及紧密程度。在历史上无论它们是对抗开战还是和好结盟都不止一次地决定了欧洲的和平及安全。这是两个极其狂躁不安分的国家，一战结束仅仅20年有余，二战爆发；斯大林执掌苏联政权20年有余，苏德战争爆发；希特勒执掌德国政权只有短短六年时间，就发动入侵波兰的战争。斯大林和希特勒是这一时期最关键的政治家，他们的认识及判断力对欧洲乃至世界产生了巨大影响。虽说英法政治家对德国的强势逼近实行妥协忍让的绥靖政策，放弃了对捷克安全的担保与保护，毕竟只为自保而没有合伙分赃。可是斯大林作为布尔什维克的领袖，如若不是热衷于传统地缘政治的领土扩张，导致判断错误，失去国际关系原则及道义底线，默认、协助并最终伙同希特勒分赃且灭亡波兰，第三帝国断不能肆意放手挑起第二次世界大战。

◇ 第一节　苏联与德国的对决

这一时段苏联正在开展轰轰烈烈的高速重工业军事工业优先的工业化

运动，一来是为了奠定苏联社会主义制度的物质基础——机器大生产，二来是为了应对不稳定的国际形势和战争威胁。拉帕洛条约足以保障苏德两国经济合作的基本需要，然而苏德两国对外政策中一直存在着两种倾向的相互竞争——既需要相互靠拢，又觉得不够保险，想同西方靠拢，或者是两者兼顾。对于苏德两国来说，无论如何，接纳容忍对方和西方，全都是出于暂时的需要和权宜之计。怀疑对方，讨厌西方，利用对方以对抗西方，这是苏德两国外交的共同之处。

一 希特勒的政治意识

1933年1月30日，希特勒掌权，开始了1917—1918年后俄德关系的第二阶段，命中注定了彼此双方要采取对抗和血腥厮杀的方针：德国——为了争取世界统治，苏联——争取生存。希特勒在《我的奋斗》这本纲领性小册子里说明了国家—社会主义哲学，小书是未来的元首在1923年慕尼黑"啤酒店暴动"后身陷牢狱时写作而成。希特勒认为，帝国开始陷入"臭气熏天的沼泽"。只有在一定条件下才能够拯救它，即如果是高等种族——德国人掌握了绝对的权力。非日耳曼种族，特别是斯拉夫人，被认为是"不够人的资格"。所以应该是德国人用铁腕来统治他们。

希特勒非常关注生存空间问题。希特勒把"最初年代"定在18世纪前，当时德意志人向东方逼退斯拉夫人。按照他的说法，在这个方向的运动迁徙应该得到恢复。他认为，在这种情况下命运眷顾德意志。俄罗斯落入布尔什维克之手，实际上意味着把它交给了犹太人。这个国家—社会主义者的首领强调，东方的广阔草原，在俄罗斯失败后可以很容易占领，德国人做到这一点不会流血太多。

纳粹理论致力于建立第三帝国——雅利安人的千年国家。他确信，在这个国家的德国人掌握统治权，雅利安种族的高级官员应该成为新的世界秩序的基础。夺取世界统治权不仅被希特勒看成是为了经济和政治目标的扩张纲领，而且还看成是全面的战争，在这场战争里德国民族会除去污秽从而得到净化纯洁，并得到高等种族的权利。这种浸透种族主义的极端思想和变态心理，正如后来证实的，不仅给德国人自身而且也给全人类带来了灾难性后果。

早在1932年夏，在一次同伙人聚会上，希特勒吹嘘他的建立统治欧洲和世界的德国"种族帝国"的计划。他说，"我们任何时候也不能确立世界统治权，如果在我们发达的中心地区不能建立起强大，就像钢铁，由8000万或者1亿德国人组成的坚强核心"①。

在这个"核心"里除了德国人之外还有奥地利、捷克斯洛伐克、部分波兰。在这个"大德意志"核心周围应该有一个小型的和中等的附属国地带：波罗的海沿岸地区、波兰、芬兰、匈牙利、塞尔维亚、克罗地亚、罗马尼亚、乌克兰、一系列南部俄罗斯和高加索国家。斯拉夫人，按照他的计划，应该部分被消灭，部分被迁徙，剩余部分成为没有土地并变成德国人"统治种族"工作的雇工或者苦力。

二　纳粹德国的外交策略

希特勒借助一个松散的沙龙，在政治上爆发出巨大能量，其真实客观原因在于德国社会普遍存在暴烈的仇外情绪，希特勒恰如火星一般引燃了这种极端情绪，第三帝国在这股冲天烈火中诞生随后燃烧成灰烬。这是典型的外交失败招致的国家灾难。

刚一掌权，1933年2月3日在对国防军最高指挥官代表讲话时，希特勒具体说明了外交目标，为了实施它们应该动员全部国家资源。首先涉及

---

① История дипломатии. Т. 3: Дипломатия в период подготовки Второй мировой войны（1919 - 1939гг.）. М.，1945. С. 461.

抵制凡尔赛的强迫，争取日内瓦协议的平等权利，如果人民不具有武力斗争的意志就是徒劳的。恢复军队并且实行普遍兵役制，可以被判定为是顺利争取特定目标的最重要前提。

对于纳粹分子来说，最重要的是逐渐摆脱凡尔赛体系对德国的束缚限制，并以此为合法的无限制地准备德国的战争能力而铺平道路。为此他们卓有成效地破坏在欧洲建立集体安全体系，因为它有可能会成为争夺世界统治权道路上的重大障碍。纳粹高层善于利用西方主要大国执政集团的反苏维埃情绪，证明有必要建立反对布尔什维克俄罗斯的统一战线，并由此同其他国家一样拥有军事—政治的"同等权利"。德国宣传机器断言，因为德国是"阻挡布尔什维克危险性和捍卫西方文明的盾牌"，所以它需要同等的军备力量。军备的"同等权利"水平实际上只是掩盖建立强大军队的第一步。

希特勒外交的任务是要用爱好和平的雄辩术，在开始阶段形式上把更多的国家吸引到表面上的双边友好关系的轨道上，无论是有潜力的盟友还是对手，以便在履行国际义务时让伙伴国依附于柏林。"责任不对等"原则不适合国际交往的多种形式，只能捆住纳粹的双手，所以应该加以拆除。后来整个第三帝国的外交实践就说明了这一点。

在纳粹分子掌权初年，德国外交对苏政策本身结合了不同的策略安排，通常都是取决于加倍的实用主义需要，在国内加强了新制度的阵地而在国际舞台上则是愈加远离了传统保守精英人士的观念（外交部门、国防军），外交政策最终完全落入纳粹领袖（"一个民族，一个帝国，一个元首！"）及其非常意识形态化的外交计划的控制之下。就这样守旧精英人士本身自愿地，可是大部分被迫改变自己的面孔。在1933—1934年驻华盛顿和莫斯科大使普利特维茨和纳多利内离开自己的外交职位，驻伦敦大使贝伦斯托夫退休。在1935年底之前120多位不善于重新排队走上纳粹轨道的老外交家提前退休。① 1938年外交部长奈拉特离开外交职位，同时还有驻罗马大使哈塞尔。纳粹党的核心分子占据了重要职务。

三 苏联的外交策略

第三帝国12年历史的分期本身具有非常严密的逻辑——1933—1936年期间建立以希特勒为首的纳粹党全面专政，到1936—1939年全面动员内部资源通过在国际舞台上展示力量而准备为一战失败复仇，再到1939年打着反对共产主义威胁的口号并以此为未来侵略建立进攻基地直到发动争夺世界霸权的战争（1945年）。但是苏德关系却从这种十分激烈的结构中消失并且迎来自己的转折时刻。

这里应该指出，直到第三帝国进攻苏联之前，虽然同法西斯主义存在激烈的政治对立，可是斯大林摆脱不了的念头还是愿意修好同德国的政治对话，以及相应地改善双边关系。他发现苏联的安全担保恰恰在于军事、经济和政治上支持纳粹德国，而同时才有可能增强莫斯科在国际舞台上的军事实力及影响力。在同资本主义世界的对抗当中，作为同柏林建立军事、政治和经济联盟愿望的"德国综合征"在布尔什维克党意识中仍然是他们外交政策的基础因素，即便是"世界革命导师"去世，"人民领袖"和许多"共产党和苏维埃国家著名活动家"离开人世之后。

在莫斯科，如同在其他国家的首都，在1933年初还是没有意识到，纳粹领导集团会与完全新型的政权——无原则的，不受任何成见和道义约束的——发生冲突。1933年还不是最后的关键年份，因为正是从这个时候起苏维埃外交面临两种抉择——同西方国家合作或者同德国相互理解——开始了第一次相互的竞争。

---

① Schöllgen G. Jenseits von Hitler. Die Deutschen in der Weltpolitik. Bonn, 2005. S. 165.

纳粹政府最初的外交步骤是给予苏维埃领导集团以十分可信的乐观主义理由。1933 年 2 月新的帝国首相在答复《每日邮报》记者提问时表示，在德国共产党人和苏联之间是不同的。大致在同时在同自己的外长奈拉特谈话时，希特勒强调要联手维护以往对俄罗斯的政治路线。此后，1933 年 3 月 23 日在帝国第一次会议上，在涉及柏林和莫斯科之间的关系时，希特勒说："帝国政府打算保持双方友好互利关系。"这时他还指出，"反对德国的共产主义——这是我们的内部事务……同其他国家的国家间关系，共同利益把我们同它们联系在一起，不会触动这一点"①。

只是有一次他打破了自己的政治正确性，1933 年 5 月 2 日在柏林宫廷争论中他对自己的支持者说："要知道这个马克思主义消除了那个地方的赤贫状态，就是在它取得百分之百的胜利，在它真正取得了无可争辩的统治地位的地方，而正是在俄罗斯？……在那个对全世界来说是粮仓的国家里仍有数百万人在忍饥挨饿……"②

1933 年 2 月 25 日签署苏德信贷协议，根据协议从 4 月 1 日起到 12 月 21 日期间莫斯科得到总计 1.05 亿马克贷款。初看起来这笔贷款数目不算很大，但是如果回忆一下，无论是帕佩恩政府还是施利亚赫尔内阁在魏玛共和国结束之时都不能顺利地完成拖延已久的谈判，那么这一事件的真正意义未必可以认为是普通的。虽然对于帝国境内的苏维埃公民和左翼反对派有苛刻赔款方针，作为对苏联的和解姿态在克里姆林宫已被接受，并且元首也公开拒绝去废除 1926 年柏林条约及其 1931 年相关备忘录。1933 年 5 月 5 日希特勒表示，这些文件将继续有效并且直到 6 月 24 日德国议会批准柏林条约备忘录。

---

① Случ С. Сталин и Гитлер, 1933 – 1941: расчеты и просчеты Кремля // Сталин и немцы. Новые исследования. М., 2009. С. 82.

② Fabry F. W. Die Sowjetunion und das Dritte Reich. Eine dokumentierte Geschichte der deutsche-sowjetischen Beziehungen von 1933 bis 1941. Stuttgart, 1971. S. 40.

第七章 苏德关系中的交易与厮杀（1933—1945）

在莫斯科也发现这一步骤证明了希特勒在内政和外交之间有严格的界限。然而有别于自己政府的主要长官，得益于1933年3月24日非常权利法，希特勒在自己手中集中了所有必要权力作为这一界限的撬杠。俄罗斯史学家斯鲁奇强调说，外交人民委员会高层错误地认为，好像是延长柏林条约的莫斯科备忘录生效，"特别围绕着它……议论纷纷，会有很大的积极意义"，因为将会赋予一种可能性以继续影响波兰，并且同时使"纳粹的更多人"这个问题上受到启发，即"真正的，德国现政府认为同苏联的以往关系对自己有利"①。

在德国和西方国家之间关系紧张的条件下，对于苏维埃高层来说，无论第三帝国政治制度的性质，还是它要计划急剧增加军备，都已经没有特别的意义了。最主要的是：德国再次对抗西方，早晚它将需要在东方的盟友。有一点看来在莫斯科不会引起重大的疑问，即盟友的角色已经准备好了就是苏联。在德国方面看来，斯大林准备好寻求合作，如果不是想用任何代价，那么毫无疑问也是想用很多代价。② 自己"适应"苏维埃方面的新制度也说明了这一点，不仅在政治而且在思想意识领域，甚至不用西方"安抚者"做什么。例如，德国在1933年最重要的外交行动——脱离国际联盟和日内瓦军备会议的约束——也在莫斯科"非常理解"地接受了。在这种情况下苏维埃高层纵容了一种做法，即通过多边领域的国际接触急剧转向双边谈判的途径，并由德国根据自己边界的视野签署双边"友好"协议，希特勒极力不允许在欧洲建立集体安全的反法西斯战线。

---

① Fabry F. W. Die Sowjetunion und das Dritte Reich. Eine dokumentierte Geschichte der deutsche-sowjetischen Beziehungen von 1933 bis 1941. Stuttgart, 1971. S. 84.

② Ibid., S. 89.

四 纳粹德国的系列外交攻势

(一) 德波双边接触政策及其破坏性

采用"双边接触"的明显实例是1934年1月26日签署波兰—德国关于为期十年的和平解决争议的备忘录。柏林需要这个协议以削弱苏联的地位，而同时法国作为波兰的盟友的地位也受到削弱。文件中提到在解决国际有争议问题时双方不使用武力。形式上这种表达是在四国公约（1933年7月15日英法意德在罗马签署）的开篇中出现的。可是这个公约没有作用，对于柏林来说解决国际问题最有效的方式不是多边的而是双边的。"换句话说，波德协议间接地确认了在国际关系中那种最具'修正主义'的原则，这是欧洲大多数国家明显不愿意的。"① 这样，希特勒德国在1933—1934年实施全面而广泛的准备工作，以便公开拒绝凡尔赛条约的军事条款并使军备不受限制合法化。如果在1933年第三帝国军事开支约占全部预算的4%，1934年增至18%，1936年已经39%。而在1938年达到50%。②

借助于德波不侵犯备忘录，已经由于德国在"东方政策"的伙伴急剧更换从而给同时代人留下非常深刻的印象，希特勒不仅破坏了一战的战胜国的团结战线，使潜在孤立的威胁最小化了，而且开始了向苏联方向的扩张行动的思想意识动机的准备活动。可以断言，自这时起在苏德关系中开始了相互疏远的阶段，这种疏远，一方面，明显的特点是纳粹政权加紧了反共产主义雄辩术，不停地呼吁欧洲国家面对"布尔什维主义的威胁"要团结，并且吸引国际舆论不要去关注德国修正凡尔赛条约的步骤；另一方面，正如在历史上多次发生的事，在1935年5月2日签署了苏法贸易协

---

① Системная история международных отношений: В 2 т. /Под ред. А. Д. Богатурова. Т. 1: События 1918 – 1945 годов. М., 2006. С. 257.

② Wolfgang B. Geschichte des Dritten Reiches. München, 2000. S. 101 – 102.

议——苏法靠拢——是反德国的友好和军事互助的条约。该条约开始暂时和最终成为苏维埃建立集体安全体系的方针。可是要实现这个目标，主要是德法不靠拢。

（二）德国突破凡尔赛和约的军备限制

国际形势有利于希特勒解决领土问题。1934年纳粹政府积极准备策划关于萨尔问题的公民投票活动。在里宾特洛甫领导下德国代办处开展尚无先例的关于萨尔合并德国的运动。1935年1月13日公民投票举行。53.9万人中有47.7万人投票赞成在国际联盟监督下该地区保留以往管理，只有2000人投票赞成合并到法国。投票结果影响到了英国、法国和意大利的立场，它们试图尽快地解决同第三帝国关系方面的所有有争议领土问题，以便把自己的注意力转向东方。国联委员会同意公民投票结果，1935年3月1日签署关于萨尔地区转交德国的议定书。

萨尔公民投票结果鼓舞了纳粹分子并且强化了一种看法，即现在可以冒险公开破坏凡尔赛和约在德国军备问题上的规定条款。1935年3月13日在英法意捷四国军事代表抵达柏林后德国政府宣布了关于建立德国空军的法令。3月16日公布在国内实行普遍兵役制和建立50万军队（法西斯德国军队）的计划。军队装备1500架飞机和强大海军舰队。过了两个月，5月21日，颁布所谓帝国国防法令，据此希特勒作为帝国总理有权对其他国家宣战。这样，德国以单方面行动解除了凡尔赛和约的最重要条款。为了掩盖自己的侵略行为，德国试图借口"布尔什维克危险性"和德国在一战后被解除武装而其他国家却继续武装。

斯大林希望借助于一战的战胜国给希特勒及其在其他国家的也试图重新安排有争议边界的追随者套上笼头，结果是这种愿望化为泡影。在1935年6月18日签署英德两国海军协议后，在世界许多国家引起极大不安，首先是法国。英国高层的这一行为公开表明，一方面，自己同一战的盟友巴黎的外交方针不一致；另一方面，实际上同希特勒路线合流从而以双边条约保证取代了欧洲集体安全体系。虽然从物质和技术角度看德国不可能在未来几年实现海军协议中规定的潜力，从心理视角看这样给予德国独裁者的有利条件成了毫无疑问的外交胜利。

苏法和苏捷靠拢被希特勒评价为"包围"德国，并且被他用来当作"提防"和继续扩张政策的借口。1936年3月7日德国军队进入莱茵非军事区，好像是为了第三帝国安全而防备苏法条约批准后可能的军事攻击。希特勒同意外交专家的解释，巴黎和莫斯科的联盟，实际是违背洛迦诺条约的。

德国军队进入非军事区莱茵后，这实际是明显地削弱了法国在欧洲的军事—政治地位并降低了苏法联盟的价值，在第三帝国西部边界地区靠近西方的防线（齐格菲防线），它有军事要塞，通向法国、比利时和荷兰边界的桥梁和高速公路，而法西斯德国军队发展像酵母发酵一样并极力重新武装。1936年8月24日颁布关于德国军队服役期从一年延长至两年的法令。1936年底在德国合计有14个军团和一个骑兵旅，常规军达到70万—80万人。每个步兵师士兵技术装备比1914年前多出4倍。1936年德国有不少于1500辆坦克。它的工业每月生产出100多辆坦克。大量资金投入建立空军。1936年德国空军合计有4500架飞机，其中一线飞机1900架。在整个德国到处修建机场，总计超过400个。[①] 1939年第三帝国陆军总计260万人，空军40万人，海军5万人。

（三）干涉西班牙内战

德国准备世界战争的计划预见到利用西班牙的经济资源及其有利的战略地位。德国对西班牙开采铁矿以及其他有色金属等监督极大地加强了德

---

① История дипломатии. Т. 3. С. 564.

第七章　苏德关系中的交易与厮杀（1933—1945）

国的资源储备，而在比利牛斯半岛建立德国军事基地不仅可以从后方打击在莱茵地区的法国军队，而且破坏了英国在地中海西部的地位。此外，柏林认为西班牙作为跳板可以夺取法国和英国的非洲领地，同时还可以向拉美渗透。

希特勒掌握政权后很快同西班牙军界建立起紧密联系，特别是同佛朗哥将军。德国承诺支持佛朗哥推翻共和制，作为交换后者有义务向德国提供机会以在西班牙境内建立军事基地。反法西斯人民阵线在1936年2月的胜利动摇了纳粹在西班牙实施他们军事战略计划的信心。由于英法执政集团对于反法西斯力量所取得的成就极为不满的方针，纳粹才毫无阻拦地实施自己反对"笼罩在西班牙上空的共产主义威胁"的想法。

1936年7月18日，西班牙密谋分子发动士兵哗变。7月24日佛朗哥的外交特使抵达柏林，受到希特勒和戈林的接见。他们递交佛朗哥请求立即帮助哗变者的信件。在随后两周里，在德国提供的运输飞机，佛朗哥能够调集1.8万军队到南部西班牙并且在这里进行军事行动。德国满载武器和军事物资的船只抵达哗变者占领的港口。德国和意大利的干涉一天天扩大。除了干涉之外，德国人还试图利用西班牙测试军队进攻能力和新式武器的性能，首先是空军和坦克。

1936年8月22日，雷德尔元帅建议希特勒利用德国士兵和军官对付西班牙共和分子。德国人在西班牙不断增加，为的是让更多的军人获得战场的经验。总计参与反对西班牙共和国战斗的德国士兵及军官达到5万人。

1936年8月，26个欧洲国家（包括德国和苏联）签署关于"不干涉"西班牙事务的协议。9月在伦敦召开遵守不干涉政策的国际会议，德国和苏联同样出席。会议通过关于禁止对交战双方提供武器的决议。8月美国当局表示不向冲突地区提供武器。可是实际上禁运常常被破坏。当意识到面对德国和意大利大肆破坏而遵守禁运没有益处之后，莫斯科退出了不干涉政策。

由于在西班牙出现德国和意大利士兵而力量对比变得有利于佛朗哥。1936 年 11 月 18 日，纳粹正式承认佛朗哥政权。无论苏联还是西方国家都不准备冒险公开使用武力抵抗意大利和德国的武装干涉。1937 年底取得明显的军事优势。1939 年 3 月反佛朗哥力量最终失败。

（四）反共产国际条约

自缔结德波协议之时起到 1939 年下半年，在莫斯科亲西方路线的选择居于上风：为压制法西斯主义而建立国际集体安全体系并且不允许日本入侵，而同时进行军备问题的谈判，为此苏联实施积极的国际政策以求保持现状。与此同时，在外交层面上试图寻求同德国的相互谅解，强调双方在维持经济联系和反对凡尔赛体系方面存在共同利益。第二个方面带有策略性特点，因为苏维埃外交已经明白，任何试图同柏林达成正常的关系，鉴于决定了纳粹政府内外政策的反苏维埃、反共产主义的理念，基于双边的或者地区框架的协议都是没有前途的。

1936 年，在从内部协调的纳粹专政转向分阶段夺取欧洲空间的过程中，德国外交的反苏倾向急剧强化，表现在 1936 年 7 月底元首的纲领声明及其广泛开展的反共产主义宣传活动中。另外，同年 11 月 25 日德国同日本缔结反共产国际条约，其本质反映在补充秘密协议中，一旦发生战争德日两国协调反苏维埃政策。

反共产主义和反苏维埃成了德日两国靠拢的基础。对于柏林同样重要的是，一旦发生战争东京要用在亚太地区的重要战略力量对付英国和美国。根据德国倡议关于建立德日两国联盟的谈判早在 1935 年春就已开始。后来谈判继续进行，在里宾特洛甫（当时还是德国驻日本大使）和日本驻柏林武官奥西马之间进行。东京认为，同德国结盟会极大地提升日本在争夺太平洋和东亚地区统治权的地位。1936 年中期德国方面准备了双方协议的方案。1936 年 11 月 25 日在柏林签署的德日文件，被称为反共产国际条约。

反共产国际条约致力于在反对共产主义问题上的相互配合。文件规定交换有关共产国际的情报并且邀请那些认为共产国际活动威胁到自己的所有国家进行合作。条约为期五年。根据条约秘密附件德日两国在其中一方与苏联发生战争时有义务不采取有利于苏联的措施，也不能缔结同反共产国际条约精神相抵触的协议。实际上这意味着，德日缔结了一旦同苏联发生战争而必须保持相互中立的协议，并且在反对共产国际的掩护下准备着首先同英法两国的冲突，其次准备着入侵中国。

1937年11月，在德日有意不通报秘密附件存在的情况下意大利加入了反共产国际条约。组成法西斯联盟导致了三个孤立的侵略策源地变成了统一的侵略阵线（按希特勒说法，"伟大的和平铁三角"），从大西洋延伸到太平洋。这是希特勒德国及其同盟国发动二战的重要条件。1939年2—3月，匈牙利和西班牙加入这个条约，后来还有保加利亚、芬兰、罗马尼亚。

整体上看，柏林成功地团结了社会，克服了外交软弱，扩大了国际舞台上的活动空间，在临近1938年初创造了向中欧地区运动的前提条件。西方国家推行的不干涉政策也促成了这一点：英国因其殖民大国的优先权得到承认而"平静下来"，法国满足于英国小伙伴的角色，美国实行孤立主义政策。而且西方主要大国被根深蒂固的反共产主义情绪联合起来，试图利用德国充当"反对世界布尔什维主义坚固堤坝"[①]。纳粹取得这些成功还得益于这一时期所有西方国家正处于世界经济大危机中，且各自忙于自己的经济、政治和社会问题。

（五）准备对波兰战争

1938年，无论是德国和苏联的内政还是国际地位都产生了重大变化。

---

① История Германии: Учеб. пособие для студентов вузов: В 3 т. /Западно-сиб. центр герм. исслед.: под общ. ред. Б. Бонвеча, Ю. В. Галактионова. Т. 3: Документы и материалы. Кемерово, 2005. С. 238.

在强迫合并奥地利和征得西方国家在慕尼黑同意肢解捷克斯洛伐克之后，希特勒不仅增强了帝国的军事、经济潜力，加强了帝国的国际特别是军事战略地位，而且能够制服来自军界和官僚精英对自己外交方针进行抵制的内部反对派。相反，苏联在临近1938年底在各方面都因为大规模镇压活动而受到极大的削弱，包括反德国居民，这种活动在1937—1938年达到顶峰。苏联在国际舞台的分量在这些年里不断下滑，同时还在远东地区的哈桑湖进行军事行动。

在这一时期德国外交官和参谋总部作出评估，苏联长时间无力进行有成效的进攻战。根据他们的看法，一旦同捷克发生冲突可以排除苏联的干涉。苏联在国际舞台极其明显的无所作为使德国外交部门副长官瓦伊策科尔有理由得出结论："俄罗斯没有兴趣，无论是对朋友还是对敌人。"这样，考虑到希特勒德国的战略目标，第三帝国同苏联的关系在二战前是带有策略意义的。①

1938年秋末，希特勒更多地考虑有必要对西方实施打击——粉碎法国和严重削弱英国在大陆的地位。这里德国外交官和部分军人的努力集中在要使很不定型的政治协议——反共产国际条约——变成三个国家的军事、政治联盟，以便于首先对英国及其生命攸关的周边地区造成最大限度的威胁。同时提上日程的任务在于，要保证波兰在拟议中的反西方国家的战争中保持善意中立，柏林和华沙之间的新条约就成了这种保证，它设想建设一条经过波兰走廊的铁路专线并且把格但斯克交给帝国，同时波兰加入反共产国际条约。

在兼并捷克和支持成立斯洛伐克国家，喀尔巴阡乌克兰转交匈牙利和向立陶宛提出关于默麦尔的最后通牒之后，希特勒在1939年3月21日和26

---

① Случ С. Германия и СССР в 1918–1933 годах: мотивы и последствия внешнеполитических решений // Россия и Германия в годы войны и мира (1941–1995). М., 1995. С. 67.

日最后公开以武力胁迫波兰政府考虑德国的建议。但是,波兰政府考虑到有英国的保证(3月31日得到),这些保证弥补了波兰—法国协议,按照波兰人想法,这些足以同时遏制莫斯科和柏林。实际上波兰是错误地估计了此时的形势,这成了波兰第四次遭到瓜分的转折点。

3月26日在收到来自华沙对外交史上侵略要求予以严厉拒绝之后,4月11日希特勒下令"全面准备军备用于1939—1940年的战争",基于这个命令制订了粉碎波兰的计划。在关注这时的国际局势时,对于希特勒来说波兰行动的外交保证本身包括两个根本性问题——不能允许出现英法苏三方联盟,以及要制止西方国家首先是英国不能参战。

◇◇第二节 苏德之间的交易

在缔结慕尼黑协议前后时段,德国驻莫斯科大使预见到重新审视苏联外交的可能性,因为外交人民委员有人员变动。早在1938年初德国政府建议苏联就签署经济协议问题展开重新谈判。德国打算对莫斯科提供2亿马克信贷。但是双方没有谈妥协议的具体条件。可以发现,1932—1939年德国对苏联的出口量从6.26亿马克减少至3100万马克,是原来的1/20.2,而从苏联的进口量从2.71亿马克减少至3000万马克,是原来的1/9[①]。

一 苏德经济谈判需要相应的政治基础

1938年10月3日德国驻莫斯科大使顾问季佩斯吉赫报告柏林:"在关注政治预测时,不要拒绝这种看法,即苏联将重新审视自己的外交。这里

---

① Случ С. Сталин и Гитлер, 1933 – 1941… С. 94.

应该是指首先同德国、法国和日本的关系……我不认为这个假设是难以置信的,即目前局势将提供有利机会以便于德国同苏联达成一项新的更广泛经济协议。"① 德国方面的猜测得到了证实。在 1939 年 3 月 10 日联共(布)十八大斯大林发言时,多年来首次讲到同纳粹德国改善关系的可能性。在柏林试图最大限度地利用这一机会,虽然纳粹的战略目标——反对布尔什维主义及其前哨阵地苏联——仍然没有改变。在 1939 年 1 月 24 日面对法西斯军队高级军官讲话时,外长里宾特洛甫坚定地说道:"在国家—社会主义和布尔什维主义之间过去和将来永远不会有任何妥协……对于德国来说只有一种政策,那就是反对俄罗斯……"②

正如斯鲁奇指出,在 4 月下半期斯大林已经掌握了苏联情报人员关于希特勒有意通过非和平途径解决波兰问题的情报,这会增加使苏联卷入西部战争的危险性,也考虑到苏联同西方国家的谈判。此外不能忘记,苏联已经好几个月处于同日本在哈拉欣河的武力冲突当中,苏联军事部门行动计划在 1938—1939 年并没有排除同东方日本关东军发生军事行动的可能性。两线作战的前景无论如何不能使莫斯科安心,"所以争取同纳粹德国达成协议就成了不仅是优选,而且是苏联外交的紧迫任务"。

实现这个任务需要更换负责苏德对话的人物,特别是能够接近斯大林的人。外交人民委员"西方派"李维诺夫已经不适合这个要求:首先,因为他是一个支持和实行"集体安全"并建立反法西斯侵略统一战线的思想的人;其次,因为是犹太人并鉴于形势而不能成为同希特勒的极不正常反犹太复国主义进行谈判的人选。1939 年 5 月 3 日犹太人李维诺夫从外交部门领导人岗位上退下来,换上了莫洛托夫,他是老一辈布尔什维克,具有良好的机关工作能力,斯大林任用他来同第三帝国接近。"这一次他的算计很准确:在替换了李维诺夫后苏联的政策和苏德关系的状态常常是处在希

---

① Вторая мировая война. 1939 – 1945. М., 2005. С. 236.
② Цит. по: *Случ С.* Сталин и Гитлер, 1933 – 1941… С. 112.

特勒的视野当中。"①

5月5日德国宣传部门接到了指示，它证实了第三帝国高层的情绪置换。德国舆论工具严格禁止批评苏联和布尔什维主义。"在接到新的指示之前，需要在任何情况下，避免任何针对苏联的尖锐言辞。"② 5月26日戈培尔做了进一步解释："根据目前的状况，应该说，德国对布尔什维主义的态度没出现任何改变。如果我们出于策略考虑最近放弃攻击苏联，那么这是策略，而不是政治转变。"③

1939年7月底希特勒开始很清楚了，在针对英国方面，首先是它的周边地区，第三帝国外交不能成功地造成一种严重的潜在威胁，足以对"海洋主宰者"产生一种有效的遏制并且使伦敦不再关注欧洲问题。换句话说，德国面对战争的前景是在欧洲没有可靠的后方，因为没有一个可靠的盟友。面对这种困难局势，希特勒决定抓住"救命稻草"——争取同苏联的政治协议，借此保证莫斯科在未来战争中能够保持善意中立。苏联方面提供了这样做的理由，它早在5月20日就表示进行政治合作：在同德国驻莫斯科大使舒伦堡的谈话中莫洛托夫强调，为了苏德经济谈判的成效"应该建立起相应的政治基础"④。

二 莫洛托夫—里宾特洛甫条约

柏林需要确切时间以确定自己看到这一"政治基础"。答复更为坦率。

---

① Цит. по: *Случ С.* Сталин и Гитлер, 1933 – 1941… С. 113.
② *Fabry F. W.* Op. cit. S. 68.
③ Ibid., S. 70.
④ См.: *Смирнов В.* Мюнхенское соглашение и советско-германский пакт о ненападении в дискуссии российских историков // Трагедия Европы: От кризиса 1939 года до нападения на СССР /Под ред. А. Чубарьяна и Х. Мёллера по поручению Совместной комиссии по изучению новейшей истории российско-германских отношений. München, 2013. С. 24 – 25.

斯大林想从德国人这里听到有关势力范围划分的说法。1939年8月2日里宾特洛甫邀请苏联驻德国的事务代办阿斯塔霍夫并表示："在我们两国之间不存在任何重大矛盾。在所有从黑海到波罗的海领土方面的问题，我们都可以毫不费力地谈妥。"① 这样就开始讨论关于在苏联和德国之间瓜分欧洲国家的问题。

莫斯科在刚开始同柏林谈判信贷财政关系时，故意遗忘了给德国人的倡议。根据一种解释，这个原因在于此时还没有对达成同巴黎和伦敦的军事—政治联盟的谈判失去希望。在1939年8月初几天里，在莫斯科的苏法英三国军事谈判不能成功地克服分歧（英国代表团不具有相应的全权），苏联作出了决定性步骤去迎合德国。根据另一种解释（在任何情况下，俄罗斯史学家斯鲁奇这样认为），斯大林有意识地拖延并中断三国谈判，这个时候通常会设置障碍，是苏联想同柏林进行非正式对话以讨论战前瓜分欧洲势力范围。

苏德双方进行勾结的最初实际步骤是1939年8月19日签署苏德贸易协定。它使德国有可能从苏联获得原料，相应地，在两年里可以向苏联提供和销售自己的工业品，总计3.8亿马克，还有2亿马克作为给苏联的特别优惠贷款。

莫斯科和柏林不限于加强经济联系。鉴于计划中的波兰战争开始的期限愈加临近之时在明显是无暇思考的条件下，希特勒不得不向斯大林提出计划已久且尚未实施的关于缔结互不侵犯条约的建议。在1939年8月21日给斯大林的致信中，他赞成签署新的苏德贸易协定以"作为改善苏德关系的第一步"，并强调，同苏联签署不侵犯条约意味着对他来说是"德国面向长期未来政策的定型物"。"这样，德国将回到过去100多年里对于双方都有利的政治路线上"。元首同意莫洛托夫将互不侵犯条约方案转交给德国方

---

① ［Электронный ресурс］. - Режим доступа: http: //militera. lib. ru/research/bezymensky3/14. html.

面并坚持要尽快调整与此相关的问题。"补充协议,苏联政府希望有这么个东西——应该在最短期限内直接协商",为此需要"德国重要政治家"① 访问莫斯科。德国方面是外长里宾特洛甫。在日期显示为同一天的回信中,斯大林代表苏联政府同意德国外长 8 月 23 日来莫斯科。

1939 年 8 月 23 日在莫斯科德国外长里宾特洛甫和苏联外交人民委员莫洛托夫签署了互不侵犯条约(莫洛托夫—里宾特洛甫条约)。条约主要内容如下:(1) 双方不做任何导致侵略行为和相互攻击的胁迫。(2) 一旦遭到第三方侵略时拒绝支持侵略者。(3) 双方承诺继续保持相互接触以协调涉及双方利益的问题。(4) 双方商定不参与任何直接或者间接针对对方的国家集团。(5) 双方通过和平手段解决所有争执和冲突。

苏德互不侵犯条约为期十年。1940 年 2 月 11 日为它补充了双方贸易条约。

在条约的秘密议定书中划分了苏德两国在东欧的"势力范围":波兰大部分,除了东部地区之外,成为德国的"利益范围";而波罗的海沿岸地区、东部波兰、芬兰、比萨拉比亚和北布科维纳属于苏联的"利益范围"。过了一个月又补充了苏德边界与友好条约。

实质上,早在二战开始前欧洲大陆就已经在苏德之间遭到瓜分,这在国际舞台上提供了许多类似的行为模式。纳粹德国公开使用武力对抗许多国家包括主要大国,这对于克里姆林宫的领导集团来说是非常满意的伙伴。

莫洛托夫—里宾特洛甫条约并不意味此前所实行的反苏政治路线和计划目标有任何改变,希特勒在此前十二天(8 月 11 日)在格但斯克同国际联盟最高委员会卡尔布哈德的谈话也证实了这一事实:"我所做的一切,都是针对俄罗斯的;如果西方太愚太蠢不能理解这一点,那么我将不得不同俄罗斯协商,击溃西方并且在击溃它之后再集中力量反对苏联。我需要乌

---

① *Fabry F. W. Op. cit.* S. 74-75.

克兰,为的是在最后的战争中我们不挨饿。"①

莫洛托夫—里宾特洛甫条约对于希特勒来说仅仅是暂时的策略手段,他这样做只是为了放手入侵波兰。这样,他试图避免两线作战的危险性并保证德国在波兰和西方都能够自由行动。对于斯大林来说,这个条约为在德国和西方国家之间发生大规模战争开辟了前景,可以借此机会渔利并且重新从事输出革命,而首先是能够获得在8月底完全结束对日作战的一种可能性。东京没有忘记这一点,也不能原谅德国人:1941年日本人不支持德国入侵苏联的军事计划。

三 苏联协助德国灭亡波兰

鉴于不用担心苏联的进攻,过了一星期,1939年9月1日早上,借口波兰破坏边界线和华沙袭击戈列维茨无线电台,希特勒下令德国军队越过波兰边界。元首在国会发言说行动是政治行为,并不针对西方国家。9月3日英国和法国为了履行它们对波兰的义务(在签署莫洛托夫—里宾特洛甫条约后过了两天英国同波兰签署互助条约)在对柏林的最后通牒期满之后,正如斯大林预计的那样,对德国宣战。紧随其后的还有英联邦国家——澳大利亚、新西兰、加拿大、南非和印度。当日,美国总统宣布中立。可是英法宣战并没有采取积极行动。这个时候无论谁也不相信未来会有和平日子,但也不愿意打仗。

9月17日红军部队61.7万人进入波兰土地,9月22日在布列斯特,法西斯德国将军古德里安和苏军旅长克利沃辛指挥的部队举行联欢庆祝。克里姆林宫庆祝胜利。得益于占领东部波兰,后来又占领部分芬兰、部分比

---

① Цит. по: *Руффман К. Х.* Ключевые даты в германо-советских отношениях до начала Второй мировой войны // Россия и Германия в годы войны и мира (1941 - 1951). М., 1995. С. 22.

萨拉比亚和东布科维纳，斯大林获得45.7万平方公里土地及2120万居民。

在1939年9月27日华沙屈服投降的当天，德国外长里宾特洛甫再次来到莫斯科，第二天苏德签署友好与边界协定。由于斯大林的坚持，根据该条约的补充秘密协议立陶宛属于苏联势力范围，作为交换莫斯科同意卢布林省和部分华沙省转归属德国利益范围。苏联同时同意对于当时的德国—里托夫边界的西南地段作出有利于德国的变动。同时莫洛托夫和里宾特洛甫签署联合声明，其中写道：在欧洲继续战争的责任在于英法两国。苏德两国确认在这里存在相互协调的共同利益。这样，莫斯科和柏林之间的联盟由于完全规模的国家间条约就形成了。

当讲到1939年苏联的行为时，应该指出只是由于实行"大清洗"从而清除了几乎所有无论是党还是国家的包括外交界和军界的骨干力量，并且提拔了完全忠于共产主义学说的新一代干部，现在斯大林才可以毫无阻拦地实施自己的外交理念。也正是希特勒为斯大林提供了在安全领域实施从防御性政策转向进攻性政策的可能性。斯大林同样也保证了希特勒进攻波兰，算计着1939年夏间接地挑起主要资本主义大国之间大规模自我毁灭的战争，苏联却置身于外并且能够从中不断地捞到好处。

在欧洲大陆西部和粉碎法国的军事行动中，斯大林给予希特勒非常宝贵的帮助，从日程上消除了两线作战的噩梦般威胁。关于这一点，元首早在签署苏德互不侵犯条约后过了三个月，在1939年11月23日面对法西斯德国军队领导部门讲话时说道："发生的事情，从1870年以来就是梦寐以求的，却在实际上被认为是不可能的事情。在历史上我们第一次只是在一条战线上作战，而在另一条战线上暂时不采取行动"和"用不多的师团来保全自己"[①]。

---

① Цит. по: *Случ С.* Зачем Гитлеру был нужен пакт о ненападении с СССР? Некоторые аспекты проблемы // Трагедия Европы: От кризиса 1939 года до нападения на СССР /Под ред. А. Чубарьяна и Х. Мёллера по поручению Совместной комиссии по изучению новейшей истории российско-германских отношений. C. 56–57.

确实是，为了准备在西线战场进行军事行动，在占领的波兰领土和东普鲁士（在两千公里长的边界线）总计只有十个不满员的步兵师，把全部的炮兵力量都调往西线。"很难想象——斯鲁奇写道，一旦有必要在东西线之间另行部署力量，如何看待法西斯德国军队重点打击，如果没有互不侵犯条约的话，帝国最高军事领导部门会为此而采取什么样的决定，可是很明显，用于主要打击方向的力量还是过于薄弱，要是同135个师做比较的话，包括坦克和机械化部队，以及所有骨干步兵。"①

四 德国建议苏联"四国伙伴"合并到三国条约遭拒

由于签署1940年2月11日广泛经济协议和1941年1月10日苏德经济协议，莫斯科同柏林开展了密集的经济交易，苏联提供粮食和重要军事工业战略物资——石油、棉花、铬、铜、镍、锡、钼、木材等，而从德国获得钢材、机器、仪器设备和半成品。在这种来自苏联的贸易供应中，就使得大西洋国家自战争开始起针对德国的经济禁运没有什么效果。从1939年到1940年苏联向德国出口总量从6000万马克增加至6亿多马克，仅1941年上半年即达到4.4亿马克。

苏联1940—1941年在德国订货总量为16亿马克，而且在临近第三帝国进攻苏联前夕还有6亿马克货物在生产之中。德国工业在1940—1941年为苏联提供首先是工业设备和机器，包括用于军事工业的6500台机床，还有武器之类。德国储备物资根据供应方列举的数字总计有170万吨谷物和100万吨燃料。此外，在1940—1941年帝国还从远东和中东途经西伯

---

① Цит. по: Случ С. Зачем Гитлеру был нужен пакт о ненападении с СССР? Некоторые аспекты проблемы // Трагедия Европы: От кризиса 1939 года до нападения на СССР /Под ред. А. Чубарьяна и Х. Мёллера по поручению Совместной комиссии по изучению новейшей истории российско-германских отношений. С. 57.

利亚干线获得了 50 万吨原料，主要是用于牲畜的豆类，还有 1.5 万吨橡胶制品。① 最后一列装载货物的车皮经过在波兰的苏德专用线在 1941 年 6 月 21—22 日深夜驶离苏联控制区。总之，俄罗斯和德国史学家的看法一致，即从 1940 年 8 月起德国同苏联的贸易成了重新武装第三帝国的伪装，其目的是为了进攻苏联，而在莫斯科开展签署新合同谈判的公司代表还是处在盲目之中。大康采恩只是 1941 年 5 月起才逐渐被纳入到计划之中的战争准备过程，此后采取重要的军事和政治决定。②

早在双方就签署双边政治协议立场的试探阶段，帝国外长就对苏日和解进行过努力，因为意识到有关不侵犯条约只是在这种情况下发挥作用并且能够达到自己的深度目标——阻止西方国家干涉德波冲突，如果德国外交成功地不要因为同莫斯科靠拢而与东京吵翻，并且使克里姆林宫也不要因为柏林过于友善日本而出现苏德疏远。但是，柏林的政策遇到挫折。日本疏远了德国，而苏联不愿意同东京和解。苏联和意大利的关系不能促使四国在战略上靠拢。里宾特洛甫试图调解苏芬冲突同样也没有成效。形势开始在 1940 年 6 月发生变化，此时苏联开始积极关心巴尔干，虽然这个未必能够成为实现希特勒划分势力范围的梦想。

1940 年 10 月 12 日，里宾特洛甫致信斯大林，其中肯定了签署不侵犯条约之后双方政治与经济合作的成果，并且照例指责西方国家敌视德国和苏联，而后转入主要议题：

> 长话短说，我想说，遵照元首意见，四大国（苏联、意大利、日

---

① Швендеманн Х. Экономическое сотрудничество между Германским рейхом с Советским Союзом в 1939 – 1941 гг. // Трагедия Европы: От кризиса 1939 года до нападения на СССР. С. 162 – 163.

② Мюллер Р-Д. Решения Гитлера о дальнейшем ведении войны после военной кампании против Франции // Трагедия Европы: От кризиса 1939 года до нападения на СССР. С. 175.

本和德国）的历史任务可以认为是它们对于长远未来政策的协调，并且致力于走上它们人民未来利益的发展所需要的轨道，而且是借助于要在百年大计基础上划分它们的利益……①。

为了讨论这一建议，帝国外长邀请莫洛托夫访问柏林。10月20日苏联方面对这个建议做了正面答复。

10月14日，大约在莫洛托夫访问柏林前的一个月里，希特勒建议斯大林实施某种重新绘制世界地图的计划。可是关于达达尼尔海峡问题没有谈到，应该是在他和意大利外贸部长里卡基之间的谈话记录中有反映。元首表达了希望，在苏联外交人民委员到来时，有可能，俄罗斯客人会关心印度。"存在一种危险性，他们重新想回到自己旧日的目标——博斯普鲁斯，可是应该让他们离开这个话题"，——他这样说②。

1940年11月12日，苏联外长莫洛托夫来到柏林以解决"信任危机"，它是因罗马尼亚和匈牙利领土争执（所谓维也纳仲裁）和安东尼斯库掌握政权后在德国完全控制下的罗马尼亚入侵所引起。希特勒建议莫斯科"四国伙伴"（苏德意日）合并到三国条约（德意日，1940年9月27日在柏林缔结）并签署一项秘密议定书，基础就是划分欧亚大陆和非洲大陆的势力范围并消灭大英帝国。主要想法是巩固德国在中非的势力范围，意大利拥有地中海和东北非，日本拥有东亚地区，而苏联拥有南亚和印度，这些可以作为未来扩张的目标。按照这个计划，如果剩余的欧洲大陆国家合并到这个假设中的集团里，那么就可以对抗世界上的任何联盟，包括美国参与的联盟。但是这个计划没有引起斯大林的兴趣。另外，莫斯科能否同意在欧亚大陆的偏僻地域去扮演一个二等角色？在莫洛托夫到访前夕，德国外交部门拟就的秘密议定书里明白无误地指明了这一点。

---

① Цит. по: Fabry F. W. Op. cit. S. 226.
② Ibid., S. 237.

第七章　苏德关系中的交易与厮杀（1933—1945） **249**

　　那些没有人烟和难以通行且自然资源贫乏的领土：南高加索、科佩特山脉、帕米尔和天山，无论如何也不能同统治巴尔干、黑海海峡和波罗的海更加物有所值。在莫斯科一刻也不怀疑，苏联，作为四个伙伴国的唯一一个放弃自己外交主要目标的国家，却忙于开发那些永远也不属于自己且处在英国势力范围的地方。果真这样做的话，还要同英国开战。

　　就这样，莫洛托夫对于元首关于加入三国联盟的建议做了如下答复："苏联可以参与四国的广泛联合，然而只是作为同行伙伴，而不是作为客体"（其实在三国条约里苏联只是被当作这样的客体而谈论的），在对于德国方面来说必备条件是要让柏林的盟友——罗马尼亚、保加利亚和土耳其伸展到苏联的势力范围。在这里最终还是提及控制博斯普鲁斯和达达尼尔海峡的话题。同时提到大量德国军队重新部署在罗马尼亚和芬兰领土的境况（在1941年2月德国军队68万人进入罗马尼亚之后）并且表示，不解决这个问题不能继续讨论建立联盟的问题。在同里宾特洛甫谈话记录中还有苏联人民委员的话，据此莫斯科要求扩大到那些"同样使德国感兴趣的地方：芬兰、巴尔干和波罗的海"①。

　　斯大林的书信后来一点也没有离开这条主线。这样，谈判的消极结果在同希特勒会晤之前就已注定了，此次会晤是在当日15时进行的。

　　这样，莫斯科的内心想法终于表达出来了，即觊觎着干涉那些令德意日轴心国感兴趣的国家事务，无论是从政治还是从经济的角度来看均如此。自然，也就没有对这些要求的回应，双方外交上约定继续在莫斯科会晤中讨论这些问题，很快里宾特洛甫应约前往。接下来的继续会晤未能进行，因为苏德地缘政治分歧矛盾明显，在当月底对于可能的约定来说上述条件已经不利于苏联，因为在11月底匈牙利、斯洛伐克和罗马尼亚加入了三国条约，这些国家的领土首先使苏联感兴趣。在这种形势下，根据纳粹领导

---

① Цит. по: *Fabry F. W.* Op. cit. S. 250.

集团的看法，考虑到上述苏联地缘政治的要求，进一步谈判就失去了意义。

◇◇第三节　苏德生死搏斗

自1939年9月底开始，苏德关系具有了战略联盟的所有特征。在长达22个月，或者约占整个二战时间长度的31.88%的时间里，苏联实际上是处于希特勒的联盟之中，在政治、经济和军事领域公开支持侵略者。

在战胜了法国和试探着扩大三国条约遭遇挫折之后，1940年12月18日元首下达了准备对苏战争的秘密指令第21号（"巴巴罗萨计划"）。法西斯德国军队的目标是"在结束对英国的战争之前用快速进攻消灭苏联"。在事先计划的胜利之后，按照希特勒的算计，英国在失去最后的大陆支点后，将更容易讲和。他确定1941年5月作为可能发起进攻的日期。这样，战争的矛头转向了东方。从1941年3月起，在两个国家里未来苏德战争的话题成了大众舆论工具讨论的对象。

一　德国对苏联的战争失败

1941年6月22日凌晨4时，德国外长里宾特洛甫照会苏联大使杰卡诺佐夫并且表示，"鉴于苏联政府对德国的敌视态度，德国认为俄罗斯军队调动是威胁到了德国东部边界，这迫使帝国采取军事应对措施"[①]。声明附有相关照会。同日同一时刻，德国军队153个师（300万人，60万台车辆，50万匹马，3350辆坦克和装甲车，7200门火炮）和德国仆从国37个师从整个

---

① СССР и германский вопрос. 1941 – 1949: Документы из Архива внешней политики Российской Федерации: В 2 т. Т. I: 22 июня 1941 г. – 8 мая 1945 г. М., 1996. С. 640.

西部边界进攻苏联。德国对苏联的进攻使得斯大林陷入了这种境地,他本想通过与希特勒缔结条约来避免这一处境。这个主要原因是苏维埃领袖的教条式不容置疑的世界观,过于合理地评估希特勒在国际舞台上的行为,忽视安全领域政策的主要原则和国防要求而去迎合大国领土扩张的利益及其思想意识影响的利益。所以,对于红军来说德国进攻发生得非常突然,使得苏联卷入一场最为严重的流血斗争以在极其不利的条件下争取生存。

同样,就希特勒而言,对于整个战争的后果和国家—社会主义德国的命运来说,任何一项决定也不具有这样严重的后果,就像是他为了完全消灭国家及其人民而决定进攻苏联那样。帝国和纳粹主义种族—思想意识的自大狂在任何一项其他军事行动中都没有表现得如此明白。无论何地也无论何时,军队无不是在赤裸裸地实施最严重的犯罪政策。实际上,早在战争开始之前希特勒就注定要输。决定德国失败的客观原因是战争本身的性质(对于苏联来说战争是解放性质的)和苏联的地缘战略位置(具有广袤的领土和严酷的气候,丰富的人力和物质资源)。甚至西方观察家也不得不承认:德国输掉对其余世界的战争主要是在苏联领土上。在这里所用力量要多于其他战场,几乎是整个德国地面部队的 3/4 和大部分空军。至 1944 年 5 月之前法西斯德国在东部战场的损失要超过其他战场损失的 3—4 倍。①为消灭第三帝国和解放被占领土,红军做出的贡献要大于世界上的其他军队。

希特勒预计在冬季开始前结束战争。甚至最权威的美国军事专家也预测纳粹德国胜利会在一个月里,最差的情况也是在三个月。可是在东部战争的最初的数周里事态就很明了:预计的德国遇到的苏联是"泥足巨人",并没有得到证实。这种估计没有被证实的原因在于,除了上述所说的地缘战略位置的因素之外,俄罗斯人民的传统爱国主义和自我牺牲精神被他的

---

① *Вегнер Б.* Основные черты стратегии Германии в войне с Советским Союзом // Россия и Германия в годы войны и мира (1941 - 1951). М., 1995. С. 97.

意识所蒙蔽所冲淡，在他的认知中仅仅是看到了共产主义政权一度实行的那种独断专行和大清洗政策。

希特勒过低地估计了20世纪30年代建立起的国家—命令式苏维埃经济体系的牢固性。这种体系在战争极端条件下非常坚固并且经受住了考验。

> 俄罗斯士兵，一方面，盲目地坚守自己的政治信仰；另一方面，渴望摆脱异乡人的压迫。第三帝国的侵略性思想意识和独裁政权理论在同西方的经典式民主政体的斗争中展现出明显优势。可是，在同自己类似的东方的，可能是组织得更好的政权发生冲突时，纳粹主义也经受不起战火的考验。①

最初数周和数月由于取得了巨大的领土收获，法西斯德国军队的亢奋情绪使得德国领导集团得出了不真实的错误结论，似乎苏维埃政权的垮台——仅需数日，最长也不过数周。而后就可以对准英国。实际上对于俄罗斯冬季并未做准备的德国人，开始滞留在莫斯科附近，而后被红军不断补充的预备队粉碎了。希特勒把这一过错归咎于将军们并且亲自掌握指挥大权。元首的统帅天分原来是很吓人的，当保卢斯统率的德国第六集团军在斯大林格勒被包围并于1943年2月2日投降，而后在7月法西斯德国军队在库尔斯克坦克大战中遭受巨大失败。结果是伟大卫国战争和二战的结局提前出现。随着1944年6月6日西方盟国在诺曼底登陆并开辟期待已久的第二战线到取得最终胜利只剩下11个月。德国学者沃尔夫冈本茨强调，德意日轴心国现在遇到了反希特勒联盟——它依靠美国经济和军事资源——的抵抗，遇到了苏联求胜的意志力，遇到了大不列颠准备牺牲的坚强信念，

---

① Ларионов В. Политика и стратегия в войне // Россия и Германия в годы войны и мира（1941 - 1951）. М., 1995. C. 129.

同时还有被德国占领地区的抵抗运动。①

二　苏联赢得战争胜利

苏联赢得了二战。不仅是因为已经说过的要摆脱希特勒的奴役，而且还因为苏联在这场生死搏斗中有盟友能够分担部分战争负担。在苏联方面处于战争状态的达到4500万人，人员损失合计约2700万，包括1400万平民死于被占领土或者死于强迫劳作。在1941年德国人俘获340万红军士兵和军官。临近1942年1月其中有200万死于枪杀、疾病、饥饿和寒冷。全部570万苏联被俘军人处于德国人奴役中，在战争结束前有330万死去，即占57.9%②。在苏德战场红军损失1140万人。此外，数百万重伤员死去或者残废。死亡率高于出生率。总之在战争年代苏联人口减少3800万，物质损失无法准确统计。

苏联的领土收获不是直接公开地占有，而只是带有"缓冲"性质。它们包括所谓人民民主国家，后来是属于"现实社会主义"阵营，再次成为安全的保证以防止可能的侵略，两次世界战争的经验证明了这一点。

法西斯德国军队在所有战场的损失合计880万人。有数百万人，包括在1945年作为战争全面失败的后果，在数年间处于被俘和关押在各种拘留营的人。根据官方资料，在苏联被俘的有240万德国军人，后来其中有一些只是在1955年苏联和联邦德国建立外交关系之后返回祖国。

当人们提及20世纪最重要事件时，一些人认为是1917年十月革命，另一些人认为是1989—1991年社会主义体系的崩溃。这样两种答案都带有意识形态的论据及理由。能够达成双方同意和妥协的只是在多国人民结成统

---

① Wolfgang B. Geschichte des Dritten Reiches. München, 2000. S. 184.
② Штрайт К. Они нам не товарищи. Вермахт и советские военнопленные в 1941 – 1945гг. М., 2009. C. 8.

一阵线共同战胜法西斯主义的问题上。这一胜利确实是 20 世纪最重要的事件，因为它避免了"文明终结"①。对于这样一种评价，无论谁，也无论他带有什么样的政治色彩，只要被认为是一个思维健全的人，都会支持。

1945 年 5 月 7 日，法西斯德国军队最高统帅的代表约德尔在法国城市兰斯的盟军司令部，签署了德国军队投降书。盟军司令艾森豪威尔和苏联军队最高统帅接受了"所有此刻在德国控制下陆地、海上和空中的所有武装力量"投降书。1945 年 5 月 8 日盟国长官在柏林的红军司令部签署了德国无条件全面最终投降书。1945 年 6 月 5 日苏美英法四国签署了德国战败声明。

国家—社会主义及其实行的技术治国假浪漫主义精神的巨人症，非人道的种族清洗，以及重新做了很好包装的极权主义国家机器，正如在一战之后，在全世界传播了德国人的负面形象并且形成了它的底色。现在，当德国人真切地感觉到自己完全是另外一种样子时，当他们最终全面接受了民主的成就时，他们很难明白，他们在国外的形象早已经因 1914—1945 年历史发展的消极经验而定型了。

三　二战结局的深远影响

二战极大地改变了世界的面貌。在数十年间世界是两极对峙，其主要竞争者是战争的主要胜利者——前不久的反希特勒联盟的盟友——苏联和美国。

苏联从二战中成长为世界性大国，它对战胜德国并最终决定德国的未来命运做出了决定性贡献。它赢得了国际认可，是联合国的主要创始国并且是联合国安理会五大常任国之一。它为二战获得胜利而自豪，可同时也

---

① Doernberg S. Fronteinsatz. Erinnerungen eines Rotarmstein, Historikers und Botschafters. Berlin, 2004. S. 103.

第七章　苏德关系中的交易与厮杀（1933—1945）

蒙受巨大牺牲。任何其他国家赢得胜利都没有像苏联这样付出如此巨大的牺牲。

德意志国家体制的终结不是德国人民和德意志历史的终结。德国战败，能够作为一个政治和社会有机体而重生，只是要准备去除导致它的悲剧发生的那些政治传统。借助于去纳粹化措施明显地打破了反动的军国主义的传统。德国人历史罪责的问题在1945年要比1918年更加确定无误，而要把德国民主精英人士与国家—社会主义罪行的头面人物加以区别对待。二战后由于希特勒帝国而产生的罪恶感非常强烈，以至于要在德国复活政治、民族和宗教的敌视和仇恨都已失去了肥沃土壤，包括极右翼势力。

国家—社会主义崩溃被纳粹分子理解为是"德国灾难"，是民族理想问题上的最严重危机，其实它不能给整个欧洲带来任何变化。东部和西部的德国人对于自己政治文化和历史所做的不同评价解释了这一点，现在61%的德国居民在一定程度上对此感兴趣，而89%的公民认为，只有知道自己国家的历史，才能够实行负责任的政策。可是最主要的在于，63%的德国人同意这个结论，即"德国人必须从自己的历史中吸取教训"[①]。

---

① Korte K.-R., *Weidenfeld W.* (Hrsg.). Deutschalnd-TrendBuch. Fakten und Orientierungen. Bonn, 2001. S. 678.

第八章

苏联与两个德国的关系（1945—1991）

　　这一时期的苏德关系变成了苏联与联邦德国和民主德国的关系，这是自17世纪以来俄德关系的根本改变。在这一时期欧洲大陆和平与安全形势不再取决于苏德关系的性质及紧密程度了，因为二战极大地改变了世界格局及其形势，欧洲失去了近代以来作为世界中心的地位，国际政治权力中心转移到欧洲侧翼的苏联和美国，二战后两极格局就是建立在它们对立的基础之上。

　　就苏联而言，因其实力和努力及其贡献，成了战后两极之一的世界大国。在整个欧亚大陆西至易北河东达朝鲜半岛，苏联都表现出自己的存在。战后苏联虽然缘于历史情结想同德国结成联盟关系，事实上它同部分德国已经是联盟，此时苏联已经成为世界大国，其抱负、胃口和兴趣已经远不局限于满足同昔日中欧大国德国联盟，仅仅在欧洲地区发挥主导作用了。它的抱负是争当世界大国，要与美国争高低，欧洲已经不在话下，苏联的影响力远达东方、遥远的非洲和中美洲。一句话，它要用俄罗斯的社会主义压倒西方的资本主义。后来发生苏联解体，俄罗斯成为地区性大国。

　　就德国来说，二战使德国一分为二，苏联占领区成了后来的民主德国，美英法占领区成了联邦德国，昔日的德国变成苏美两大阵营对抗的前线。民主德国成为苏联的小兄弟，变成华沙条约组织和经互会成员；联邦德国成为美欧联盟的成员，先后成为欧洲煤钢联营、西欧联盟和北约成员。两个德国因其国际地位彻底改变，由过去国际关系独立行事的"主体"变成了受限的"客体",只能在各自阵营内部发挥有限作用,虽说两个德国地面上发生"封锁柏林""柏林墙危机",但毕竟是苏美在操弄,没有像过去演变成全局事件。后来趁着东欧剧变、苏联解体之机,也得益于苏联愿意放手和善意协助,在联邦德国主导下德国实现统一,也算是幸事一桩。

◇第一节 苏联与联邦德国的关系

二战的处置结果是在第三帝国废墟上建立了两个德意志国家,每一个因其外部建筑样式和内部政治装饰风格而完全不一样。在法西斯主义失败后,早在实行分区占领期间,德国实际上已经被一分为二:一方是美英法,它们有同样的生活方式,即私有制和市场经济机制的社会—经济关系(特别是在外交领域许多观念接近或者吻合);另一方是苏联,它实行严格的行政命令体制,党的领袖和斯大林个人总揽大权,苏联数百万军队部署在从波兰东部边界到易北河岸。东西方之间的"大对抗"时代开始了。因为战胜国的利益恰恰是在德国发生碰撞,这不能不说是德国人的命运,也是整个欧洲的命运。在很长时间里,民族国家和欧洲大陆是被分裂了。

二战以决定性方式改变了世界面貌。这次世界性冲突只有两个世界大国——苏联和美国,它们极大地动员了自己的人力和物质资源,从而成为真正的胜利者。它们的优势地位从根本上改变了欧洲力量的平衡,世界政治重心转移到莫斯科和华盛顿。应该从这种两极对抗的观点考察1945年至1990—1991年苏联—德国关系的演化,苏德关系及其变化受限于以下三点:第一,国际局势总体状况的影响;第二,苏美关系的影响;第三,联邦德国—民主德国—苏联三方关系的影响。就苏联而言,在自己阵营里苏联和民主德国关系最重要最要好,在两个阵营里最重要的双边关系当数苏美,最要好的双边关系却是苏联和联邦德国,这里面历史上相互"着迷"的情结自然是重要因素。

一　苏联和联邦德国建立外交关系

（一）阿登纳对于两个德国的认识

以西方大国占领区为一方和以苏联占领区为另一方的思想意识存在根本差别，而同时国际法基本观点的无法调和使所谓德国问题命中注定要出现两个德国，客观上它们是冷战的产物。在它们存在的初期，苏联领导集团最关心两个重大问题：民主德国的稳定以作为联邦德国的平衡物和使德国问题不确定性的损失最小化，换句话说，在德国内部开展广泛运动并且推进基于无集团化的德意志国家统一的思想。联邦德国本身由于客观（尖锐的思想意识对立）和主观（执政精英的反共产主义观念）原因，在这一时段实际上是脱离了苏联外交的计划。

至于联邦德国上层，联邦德国首任总理73岁的阿登纳，前科隆首席市长和昔日中部天主教党派积极分子，是个明显的反共人士。他出生在莱茵河地区，认为自己是比一般人更亲近西方的德国人。东方，包括民主德国对他而言是格格不入。"他喜欢讲述，当他还是普鲁士国家委员会主席时，乘车前往柏林，从未给他留下情感，他一直坚持说，起始于马格德堡的欧洲终止于易北河，'不要看到亚洲草原'。在'异教'的柏林他不感觉像是在家里。大概，另外还有，在柏林，正如在萨克森和有些地方，人们不支持'黑的'，而更容易支持'红的'。"①

在阿登纳看来，苏联不仅仅是共产主义的中心。更糟糕的是，苏联就其本性是亚洲的，并因此是他所珍惜的所有事物的死敌，诸如天主教、莱茵河地区、欧洲和西方。而德国社会—民主党对于他来说就是基督教新教

---

① *Брандт В.* Воспоминания. М., 1991. С. 41.

第八章　苏联与两个德国的关系（1945—1991）

的普鲁士的继承者——讲究权威，集中式组织，他们在最好的情况下主张反资本主义的立场，在最坏的情况下主张亲苏维埃的立场。① 所以毫不奇怪，早在德意志联邦共和国建立之前，在基督教—民主联盟成立之时，作为领袖之一，他未来思想意识的根基就是反共产主义和反苏维埃的。

在1945年10月的一封信件中，阿登纳表达了自己的认识，俄罗斯在大陆东部占据优势地位，必然是要对抗西欧国家的强大联盟。② 对于联邦德国首任总理来说，德国和欧洲被肢解不是苏美矛盾加剧的原因，而只是结果。他认为，对于两极世界里地处超级大国利益冲突的中心地带的德国而言，中立地位是完全不可能的。深入分析战后世界力量配置现状使他确信，"迟早有一方或另一方随时都要尝试着把德国搞到自己一方"③。另外，中立的德国意味着它被排除在欧洲联合的进程之外，并且存在着作为欧洲民族主义新的发源地的危险性。因此，正如他思考的，他应该实行不是作为魏玛共和国精神的"跷跷板政策"，而是要德国面向西方的方针。他认为，德国的安全只有当德国坚定地加入西欧民主大家庭时才会有保证。与此同时，阿登纳希望，能够改变德国在这种进程中的角色，使德国从欧洲政治的依附性客体转变为具有行为能力和权利平等的主体。

阿登纳非常清楚，要实现它的政治理念实际上就排除了被占德国东西部统一的可能性。关于这一点在1945年10月答美联社记者问时，他坦率表示，俄罗斯占领区域，对于德国来说是无法确定时候的失去。而在1948年初，当时他还是英国占领区基民盟主席时就已确信，德国分裂——这已经不是某种面临的威胁，而是既成事实。这种分裂由东方倡议并且应该由西

---

① Griffith W. E. Die Ostpolitik der Bundesrepublik Deutschland. Stuttgart, 1981. S. 77.
② Pfetsch F. R. Die Außenpolitik der Bundesrepublik 1949 – 1992: von der Spaltung zur Vereinigung. München, 1993. S. 144.
③ Цит. по: *Pfetsch F. R.* Op. Cit. S. 146.

方结束，他于1948年4月3日对科隆一家报纸做过上述表示，为此按照他的看法，必须把德国西部纳入欧洲大西洋国家共同体，就力量来说是有可能实现这种联合的，如果没有保证能同西方拴在一起，只有整个德国被苏维埃化了。所以，德国史学家普菲兹认为，"可以确信地推测，德国统一的失去不仅是因为苏联政策的'压力'……而且也是阿登纳排除这种统一的政策，至少，在战后初期是如此"①。

联邦德国的外交方针首先是"东方政策"受到了庞大移民人群的影响，就像是逃亡者和被迫移居者一样，他们极力摆脱居住在苏联战区并且想要定居在国家西部。那些从奥得河和尼斯河以东地区——西里西亚、苏台德、东普鲁士和波美拉尼亚逃离的人群，实际上几乎是丢弃了自己所有财产，他们是联邦德国社会的一个怀有强烈民族主义感情和不愿妥协的人群。他们在所有的政治团体中都有自己的代表人物，但是，在开始时主要聚集在遭放逐和失去生计的团体里，后来在50年代末该组织自行解散。可是在基督教—民主联盟里仍然有最强大的代表势力，在基民盟组织内部甚至有独立的分支力量而被称为"遭放逐的基民盟"。很明显，这些逃亡者和被迫迁移者的基础性影响很快就形成了联邦德国对东欧方向的灵活与协调政策。莫斯科的强力压制政策——1948—1949年柏林危机——也促成了这一点，民主德国事实上被苏维埃化并且镇压了1953年6月17日的民众示威。

（二）苏联和联邦德国建立外交关系

只是由于联邦德国巩固了在西方国家的经济和军事—政治体系内（1951年欧洲煤钢联营，1954—1955年西欧联盟和北约）的地位，才能够思考有关扩大外交活动的空间并使之扩展到大陆东部地区的问题。虽然在外交领域占据主导地位的是受冷战精神影响的保守主义观念，虽然波恩对苏联和

---

① Цит. по: *Pfetsch F. R.* Op. Cit. S. 147.

其他社会主义国家实行反共产主义路线上升到国家政策的层面，在东西方关系上强烈对抗立场似乎完全证实了，在当时阿登纳已经非常明白，没有莫斯科不可能稳定大陆中部地区的局面。出于国家需要的冷静考虑促使阿登纳要同苏联建立外交关系。

苏联不仅对于联邦德国的政治方面，而且对于联邦德国蓬勃发展的工业更有兴趣。早在1952年根据联邦德国经济部长艾哈德倡议建立德国经济东方委员会。其中吸收那些愿意同苏联和其他东方国家进行贸易的工业家，贸易量逐年增加。早在1957年，不顾冷战和集团对抗的束缚，联邦德国在西方国家对苏联出口中占据第一。联邦德国工业巨头对苏联市场表现出兴趣，诸如克虏伯、西门子、曼奈斯曼康采恩和其他康采恩。这种情况也是亟待解决的，正如在苏联羁押的德国战俘要求返回祖国，可是缺少足够的条件以便建立双边关系。在西方盟国还不能确信联邦德国在军事—政治和经济上确保参与欧洲大西洋结构的条件下，即便是柏林想和苏联建立双边关系还需要西方盟国的核准。

兴趣归兴趣，可是莫斯科提出了倡议，可见建立接触的时机成熟了。民主德国被纳入社会主义阵营的军事—政治和经济计划中，两个德国分属于不同的集团体系，保证了大陆的平衡和稳定。期待着从经济合作中获益并非不重要。在联邦德国加入北约之后一个月，联邦德国驻巴黎大使收到给阿登纳总理的信件，邀请他访问莫斯科以谈判关于双边关系正常化。在1955年6月7日苏联政府给联邦德国政府的照会中，建议基于完全平等与和平互利合作目的的原则使两国关系正常化。

起初，无论什么也不能促使阿登纳前往莫斯科，但是1955年夏的政治局面，纯粹是出于例行公事的考虑，迫使他实现了这次出访任务。美国总统艾森豪威尔坚持缓和局势和召开四大国高级会议。5月在四大战胜国和奥地利之间签署国家条约，它按照瑞士的样板巩固了维也纳的中立地位。重要的是，苏联本身愿意在不设任何先决条件的情况下同联邦德国实现关系正常化。在这种情况下不能忘记，在 1947 年初完全用于讨论德国问题的外长委员会莫斯科会议破裂之后，西方外长没有一个，更不要说总理级别的人，访问过莫斯科。这个时候，阿登纳担心，实现苏联关于建立外交关系的建议能够在实践上巩固两个德国的思想，使联邦德国充当全体德国人统一代表资格的愿望失去根据，结果是在为苏联效劳了。另外，如果阿登纳不去莫斯科，那么他会受到人们的指责，说他不关心和平，不想缓和和解决德国问题。

在 6 月中旬，总理阿登纳访问了美国，在这里得到了艾森豪威尔总统和国务卿杜勒斯方面事先同意同苏联进行谈判的消息。在白宫会谈后，阿登纳再次会晤了杜勒斯与法国和英国外长。三人都赞同他访问莫斯科并且支持共同的政治路线。

在莫斯科的谈判 1955 年 9 月 9—13 日在特别激烈紧张的气氛中进行。在同苏联高层的会谈中阿登纳非常明确地强调德国人"自主"和"统一"的权利。但是，这一立场与现实情况尖锐对立，这是联邦德国代表团也不得不承认的。9 月 13 日通过关于无任何先决条件同联邦德国建立外交关系的决议。双方同意发表联合公报，其中没有提及其他，只报道说，在最近两国间将开展发展贸易问题的谈判。阿登纳访问莫斯科的成就，可以认为是谈妥了关于释放和遣返最后 1 万德国战俘和约 2 万平民。

（三）联邦德国的"哈尔施泰因主义"

阿登纳为遣返最后德国战俘所付出的代价很高，他的周围人怀疑为了这个是否值得。要知道同苏联交换大使自然就提高了民主德国的国际—法律地位，民主德国已经在莫斯科有大使，这造成了有悖于联邦德国希望充当全体德国人唯一代表资格的诸多问题。为了这些奢望不受质疑，而同时又不情愿地承认德国分裂的事实，联邦德国试图积极实施所谓的"哈尔施泰因主义"，它以联邦德国外交部副部长的名字命名。官方理论是出现在

1955年9月23日政府就外交政策问题的声明中并要求实施政治制裁直至断绝同那些与民主德国建立了官方关系的国家的关系。而且过了数年，由于来自基社盟和基民盟右翼的坚决抵制，无论是艾哈德的政府（1963—1966），还是基辛格的政府（1966—1969）对这一问题都不能进行重大改变。实施"哈尔施泰因主义"应该是防止国际—法律上承认民主德国，而同时让自认为是德意志帝国的权利继承者的联邦德国保证有权利以全体德国人唯一代表资格出现在国际舞台上。

1955年9月22日在联邦议院演讲时，阿登纳只是表达了一个意思，联邦政府今后将审查同民主德国建立外交关系的第三国，政府同它们保持着官方联系，"这是一种不友好的行为，因为这加剧了德国的分裂"①。在1956年阿登纳政府对这一表达做了进一步补充，据此一旦这类不友好行为出现，联邦政府应该重新审查自己同所提及国家的关系，这意味着有可能是联邦政府要断绝同它们的外交关系。②

经过了总理职务的三个任期，可以确定，阿登纳的外交认识耽搁了并且不符合已经出现的变化和新的趋势。他不能充分地感觉到变革之风，无论是来自东方还是来自西方的。阿登纳绝对没有兴趣同东欧国家进行对话，正如他认为的那样，东欧国家已经成了苏联的附庸国，它们不可能实行独立自主的外交政策。联邦德国的"东方政策"目标主要针对莫斯科。

受莫斯科支持而建造的柏林墙，切断了联邦德国和民主德国之间的最重要的联系通道，这迫使联邦德国人接受了这种无论是联邦德国的还是美国的执政精英所推行的"东方政策"的无效性，并且接受了德国长期分裂

---

① Das Ergebnis von Moskau/ Erklärung von Bundeskanzler Adenauer am 22. September 1955//40 Jahre Außenpolitik der Bundesrepublik Deutschland. Bonn, 1989. S. 92.

② 联邦德国外交实践中"哈尔施泰因理论"应用得非常出色。1957年10月18日解除了同南斯拉夫的外交关系，此后贝尔格莱德在国际—法律上承认民主德国，给柏林委派了特命全权大使。1963年1月14日联邦德国中断了同古巴的外交关系。1965年5月13日同以色列建立外交关系以作为对乌布利希访问埃及的回应。

和柏林分为东西两部分的不可避免的后果。具有首要意义的是着手中期的迅速变化的政治任务。

艾哈德政府非常慎重地开始转向东欧方向,可是其"东方政策"遭到苏联的抵制。艾哈德主张建立联邦德国参与的多边原子能组织,支持美国在越南战争中的行动,以及联邦德国对民主德国不妥协立场都遭到苏联的猛烈而尖锐的批评。觊觎着充当全体德国人唯一代表资格的想法,不承认民主德国和坚守"哈尔施泰因主义"继续使得其同苏联的关系复杂化。有关长期贸易的条约在1963年到期却不能继续。双方长期有效的文化协议也不能签署。在1955年同苏联建立外交关系之后的十年里总计只有联邦议院七个代表到过莫斯科。只是在1965年,苏联首次拜访联邦德国副部长级别的官员,在第二年拜访联邦部长。

(四) 缓和在曲折中进行

1965年底,出现了最初的缓和迹象,苏联也同美国一样,准备缓和自己在整个东西方相互关系上的立场。联邦德国外交部副长官卡斯滕斯在访问莫斯科期间留下的印象是,苏联政府有兴趣恢复同联邦德国的对话。① 所以联邦政府决定发出外交倡议,以公开表示准备缓和国际紧张局势。在认真做好准备工作之后,它于1966年3月25日对所有国家发出照会,这里包括同联邦德国有外交关系的,还有东欧国家和阿拉伯国家(民主德国例外),照会表达了自己在缓和与"德国政策"问题上的立场。这份文件名为"联邦德国就裁军和保证和平的照会",外界称之为艾哈德的"和平照会"。

给苏联和其他欧洲国家的建议则要求以放弃使用武力的声明作为交换。但是该建议同时又要求,不能在声明中提及承认边界不可破坏以及承认民主德国的问题。以此为基础来调解联邦德国和社会主义国家的关系,很明

---

① Haftendorn H. Deutsche Außenpolitik zwischen Selbstbeschränkung und Selbstbehauptung 1945 – 2000 Stuttgart/ München, 2001. S. 174.

显在那一时期是不可能做到的。

此时开始的缓和没有从根本上影响基辛格总理在任时联邦德国的外交政策。虽然社会—民主党人勃兰特领导的外交部门,"大联合政府"未能成功克服来自基民盟、基社盟党团的抵制和对抗思维的惯性,该党团还是坚守在冷战的战壕里。要同时必须遵循基民盟和社会民主党的方针就导致了外交政策在东西方关系的力量使用上不统一不协调。

基辛格反对在自己党内广泛流行的对抗情绪。1967年4月18日在联邦议院对基民盟、基社盟代表讲话时,他说:"现在这样的时刻已经来到了,即我们必须力图根据新的情况来确定我们国家在世界上的地位,根据与盟国的关系,与'第三世界',而同样对东方的关系。"

基辛格重复了联邦德国建议以不使用武力声明作为交换并主张和平睦邻。政府声明是呼吁和解,它是一份表达准备进行谈判的文件。在过了几乎20年重新使用这个似乎被基民盟、基社盟忘却了的概念:"在一百年里德国是西欧和东欧之间的桥梁。我们愿意在我们的时代履行这一职能。"这样,基辛格重新回到了历史上的"桥梁理念"。

在莫斯科坚持认为,华沙条约组织国家同联邦共和国关系正常化应该只有在那个时候才能实现:第一,承认民主德国并以奥得河和尼斯河为边界;第二,自1938年慕尼黑协议开始的一切协议"毫无意义";第三,西柏林"独立"性质;第四,放弃任何获取原子武器的要求。①

这样,基辛格政府的"东方政策"已经传遍了苏联和民主德国,时间不长就因为苏联宣布华沙条约出兵捷克斯洛伐克而被冻结起来。

1968年8月华沙条约出兵捷克成为对缓和的沉重打击。苏联这一时期试图克服因为出兵捷克而陷入的国际孤立境地。就美国和联邦德国而言,每一方出于自己的原因,都在寻找恢复同苏联政府对话的可能性。

---

① Loth W. Die Deutschen und die deutsche Frage von 1949 bis 1969:eine Bilanz// Bundesrepublik Deutschland:Geschichte, Bewusstsein. Bonn, 1989. S. 44.

在"大联盟"政府同东欧国家努力进行外交接触的同时,积极发展经济交流和信贷金融关系。总之,"贸易仍然是波恩对东方政策的最重要武器之一"①。联邦德国同苏联及其他国家的贸易——经互会成员,首先是同罗马尼亚和捷克斯洛伐克,同时还有南斯拉夫的贸易关系发展很快。在1969年4月联邦德国和苏联签署了建设两座生产大口径管道工厂的条约。在当年汉诺威博览会上苏联外贸部长帕托利切夫与联邦德国外长希勒讨论了签署"天然气管道"合同的可能性,据此在后来1970年2月签署了协议,其中原因之一是联邦德国对于加速发展同东方的贸易具有经济兴趣,可以改善联邦德国外贸平衡并借此有助于克服经济衰退。但是,更重要的是,波恩考虑加强在东欧的政治影响力,扩大它对苏联和民主德国的活动空间,并最终确信苏联会在最广泛意义上修正自己的对德立场。

二 莫斯科—波恩关系新篇章

(一) 勃兰特政府的"新东方政策"

曾经积极抵制希特勒独裁的代表人士,当勃兰特在1969年秋成为联邦政府首脑的时候,国际政治气候对于实现德国社会民主党外交打算特别有利。莫斯科和华盛顿进行限制战略武器的谈判,北约计划进行双方同等削减军备和武器的谈判。1969年11月28日,联邦德国加入核不扩散条约。在基民盟、基社盟和德国社会民主党组成的"大联盟"时期,出现了一番内部政治矛盾争执之后(关于越南战争、紧急状态法令、大学生抗议),德国社会民主党—自由民主党的新政府有必要在转向同东欧的相互理解政策方面争取到新的成效。

联邦德国社会关于有必要结束冷战时代的广泛共识成了执政精英制定

---

① *Griffith W. E.* Op. cit. S. 282.

"新东方政策"——欧洲缓和与世界和平政策的组成部分——的主要前提。可是，还没有出现"新东方政策"，也没有欧洲安全与合作会议的时候，关于进行这类事宜的事先协调已经在 1972 年 11 月开始了，在批准"东方条约"并在四国就西柏林协议生效之后，开始了联邦德国和民主德国关系正常化进程。

勃兰特在"新东方政策"方面集中力量实现如下任务[①]：（1）西德和苏联声明不使用武力，同时巩固双边关系特别是经济关系。（2）与波兰达成协议，包括承认奥得河、尼斯河边界。（3）改善西柏林周边形势。这样联邦德国的任务是保障三大国对西柏林的责任，特别是城市的交通及改善，加强东西柏林之间联系，以及西柏林与民主德国的联系。（4）与民主德国达成一揽子协议——可能要借助于苏联协助——这些协议要宣示两个德国之间的特殊关系，不包括国际—法律承认民主德国。要特别关注改善邻国居民生活的措施，通过扩大交流方式，即通过保证公民自由移居，以及信息和意见交流。（5）在与其他东欧国家的条约中，在国际承认民主德国并且两个德国加入联合国之后，它们不再受到那种所谓的"乌布利希主义"屏障的威胁（作为华沙条约组织成员应该放弃同联邦德国关系的正常化，当它图谋着要求在国际舞台上以全体德国人唯一代表资格之时）。（6）两个德国参加欧洲安全与合作会议并就削减军备和中欧军力进行谈判。

"新的发展政策"的奠基石是 1970 年 8 月 12 日签署的莫斯科条约，其中苏联和联邦德国确认了双方关系的主要原则。发展同苏联的务实关系使得勃兰特政府的兴趣上升，因为它也意识到"东方"和"德国政策"只有在考虑到苏联利益的时候才能够实现。

在 1970 年 1 月 30 日到 5 月 22 日，巴尔和葛罗米柯交换意见的结果是出台了所谓的"巴尔文件"，其中联邦德国有义务"在目前和未来尊重整个

---

① Хакке К. Великая держава поневоле (внешняя политика Федеративной Республики Германии) / Пер. с нем. М., 1995. С. 128.

欧洲边界不受破坏"，包括在联邦德国和民主德国之间以奥得河、尼斯河为界。此外，联邦德国有义务不提出任何领土要求。这种表述符合涉及有关德国问题解决的法律约定。联邦德国签署的条约在理论上不负有未来统一德国的义务。从苏联方面看也放弃了根据联合国宪章关于"敌对国家"条款的军事入侵的权利。1970年7月1日打算公开这份文件，表明了联邦德国勃兰特总理对苏联作出了重大妥协。

从1970年4月4日到11日，勃兰特在美国。他此次访问的目的之一是想寻求大西洋彼岸伙伴对于推行"东方政策"的支持。总之，整个华盛顿欢迎联邦德国新的外交，认为它可以作为自己缓和国际紧张局势方针的掩体。

（二）苏联—联邦德国的莫斯科条约

联邦共和国承认两个德国存在的事实，签署核不扩散条约，1970年2月1日起签署三个有关苏联提供天然气为期20年以换取大口径管道的协议，以及同月在莫斯科开始协商关于更紧密技术合作问题加快了苏联—联邦德国对话。在葛罗米柯和谢尔之间从1970年7月17日到8月7日进行激烈谈判，最终形成积极成果，虽然联邦德国外长及其部门专家事先认为同苏联不可能签署这些协议。

1970年8月12日在莫斯科签署苏联和联邦德国的历史性条约。根据联合国宪章它预先规定使用专门和平条约解决有争议问题。苏联和联邦德国保证不以武力威胁或者不以使用武力相威胁；它们声明，不存在任何领土要求，无论现在还是将来都不提出此类要求；承认欧洲所有国家的边界现在和未来不遭到破坏，包括以奥得河—尼斯河为波兰的边界和联邦德国与民主德国之间的边界。

签署莫斯科条约在莫斯科被认为是重大事件和无可置疑的外交成就，这不是因为承认了欧洲边界的不可动摇，而是承认了苏联对于华沙条约成员的控制不可动摇,即苏联在"社会主义大家庭"的霸权。"这说明莫斯科方面准备寻找相互接受的解决办法,并且以此给勃兰特政府加强如此印象,即不同苏联协商谈妥,他的政府就没有条件去考虑联邦德国同其他社会主义国家的谈判。"①

"莫斯科条约,清楚地表明了,这种'印象'在联邦德国谈判者那里被成功地建构起来。这种事实,即要解决德国—德国的边界和德国—波兰的边界问题并不能在联邦德国同波兰或者同民主德国签署的文件中得到确认,而是要在同苏联签署的文件中才能得到确认,即确认苏联在'社会主义大家庭'中的特殊地位——这种地位反映了所有成员国的利益。"②

(三) 勃列日涅夫和勃兰特克里木半岛会晤

1971年9月苏联领导人勃列日涅夫和联邦德国总理勃兰特在克里木半岛的会晤,成了实现苏联—联邦德国关系正常化的新的重要步骤。双方讨论如下问题:莫斯科条约和华沙条约的批准,关于西柏林的四方协议,准备由美国和加拿大参加的全欧洲安全与合作会议,两个德国加入联合国的前景。会谈时苏联领导人提出关于西柏林协议生效取决于联邦议院尽早批准"东方条约"。总之,克里木会晤表明了联邦德国在东西方缓和过程中发挥了新的上升的作用。同时也是一个分水岭,自此联邦德国开始了独立和自信地参与建构涉及东西方关系的政治活动。

勃列日涅夫同样也追求新的目标——争取加强经济合作并获得联邦德国对于尽快召开欧洲安全会议的支持。相反,勃兰特提醒他不要期望值过高,试图利用苏联对经济合作感兴趣的时机以便于调整那些在西柏林四方协议签署后尚未解决的问题。

---

① Цит. по: Филитов А. М. Германия в советском внешнеполитическом планировании 1941 – 1990. М., 2009. С. 300.

② Там же.

12月7日签署了联邦德国和波兰的条约，它的重要性对于欧洲来说并非不重要，因为它成了联邦德国—波兰关系正常化的出发点。在这种情况下需要考虑到，在两个国家之间有关战后欧洲的许多重大问题上是存在着重要分歧的。在长达十年里，联邦德国试图修正波茨坦协议，它规定波兰获得了现有西部的领土。此外，发生了有数以百万计的德意志民族公民向西部的迁徙，他们当中的大多数居住在现在的联邦德国。随着承认战后领土安排，放弃使用武力或以使用武力威胁，以及承认波兰西部边界以奥得河—尼斯河为界，这在联邦德国和波兰关系历史上掀开了新的一页。

（四）关于西柏林问题的协议

自1945年起，柏林被分为四个占领区就成了德国问题和东西方关系的巨大障碍。西柏林作为在民主德国领土上的飞地的微妙地缘政治地位，由于西方安全方面政治和军事保障及其与联邦德国的联系而得到补偿。每当苏联对西柏林施加压力的时候，波恩或者联邦德国的西方盟国都以准备坚守和捍卫西柏林的努力进行应对。

苏美英法四大战胜国之间的正式谈判于1970年3月26日在波恩开始，持续一年多没有明显成果。其中障碍之一是民主德国领导人乌布利希要求联邦德国政府要在法律上承认民主德国，这一点长久以来妨碍并威胁着关于西柏林协议的筹备工作。此外，乌布利希想要就西柏林谈判在德国—德国的层面上进行，而不要在四大战胜国层面上，他还威胁要把西柏林转交给民主德国司法管辖并且切断所有同联邦德国的联系。

只是在1971年5月3日乌布利希"由于健康"原因离开党和国家领导岗位（此后一段时间他还是国务会议首脑）以及昂纳克成了他的继任者之后，谈判才从死亡线上拉回来。5月7日，苏联驻民主德国大使阿布拉西莫夫宣布，关于西柏林谈判取得明显进展。在乌布利希辞职后还没过一个月，5月28日谈判者同意了方案，它成了最终文件的基础。

严格地说，四方协议不是社会—自由派联盟的"东方"和"德国政策"的组成部分，因为无论是联邦德国，还是民主德国，都没有参加谈判的权利。直到1990年10月3日前，西柏林一直属于战胜国责任区。然而，波恩是有可能影响到西方谈判立场的。为此最重要的方式是"四方集团"，它同主要谈判者同时举行会议并且由联邦德国和美英法三大国的代表组成。况且，波恩同莫斯科保持着直接接触，因为考虑到这时就制定苏联—联邦德国条约在进行着谈判，在条约签署后这种接触也没有中断。

对于西方盟友联邦共和国来说，实际上，就是谈论关于简化公民迁徙和保护"三个最重要组成部分"的话题：西方三大国在柏林的存在权利，通过民主德国领土进入城市的权利，必须保障西柏林居民有可能自己决定自己的未来和自由选择生活方式。

苏联对于西柏林协议感兴趣，因为批准莫斯科条约和与波兰条约是取决于这一点。民主德国同样对这个协议表现出兴趣，虽然很坚持，也是因为一旦出现了反对的情况，关于民主德国和联邦德国关系原则的条约的谈判会受到威胁，并且会因此而失去对民主德国的国际承认。美国对西柏林协议感兴趣，是因为美苏关于缓和的对话，特别是控制军备问题，只有在联邦议院批准"东方条约"之后才能够有机会取得成效。

从西方观点来看，谈判的最重要问题仍然是联邦共和国维护西柏林对外利益的无法令人满意的代表资格。在每一项国际协议中，联邦德国的这一项职能必须重新获得确认。苏联方面明确同意联邦德国当局在西柏林的存在并由联邦德国的领事机构来代表西柏林的利益，这是已经实现了的，当莫斯科同意它在西柏林开设总领事机构的时候。

（五）联邦德国与苏联的东欧盟国全面改善关系

签署联邦德国与苏联、波兰和民主德国的条约，开辟了通向调整捷克斯洛伐克—联邦德国关系的道路，早在莫斯科各方意向协议中已经注意到必须为"东方政策"的基础做最后的补充工作。1973年12月11日在勃兰特和谢尔访问布拉格期间，签署了捷克和联邦德国相互关系条约。双方达成共识，慕尼黑协议"是捷克受到使用武力威胁情况下出现的"，承认它"毫无意义"，即从法律上来说已开始无效。布拉格条约确认了边界不受侵犯原则并注意到捷克—联邦德国共同边界不受侵犯。文件里声明不以武力威胁或者在涉及欧洲和国际安全问题上不使用武力。捷克和联邦德国有义务以和平手段解决有争议问题。双方愿意扩大经济、科学、科学—技术和文化交流，保护环境、体育等领域的合作。

由于战前德国—保加利亚和德国—匈牙利之间存在过的历史联系（霍尔蒂匈牙利和沙皇保加利亚在二战时期成为希特勒德国的盟友），在联邦德国与保加利亚和匈牙利的关系中没有像苏联—联邦德国关系或者联邦德国和捷克关系中存在的那些问题。但是，苏联的保留意见在联邦德国同东欧国家的关系正常化中通常会使它处于最差的状态。所以到了1973年12月21日，联邦德国才同匈牙利和保加利亚建立外交关系。

由于联邦德国同捷克签署条约以及同匈牙利和保加利亚建立了外交关系就完成了"东方政策"的双边阶段，此后联邦德国的"东方政策"原地打转。勃兰特不仅在外交领域开始进入下一步计划，而且在党内他遭到更多的批评。

（六）施密特政府进一步发展对苏关系的意愿

联邦德国同东欧国家双边关系正常化成了实现下一步计划——缓和国际紧张局势的多边阶段——的最有利的条件，正好有助于举行美国和加拿大参与的欧洲安全与合作会议并且开始东西方削减军备和中欧武器的谈判。

因勃兰特离职和施密特执政，力量平衡政策才具有了首要意义，苏联是这一政策的主要收获者。如果说勃兰特—谢尔政府以及基于双边接触的

"东方政策"截至目前是跑在了北约同伴的前面,那么施密特的"平衡政策"是致力于从军事角度来说争取更低水平的力量平衡。按照根舍的说法,鉴于苏联增长的扩张性就有必要在东西方关系中从缓和政策转向"现实主义的缓和政策"。"'现实主义'意味着:北约联盟必须经常牢记在东西方之间的世界观、目标和利益方面存在着矛盾。缓和政策只有在具备足够防御能力时才能够实现。"[1]

在施密特—根舍政府时期发生了联邦德国外交方针的调整,不能认为与世界诸多事件进程没有联系,因为正是它们,而更准确地讲,联邦德国高度参与国际劳动分工,这已经使并且继续使国家在极大程度上依赖于外部条件的任何变化。面对世界经济危机,而后又是面对东西方关系危机,"东方政策"和"德国政策"在这个时期进入第二个阶段。

1973年5月18—22日苏联领导人勃列日涅夫在联邦德国历史上首次访问波恩,双方签署了关于发展经济、工业和技术合作的条约。1974年3月苏联同联邦德国公司财团签署关于在库尔斯克建设钢铁联合企业的条约。1974年10月28—31日施密特访问莫斯科期间缔结了一系列经济性质的协议,包括向联邦德国提供600亿立方米天然气以换取苏联天然气工业所需的大口径管道和设备的"天然气—管道"第三份协议。

对于苏联来说,联邦共和国在20世纪70年代变成了最重要的贸易伙伴。应该指出,在签署莫斯科条约之前双方经济联系呈现出积极正面的趋势,不顾任何的政治扰动。从1955年到1969年相互贸易额持续增加:从3亿马克增加到29亿马克。1980年它已经达到154亿马克,1982年是207亿马克,1984年是252亿马克。从苏联的进口3/4是天然气、石油和石油制品,向苏联的出口是机器制造品、化学产品、电子产品。

在1978年5月4—7日勃列日涅夫例行访问联邦德国期间,签署为期25

---

[1] Genscher H.-D. Erinnerungen. Berlin, 1995. S. 475.

年的长期经济合作条约。如果说在联邦共和国约40%的贸易量是同西方国家进行,那么苏联份额在联邦德国出口当中持续保持着极低份额且长期不超过2.1%。然而这个份额即便微不足道,可是对发挥经济合作职能却是具有很大的政治意义。它是苏联和联邦德国之间、东西方之间整体上复杂的历史时期的重要联系纽带,当时的70年代国际政治气候正经历着严寒和重大转折。

(七) 苏美对抗升级中的联邦德国

在施密特执政时期,联邦德国成了苏联外交中的主要环节。超级大国间关系越是敌意增加,联邦共和国在东西方关系中也就越是分量加重。在施密特访问莫斯科期间是无法争取到改善超级大国间关系的,可还是有助于经常性扩大同苏联的双边联系。施密特和勃列日涅夫试图赋予经济领域双边互动的进程。勃列日涅夫坚持要实现大项目。施密特也像德国企业家和银行家,对于这些项目持有怀疑态度。双方的贸易额在20世纪70—80年代继续扩大。缓和有力地证实了经济领域互动在加强,而手段的自由度在70年代政治领域里却是变窄了。

苏联中远程导弹引起了施密特的担忧。苏联依靠SS-21、SS-22、SS-23导弹和陆基发射现代化而扩大自己的武器库。苏联在欧洲的核优势愈加明显。此外,苏联没有表现出意愿以减低自己在欧洲的常规武器水平。所以,1977年10月28日在谈到伦敦国际战略研究所的报告时,施密特作出了关于"东西方之间在欧洲的战术核武器和常规武器的不平衡状态"在增加的结论。[1]

在这一时期战略进攻性武器被列入第二阶段限制战略武器的谈判进程,而常规武器也被列入维也纳关于在欧洲削减常规军备和武器的谈判,按照

---

[1] Bulletin des Presse-und Informationsamtes der Bundesregierung. 1977. 8. November. No. 112. S. 1014.

他的说法，新式中远程核武器本身是一个"灰色区域"，没有被列入东西方之间的对话并且为苏联提供了单方面优势。所以，施密特要求消除"在欧洲存在着同限制战略武器谈判并不相称的现象"，直到发生了那种"所有战略威慑手段都取得平衡"为止。这意味着，北约必须"为现行战略提供足够和必要的手段"。实际上，施密特成了新式武器的倡导者之一，为此联邦德国外长根舍发明了"补充武装"一词。

第二年已在北约官方文件里出现了"战场核力量现代化"提法。1979年12月12日北约通过决议，在西欧领土部署108枚"潘兴-2"美国弹道核导弹和464枚巡航导弹。有趣的是，在这一天苏联高层决定出兵阿富汗。

当1979年12月27日苏联出兵阿富汗的时候，在北约国家里对这一行为的态度并不一致。一方面，出现了忧虑增加。出现了强烈要求同美国加强协调，制裁苏联，抵制将要在莫斯科举行的奥林匹克运动会。另一方面，出现了类似1914年欧洲人中间弥漫的担心被卷入冲突的情绪。世界和平不仅受到苏联侵略的威胁，而且受到源自两个超级大国对抗的威胁。

正如大多数西欧政府领导人一样，施密特力图限制苏联入侵对于东西方关系消极影响的后果。

1980年6月30日抵达莫斯科，施密特是苏联入侵阿富汗之后首位访问莫斯科的西方国家首脑。从联邦德国政府的视角看，此次访问带来三个结果。第一，访问证实了虽然波恩的"东方政策"因世界政治危机而难以实施，联邦共和国继续宣示有意愿谈判和愿意平衡考虑利益。第二，苏联确认自己有意愿同西方举行裁减军备的对话，包括欧洲战略武器。第三，联邦德国并不怀疑，它在西方军事—政治和经济结构的紧密一体化才能够同莫斯科达成协议。

按照美国和加拿大的样子，挪威和联邦德国拒绝参加1980年莫斯科奥运会以抗议苏联入侵阿富汗。世界进入了当时称为的"冷战"阶段。特别是对于波兰事件的反应,"团结工会"公开宣布不同意当局的政策,不能排除苏联干涉和1968年入侵捷克事件。

在施密特执政时期,联邦德国外交政策的"西方"和"东方"两个方向开始成了统一整体(先前被认为是相互抵牾的),本质上构成了新的综合体。在制定了第三个方向——应对能源危机的外交后,施密特把联邦共和国提升到主要经济大国的行列。形势的难以置信在于,施密特执政时期,一方面在国际舞台上联邦德国的国力和威望在提高;而另一方面,它的外交活动的空间在受限变窄。这背后的原因在于,施密特积极促进在超级大国层面上的东西方缓和政策的尝试遭到了失败。控制军备的政策,总理为此投入很多时间、精力并且给予很大希望,由于超级大国谁也不愿意推进双边谈判而同样也遭到了失败。苏美之间裁减军备的对话愈加受到束缚,西欧对它的影响也不起作用。施密特寻求在更低水平上"欧洲战略平衡"仍然没有成效。

三 从王位虚悬到改革与"新思维"

(一)莫斯科的威胁与波恩的对策

联邦德国外交从1982年到1985年是在华盛顿和莫斯科之间对抗加剧的条件下实施运行的,苏联在勃列日涅夫去世之后保守的长老掌权控制了国家,并且进入王位虚悬和不确定性阶段。这极大地限制了波恩在国际舞台上的活动空间。这一时期的关键问题:在欧洲的核武器竞赛,首先是中远程核导弹潜力愈加增长。1983年1月苏联外长葛罗米柯正式访问联邦德国,任务就是在两国领导集团更替之后说明双方的立场与打算。在同总理科尔及周围人的会晤见面过程中,主要关心欧洲安全问题。为了使联邦德国外交政策能够摆脱美国的对抗方针及立场,葛罗米柯特别强调,联邦德国应"坚守自己同苏联的关系,表现出自己的'主体性',遵循自己的利益,不要屈从外部影响"①。

然而在1983年3月联邦议院提前选举中取得胜利后,科尔(基民盟)公开宣布,他的政府将坚定地遵循实施北约的"加倍决定"方针。双方的军备竞赛加速了全新的防御,东西方之间紧张升级影响到了波恩同苏联方面打交道的方式。1983年3月借口双方获利"不平衡",联邦德国废除了同苏联的航空运输协议议定书。1983年9月由于韩国飞机被苏联导弹击落,联邦德国政府单方面通过决定暂时停止同苏联的航空交通。

双方不愿意寻求发展建设性对话的途径,明显地表现在1983年7月4—6日科尔对莫斯科的正式访问期间。在与科尔的会晤中,苏联领导人安德罗波夫试图对联邦德国施加压力,语气带有威胁,说如果在联邦德国境内部署美国导弹,苏联会采取及时和有效的应对措施。形势将有变化,对于联邦德国来说军事危险将增加许多倍,这是在警告他。两国之间形势复杂化将不可避免。至于联邦德国和民主德国的德国人,他们被迫通过密集导弹屏障相互瞄准。② 但是,这种威胁并没有引发联邦德国的行动,因为联邦德国在安全政策领域的进一步行动是要由国家的"跨大西洋义务"提前决定的,并且由联邦德国总理于1982年11月和1983年4月访问华盛顿时加以确认。《明镜周刊》指出了这一点:"联邦德国政府首脑在莫斯科表明自己作为'武力立场'政策的支持者,即美国总统实行的那种方针。总理表现得像一个美国总统的好学生,捍卫美国的立场并且不寻求同苏联的和解。"这样,《明镜周刊》总结,"他失去了那种,得益于勃兰特和施密特的政策而联邦共和国在莫斯科曾经具有的威望"③。

1983年11月22日德意志联邦议院投票表决"增加军备"。286票支持部署导弹,226票反对,1票弃权。11月23日联邦政府代表确认首批新式美国

---

① Правда. 1983. 30 янв.
② Правда. 1983. 6 июля.
③ Die Spiegel. 1983. No. 28. S. 15.

导弹器材运到联邦德国境内的军事基地。同日,苏联代表团离开日内瓦关于限制核武器的谈判。作为回应措施,在民主德国和捷克部署苏联战术核导弹。似乎是世界陷入了对抗的深渊,相互能够说的只有"从实力立场出发"。

1983年11月开始在联邦德国境内部署美国核导弹之后,西方观察家开始把苏联和联邦德国关系的气氛比喻为"政治寒冬"。1984年在政府间层面的两国正式接触,只有2月份安德罗波夫逝世而联邦德国总理短暂访问莫斯科,外长根舍5月份访问莫斯科,8月份两国外长在纽约联合国例行会议上会面。

(二)科尔和戈尔巴乔夫实现互访

1985年3月11日戈尔巴乔夫当选为苏共总书记,在4月中央全会上首次提出了关于在核时代需要"新的政治思维"的思想,这为恢复东西方对话奠定了基础,包括苏联和联邦德国的政治对话。1985年3月14日戈尔巴乔夫会见过科尔总理,后者去莫斯科参加前任总书记契尔年科的葬礼。始于勃列日涅夫去世并且在安德罗波夫的葬礼过程中继续进行的"葬礼外交"有了发展变化。这种前所未有的葬礼外交也是有益和需要的,因为科尔有可能在1985年3月14日结识了新的苏联头号人物。此外,他也会见了民主德国领导人昂纳克,有可能在葬礼临近结束时而又没有大排场的情况下亲自在最高层面上讨论复杂的两个德国关系。

在1986年政治对话好像很频繁。在1987年议会选举中受到严重损失,基民盟、基社盟—自由民主党大联盟被迫大幅度修正国家的外交方针。其突出特点是开始权衡,深思熟虑,并摆脱过于理想化。这促成了恢复同莫斯科的政治对话,联邦议院支持苏美之间关于消除中短程导弹的条约,而同时促成了民主德国领导人正式访问波恩。

在议会选举后,科尔在联邦议院表示,联邦德国赋予同苏联的关系"中心意义"。他说,"两国关系的巩固和扩大,符合两国人民的利益和愿望。我们将促进东西方之间相互理解,并且巩固欧洲的和平"①。在政府声明中强调,联邦德国—苏联关系希望更大的尚未被利用的各领域的可能性,首先是政治领域。

作为苏联—联邦德国关系发展的重要里程碑,1987年7月初联邦德国总统魏茨泽克正式访问苏联。戈尔巴乔夫和葛罗米柯与联邦总统会晤并进行谈判,同时谢瓦尔德纳泽和雅科夫列夫也同根舍会晤。1987年7月7日谢瓦尔德纳泽和根舍签署关于实施政府间科学技术合作协议的议定书。与此同时生效的还有三个部门间合作协议:和平利用原子能领域、农业领域、卫生医学领域。

1988年10月24—27日,在长期中断之后根据苏联苏维埃领导集团邀请,联邦德国总理科尔一行访问苏联,随行的有国防、外交、科学技术研究、环境保护和原子反应安全、农业和林业,同时还有70多位生意人代表。在访问过程中戈尔巴乔夫与科尔举行了谈判,苏联其他领导人同联邦德国的国务活动家和行业代表进行会谈。在苏联—联邦德国谈判完成后在莫斯科签署了一系列重要文件,同时在苏联—联邦德国关系中新的因素是在两国国防部门之间设立正式交流。

莫斯科会晤有其特殊性,做了可以做的事情,为1989年6月戈尔巴乔夫回访波恩而确立了苏联—联邦德国关系的重大原则问题。在这个意义上交换最高级别的代表团应该是组成一个整体。所以双方通过关于准备联合政治文件的决议,是着眼于戈尔巴乔夫于1989年6月12—15日的访问。

戈尔巴乔夫于1989年6月访问联邦德国的最重要成果是6月13日签署了载入波恩历史的联合声明。苏联和联邦德国声明自己有意愿基于已有的欧洲传统而促进克服在欧洲的分裂。对于两国而言建设和平与合作的新欧洲的主要原则是"无条件尊重每个国家的领土完整和安全。每个人有权选

---

① Bulletin… 1987. 19. März. S. 217 – 218.

择自己的政治和社会制度",这些在文件里得以明确指出。文件强调必须无条件遵守国际法的原则和准则,特别是尊重人民的自决权。从决议的观点来看,全欧洲性质的问题作为首要任务,双方确定了依靠已有的欧洲历史传统以克服欧洲分裂的联合方针。在文件里强调,积极发展苏联和联邦德国的关系对于欧洲形势和整个东西方关系具有中心意义。重要的因素是明确了相互政策的预期,政策考虑双方的条约义务并且不针对任何人。除了联合声明,双方还签署了11项政府间协议。戈尔巴乔夫高度评价联邦德国的政治作用,认为两国关系"作为伟大国家,在欧洲和东西方关系方面扮演中心角色"。

(三) 苏联—联邦德国合作的顶峰:德国重新统一

在联邦德国和民主德国建立40年之际,因受苏联行政命令体制"软化"的影响,在戈尔巴乔夫执政时期在欧洲的"现实社会主义"体系开始瓦解并且集团对抗消失,连同波恩的积极"德国政策",这导致了急速地统一两个德国。苏联的"欧洲政策"稳定地有利于科尔—根舍政府实施"东方"和"德国政策"。这个时候在欧洲的波恩—莫斯科—柏林三角关系中形成了相互不同的两种外交组合:苏联—联邦德国之间关系有实质性改善,苏联—民主德国关系却因昂纳克政权疏远苏联改革而受到削弱。这一因素在德国统一事业中发挥了催化剂作用。

这个时期在苏联和联邦德国的双边关系领域出现了大幅度的靠拢。此外,在西方工业化国家中,联邦德国仍旧是苏联的主要经济与贸易伙伴,20世纪80年代后半期在进行裁军和安全问题对话方面,联邦德国就其意义而言是继美国之后的苏联的第二大伙伴。在欧洲历史上德国的第二次统一就成了20世纪苏联—联邦德国合作的顶峰。还从未发生过类似20世纪90年代初如此和平的世界性事件。

在1989—1990年解决德国问题框架内谈判进程中形成的苏联和联邦德

第八章　苏联与两个德国的关系（1945—1991）

国之间的建设性互动关系，终于在1990年11月9日促使两个有影响力的大国缔结了关于睦邻、伙伴和合作条约（"大条约"）。它本身包含了最好的内容，在两国关系中直至德国的统一。最明显的是条约第5条规定，双方必须基于赫尔辛基最终条约以全面促进欧洲安全与合作发展进程，巩固和进一步发展与所有参与国的合作。"这些努力的目标是巩固和平、稳定和安全，并且把欧洲变成在经济、文化和信息领域的法治、民主及合作的统一空间。"①

条约能够成为如果不是联盟关系的话，那么也是最大限度上，成了战略伙伴的基础。但是在许多方面，它因为苏联最终解体而成了失去精髓的空洞文件，文件倡导者的命运发生了天翻地覆的也是改变了欧洲面貌的巨大变化。

在1990—1991年之交，似乎是达到了苏联—联邦德国关系的峰值。原来还不知道在苏联和联邦德国之间关系历史上有如此密集、频繁、广泛的友好往来。现在双方交往的实践全面地证实了这一点。这一时期在莫斯科经常有联邦德国的名人访客：德国社会民主党副主席拉夫温滕，宪法法院主席赫尔措格，经济部长缪列蒙，联邦议院基民盟/基社盟党团主席德佩格尔，环境保护部长特普费尔。1991年5月缪列蒙访问莫斯科期间，达成了关于向苏联国内市场提供数十亿马克德国商品的协议，而同时苏联方面获得20亿马克短期信贷以注销联邦德国公司的债务。

1991年3月联邦德国副总理兼外长根舍访问莫斯科，6月根舍的苏联同行正式访问联邦德国首都。7月在基辅苏联总统与联邦德国总理举行工作会晤，随后根据波恩的要求戈尔巴乔夫出席在伦敦举行的"七国集团"的经济会议。两国领导人之间的对话谈话经常进行。似乎是，没有什么力量能够阻碍双方合作的进一步发展。可是突然出现了变故。

---

① См.：Визит М. С. Горбачева в ФРГ, 9－10 ноября 1990 г. М., 1990. С. 45－55.

(四) 苏联解体给双边关系带来的不确定性

八月叛乱及其失败具有无法改变的后果，无论对于联盟，还是对于苏联（俄罗斯）—德国关系均如此。苏联因深刻内部矛盾而陷入了内部的相互仇恨，它濒临崩溃并且确实是在走向崩溃。但是，在西方的许多人仍然对于戈尔巴乔夫的能说会道、甜言蜜语抱有幻想，以为形势仍然处在他的掌控之下并且所有的苏联国际义务将得到履行（特别是苏联将批准所有关于裁减军备的条约）。证据之一是1991年10月根舍访问莫斯科并且同苏联总统会晤，正如苏联新的国防部长沙波什尼科夫和他的德国同行施托尔滕贝格之间的谈判。

然而有一些西方的政治活动家，特别是法国的，他们意识到曾经无比强大帝国解体崩溃无法避免，并且开始押注"俄罗斯牌"。在新的地缘政治形势下，面临着出现了如此可怕和强大的竞争者——统一的德国——法国急于要为自己寻找可靠的欧洲盟友。在争取俄罗斯的竞赛中，德国人行动迟缓，失去了充当倡导者的资格。实际上在苏联还存在"两个政权"和联邦德国一直押注在戈尔巴乔夫身上时，德国的行动发挥了消极的作用。这样做的后果就是，在1991年12月苏联崩溃之后，新出现的俄罗斯联邦作为苏联的主要继承者和国际关系法律主体，俄罗斯总统于1992年2月从巴黎返回时带回了重要成果，签署了友好条约，承诺给俄罗斯现政权提供最大优惠的总计35亿法郎信贷。1991年11月同样是叶利钦访问波恩，而取得的成果却很有限。在联合声明里计划要积极解决伏尔加沿岸的德国人问题，"为了发展俄罗斯与德国的关系"，同意使苏联和联邦德国之间的现有条约"适应俄联邦新的宪法权利"。

此后，两个国家具有了新的性质并且进入20世纪90年代之交新的估量时期，在双方对话中非常明显地开始了停滞时期。国际机制的不稳定和基于国家经营组织（对于苏联来说意味着实际上的国有制）的整个苏联—德国合作的基础结构随着苏联解体而瓦解，这对于双方对话状况给予了致命影响。以往苏联的机构，首先是国营公有制的，由它们来操办与联邦德国的联系，此时已经全部瓦解——苏联共产党、共青团、友好团体、苏联负责欧洲安全与合作的委员会、行业及许多其他组织。在俄罗斯的条件下，需要重新建立或者恢复这些机构，它们或者是由于苏共中央指派的那些老骨干的权势无处可用，在德国人看来这些人的威信已经遭到破坏，或者是由于经费不足和国家缺乏支持而正在忙于各种生意。

对于发展俄罗斯—德国关系具有消极影响的客观因素还有一个事实，即在镇压了苏联的反宪法叛乱之后联盟外交政策的"德国派"似乎实际上被斩首了，陷入了无人领导的境地，在当时俄罗斯的组织机构的构成中实际上是不存在的。此外，俄罗斯的国务活动家在俄罗斯同西方国家的整个关系中毫无理由地撤销了对美国方面作出的所有承诺，它们依据同俄罗斯交流的程度来看甚至远不如对联邦德国的承诺。

对俄罗斯—德国关系状况的消极影响，还有俄罗斯高层在解决恢复伏尔加沿岸德国人自治问题上的回避态度，使乌克兰总统克拉夫丘克不放过利用这个机会，邀请数十万"苏联"德国人移居到乌克兰的克里木和南部地区，以此希望争取到部分德国资金（总计2亿马克），这是联邦德国政府为解决苏联境内的"德国人问题"而拨付的。看来，时代要求紧急行动。

第二节 苏联外交战略中的民主德国

在第三帝国无条件投降和它被分为四个占领区之后，处在苏联法律管辖之下有10.8万平方公里及人口2050万。后来由于东部德国人大规模离开而前往德国西部，这个区域的人口急剧减少，民主德国的居民在修筑柏林墙之后保持在1660万水平。正是德国的这部分在同苏联建立联盟关系，以及在东西方确定势力范围,更确切地说是确定它们之间边界的战略博弈中发挥了非同小可的作用。

对于斯大林和苏联领导集团来说,总体上终于出现了可以进行控制的罕见可能性,即便不算是最好的,可也是一部分德国领土,在这里可以提供早先不成功的社会主义试验,以及在形成了两极世界的条件下建立起期待已久的联盟关系。自1949年起德意志民主共和国,正如莫斯科所想,成了苏联在军事—政治、经济、科学技术、文化和思想意识领域的主要战略盟友。

通过协议解决德国问题的不可能性,使得在德国人土地上的两个新国家面临着相似的外交问题。同联邦德国一样的,民主德国外交的主要内容是争取广泛的国际承认,争取在战后欧洲和世界的国际交往中,以及参与苏联在其势力范围建立的经济和军事—政治联盟体系中享有平等权利。这样在德意志的历史上,第一个"工人和农民的国家"需要花费20多年时间,以便在外交层面上同第三世界的和西方的大多数国家建立关系,而同时还要在政治和经济领域建立自己的对外联系。在争取同等权利的道路上主要障碍是联邦德国的官方立场,它觊觎着在国际舞台上享有代表全体德国人的唯一资格,拒绝承认东部德国享有国家合法性,相应地,在自己盟友当中也是秉持这种政策。所以直至20世纪70年代初,民主德国的外交,一方面,主要是聚焦于苏联;而另一方面,常常是应对联邦德国的所有步骤,并且成了观察德国—德国关系状况的镜子。只是波恩逐渐地摆脱了必须阻碍国际承认民主德国的"哈尔施泰因主义",民主德国的外交活动空间才开始扩大。

民主德国外交政策一开始就具有高度的意识形态化特点,虽然因为它的领导集团拒绝承认民主德国是德意志帝国的权利继承者,却声明说,它是一个完全新型的"第一个德国工人—农民国家"。外交政策首先要服从于国内社会主义建设的目标和防止"资本主义复辟的反革命企图"。外交的思想意识核心是无产阶级的国际主义,其原则就是在建设社会主义社会的条件下"友好、平等和同志式合作",要同共产党和工人党反对帝国主义的斗争保持协调,争取同资本主义持有不同看法的人和平共处。

从力量对抗来说,东柏林不能拒绝全面地参与社会主义国家大家庭和紧密地靠拢苏联。考虑到德国社会统一党政权的虚弱内部政治理由和合法性,民主德国的国家主权能够保住前途只有依靠"老大哥"的军事援助。必须明白,苏联(后来的俄罗斯)军队有40万人驻扎在民主德国境内直到1994年为止。在这种情况下,莫斯科的全面影响迫使东柏林外交政策处于严格的框架内。只是在70年代初,随着斯大林派头的老一代领导集团离开政治舞台,随着财政—经济困难加重,它只有同西方(首先是联邦德国)或者同正在增长的第三世界的合作与贸易才能够加以克服。苏联的作用开始明显地下降,随着苏联领导人戈尔巴乔夫宣布改革与公开性政策,"社会主义的橱窗"和社会主义友谊的"领导和引导力量"的道路最终也失败了。

一 民主德国建国

(一)德国的苏联占领区

战争尚未结束,还是在1945年4月美国驻莫斯科大使哈里曼向4月12日去世的罗斯福总统的继任者杜鲁门表示,欧洲面临着野蛮入侵的威胁,暗示苏联统治。5月12日电告白宫,他"对苏联人在东欧、东—南欧和中欧的行动深感不安"。面对苏联军队的战线"一道铁幕"降落下来,他写道,"未来将会发生什么,我们不得而知。毫无疑问,整个吕贝克—特里埃斯特—科孚岛以东的空间已经在最近将全部落入他们之手"。西方担心欧洲被布尔什维化,准备"三巨头"例行会晤,匆忙制订计划以抵制在德国境内的苏军,因为除此之外,没有其他选择。

而同时，苏联在出席波茨坦会议时，就认为自己在欧洲的战略部署有两个方案："推进的"——完整独立的德国，在或大或小程度上都取决于莫斯科；"保守的"——在分割德国的条件下建立共产主义单独国家。结果是"保守人士"取胜了。第一，他们找到了竭尽全力要夺取政权的德国共产党人作为牢固的基础；第二，西方大国有意或者无意的支持，它们要排除整个德国落入苏联势力范围的任何可能性。

如果说联邦德国外交政策的源头是阿登纳，那么还是在占领国的东部地区，这就是马克思—列宁式政党，它在"英明的富有同情心的领导集团"联共（布），而后苏共（从1952年起）领导之下开展自己的活动。恰恰是来自克里姆林宫的党内指示成了苏联驻德国军事当局行动的基础，该机构于1945年6月9日建立，并且在初期由朱可夫元帅领导（1946年4月前）。1949年3月前是索科罗夫斯基元帅，1949年10月前在民主德国成立后苏联监督委员会领导人任命了丘伊科夫将军。

（二）德国共产党的优势

建立政党和政权组织是在德国的苏联占领区内实施根本的社会—经济改造的前提条件。在苏联驻德国军事当局制定严格规则的条件下，改造活动进行得非常迅速。1945年6月10日它的第二道命令允许"反法西斯政党和工会"的活动，这些组织参与了地方和地区行政机构。命令致力于三个目标：第一，为共产党人保障更有利的基础条件以便在苏联监督下开展自己的活动；第二，赶在不受监督的到处建立反法西斯委员会的进程之前进行管理，从苏联来看，它并不知道是谁在领导这些委员会；第三，向德国人和国际社会宣示苏联占领区政策的民主特点。

早在允许政党同苏联占领当局密切合作的活动开始之前，德国共产党以及他们信任的人开始迅速占据了管理和经济机构的关键岗位，纳粹分子被排挤出去。并不奇怪，德国共产党早在1945年6月11日，即苏联军事当局建立的第二天成为第一个获准开展活动的政党。共产党的骨干是反法西斯人士,他们在法西斯统治时期就在苏联避难。早在战争结束前已经形成的德国共产党最有影响的团队是所谓的"乌布利希小组"(他后来成了民主德国最高领导人),这批人是1944年4月30日,即希特勒自杀当日,乘飞机降落在奥得河法兰克福附近的苏军机场,在柏林开始活动。其他最活跃小组在梅克伦堡和萨克森。乌布利希发布指示(此时德国共产党中央政治局委员,自1938年就侨居在苏联的"自由德国"中央委员会成员),在建立新的领导行政当局基层组织的过程中地方上的德国共产党遵循这一指示:"这个应该看起来是民主的,可是我们应该把一切都掌握在自己手中。"①

德国共产党的战后第一批文件并不盲目地模仿联共(布)的基本原理。在德共"呼吁书"不存在30年代风格的要求,如"建立苏维埃德国"(1930),"只有工人和农民统治这个国家"(1932),甚至在呼吁书里没有提及"社会主义"一词。为了这样做,德共同苏联领导人协商,为此乌布利希等人于1945年6月4日专程飞到莫斯科,表示"要让德国去适应苏维埃制度的道路是不正确的"。"在目前形势下",文件讲到,关于"建立反法西斯的、民主的制度,具有民主权利和人民自由的议会—民主共和国"。为了这个目标所有政党应该"在所有反法西斯的民主政党联盟中进行合作"②。这个原则证实了,在这个具体的时间段里,无论是在苏联,还是在德国共产党队伍里都没有想到德国分裂和建立两个独立国家的可能性。

1945年7月14日,在德国共产党、德国社会民主党、基督教民主联盟和德国自由民主党的基础上建立了反法西斯民主党的统一阵线。它的主要任务在于"为争取肃清德国的希特勒主义残余和争取建设以反法西斯—民

---

① Цит. по: Die Teilung Deutschlands 1945 – 1955. Informationen zur politischen Bildung. Bonn, 1991. S. 18.

② Ibid., S. 19.

主为基础的国家进行合作"。在这个联盟里决定采取一致同意原则。实际上，这保证了共产党人拥有否决权，因为不同意德共的要求会很容易被解释成"反苏联立场"，其结果会成为干涉占领当局。

德国共产党为了"友谊"而亲近苏联占领当局有自己的优势：在政治、信息情报、组织和党的物质保障方面。但是不能轻视居民对它的消极态度，居民认为共产党人是"占领者手里的工具"，"俄罗斯的党"。所以并不惊讶，其他的政党，首先是德国社会民主党，开始坚定不移地发展了自己的潜力。还是在1946年秋季，德国社会民主党成员拥有30万人，超过了德国共产党人数，这为传统政治力量占优势的中部德国开辟了变成社会—民主国家的前景。

德国的共产党人总体上在东部是力量薄弱，这迫使苏联军事当局和德国共产党加紧计划建立统一的马克思主义政党。主要担心在于，德国共产党有可能在拟定于1946年的议会地区代表与团体的选举中失利输掉。在德国东部的德国社会民主党在与德国共产党统一联合问题上面临苏联占领当局的强硬压力。

（三）按照苏联模式建党建国

1946年4月21—22日，在柏林由于德国共产党和德国社会民主党的东德组织合并而成立德国社会主义统一党（简称德国统一党）。社会—民主党人"贡献"68万成员，共产党人有60万成员。两个组织的领袖——威廉·皮克和奥托·格罗特沃尔被选举为德国社会统一党的主席。乌布利希成为党中央书记处成员和副主席。其他岗位基于平均原则分配。其余党派没有退出政治舞台，获得一些地区一级的部长位置，可是有义务无条件地承认德国统一党的政治力量作用。由于成立统一党，苏联掌握了施加政治影响力的强有力杠杆，它在1948年总计有200万成员。

1948年7月3日（实际上在苏联占领区进行货币改革之后很快）通过

关于转向以马克思主义—列宁主义为基础的"新型政党"的决议,这意味着要按照苏联式样建立组织结构的干部队伍并实行名录制度的分配职务。这样就取消了前社会—民主党人和共产党人平均参与党的建设的做法。1948年秋季,建立党中央监督委员会,负责积极清查党员队伍。所有这一切都加快了德国统一党演化成为斯大林式的共产党。这种演变同时还包括建立书记处和政治局,决定在1949年1月举行第一次党的代表大会。统一党的主要组织原则是民主集中制。统一党区一级委员会监督委员会有义务清查党员队伍。同"铁托主义"(南斯拉夫社会主义模式)和"社会—民主主义"进行不妥协斗争成了该统一党成员的义务和责任,正如要表现出与联共(布),与斯大林,与承认苏联领导作用的一致性。建立政治局、书记处和中央机关意味着完全转向了联共(布),建立苏共的组织模式。

作为对1947年11月伦敦外长会议上西方国家倾向于建立单独的联邦德国国家的反应,在东部德国根据德国统一党倡议而确定德国人民争取统一与公正和平代表大会公民倡议。这个社会组织,根据创始人的想法,应该成为一个准议会大会,其任务是要支持苏联在四个战胜国外长会晤中关于解决德国问题的建议。在经过多次改组之后,它从代表大会变身为1949年10月7日的民主德国第一个人民议院。

1949年10月7日,德国人民委员会第九次例会通过关于委员会改组成为民主德国临时人民议院(议会)的决议。临时人民议院一致通过关于建立民主德国临时政府的法令,关于建立由五个地方自治代表会34位代表组成的地方议院的法令,以及民主德国宪法生效的法令。虽然同魏玛宪法的外表相似甚至个别段落一致,但1949年民主德国基本法是马克思主义—列宁主义国家意识形态居于主导地位。这个表现在确认"民主集中制原则"表述,表现在倾向于放弃分权制,建立单一制国家,是在学习模仿苏维埃制度。为了"建设社会主义基础"时代,还必须实行计划经济,所有社会生活领域意识形态化,改造教育制度和社会主义外交的职能。

1949年10月11日，在议会两院联席会议上统一党两主席皮克被一致推选为民主德国总统。稍后统一党的第二位两主席格罗特沃尔作为最大党团的成员组成了临时政府（民主德国人民议院代表乌布利希被任命为他的副手）。这样就完成了组织建立德意志民主共和国。

二 追随着苏联外交的航迹前行

（一）莫斯科的工具

作为苏联的产儿，自民主德国出现之时，就被考虑着不仅作为受莫斯科控制区域的所谓"人民民主"国家的前哨，而且也被作为不同于资本主义的联邦德国的"社会主义的选择"，这必然使得它被完全纳入社会主义阵营国家的经济与军事—联盟结构。"克里姆林宫的幻想家"关于同德国建立联盟关系的长期夙愿，虽然不是同它最大的一部分，也算是开始实现了。

早在1949年10月10日，苏联驻德国军事当局的行政职能移交给了民主德国机构。苏联驻德国军事当局自行解散，取代它的是建立苏联监督委员会以负责监督履行波茨坦协议。

10月15日苏联政府宣布与民主德国交换外交使团。同月，学着莫斯科的样子，那些盟友——保加利亚、波兰、捷克斯洛伐克、匈牙利、罗马尼亚和中国；11月和12月——朝鲜和阿尔巴尼亚；1950年初——越南和蒙古，纷纷同民主德国建立外交关系，开始了民主德国加入国际社会主义集团的进程。

统一党总书记由56岁的职业共产党人乌布利希担任，他得益于党在整个政治制度中的统治地位而成为民主德国的最高执政者。代表大会确定了党和国家体制的发展方向，是要进一步加入在东欧已经形成的社会主义国家集团。1950年9月28日民主德国被接纳进社会主义经济体系——经济互助委员会，其作用是促进东欧一体化。

（二）民主德国获得形式上的国家主权

在6月17日抗议事件之后，为提高民主德国的国际威望，在10月实际上所有社会主义国家都与民主德国政府签署了改组外交大使馆使团和交换大使的协议。此外，1954年3月25日苏联政府发布关于同民主德国建立"正如与其他主权国家一样"关系的声明。其中特别讲到，民主德国拥有自己的自由，以作为决定自己的内政和外交事务，包括与联邦德国的关系问题。同时还取消了对其国家机构的监督。3月27日民主德国政府颁布关于主权的声明。1954年8月苏联驻德国军事当局和苏联监督委员会发布的所有指令和决定失去效力。由于这些措施民主德国形式上获得了国家主权的所有职能——最高政权和独立性。

苏联和民主德国之间经济联系发展主要基于贸易协议。1950—1954年双方贸易额增加3倍多，总体上具有平衡性质。上述五年苏联给民主德国提供74.8亿卢布，而民主德国给苏联提供74.34亿卢布。这一时期苏联给民主德国提供信贷总计8.03亿卢布，其中6.58亿卢布是商品，1.45亿卢布是自由预算。①

与联邦德国加入西方军事—政治结构同时，民主德国也开始了参与社会主义阵营的进程。作为联邦德国加入北约的回应，民主德国于1955年5月14日成为华沙条约组织成员，这使得民主德国的地位同苏联的其他八个卫星国相等。1956年1月28日，与联邦德国类似，华约政治协商委员会决定，民主德国国民军的所有武装人员完全纳入受莫斯科指挥的华约联合武装力量。华约其他成员不在此列。

1955年9月20日，实际上是在苏联—联邦德国谈判后一星期，在莫斯

---

① *Новик Ф. И.* Советская политика в отношении ГДР до и после 17 июня 1953 года（по документам Архива внешней политики Российской Федерации）// Россия и Германия. Вып. 2. М., 2001. С. 287.

科签署了苏联和民主德国关系的条约。其中正式确认民主德国的主权（形式上和有限的），确立了相互平等和不干涉内政的原则，同时还宣示了"基于和平与民主恢复统一德国"的目标。文件计划发展政治、经济和文化领域的合作，可是不涉及军事领域。苏联武装力量驻扎民主德国领土的法律关系得以调整。在专门交换的信件中对于同西柏林交通联系的控制仍然属于苏联。

（三）修筑柏林墙

1960—1961年乌布利希政权开始承受社会—经济领域的负载过重，造成逃往西部的人群数量增加。民主德国公民大量逃离而前往联邦德国——而95%民主德国人逃往西部是通过西柏林——加剧了城市周边的紧张形势。实际上，关于保障整个社会主义阵营的安全问题就提上日程，民主德国是阵营的前哨。1961年7月，逃离人群超过3万人，统一党高层决定采取相应的控制措施，根据他们事先同自己"老大哥"和盟友的协商。1961年8月3—5日在莫斯科召集"兄弟社会主义国家"马克思主义政党首脑协商并且在经过严肃讨论之后，决定采取相应措施以稳定柏林和整个民主德国的形势。

1961年8月12日民主德国政府决定关闭西柏林周围边界。1961年8月12日深夜到13日国民军和人民警察在与西柏林的边界处筑起围墙，它成了30年分裂德国和欧洲的标志。同时还建立了同联邦德国所有边界处的管理制度。修筑柏林墙只是局部性尝试，与此同时统一党领导集团还考虑要关闭同西方的边界的措施，为的是一次性和一劳永逸地遏制那种因逃离人群经过西柏林前往联邦德国而对民主德国经济发展和国际威信所造成的威胁（1949年到1961年逃离人群总计约300万人）。严厉的边境管理制度的同时还在强化经济发展方面进行努力。盲目模仿苏联经验并未证明自己正确，民主德国急需克服思维惯性，首先是进行经济改革。

柏林墙是在熟练工人逃往西柏林和联邦德国的道路上设立障碍物，它成为经济高涨和提高国内生活水平的重要前提条件。实际上，从1961年起在民主德国开始了把居民真正整合进社会主义体系的阶段，因为居民没有任何可供选择的途径。在这种标志下进行关于后来进一步的发展和社会主义制度在民主德国的巩固。的确，在向苏联学习计划经济体制而必需品匮乏无法解决的条件下，当时民主德国领导集团承诺要在经济实力和生活水平方面超过西方的诺言从来没有实现。

（四）民主德国的特殊地位

20世纪60年代，民主德国成为经济实力方面位居第二的经互会成员国家和苏联的重要经济伙伴以及军事—政治盟友。这个成就得益于对外联系多样化和同苏联签署长期贸易协议。在民主德国生活中的重要事件是1963年1月举行的统一党第六次代表大会。大会调整和确立了党的一系列外交方针与目标，其中主要内容仍然是加强社会主义合作和与苏联的"兄弟联盟"。实施这一外交任务反映在1964年6月12日在莫斯科苏联和民主德国之间签署关于友好、合作和互助的条约。条约显示出在双边关系中发生了从1955年9月20日以来的实质性变化。它的签署证明了赫鲁晓夫有意放弃自己在德国问题上的攻击性施压政策，他曾经在1958年11月10日发出柏林最后通牒和1959年1月10日又继续已经发布的同德国和平条约的方案。

在文件中双方确认"不损害友谊"和基于社会主义国际主义原则坚定继续发展关系，促进巩固欧洲与世界的和平。强调要尊重主权和领土完整，不改变民主德国国家边界是欧洲安全的主要因素。两个国家一旦其中一方遭到攻击，要按照华约相互协调原则立即给予援助。民主德国作为华约的西部战线国家，开始成为苏联在军事—政治、科学—技术、经济和思想意识领域的主要战略盟友。这使得民主德国在东方集团中享有了特殊的优先权地位，虽然是以两个德国的形式而存在，它还是获得了比之其他成员国更多的帮助。从这一事务的反面来看，它在军事、政治和局部经济关系上对于莫斯科也有很强的依附性。而在苏联方面，这使得莫斯科要全面地将民主德国纳入双边军事—政治同盟。1964—1972年的这段时间在社会主义阵营里签署了20个联盟条约，其中6个是以民主德国的名义。

(五) 民主德国领导人更替

在临近20世纪60年代末，在国际紧张局势开始缓和的情况下，以乌布利希为代表的老一代领导集团已经不适合时代的要求。对于在勃兰特总理"新东方政策"框架内已开始的苏联—联邦德国的接近，乌布利希公开表达不满，因为害怕"老大哥"未经与东柏林协商而与联邦德国达成协议。而以昂纳克为首的年青一代也把他"逼得没有办法"。正如前驻民主德国大使阿布拉西莫夫写道，事情已经到了如此程度，1970年夏季未同莫斯科协商，根据乌布利希提议，他的副手昂纳克由于"攻击党的学习"而被解除了所有职务。当时苏共总书记勃列日涅夫下令此时正在莫斯科的阿布拉西莫夫，立即乘专机飞到柏林并恢复了昂纳克的所有职务。① 形势顺利缓解，可是"沉重郁闷感继续存在"。

领导集团危机在1971年5月因为昂纳克掌握权力而得以解决，他出生于矿工家庭，专职党务工作者。根据前民主德国侦查机关负责人、熟悉昂纳克的沃尔夫证实，他像勃列日涅夫，是个典型的斯大林式性格气质的代表，霸道专横的因循守旧随着年纪增长愈加厉害，他成为人性弱点——自己的和自己周围环境的——牺牲品。类似勃列日涅夫，他身处谄媚者的影响之中，认为自己是绝对正确的政治家和国务活动家。在勃列日涅夫逝世后，他开始认为自己差不多就是国际共产主义运动领袖中的第一人。

---

① *Абрасимов П. А.* Четверть века послом Советского Союза. М., 2007. С 261 – 262.

某些德国作家①不无理由地确认,乌布利希被推翻始于1970年夏季在莫斯科的准备。这个似乎在7月28日的勃列日涅夫与昂纳克之间的谈话中已经被确定了。在交谈中勃列日涅夫表达了不满:第一,统一党中央委员会第一书记在自己同事中间就国际共产主义运动方面表现得过于自信;第二,他试图对联邦德国方面实行独立的却不同莫斯科协调的政治方针,还表示民主德国和联邦德国政府首脑要在1979年冬春之交会晤。

此后很快,在同年12月9—11日举行的统一党中央全会上,乌布利希的经济政策遭到批评,特别是新的经济体制,以及在对联邦德国的单独路线上。1971年3月底乌布利希出席了苏共二十四大,在同勃列日涅夫的长谈过程中最终解决了他的离职问题。1971年5月3日在统一党中央全会上乌布利希宣布自己离开,作为他的继任者昂纳克接管权力。

自东柏林的权力更替后开始了民主德国历史上的新阶段,即"昂纳克时代"。这一时期新的重要因素是开始离开盲目模仿苏联制度,表现在研究"民族的社会主义"意识形态——"民主德国特色的社会主义"(1976年统一党第九次代表大会)。在20世纪80年代领导集团总体上倾向于信仰"最纯粹的社会主义思想"。

三 小伙伴还是战略盟友?

(一)昂纳克的"发达社会主义"

临近1980年民主德国实现了在经互会成员国家中最高的生活水平。人均收入在10年间(1970—1980年)从755马克增加到1021马克。改善了对居民供应的耐用消费品。物质和社会福利的水平还是很低,国家居民的生活供应仍然缺少灵活的体制。而民主德国在体育领域取得的巨大国际成

---

① См.: Stelkens J. Machtwechsel in Ost-Berlin. Der Sturz Walter Ulbrichts 1971//Vierteljahreshefte für Zeitgeschichte. No.45/ 1997. S. 503 – 533.

就成了对这一点的补偿，同时"劳动群众"满意度还在于取得了东方集团的最高劳动生产率和最高生活水平。但是在这种情况下也不能忘记，实现社会纲领的资金仍然来自国家预算，而这最终导致国家预算赤字的增加，赤字需要依靠外来借款弥补。同时，外国投资已经不能用于工业现代化，这导致劳动生产率停滞。虽然民主德国生活水平要明显高于其他社会主义国家，可是与联邦德国相比较，它仍然是非常低的。

1974年10月7日在国家宪法中出现了变化，根据它的说法民主德国人民已经在建设"发达社会主义社会"了。如果说在1968年宪法中关于民主德国是说"德国人民族的社会主义国家"，那么在它的新的说法中是说"工人与农民的社会主义国家"。区分德国西部区域和本民族历史传统（昂纳克："两个国家—两种公民—一种民族性"）由于强调与苏联的密切友好关系而得到了弥补——这对世界宪法权利而言是极少现象。如果说在老宪法表述中是讲与苏联"全面合作与友好"，那么新宪法条款是讲："民主德国与苏联永远不会中断联系。与苏联的密切又兄弟般联盟将保证民主德国人民沿着社会主义与和平的道路继续前进。民主德国是社会主义国家大家庭不可分割的组成部分。"这种极其少见的在宪法上强化与其他国家关系的提法证明了，民主德国对于在其境内驻扎20个师的苏联来说具有多么特殊的政治—战略意义。

在两国之间紧密的军事—政治关系再一次在关于友好、合作与互助的新条约中得到确认，它是1975年10月7日正值民主德国成立26周年之际在莫斯科由勃列日涅夫和昂纳克签署的。根据联邦德国专家的看法，倡议者主要是从东柏林，而不是从莫斯科的立场出发。以下因素证实了这一点①：很明显，新的联盟条约在许多方面重复了布拉格之春后1970年5月6日苏联和捷克之间的条约。实际上是表达了关于莫斯科愿意调整双边条约

---

① Meissner B. Außenpolitik und Völkerrecht der Sowjetunion. Köln, 1984. S. 322.

体系，以便进一步巩固自己在社会主义大家庭的霸权，换句话说，从国际法意义上认可"勃列日涅夫主义"。

自民主德国建立起就扮演了针对资本主义联邦德国的"社会主义选择"的角色。它被纳入集团对抗和被作为冷战政治最积极主动的榜样，以及经受着来自苏联最强烈的影响，考虑到它身处北约和华约之间分界线的欧洲大陆心脏地带的地缘政治地位，民主德国不能不在苏联的军事盟友和经贸伙伴关系中占据最重要的战略地位。

在根据经互会路线的合作框架内，民主德国向苏联出口机械、设备和运输工具。它在苏联进口的份额中1988年占17%。在个别商品中，它占有更多份额：拖拉机和农业技术占39%，金属加工机械占20.4%，食品工业设备占28%，仪器和试验设备占27%，金属薄板和加工设备占27%，造船设备占26%。同时，民主德国所用天然气100%依赖苏联供应，木材99%，石油97%，硬煤75%，生铁100%。[1]

（二）昂纳克对于戈尔巴乔夫改革的消极反应

在民主德国—联邦德国关系中，经济因素的作用持续增强导致民主德国逐渐地放弃了对待联邦德国的政治立场。民主德国被迫在一系列对于自己来说是重要的问题上作出妥协以便获得联邦德国的科学技术、财政金融和经济支持。最明显地表现在信贷货币方面，在这里联邦德国方面提供信贷要结合边境管理制度的放宽和人文交流领域的放松。至于联邦德国，它明显不同于民主德国，无论它的经济还是它的政治都不会严重依赖于两个德国的贸易量。它同民主德国的贸易额仅占自己全部贸易的1.5%，在它的最重要贸易伙伴中民主德国只是位居第15位。

从80年代后半期起，民主德国的社会经济形势出现了实质性的变化，

---

[1] Vogel H. Die Vereinigung Deutschlands und die Wirschaftsinteressen der Sowjetunion// Europa-Archiv. 1990. No. 13-14. S. 411.

它受到外部和内部因素的影响。在新的历史条件下已经不可能完全地断绝与西方的来往，特别是与联邦德国的来往。任何实行这种政策的尝试原来都是无效的，因为民主德国领土完全受西方的电视和无线电的影响。虽然民主德国民众的不满在增加，民主德国政权的制度却从未遭受严重的威胁。统一党机构能够保证稳定并且严格监管整个国家安全。

统一党的权威在迅速下降，因为它们愈加明显地无力去采取必要和果断措施以便改造社会政治和经济结构。但是，统一党领导集团也无心感受戈尔巴乔夫关于"全欧洲大厦""改革"和"公开性"口号的鼓动。苏联兴起的民主改革的浪潮不应该波及民主德国。统一党政治局成员、最高级别的理论家哈格尔直接断言说，"在自己的住宅里用不着只是因为邻居这样做了就要更换墙纸"。另外，党和国家领导集团采取了与苏联政治改革坚决划清界限的方针。它甚至不打算同自己的人民讨论，是否应该在民主德国社会生活中进行改革。民主发展在国内被认为是已经实现了。

统一党周围的高级工作人员采取了同苏联政治改革坚决划清界限的方针。在 1987 年 6 月统一党中央委员会第八次全会上，政治局的总结报告中作出的评估清楚地表达了这个意思。在理解社会主义发展道路的问题上，统一党领导集团甚至同苏共进行理论争论。苏联的改革被解释为"苏共的内部事务"。民主德国高层限制来自苏联的信息在国内传播，甚至禁止售卖苏联杂志刊物。

从 1989 年冬开始在统一党中央政治局成员中由于戈尔巴乔夫"新思维"对民主德国影响的不安情绪急剧增长。1989 年 6 月苏共总书记访问波恩并签署联合声明，统一党高层评价这一事件是为了获得联邦德国的经济和资金支持而对德意志两个国家存在的背离，是对"最紧密社会主义盟友"的背叛行为。

加剧民主德国社会整个体制危机的根源是内部和外部的原因。内部原因是官方喧唱的"发达社会主义"口号受到质疑，客观上民主德国的社会主义无力同联邦德国的资本主义进行竞争。经济上的停滞现象伴随着政治制度的瘫痪。外部原因应该是戈尔巴乔夫放弃了用武力捍卫"社会主义在欧洲和世界的成果"的政策。作为民主德国存在的保障，苏联在没完没了的军备竞赛中耗费了力量，莫斯科已经不能够，的确也是不愿意再为"现实社会主义"国家提供武力保证。苏联军队不介入1989—1990年民主德国革命事件就事先决定了德意志民主共和国的终结，关于它，勃兰特曾经说过，它"不是德意志的，不是民主的，也不是共和国的"。

（三）两个德国的统一

1989年夏，东欧国家淹没在历史上称之为"天鹅绒革命"的改革浪潮里，它们的主要口号是民族自由、自决、市场经济和取消共产主义制度。早在1989年4月匈牙利签署了欧洲委员会的人权宣言，在5月打开了与奥地利的边界线。紧随着匈牙利样板之后是波兰和捷克。在数月间一步一步地决定了两种制度的竞赛不利于社会主义。这意味着冷战和自1945年欧洲和世界被分割的战后时期的结束。

民主德国的内部紧张局势随着共和国成立40周年纪念日接近而加剧。昂纳克认为争取公民权利的新运动只是"极端的冲刺"。对于多次要求拆除柏林墙的问题，1989年1月他作出回应说，"反法西斯的防护墙要一直保留到导致它建立起来的那些条件发生变化的时候为止。它将矗立50年甚至100年"。正当戈尔巴乔夫讲到关于"全欧洲大厦"轮廓，而满怀希望的科尔指出"欧洲现存的僵化体制会在十年内解体"的时候，民主德国领导集团的惯性和拖延加剧了民主德国民众的不满情绪。

1989年夏，民主德国公民逃往西方的次数更多了。逃离民主德国到联邦德国的人数，从涓涓溪水到1989年秋变成了汹涌洪流。截至10月离开民主德国的人数超过20万。

昂纳克本想于1989年10月7日隆重纪念民主德国成立40周年并且重

复旧的口号，但这一天成了民主德国终结的起点。戈尔巴乔夫访问民主德国以庆贺共和国成立40周年的活动成了催化剂，它促使了民主德国的政治改革。有大量人群走上街头。他们以自己的抗议形式，开始是要求另一种真正的民主社会主义，而后，在当局的麻痹性痴呆开始后，他们公开呼吁要民主德国和联邦德国合并统一。

民主德国开始了导致国家结构解体和社会—政治变革的进程。苏联代表团成员的警告似乎也是徒劳无益，眼下如果采取内部改革并且同社会力量进行对话尚不算晚。戈尔巴乔夫在统一党中央政治局扩大的内部会议上对昂纳克说道："谁不赶快行动，那就来不及了。"可是昂纳克听不进这些话。10月18日党的管理权转交给克伦茨，10月24日人民议院选举他为国务委员会主席。

在11月1日民主德国新领袖与戈尔巴乔夫举行会晤期间，两位活动家想必是根据德意志民主共和国改革的能力和可能性进行了交谈。在任何情况下，克伦茨指出了这一点。① 当他使对方明白，"民主德国是苏联的产儿"，因而很重要，正如苏联对待自己的"父子关系"那样，苏联领袖同意并且回答说，"他的所有外国交谈者都强调说，在世界上任何一个严肃的政治家都不能想象一个统一的德国。而未来的决定要让柏林作出，而不是让波恩作出，那么，根据他的说法，应该改善民主德国—联邦德国—苏联三角关系的协调"② 。可见，戈尔巴乔夫的谈话极其明确坦率。在未来，民主德国—苏联的关系无法挽回地弱化，而联邦德国—苏联的关系那么地牢固，这意味着把全部主动权交给波恩，并且由它在德国统一事务中放手行动。

11月7日，宣布关于民主德国部长会议全体成员集体卸任，第二天在统一党中央全会上党的政治局几乎全部被解职。克伦茨留任总书记一职。

---

① Krenz E. Sowjetische Europa-Politik und die Lösung der deutschen Frage// Osteuropa. 1991. No. 8. S. 751 – 773.

② Павлов Н. В. Россия и Германия: несостоявшийся альянс. М., 2017. С. 404.

1989年11月9日，在东西柏林之间的围墙在勃兰登堡城门打开以便于通过，两个德意志国家的居民坚信民族统一的思想，社会主义的民主德国实际上被终结。开始废止这种谁也不愿意让它继续保留下去的制度，除了那些从中获得好处的人之外，苏联—民主德国的战略联盟终止了它的存在。

第九章

苏联与德国问题

苏联在战后政策中的出发点是，绝不允许德国问题再次使人回想起从德国人土地上在不到30年时间里两次军事入侵造成巨大死亡与破坏的噩梦，再次成为忧虑害怕、警惕戒备和猜忌不信任的根源，因为德国问题触及整个20世纪欧洲和世界政治最敏感的神经。致使德意志民族和欧洲分裂为"两个世界和两种政治"的柏林墙于1989年开始拆除，很快就触及这样一些最重要的国际生活大问题：东西方之间的战略平衡；建设"全欧洲大厦"的前景；在欧洲大陆的军事—集团政治；建立统一德意志国家，它的地位，以及不破坏欧洲边界，即按照它的意愿解决德意志问题。

在1990年2月21日接受《真理报》记者采访时，苏联的首位也是最后一位总统戈尔巴乔夫强调说，苏联从来不否认德国人的自决权利（此前苏联领袖已经赞同民主德国和联邦德国合并统一，包括就调整德国统一的外交观点进行谈判）。

他说道：

即使是在战后，这场战争给我们的人民带来合法的胜利自豪感，无论什么也无法估量我们的痛苦，自然而然也仇恨战争的罪犯们，苏联是反对肢解德国的。我们没有肢解德国的想法，对此我们也不负有责任，正是在后来，在"冷战"的条件下，这种事件发生了。

我补充一点：甚至在出现了两个德意志国家之后，苏联政府连同民主德国继续坚持德国的统一。在1950年苏联对民主德国提出了有关恢复共同的德意志国家的建议。1952年3月10日，苏联政府提出让德意志合并在统一的民主和中立的国家里的计划。西方否决了这个建议。在1954年柏林外长会议上我们重新建议建立统一的非武装化的德国。又一次遭到拒绝。过了一年，1955年1月15日，苏联政府提出关于建立基于自由选举政府的统一德国并与其签署和平条约的建议。这个建议仍然没有得到回应。在1957—1958年，甚至由民主德国提出并得到我们积极支持的关于建立德意志代表会议的建议也是无人理睬。紧接着在1959年四大国外长会议上苏联提出新的建议：与统一联合的德意志缔结和约，它不能加入军事—政治集团，可是可以拥有一定的军事潜力。结果——还是如此。

是的，在缔结莫斯科条约时，苏联并没有排除克服德国分裂的前景。这个证据——我们的政府接受了"有关德国统一的信件"，它是勃兰特和谢尔签署这个条约时附加上的。

事实就是这样。①

在为苏联领导人准备的这段文字中，所表达的事实就是如此。很显然，这是外交语言和姿态，至于事实本身究竟如何，为了要明白和确信，苏联总统所说的这些事实有多少是符合实际情况的，应该回顾一下伟大卫国战争最初数周的情形。

◇ 第一节　在三大盟国决议中的德国问题

关于德国问题在二战期间三大同盟国的各自思考和相互磋商当中自然

---

① См: *Павлов Н. В.* Россия и Германия: несостоявшийся альянс. М., 2017. С. 415–416.

会涉及，因为战争进程及结局必然要求参战国考虑未来德国问题，非如此不能使同盟国全力以赴，肢解德国是三大盟国的既定方针，在战争早期这算不上歹毒的念头。只是随着时间推移，这似乎像是一种不好的做法，1990年戈尔巴乔夫对真理报记者所说的那番话，只能被看作是公共外交的说辞。

一 苏联领导人对于未来德国问题的考虑

早在1941年7月12日，苏联和英国签署了关于在反对德国的战争中联合行动的协议，据此双方有义务只有根据相互协调才能同德国缔结停战或者和平条约，同时也不能同它进行单独谈判。这是为反希特勒联盟形成奠定基础的第一个条约。虽然莫斯科没有加入1941年8月14日美国和英国之间的大西洋公约，然而9月24日它发表关于苏联外交目标的声明，并且表示同意丘吉尔—罗斯福联合声明的基本原则。

1941年11月21日，苏联驻伦敦大使麦斯基收到莫洛托夫关于讨论德国问题的指示，其中谈到斯大林对于德国方面的政治目的。在指示中特别讲道："关于斯大林同志本人对于奥地利、莱茵河地区等的看法，斯大林在想，奥地利应该以独立国家形式从德国分离出来，而德国本身，包括普鲁士，应该被分解为一系列或大或小的能自主的国家，为的是借此为未来的欧洲国家的稳定建立起保障。"①

肢解德国的要求既不具有"局势性的"，也不具有"策略性的"特点，这一要求在整个战争期间"是外交人民委员会对于德国计划始终不变的组

---

① Телеграмма Молотова Майскому, 21 ноября 1941г. // СССР и германский вопрос. 1941—1949: Документы из Архива внешней политики Российской Федерации: В 3 т. Т. I: 22 июня 1941 г. – 8 мая 1945г. / Сост. Г. П. Кынин и Й. Лауфер. М.: Междунар. отношения, 1996. С. 119.

成部分"①。对于斯大林来说，分裂德国是剥夺它的实力的条件，另外也是全面解除它的武装的要求。这两个目标在苏联外交政策的制定中具有原则性重要意义，因为使德国沦为欧洲的二流国家，首先有望依靠消除德国在东北欧和东南欧的影响力以便加强苏联在大陆的阵地，与此同时，有望创造机会以便在这些地区建立起苏联的势力范围。

确定要将德国分裂为若干国家的方向及目标，成为在外交人民委员会关于战后调整计划中的主要考虑。"但是苏联方面的这些计划任何时候都没有声张出去，而从1945年3月起由于临时性策略原因，它们没有在同盟国的谈判中被提起过。"②

公共政治需要另外的话语，另外的声明。1942年2月23日《真理报》发布斯大林关于纪念红军创建24周年的指示，其中第一次表达了他的著名而又了不起的话："……如果把希特勒匪帮同德意志人民、同德意志国家混同起来，那是荒谬可笑的。历史经验会告诉人们，希特勒匪帮只是匆匆过客，而德意志人民、德意志国家——仍将存在。"

二　莫斯科会议有关肢解德国问题的议论

"斯大林的战后计划的命运不是在机关办公室和谈判桌上的语言能够决定的，而是要在德国—苏联战场上决定。只有当红军成功地组织起有效的防御并且从防御转入进攻的时候，斯大林才能实现自己的愿望，以便有权参与制定关于未来德国的决定。"③ 1943年10月3日外交人民委员副手杰卡

---

① Лауфер Й. Сталинские цели послевоенного миропорядка и преемственность советской политики в отношении Германии（1941 – 1953）// Сталин и немцы. Новые исследования / Под ред. Ю. Царуски. М. : РОССПЭН, 2009. С. 82.

② СССР и германский вопрос. Т. 1. С. 15.

③ Лауфер Й. Указ. соч. С. 191.

诺佐夫在准备给苏美英三国外长莫斯科会议提交斯大林倡议的备忘录。内称："关于领土的分散和德国政府体系非集中化，苏联政府认为有必要确认早先它所表达的观点，这个观点，苏联政府很清楚，同样英国和美国也同意，就是必须使战后德国的领土分散成为一系列小的国家……占领德国，根据同它签署的停战协议，应该有苏联、英国和美国的军队存在，三国应该在它的领土上组建自己的司令部。关于占领的持续时间和占领存在的秩序问题，三国政府应该另外在它们之间进行商议。"①

在莫斯科会议上（1943年10月19—30日）美国国务卿赫尔，遵循总统罗斯福关于将德国肢解成三个和更多国家的指示，提出建议实行"德国政治非集中化"。关于这一点他在自己的回忆录中有记载。美国人极力支持英国外交大臣艾登的看法："我们希望将德国分解成为几个单独的国家，特别是，我们希望把普鲁士同德国的其余部分分开。我们希望为此而鼓励德国的分离运动，它们能够在战后寻求自己的发展。"苏联外交人民委员莫洛托夫，倾向于不要就这个问题进行争论，要限于达成一项关于"该问题正在研究过程中"的声明。最后交换意见，会议决定关于未来德国问题转交欧洲协调委员会做进一步研究。

说实在的，分裂德国的要求是早先由同盟国提出来的。肢解德意志帝国的计划，美国和英国代表早在1941年12月两国主要领导人的华盛顿会议期间就进行了讨论。根据国务院专家莫斯利教授的证实，在这个时候制订了将德国肢解成为一系列独立国家的计划。

三 德黑兰会议提出肢解德国的问题

关于肢解德国的问题在1943年11月底12月初德黑兰会议期间被提出。

---

① СССР и германский вопрос. Т. 1. С. 265.

在 12 月 1 日全体领导人会议上，参会者很有理由地涉及这个问题——根据罗斯福的倡议。

> 根据我的意见——他说——普鲁士应该，根据可能性，被削弱和缩小自己的规模。它应该构成德国的第一个独立部分。构成第二个独立部分的包括德国的汉诺威和西北部地区。构成第三部分——萨克森和莱比锡地区。第四个部分——黑森省、达姆施塔德、卡瑟尔和靠近莱茵河南部地区，同时还有威斯特伐利亚古老城市。第五部分——巴伐利亚、巴登和符登堡。这五个部分的每一个都是各自独立的国家。此外，还要将基尔运河和汉堡从德国领土中分离出来。这些地区应该受联合国或者四个大国的管理。鲁尔和萨尔地区应该接受或者联合国，或者全欧洲的保护者的监督。①

丘吉尔支持罗斯福的想法，提出了两个建议：第一，将普鲁士从德国其余部分分离出来；第二，将德国南部省份——巴伐利亚、巴登、符登堡、帕拉吉纳特——从萨尔到萨克森一带从德国分离出来。"我要把普鲁士置于严厉的条件之下，他坚持。——我认为，南部省份很容易脱离普鲁士并且加入多瑙河联邦。"②

斯大林更加不露声色，可是也并未完全排除肢解第三帝国的可能性。"我不喜欢新的国家联合的计划——他说。——如果要决定分解德国，那么不应该建立新的联合体。就像罗斯福总统建议的，好像要五个或者六个国家和两个地区，这个计划可以再考虑。"③

---

① Бережков В. М. Тегеран, 1943. М., 1971. С. 112–113.
② Там же. С. 113.
③ Там же. С. 114.

四 克里米亚会议通过肢解德国的决定

在三大盟国克里米亚雅尔塔会议上（1945年2月4—11日），通过了关于肢解德国的决定："英国、美国和苏联将拥有对德国的最高权力。在实施这一权力的情况下，它们将采取这样的措施，包括完全解除武装，非军事化和肢解德国，它们认为上述措施为了未来和平与安全是必需的。"研究肢解德国的程序转交给专门委员会，它应该研究这样的问题，即法国代表是否愿意参加该委员会。

戈尔巴乔夫关于苏联好像从未否认德国人统一的权利并反对肢解德国的声明，几乎是不符合历史实际的。戈尔巴乔夫的说法有篡改之意，完全是另外一回事，已经在同意和接受这个决议之后，结果经过时间不长的，却是深入分析解决德国问题的可能性途径，苏联的立场忍受了极大的变更。很明显，以下考虑发挥了作用。第一，武力解除国家的武装和分裂民族不能保证长期维持大陆的和平。此外，斯大林确信，没有这样的措施，"足以能够排除德国联合的可能性"。第二，他担心国际社会舆论，在华盛顿和伦敦压力之下有可能会指责莫斯科分裂这个国家。因而，正当肢解德国委员会开始在伦敦工作时，苏联代表——苏联驻英国大使古谢夫——1945年3月26日按照苏联政府委托而致信委员会主席英国外交大臣艾登，内称："苏联政府认为克里米亚会议关于肢解德国的决议不是作为肢解德国的必须要做的计划，而是为了进攻德国并且一旦所有手段都不够用时为了它的安全，才将肢解德国作为一种可能性的前景予以考虑。"在这之后，在雅尔塔形成了关于肢解委员会的声明，实际上才停止工作。

虽然在1945年5月9日，卫国战争胜利日，正如在1943年2月，斯大林在告苏联人民书中声明，苏联，庆祝胜利，"既不是准备肢解德国，也不准备消灭德国"，可是分裂这个国家的方针已经明确了。在1945年6月4日晚,德国共产党主席皮克此时正在莫斯科,在同大元帅会面后在日记中记述:"前景——将是存在两个德国——虽然盟国一致。"①

苏联的主要论敌——美国——的政治路线具有类似的特点。例如,JCS—1067秘密指令直接指出,"军事管制从一开始就应该准备彻底地肢解德国"。指令是由杜鲁门总统于1945年5月19日签发。杜鲁门建议将德国分裂为一系列"单独主权国家",而同时建立由奥地利、巴伐利亚、符登堡、巴登和匈牙利组成的以维也纳为首都的"南德意志国家"。

五 波茨坦会议关于德国问题的结论

苏美英同盟国领导人波茨坦会议,在原则上对于胜利者在和平调解过程中认识的德国问题作出了应得的结论。在1945年7月31日—8月1日会议上政府首脑最终同意了"在管制初期同德国关系必须遵循的政治与经济原则"协议文本。基于该协议制定了德国非军事化、民主化、取缔纳粹和取消卡德尔的条款。三国确认,在德国的最高权力将由苏美英法军队指挥官实施,每个盟国在自己占领区,根据本国政府指令行动,而同时在涉及德国整体问题上必须联合行动。

所宣示的占领目的:完全解除武装,德国非军事化,取消所有可能被用于军事生产的德国工业,或者对它们进行监督;取缔国家—社会主义党,防止纳粹和军国主义活动或者进行宣传;废除所有纳粹法律;惩办战争罪犯;鼓励反法西斯政党活动,准备在民主基础上彻底改造德国政治生活以及德国在国际生活中相应的和平合作。

三大国同意,正如美国在关于对德国政策的方案中所提议的,目前"不成立任何集中化的德国政府"。苏联关于建立集中化的德国行政机构的

---

① Цит. по: *Лауфер Й.* Указ. соч. С. 205.

补充建议未被接受,虽然也承认是考虑到在德国的监督委员会领导下建立某些集中化管理机构。对德国关系的经济原则预见到,在占领期间德国应该被视为是统一的经济整体。①

在赔款问题上重要的是有关它们按照各占领区索取原则的决议。另外苏联应该获得在西部占领区拆卸工业设备的 25%,它的 15% 要用原料和粮食换取。赔款总数没有确定,虽然在雅尔塔谈到了总额为 200 亿美元,其中一半归苏联(必须指出,实际上苏联获得西部占领区设备总计约 500 万美元)。在这种情况下应该指出,苏联放弃了获得在西战区德国人企业的部分股票,放弃了参与获得德国人在境外的有价证券和黄金,特别是那些在保加利亚、芬兰、匈牙利、罗马尼亚和东奥地利的利益。赔款总数仍然是无法确定。总体上说,这个决定意味着承认在欧洲存在两个利益不同的区域。西方盟国捍卫的不仅是西部占领区,而且捍卫西欧免遭苏联的影响,并且在这个时期也放弃了对于东部占领区、北欧、东欧和中欧国家内部事务的干涉机会。

重要的发现是,在会议正式公告中指出:"德国的军事化和纳粹化将被肃清,同盟国彼此同意,现在和将来要采取其他措施以便使德国任何时候也不会再威胁自己的邻国或者威胁世界和平的维护。"同时三大同盟国宣布,"盟国不打算消灭或者奴役德国人民"。它们宣示自己有意愿"为德国人民提供机会以便于在未来基于民主与和平原则改造自己的生活"和争取实现"在未来世界的自由与和平人民中占有一席之地"这个目标。后来这个原则成为准备"2+4"谈判的出发点。

三大国首脑"原则上"同意苏联关于格尼茨堡城市转交给苏联并且是属于它的一块飞地的建议,坚持在和平调解之前最终解决这个问题。在对于波兰的西部边界也采用类似的决议。三国首脑"确认自己的看法,即在

---

① цит. по: *Филитов А. М.* Германия в советском внешнеполитическом планировании 1941 – 1990. C. 71.

和平会议前最终明确波兰的西部边界"。因此他们同意,"在最终确定波兰西部边界前,以往德国领土"靠近东部一线,经过波罗的海差不多斯维涅敏德以西,由此沿奥得河至西尼斯河入口和沿西尼斯河至捷克斯洛伐克边界,包括尚未置于苏联管辖的部分东普鲁士地区,前自由市但泽领土,它们应该置于波兰国家的管理下,不应该被视为苏联在德国占领区的一部分。

西方同意德国人从波兰、匈牙利和捷克斯洛伐克迁徙,在随后时间里遭到严厉驱赶的德国人大约 775 万,这与同西方商定的关于"人道的"实施这一步骤是存在明显矛盾的。这样他们为德国人的罪行而付出代价,为波兰西部边界移动以作为补偿苏联方面获得格尼茨堡和一系列东部波兰领土而遭受的不幸。

波茨坦会议除了商议许多其他重要问题之外,包括赔款问题,还决定要建立由四个战胜国和中国代表组成的外长委员会,其职能在于应该准备对德国的和平调整。这样,波茨坦会议的决议,严格地说,只是明确了德国调整的总体方向,还不是完全意义上的国际法条约和战后欧洲安排问题的全面解决。研究制定这样的条约的任务属于外长委员会的活动,该机构由于客观形势尚不能胜任这项任务。

雅尔塔和波茨坦的文件又一次,正如 1919 年凡尔赛和约一样,仍然遗留下许多关于德国东部边界无法调整的问题。正是缺乏最终的德国调整成为联邦德国基本法个别条款出现的原因,特别是联邦德国关于领土问题的国际—法律立场,以及一系列联邦德国宪法法院关于德国在 1937 年存在的解释。甚至在 1970 年缔结莫斯科条约之后,联邦德国不仅不停止提出关于恢复德国人统一的问题,而且还公开声明,前德意志帝国法律上在 1937 年边界内一直存在。要说服联邦德国的法学家,在手里没有令人信服的实施雅尔塔和波茨坦决议的证据时,只是依靠既成事实作为自己的论据,这样至少是不严肃的。但是这多少也不能停留在另外一些苏联国际法学家直接确定关于不要忘记战后欧洲基础之说,引证事实上的状况,却不是法律上的确认。

第二节 两极世界解决德国问题的机制演变

在波茨坦会议之后，在关于解决德国问题的机制的演化中可以分为几个时期，第一个时期的特点是 4+1 模式，第二个时期的特点是 4+2 模式，第三个时期的特点是过渡到 2+4 模式。

一 解决德国问题的 4+1 模式（1945—1949）

这一时期解决德国问题的方式可以粗略地说是 4+1 模式。当时四大战胜国，作为国际社会公开解决问题，正如后来还不存在国家计划意义上的统一德国。这一时期的德国不是国际法的主体，而只是四方谈判中孤独无助的客体。而且在两极世界形成的条件下，四国已经非常清楚地知道自己为巩固各自在中欧地区势力范围所做的安排，以及以此维护已有的形状。在这种情形下，"苏联在 1945—1949 年对待德国方面的计划的突出特点是不连贯性和左右摇摆，它们大概是反映了在最高权力集团内部的立场和观点存在一定的矛盾性"[1]。

在波茨坦会议上大国首脑保持了合作的趋势，从 1945 年秋开始在德国问题上已经确定了分裂德国的方针。离心势力的主要倡议者是美国国务院的"里加派"代表，他们抱着极大怀疑心理接受了波茨坦的成果。这是一些早在两次世界大战中间就积极从事研究苏联的外交人士。这个政治—哲学学派的主要人物是乔治·凯南，战前他在立陶宛首都里加工作，从 1944

---

[1] Филитов А. М. Германия в советском внешнеполитическом планировании 1941 – 1990. М., 2009. C. 118.

年7月起作为美国驻苏联使馆的工作人员。作为一个苏联政治战略和外交策略问题的专业人士,早在1945年1月在给美国代表团在雅尔塔的成员伯伦的信件里,他建议放弃合作行动并将欧洲在美苏之间划分为两个势力范围。1945年夏他在给美国领导集团的备忘录里强调:"与俄罗斯联合管理德国的想法——谬论。"[①] 按照他的看法,西部德国应该成为独立的民主堡垒,因为四方监督并不能在实践中简简单单地实现。

为了实现这一想法,在1945年11月美国给监督委员会提出了关于为三个或者两个占领区建立集中化的行政机构的建议。鉴于背离四方管理德国的原则和作为整体对待德国的态度,苏联没有接受这个建议。

在分裂德国的尝试中,英国和法国也不甘落后。在英国有许多政治家和高级官员已经在波茨坦之后很快就认为维持一个统一的德国不现实。因而1946年初在伦敦的内部见解和分裂德国的安排已经成熟。反对派领袖丘吉尔于1946年6月5日在下议院宣称:"我们必须正视眼前的事实,在今日已经出现了两个德国:一个是多多少少按照苏联模式,即符合俄罗斯利益的组织,另一个是按照西方民主准则的组织。"

1940年令人窒息的状况在法国人意识中留下了深刻印象,关于多年来占领期间以及德法两国众多行业在欧洲的长期竞争的痛苦回忆。很自然,法国不愿意重蹈历史覆辙,让自己再次面对更为强大更有实力的邻居。所以它认为自己最低限度的任务在于把萨尔地区和鲁尔盆地从德国分离出来。正是以戴高乐为首的法国在有可能重新建立整个德意志民族国家的道路上设置了障碍。在波茨坦决定了要建立监督委员会领导下的以德国人部长为首的负责财政、工业、交通和外贸事务的集中化全德国机构,这有可能是新的全德国政府的雏形。可是恰恰是巴黎在监督委员会上投票反对实施这一决定,其他三个国家没能成功地劝阻和说服戴高乐。

---

① Цит. по: Die Teilung Deutschlands 1945 – 1955. Informationen zur politischen Bildung. Bonn, 1991. S. 12.

早在1945年9月14日伦敦外长第一次会议上，法国提出备忘录，内称"分裂德国成为数个国家，如果它是自然发展的结果，而不是强制性决定，这有助于保持在欧洲的安全"。在1946年春的巴黎第二次外长会议上，苏联方面建议建立全德国政府以便负责缔结和约并且保证履行德国在这方面的义务。作为过渡性措施，苏联主张建立短期的集中化行政机构。但是西方国家没有接受苏联的建议。另外，法国外长比托要求将肢解德国的问题纳入日程。根据法国方面的意见，这是保障法国安全的最现实有效的手段。

西方在分裂德国方面的每一个行动都伴随着苏联方面的回应式行动。在1947年美国和英国占领区合并为双战区。在同一年实施马歇尔计划，缩减所有联系的进程开始了，包括西方盟国和苏联占领区权力机构代表之间的政治联系。1948年6月在西战区和柏林西区进行单独的货币改革，而在1949年4月法国占领区合并到美英区而形成了三战区。1949年5月23日通过联邦德国宪法，5月30日通过民主德国宪法。在9月德意志联邦共和国成立，在10月德意志民主共和国成立。如果说美国致力于分裂德国的政策是始于战争后期，以及后来美国使它成为现实，那么苏联仍然没有失去希望以按照奥地利和芬兰模式而建立统一的德意志国家，两者在自己行为上是中立的，要保持对美国和西欧关系的距离，同时又有在内政和外交政策上亲苏的承诺。而且苏联高层被这种想法支配了许多年，莫斯科从未放弃过它。

联邦德国和民主德国的建立给四个不久前反希特勒联盟关系中的德国问题演进的第一阶段打上烙印。自欧洲出现了以两个德国为代表的新的国际关系主体，相应参与德国调整的范围扩到了六个，在提出倡议方面它进入了新的阶段。

二　解决德国问题的 4＋2 模式（1949—1955）

这一时期的突出特点是"4＋2"形式。从1949年起在国际舞台上已经出现了两个德意志国家，的确只是拥有有限的外交主权，在它们加入相互对立的军事—政治集团之前还不能享有机会以成为在欧洲和平调整谈判的参与者。它们还不是完全平等的主体，而抽象存在的统一德国仍然是二战的四个战胜国之间交易买卖的客体。

在分析有关解决德国问题的争执时，应该注意到苏联和西方三大国之间不大的却是原则性的重要区别。在当时苏联主张在建立统一德国政府之前就同德国签署和约问题而开展谈判，西方却坚持更改部分程序。西方观念认为先要建立基于自由和民主选举之上的全德国政府，而后再进行关于签署和约的谈判。这样的选举应该在联合国监督之下进行。这个就成了关于德国调整谈判的绊脚石。

实际上，美英法三国押注于"全德国自由选举"，并且也不无理由地认为，选举结果将会一边倒地有利于西方。这样想的理由是人口因素（联邦德国和民主德国人口比例为3∶1）和政治及道义—心理动机（西方占领区当局对于联邦德国社会所有生活领域的完全监督，德国共产党在联邦德国力量弱小，而同时所有主要政治党派，包括德国社会民主党的反共产主义和反苏联立场）。这一切保证西方使民主德国脱离苏联的势力范围并削弱苏联在中欧的地位。自然，在冷战演进的条件下，苏联高层无论如何不能允许出现这样的场景。所以围绕德国统一的外交斗争公开进行，并且在两极世界形成之中进一步坚持国际紧张和保持力量平衡。

正是西方对于苏联外交手段的消极反应恰好造成了多余的可能性，以供苏联宣传自己的进步性，并且再次有可能被用来证实在"人民民主"国家里实行动员措施的正当性。这样，莫斯科不仅加强了对民主德国领袖们的监督，而且是整个东方集团。①

正是这些理由，决定了自1951年中期开始苏联就德国问题的各种倡议

---

① Филитов А. М. Нота 10 марта 1952 года: дискуссия, которая не кончается // Сталин и немцы. С. 220－221.

的出现和细化设计（强化全德国选举思想的宣传），这类倡议在1952年3月10日致美英法三国政府的著名的"斯大林照会"中达到顶峰。文件提议刻不容缓地讨论关于战后和约问题，说的是在最近要筹备协商的方案，并且将它提供给由所有感兴趣国家参与的相关国际会议审议。这样预先规定，筹备和约应该在全德国政府直接参与下进行，即实际上是在举行全德国自由选举之后。

同时苏联提出自己的和约基础方案。文件规定占领区军队撤出，并且在和约生效后不迟于一年取消外国军事基地，保证居民的民主权利，创造条件以供进步政党和团体的自由活动，禁止反对民主和平的组织，使德国免除源自由联邦德国和民主德国政府缔结的条约与协议规定的政治和军事性质的义务。方案规定，未来德国有义务不加入反对任何参与反法西斯战争的国家的联盟和军事联盟。未来德国的领土以波茨坦会议确定的边界为准。对于发展和平经济、贸易、海运，对于进入世界市场并不设置任何限制。此外，德国可以拥有防御所需的国家武装力量。方案规定，签署和约的国家赞同申请未来统一德国被联合国接纳。

看来是苏联方面同意了西方的主张。那么莫斯科的建议是纯粹的策略手段还是冷静的巧妙算计？回答这些问题还必须深究，斯大林批准公布这些经过数月准备的关于德国问题的建议只是在他确信西方将不会接受它们之后才这样做的。有利于这种解释的补充证据是：1952年4月7日苏联领袖同被召请到莫斯科的统一党/民主德国领导人之间的谈话记录：

> 斯大林同志认为，我们提交任何关于德国问题的建议，西方国家都不会同意它们，反正他们也不会离开西部德国。想想看，妥协折中或者美国人接受和约方案，都意味着犯错。美国人需要在西部德国驻军，是为了把西欧攥在手里。他们会讲，在这里存在反对我们的军队。而在实际上他们军队的使命在于控制欧洲。美国人把西部德国纳入大

西洋公约。他们会建立西部德国军队。阿登纳藏在美国人的腋窝下，所有过去的法西斯分子和希特勒分子也是如此。事实上在西部德国建立起自己的独立国家。你们应该组织起自己的国家。在西部和东部德国的分界线应该看作是边界线，不只是简单的一条边界线，而是危险的一条边界线。需要加强保护这条边界线。处在第一线保护边界线的是德国人，而处在第二线保护这条线的是我们俄罗斯的军队……①

在这里我们发现，早在1952年5月26日在联邦德国和西方国家之间签署德国条约之日，两个德国的边界线由苏联军队明确划定。同年7月9—12日统一党第二次党代会关于在民主德国转向社会主义建设的决议［实际上是讲贯彻联共（布）中央政治局和苏联部长会议的决定］只是"重新描绘一下基于妥协原则的任何一种德国合并的前景"②。

实际上，临近1952年之时西方领袖已经不止一次地确信在斯大林那里一定存在早已知道了的其他打算。"因为他们领会了他的步骤，正如在'冷战'中简单采用的例行策略方式，冷战的结果——或者胜利，或者失败。同苏联妥协折中是不现实的。"③

斯大林逝世，贝利亚被捕，以及民主德国社会爆发不满，这些恰巧在1953年同时出现的因素，势必不会对苏联在德国问题上的外交政策带来根本性改变。同时，也不可能期待苏美英法四国外长的柏林会议在中断了五年之久（1954年1月25日—2月18日）还能取得什么成效。

在这方面是认真地搞明白1955年1月15日苏联政府的声明，它更多的

---

① Филитов А. М. Германия в советском внешнеполитическом планировании 1941 – 1990. С. 162.

② Там же. С. 164.

③ Киссинджер Г. Дипломатия / Пер. с англ. В. В. Львова; послесл. Г. А. Арбатова. М., 1997. С.451.

是对西方在巴黎协议生效和联邦德国被纳入美国军事集团政策轨道前夕的最后警告。在声明中建议仍在 1955 年举行在全德国的普遍自由选举，包括柏林，在选举过程中联邦德国和民主德国居民表达自己关于合并和未来新国家安排的意志。为了保证达成协议，苏联政府认为有可能，在民主德国和联邦德国政府同意的情况下，就举行选举规定相关国际观察而达成协议。自由的全德国选举和争取德国统一有助于签署同德国的和约，它最终会巩固国家的独立与主权。因此在最后通牒式的声明中讲到，关于德国问题的谈判"将失去意义和成为不可能，如果巴黎协议被批准"。

为了发挥苏联的倡议，过了 10 天苏联最高苏维埃主席团通过了关于终止与德国的战争状态的命令。但是无论是最后的警告，还是命令都没有产生作用。1955 年 5 月 5 日巴黎协议生效，联邦德国成为北约成员。作为回应措施，5 月 14 日华沙条约组织成立，民主德国成为它的成员。随着这一系列两组相互联系的诸多事件发生，在二战中围绕德国调整问题在苏联和其余三个战胜国之间的对抗的第二个时期结束了。由于欧洲分裂为两个相互对立的集团，以及两个德国各自加入其中，已经不再提及关于实际解决德国问题在东西方之间进行建设性对话的话题。1955 年 9 月在建立苏联和联邦德国的外交关系过程中，赫鲁晓夫坦率地向阿登纳表示："我们真诚和清楚地警告德国人方面，联邦共和国加入大西洋公约就关闭了通向未来解决德国问题的道路。"

在大国之间的原子能公约有助于传播一种有必要承认欧洲现状的意见。1955 年 10 月 17 日在日内瓦外长会议上莫洛托夫表示，解决德国问题应该服从于保证欧洲安全这一重大问题。解决方式的优先权因地位而发生变化。克服分裂不再是优先计划，而是承认欧洲的现状和边界线。如果在 1955 年之前德国统一问题被西方视为保证欧洲安全与缓和的前提条件，那么自 20 世纪 50 年代中期开始发生了排序地位的变化：只有在承认战后领土的现实，即承认德国的分裂的条件下，在欧洲才可以考虑安全与缓和。

三 解决德国问题向 2+4 模式过渡（1955—1970）

1955 年后，在这个领域里讨论德国问题和提出某些新的倡议成了带有纯粹宣示的性质，最终使两个德国关系变成了平淡无味的事情，对于四个战胜国来说相互作出回应，其职能是保证必要的意识形态支持和宣传掩饰自己被保护者的政策。可以说，这是德国问题演进的第三个阶段（1955—1970）的突出特点。这个阶段形式上延续到苏联和联邦德国缔结莫斯科条约为止，而现实上是结束于 1961 年 8 月 13 日，由于此时修筑柏林墙并在民主德国和联邦德国之间实行严格的边界管理制度。这样，讨论德国问题的机制在其发展过程中就从"4+1"向"4+2"模式演进，并且最终开始具有了"2+4"模式，在这里地位权力平等的每一方都不可能生硬粗暴地相互强迫。

20 世纪 50 年代，在两个德国关系中的新因素是在民主德国和联邦德国之间建立邦联的思想，它经过 30 多年才被联邦德国总理科尔和民主德国总理莫德罗夫实现。仔细分析德国邦联的思想，其具体表现并未阻止联邦德国去利用同化民主德国的机会，随着民主德国方面明显汲取联邦德国方案的一系列观点，并开始进行积极外交，这些启发了波恩重新审视自己的立场。1957 年 3 月 13 日波恩举行的会晤，联邦部长菲舍尔遵循阿登纳的指示与民主德国代表见面，已经尽量不讲关于邦联的问题。当时依照着统一党中央委员会的指示，1957 年 7 月 27 日民主德国政府公布了纲领性声明，要开展基于国际法条约而论证建立德国邦联的思想，在波恩却匆忙地加以拒绝。类似的命运又落到了 1958 年 1 月 23 日民主德国关于建立邦联的倡议的头上。

由联邦德国和民主德国代表参与的日内瓦四大国外长会议（1959 年 5 月 11 日—6 月 20 日和 7 月 13 日—8 月 5 日）讨论这个话题。根据苏联为谈判提出的建议就有了 1959 年 1 月 10 日苏联的和平调整德国方案。苏联形成了和约方案。其中德国的外部边界最终形成，并且巩固了它们现已形成的样子。承认德国有权拥有自己国家防御所需的军队。与此同时对于德国设置明确的军事限制。再次提到有关中立的问题，即德国不能参与针对任何反对希特勒联盟的国家的军事集团，放弃生产和拥有原子和导弹武器。这些义务并没有减少德国人为建立集体安全做出贡献的权利与机会。在苏联的建议中强调，前德意志帝国的权利继承者是民主德国和联邦德国，只有它们应该成为参与和平会议的德国人代表。当然，如果要举行和平会议是要建立德意志邦联，那么这个邦联可以签署这个和约。

在日内瓦，苏联建议建立由两个德国民族国家代表组成的全德委员会，以便就德国合并和缔结和约问题而制定措施。苏联方面又一次提出德国中立化思想，而且解释说，苏联可以不提出异议，如果民主德国和联邦德国在适当的一段时期留在北约和华约（很明显类似于 1990 年春德国合并过程中苏联关于民主德国和联邦德国属于两个集团成员的建议）。可是，正如先前，何时和如何举行选举，并在何种阶段准备与缔结和约的问题成了绊脚石。西方否决了建立全德委员会的方案。

讨论德国调整问题的第九次外长会议也是最后一次会议仍然没有取得成果。可以说明确实在对于德国问题的方式上有一定的演进。第一，民主德国和联邦德国代表作为权利平等的观察员可以参加会议。第二，西方国家首次表示准备分开审视德国合并和裁军的问题，虽然苏联提出解决后者要取决于前者的合理解决。

当所有六个利益相关方积极参与的情况下，实现德国合并的思想被冻结了多年。好像是一直会这样。这样的情绪在 1961 年 8 月 13 日获得了明确的肯定，因为修筑了著名的柏林墙，并且在两个德国之间边界实行严格管制。从这个时候起在德国调整六方机制方面就开始了长时间的停滞，直至 20 世纪 70 年代初签署四方关于西柏林协议和联邦德国"东方条约"为止。

然而对于联邦德国来说"德国政策",即同化民主德国的方针,继续成为优先方向。

至于戈尔巴乔夫关于"缔结莫斯科条约(1970年8月12日在苏联和联邦德国之间)并不排除克服德国分裂的前景"的声明,只是在条约批准之后过了18年才发布的,客气地讲,它不会得到现有事实的支撑。"关于德国统一的信件"(其中提到了关于确认联邦德国领导集团对于国家统一的战略安排),联邦德国方面把它作为莫斯科条约和"关于双方意向协议"的附件,长期在苏联被刻意隐瞒,因为俄罗斯的外交官和专家认为,它不是国际法律意义上的公文,当然也就不被认为这是双方权利与义务的依据。① 这里的原因只有一个——在临近1970年时在克里姆林宫形成一种牢固信念,由于在苏联和联邦德国之间签署条约,德国问题,正如它在莱茵河两岸都理解的那样,即德国统一问题,结束了。"民主德国小弟"的立场有助于这一点。

实际上,在莫斯科谈判中的苏联代表团成员拒绝接受所提到的这份信件。出现这种转折并非是不知所措的事情,联邦德国政府代表偷偷提示自己使馆的同事实施了一次精巧行动。8月12日,即工作日快要结束时,他们把这份文件发送给苏联外交部,在这里文件被做了登记。当时按照所有苏联官僚的规矩,信件层层转递到斯摩棱斯克广场的办公楼时,联邦德国代表团早就启程回家了,并且很快前去联邦议院汇报出差的结果。

在交换了被批准的公文和联邦德国与苏联和波兰的条约生效之后,勃列日涅夫的声明说明了:"这些政治文件完全是基于承认二战后形成的政治和领土的现状,它们巩固了现存欧洲边界线的不受破坏,包括在民主德国和联邦德国之间的边界线以及和波兰之间的边界线。"另外,在苏共二十四大上通过的"和平纲领"中,在下达的指示中,整个苏联外交和宣传部门

---

① См: *Павлов Н. В.* Россия и Германия: несостоявшийся альянс. М., 2017. С. 438.

必须"依据最终承认因二战结果而发生的领土变更"。

实际上，1990年在六个国家之间调整德国人统一的外交观点过程中，反映出了在解决德国问题的两种方法之间的长期博弈。是的，苏联在谈判中的立场变化每一步都是在重复它的战后政策。只是德国调整在完全不同的历史条件下完成了。如何能不想起"伟大的长者"阿登纳，如何能不惊叹他的未卜先知的信念，"总有一天苏联占领区将重新转到我们手中"，而这一天正是，"当西方世界具备了相应力量的时候"。

◇ 第三节　苏联肯于放手与德国统一

1989年11月9日柏林墙倒塌和联邦德国与民主德国接近激发起几乎整个欧洲的社会意识，首先是联邦德国和民主德国最近的盟国和邻国。政治家、外交官和学者都意识到，在德国人土地上事件发展表现出的剧情将会导致在欧洲发生重大结构性变化。这一进程可能会失去控制并给大陆的和平、安全和稳定造成损害，这种令人不安的情绪在所有欧洲的首都持续增长。联邦德国和民主德国迅速的国家合并统一有引起脆弱平衡遭到破坏的危险性，原有平衡的基础很明显由于欧洲"社会主义阵营"持续瓦解而被拆毁。

一　四大国对于两个德国接近的反应

巴黎和伦敦起初在德国问题上持有非常强硬的立场，很明显它们担心德国变成新的"超级大国"，不可避免地导致法国和英国在欧洲及世界事务中的作用下降。特别的不安情绪困扰着法国，无论是它的地理位置，还是它与德国人相互关系的负面历史经验都能说明这一点。费力建立起来的巴黎—波恩轴心，原本给法国提供了积极影响西欧一体化进程的可能性，而在未来亦有可能继续占据"欧洲联合"的最高领导地位，可是在大陆版图上出现一个强大统一的德国会给这一轴心造成明显的裂缝。

美国完全支持德国合并的思想。在华盛顿传统的优先选择是支持稳定，它有可能被破坏，如果不能控制两个德国靠拢的进程。在这方面美国高层坚持德国成为北约成员，必须在国际—法律意义上承认波兰西部边界线作为统一德国的东部边界线，欧洲的联合与联邦德国和民主德国合并同步进行。

早在1989年12月初，戈尔巴乔夫坚决地排除了寻求德国合并制度化途径的可能性和紧迫性。今天，在同法国总统密特朗会晤中他说，我不认为，这是个紧迫的问题，即采用什么方式和如何解决两个德国重新统一的问题。另外，在12月9日苏共中央委员会上戈尔巴乔夫坦率地表示："我们坚决地强调，我们不能让民主德国受欺负，这是我们的战略盟友和华约成员。必须根据战后形成的现实条件出发——存在着两个德意志国家，联合国成员，离开了这一点有引起欧洲不稳定的危险性。"然而许多国外政治活动家秉持另外一种意见，并非没有理由地认为，如果把德国人置于一种怀疑的环境，并且使用1945年的法律规定控制他们，这有可能将他们推向独立的航道——或者吉祥的，或者凶险的。

只是在1990年2月10日，在闪电式访问莫斯科时，科尔和根舍与戈尔巴乔夫和谢瓦尔德纳泽举行谈判，客人向苏联方面表示：在苏联，联邦德国和民主德国之间就德国民族统一的问题没有分歧。"应该德国人自己解决，自己决定自己的选择，采用什么样的国家形式，在什么样的期限，什么样的速度和在什么样的条件下他们将实现这种统一。"

但是在访问结束一天后，莫斯科决定在任何情况下再次显示军事能力并且使人回想起，如若没有它的赞许和祝福不会让德国人看到任何形式的统一。西方也得到非常强硬的告知，要靠民主德国领土把北约范围扩大至东方的企图将破坏在苏联认识中已在欧洲形成的力量平衡。这样的结果，不难想象：裁军谈判终结和国际形势急剧紧张，这会导致世界的灾难，一旦核武器成为主要依靠的时候。这种立场的依据在于，能否可以这样愉快地生活，剥夺了苏联对德国调整的权力与责任。有可能苏联方面不得不作出反击行为，莫斯科领导集团准备将雅尔塔和波茨坦协议作为根据，不顾"新的政治思维"原则，要让德国人明白，在这个问题上不需要产生任何的错觉：苏联军队的西部军团（苏联驻德国军团），将仍然留在德国人的土地上，目前这是必要的，直到莫斯科认为德国问题在军事—政治方面完全解决为止。理由非常简单。正如苏联政府声明的，"外国军队留驻在民主德国和联邦德国——这是一个特殊问题，关系到四大国在二战结果方面的义务，这个问题只有在考虑到所有相关各方的安全利益时才能够解决"①。

二 "2+4"的谈判模式

考虑到，举行"2+4"形式谈判的思想（两个德国和四个战胜国）简直就是空想。但是，在"六方"框架内进行谈判的建议是出自美国国务院政治规划部负责人邓尼斯·罗斯之手，他在这个问题上坚持不顾国家安全委员会和国务院欧洲处的反对。这样美国人坚持一点，谈判将由四大战胜国和两个德意志国家进行。正是联邦德国外长根舍为了同美国同行进行协商，于1990年2月2日对华盛顿进行一天的访问，他坚持认为，两个德意志国家非常有可能，国家的统一体进入谁的直接管辖范围，他们准备同"四方"讨论统一体的外交方向，而不是相反。"任何暗示，'四方'将举行有关德国的谈判，必须排除在外"——他在自己的"回忆录"里这样强调。② 关于举行"2+4"形式谈判的相关协议在所有相关方外长之间早在渥

---

① Правда. 1990. 12 февр.

② *Genscher H. -D.* Erinnerungen. Berlin, 1995. S. 716.

太华1990年2月13日"开放天空"会议期间就达成了。

外交部门就协调统一国家外交的活动带有多层次级别的特点：除了在"六方"框架内多方谈判机制之外，包括专家工作，活动在双边层面的各个参与者之间紧张进行。在这些联系当中最重要和最关键的要数美国—联邦德国，美国—苏联和苏联—联邦德国之间的接触，这在原则上反映了谈判伙伴之间的现实力量对比状况。所有问题，包括组织、手续和人员编制，都是基于协商在"六方"中加以解决。1990年在"六方"框架内举行外交部长级别的四次会晤。关于"2+4"形式的第一次会晤于1990年5月5日在波恩举行，第二次会晤于6月22日在柏林举行，第三次——7月17日在巴黎举行，第四次——9月12日在莫斯科举行。外长的巴黎会晤进行了两个阶段。在第一阶段实际完成了关于最终调整在德国涉及国家军事—政治地位和欧洲安全问题的条约条款。在第二阶段——由于波兰外长斯库贝舍夫斯基参加会议就达成了关于波兰—德国边界线问题的调整。实际上，特别是在民主德国组成以德梅齐埃为首的新政府，谈判按照"五对一"形式进行。苏联发挥了决定性作用。

三 "2+4"谈判中围绕八大问题的分歧与协调

有什么样的问题能够期待自己解决，并且以最终形式在文件中加以确认？谈判围绕八大问题进行协调。

第一，最令苏联不安的首先是关于找到和平调整最合适形式的问题。它是愿意缔结和约，但是在实际上又不得不承认，是考虑到在"六方"当中的力量对比，而同时也考虑到在谈判通过决议时的协议原则，而以它的传统方式解决与统一的德国缔结和约的使命，实质上，是完成不了的。

联邦德国和三个西方国家同时及协调一致地反对和平条约。没有引起质疑的是，新的民主德国政府也附和它们。西方的理由在于，和平条约就其实质应该巩固战争的结束,战胜国规定赔款,明确边界线,应该对失败方作出军事限制等。首先,战争结束于45年前;其次,实际上所有构成和约的内容,已经以相应的方式在同联邦德国,同民主德国的国际—法律方面得以调整。另外,出现两个德国不是因为战争状态,当然了,它们的统一也不能与和平调整联系起来。

的确,西方承认,联邦德国参与的许多国际—法律条约包含有同作为整体德国的未来"和约"的补充说明。可是这被联邦德国方面利用和用来让德国问题保持悬而未决,即不承认德国的分裂。当然了,不承认民主德国的国际—法律主权,同样也不承认与波兰的奥得河和尼斯河边界线。

苏联方面放弃了让条约称之为和平的要求,这是明显地迎合德国人的步骤,因为在条约准备过程中这样或者那样觉察到在战胜国和战败国之间的界限。在这个时候,任何其他形式的调整会使得德国人无论是政治还是心理上都表现得与所有参与者一样。所以过了一些时候,戈尔巴乔夫不得不说起关于"和平条约或者与它相同的调整"德国问题。在4月中旬苏联方面原则上同意联邦德国"最终调整"的表达形式。

最终文件命名为《关于最终调整德国的条约》。

第二,对于全体参与谈判者来说,关于实现德国统一的期限和方式问题具有原则性意义。苏联主张必须对于德国统一在"过渡期"实行外部监督,过渡期自建立统一的议会和政府之时起应该持续五年。民主德国作为独立国家保留更长时期要符合苏联的利益。这是因为在它领土上军队要撤出,相应地,也因为要对中欧的形势进行监督。建立过渡期的思想没有得到美国、英国和联邦德国的支持。西德代表强调,统一德国出现是由于在国际条约和赫尔辛基最终公约原则中确认的自决权利。这种权利意味着,德国人自己应该决定,以何种国家形式、何种速度和在何种条件下他们实现自己的统一。这引证了戈尔巴乔夫于1990年2月10日的相关声明。因为过渡期思想没有被接受,苏联与此相关的所有打算都失去了意义。

第三，苏联方面提出了保留四大国对于整个德国和柏林更多的权利与责任以作为自己的主要任务，这是源于战争和战后时期的协议。谢瓦尔德纳泽说，"我们认为，保留在过渡期内四大国的权利与责任以及盟国在德国的驻军，将给予建设德国人统一的整个过程以稳定性支持，并且为它创造安定与友善的外部环境"①。终止这些权利与责任在苏联看来是调整的组成因素之一，关于它的解决应该与所有其他因素一起综合考虑。而且这应该成为德国调整方面的完成步骤。

但是，联邦德国坚决不同意苏联的建议，认为这是让德国长期保留有限主权。在8月苏联和联邦德国外长例行工作会晤中，根舍请求有必要四大国发布声明，自德国统一时起四大国权利与责任的行为自行停止，而这些权利与责任的最终失效要等"六方"国家批准文件之后。这样他承诺在苏联和未来统一德国之间开展大规模经济合作的行动。

苏联方面向联邦德国作出了妥协，是为了把积极解决这个问题同考虑苏联利益的调整要求结合起来，整个问题的综合考虑涉及苏联驻德国军队的离开，包括物质——财政的。讲到了要让德国方面保证苏联军队的财政利益，支持缓解居住问题，帮助交通，军职人员的培训和再培训。

第四，关于把统一与全欧洲进程捆绑起来的问题令苏联不安。对它而言特别重要的，让德国军事—政治地位的转型纳入在这里建设欧洲集体安全结构的进程，再次要求长期的过渡期。毫不奇怪，这个想法没有被接受。最终，除了欧洲安全与合作进程的制度化之外，争取在欧洲建立某些有效的多边安全形式也没有成功。

第五，在有关边界线问题上，四大战胜国表现出了统一立场，统一的德国应该包括目前联邦德国、民主德国和柏林的领土——不多也不少。它的外部边界线最终将是民主德国和联邦德国的边界线。统一的德国对其他

---

① См: *Павлов Н. В.* Россия и Германия: несостоявшийся альянс. М., 2017. C. 444.

国家没有任何领土要求并且在未来也不能提出此类要求。此外，统一的德国和波兰应该在符合国际法具有义务性质的条约中确认现存的波兰西部边界线。联邦德国和民主德国政府起誓发愿，要在统一的德国宪法中不能包含任何背离这些原则的条款（这要求改变序言和取消基本法的第二节第23条和第146条）。此外，统一的德国应该肩负起责任，要让未来的德国建设成为追求和平的国家。

第六，毋庸置疑，关于统一德国的军事—政治地位问题是关键的，不仅令苏联而且也使所有参与谈判者不安的问题。这样存在两种完全相反的观点。苏联坚持第一种——完全中立与建立欧洲集体安全结构并举，在德国统一后这种安全可以抑制或者清除这个在经济和政治方面具有实力的新欧洲国家的扩张意图。3月6日在莫斯科同民主德国总理莫德罗夫会晤时，戈尔巴乔夫表示不能接纳未来的德国加入北约，无论什么样的解释说法。"对于这一点我们不能同意——在会晤后面对记者他说道，这绝对被排除在外。"

美国、英国、法国、联邦德国、民主德国，甚至波兰都赞同第二种观点，它要求将统一的德国纳入北约——作为西方有行动和功能作用的集体组织，在这里实际上能够对这个两次将世界推向毁灭的国家的军事—政治活动实施有效监督。它们引证惨痛的历史经验从而断然拒绝了德国中立的主张。在这一时期常常听到许多西方政治家的说法并非偶然，据北约首任秘书长伊斯梅尔之说，北约的主要任务在于，让美国掌管北约，苏联——被排除在外，而德国——被套上笼头。

苏联主张德国中立地位的理由非常不能令人信服。苏联实际上是怀疑赫尔辛基最终条约的第一条原则，这里确认了国家有权加入联盟。苏联在德国的军事—政治地位问题上的立场陷入了国际孤立，甚至在自己的华约伙伴中亦如此。军事—武力方面的绝招在现实政治博弈中似乎无能为力。苏联专家不得不承认，中立思想不会得到支持并且被迫放弃。况且西方这里有足够的理由，据此德国加入北约有助于对它实行有效的监督。

苏联在德国问题上所持立场变化的最初迹象，在5月23日谢瓦尔德纳泽和根舍在日内瓦会晤过程中开始变得明显了。苏联外长要自己的同行明白："2+4"谈判可以顺利进行，而统一的德国将成为北约成员，一旦西方履行了苏联提出的主要条件。首先是苏联要求在安全方面作出一致的保证。北大西洋联盟应该从根本上改变自己的性质并且同华约建立伙伴关系。其次要一次性并永远解决边界线问题，大大缩减联邦国防军数量，同时继续减低美国在欧洲军事存在的水平。苏联主张建立欧洲安全体系，通过建立常设国际机构以便于欧安会进程制度化。要求西方立即提供援助，而且是史无前例规模的（200亿美元）。

在日内瓦会晤后过了三天，戈尔巴乔夫作出了公开表态。"为什么统一的德国——苏联领导人得出结论，不能具备法国的地位，它加入了北大西洋联盟的政治的组织，而没有加入军事的？德国涉及两个军事—政治集团并且成为统一的国家，正如受到两个集团的约束……实际上有可能，统一的德国加入两个集团。也许，可以利用这个机会以便于让这些组织的政治方面得到强化，军事方面加以弱化。"对此，戈尔巴乔夫强调，应该重新审视北约的理念、战略。

6月初戈尔巴乔夫访问美国成了最重要的因素。在他同美国总统布什的会谈中，提出了新的德国成为北约和华约两个联盟的联系成员的思想，当它们还存在时。按照苏联总统的意见，这种成员身份可以成为联系纽带，成为新的欧洲结构的前奏，统一的德国可以声明，它将遵循从联邦德国和民主德国继承来的所有义务，在这一时期联邦国防军仍旧服从北约，而民主德国军队服从新的德国政府。

三个西方国家和联邦德国，原本甚至积极抵制在"六方"框架内关于德国在军事—政治联盟体系地位问题上的安排，而这时也强调统一德国有权按照赫尔辛基公约第一条原则而自行决定自己的集团属性。它们强烈地希望对北约成员身份上"妥协",暂时不把它的军事机构扩大至民主德国领土,苏联军队在有限期内驻留这里。

与确定德国军事—政治地位同时并行的,也在寻求解决纯粹军事性质问题的综合手段。在这里苏联专家要求:

民主德国的非军事化,更确切地说,不能把北约军事活动扩大到它的境内,并在这里部署北约军队;联邦德国领土一定区域的非军事化或者在这里建立非军事区;从德国领土上撤走战术核武器;苏联军队留驻在前民主德国领土是基于双保险——战后协议和维也纳协议——在它们持续缩减和有可能转移到基地系列的情况下(从苏联的观点看西方军队从德国领土撤走是不利的);统一德国放弃核子、化学和生物及其他大规模毁灭性武器。确认遵循核不扩散条约;单方面缩减联邦国防军至20万—25万人,实行结构性改造以保证无力进行攻击行动。

西方参与谈判者按照大多数人的立场而同意了苏联的意见。但是在统一德国军队人数方面,它不能纳入六方协议,而应该根据维也纳谈判中考虑对其他欧洲国家军队的相应解说来确定。

第七,在谈判中柏林问题具有重要地位。苏联建议的实质在于,要在过渡期限内在城市内可以保留四大国象征性边界线,让柏林成为统一德国的首都。对于西方关于西柏林参加联邦议院的直接选举的要求,建议在"六方"框架内加以讨论,确认在过渡期结束前在这种情况下四方的权利和责任。苏联方面建议在建立统一的德国政府和议会之后,终止柏林的西部地区占领制度并在六个月内从大柏林撤出四大国军队。但是,莫斯科的建议没有被接受,因为有关德国军事—政治地位和有关终止四大国权利与责任的协调存在分歧。

第八,德国问题的最终解决必然要求终止四大战胜国的权利与责任,当然,也就出现了必须解决有关外国军队在德国领土的问题,首先是有关苏联军队要离开民主德国领土的问题。

苏联专家建议争取这样解决军队问题，即联邦德国要承担起支付军队的费用（以换取苏联放弃提出有关赔款的问题）。英国、法国和美国坚持，不要涉及有关它们军队的问题，因为这一问题由于统一德国加入北约而会自动得到解决。在这种情况下，苏联同等看待所有四大国军队驻留地的观点被美国人理解起来特别痛苦，他们认为这是企图陷害自己在欧洲的存在。他们从自身考虑而发出声明，苏联军队可以根据与统一德国的协议停留一段时间。

四 科尔同戈尔巴乔夫的会谈

在 6 月 19 日就提供信贷而致戈尔巴乔夫的信件中，科尔表示希望自己的善意得到回报，联邦德国政府是希望从苏联那里得到，特别是，"苏联政府本着这种'2+4'进程框架内的精神采取所有必要措施以解决这一年所提出的问题"[①]。

7 月中旬，科尔访问苏联并且同戈尔巴乔夫举行谈判，这在调整德国事务上为寻求解决办法具有根本性意义。此次会晤前有西方国家高层的三次重要会晤（都柏林、伦敦和休斯敦），它们对于苏联在德国问题上改变立场产生了决定性影响。在这些会晤中解决了有关给予苏联大规模经济援助和有关给予苏联在军事—政治领域安全保证的问题。

7 月 15 日早晨，在联邦德国代表团抵达莫斯科后，戈尔巴乔夫和科尔会晤，而后飞往卡拉恰耶夫—切尔克斯自治区的阿尔希茨高山村，在这里继续对话。对话详细讨论了德国统一的外交方面，以及与此相关的进一步发展双边关系的问题。在讨论德国统一的外交方面时，就统一德国未来军事—政治地位，关于德国军队人员数量，不允许北约军事机构扩大至民主

---

① Цит. по: *Görtemaker M.* Kleine Geschichte der Bundesrepublik Deutschland. Bonn, 2002. S. 372.

德国领土，达成了原则性决议。讨论了在德国统一后苏联军队离开的条件，同时还有一系列经济和财政问题，以及联邦德国马克在防务领土的使用。在概念方面形成了在苏联和未来统一德国之间综合条约的大致轮廓，涉及所有政治、经济、文化和人文关系的主要方面。

7月16日上半天在热列兹诺沃茨克举行两国领导人会议，科尔依据以下八点做了声明：（1）统一德国包括民主德国和柏林。（2）统一之时四大国的权利与责任将完全取消。这样统一德国在统一之时获得完全和不受限制的主权。（3）统一德国履行自己不受限制主权将自由和自主决定加入何种集团，如果是这样，这符合欧安会最终条约。当说明联邦德国政府观点时，它声明统一德国想成为北大西洋联盟成员，正如所愿，同时也符合民主德国政府的意见。（4）统一德国同苏联缔结关于军队离开民主德国应该在3—4年内完成的双边条约。同时同苏联缔结关于在这一期限内德国马克在民主德国实行的临时条约。（5）在苏联军队尚在前民主德国领土之时，北约机构不能扩大至德国这一区域。（6）不属于北约军事组织的联邦国防军，即专属本土防御，在统一德国之后立即部署在今日民主德国和柏林的领土。西方三大国军队应该在统一之后苏联军队在前民主德国领土存在期间里留驻西柏林。（7）联邦政府声明，自己有意愿在现在进行的维也纳谈判过程中发布关于统一后德国军队在3—4年内必须缩减至37万人的声明。这种缩减应该同第一阶段的维也纳协议生效同时开始。（8）统一德国放弃生产、拥有和部署原子、生物、化学武器，并且仍然是核不扩散条约的成员。

戈尔巴乔夫和科尔在阿尔希茨的谈判结果，对于有关未来德国在欧洲军事—集团机构的地位的数月讨论划定了界线。苏联放弃自己立场是因为，希望不要被排挤出欧洲，希望加入欧洲经济和政治合作的体系，而同时也考虑想拥有机会以便在未来同新的欧洲大国——统一德国建立有吸引力的关系。

1990年8月30日在维也纳，联邦德国外长根舍当着欧洲常规武器谈判参会者的面，作出了完全同意民主德国总理的声明，称联邦德国政府保证缩减统一德国军队在 3—4 年内至 37 万人（陆军、空军和海军）。这种缩减应该同欧洲常规武器第一阶段条约生效同时开始。

五　六方谈判签署关于最终调整对德国关系的条约

1990 年 9 月 12 日在莫斯科，六国外长——"2+4"谈判参会者签署了关于最终调整对德国关系的条约。在条约中第一次以一致同意排除了任何分歧的形式批准统一德国外部边界线的最终性质，边界线明确界定在联邦德国、民主德国和柏林框架内。条约包含有明确义务不能在未来对其他国家提出领土要求。这些义务确认德国承诺要从自己的宪法中删去有悖于这些原则的条款，首先是第 23 条，它允许联邦德国基本法扩大至"德国其他区域"可能性，认为这些区域是因二战结果而失去的。条约的结果是联邦德国完全放弃过去依据在 1937 年边界线帝国存在的"法律观点"。

文件最重要组成部分是有关军事—政治问题的协议。郑重确认联邦德国和民主德国政府的义务在于，德国人土地只能用于和平，必须放弃生产、拥有和扩散大规模杀伤性武器。条约规定缩减统一德国的军队在 3—4 年至 37 万（民主德国和联邦德国 8 月 30 日在维也纳所作的声明同意了这一点）。条约确定，苏联和统一德国调整苏军从民主德国离开的条件和期限，而同时苏军在 1994 年前离开的条件。至于前民主德国领土的军事—政治地位，规定在苏军（后来俄军）离开民主德国之前将调整为德国人的领土防御，它们不属于北约。在苏军离开前民主德国领土之后可以调整为其他德国人军队，但是不能配置核武器。外国军队和核武器或者它的携带者不能部署在德国的上述区域。个别条款涉及调整四大国在柏林留驻的问题。

新条约自生效起取消了四大国的权利与责任。统一德国参与联盟的权利不得同源自现有条约的权利与义务相冲突。

在签署关于最终调整对德国关系的条约的同一天，德梅齐埃和根舍以民主德国和联邦德国政府名义致信四大国外长，其中保证统一德国不允许纳粹及其思想意识复活，而同时不质疑 1945—1949 年期间四大国决定的正义性。信中规定有义务确保在德国人土地上为那些被法西斯迫害致死的人建立纪念碑设施，还有盟军军人墓地。新德国还在文件里确认自己确信民主德国和联邦德国在以往缔结的协议和条约，即关于权力继承问题的解决。

9 月 13 日在莫斯科，苏联和联邦德国外长草签了在苏联和德国之间睦邻、伙伴与合作条约，其正式签署在 10 月 3 日——正式宣布统一德国日期之后。同一天在波恩联邦德国财长瓦伊戈尔宣布，在联邦德国和苏联之间达成了关于联邦共和国为苏联军队离开前民主德国领土提供资助的协议。联邦共和国在 1994 年前提供资助 120 亿马克。其中 78 亿马克用于建设返回祖国的军人住房。30 亿马克用于在 1991 年到 1994 年苏联军人的开支。10 亿马克用于军队离开的交通开支，剩余部分用于军人转业的职业培训。除了上述之外，承诺向苏联提供无息贷款 30 亿马克，为期 5 年。

六 苏联批准关于最终调整对德国的条约

过了三年，当时的财长瓦伊戈尔（基社盟）在联邦议院发言时说，德国统一在财政意义上是多么廉价划算。他承认，德国人在战后时期是准备要付出很多，为的是结束国家的分裂和军事威胁。

瓦伊戈尔坦率地说，"法国人约瑟夫·施特劳斯在自己《欧洲的方案》一书中提到在 1966 年，当时的苏联同意赋予苏联在德国的占领区以奥地利的地位，代价是 1000 亿至 1200 亿马克，按今日计算这个数字要超过 3000 亿马克。毫无疑问，阿登纳、豪斯或者舒马赫同样要准备付出这样的或者更大的牺牲。根据同苏联 1990 年的条约，我们花费了 150 亿马克就争取到了在经过 50 年，也就是苏联军队进入德国人土地，而后是俄罗斯军队离开了德国人土地。全部花费 150 亿马克，女士们，先生们，我们争取到这个结果。我想，这是巨大的资产和利益，它们的确是物有所值……"①

关于这一点可以发现，施特劳斯不是这个问题的开拓者。正如在阿登纳卸任后的解密文件中所了解到的，艾哈德想花费 1000 亿马克（约 250 亿美元）从苏联手里赎回民主德国。根据《明镜周刊》资料，艾哈德于 1963 年在波恩同美国驻联邦德国大使马克基讨论与莫斯科交易的可能性。为了有可能分阶段同民主德国合并，联邦共和国政府首脑准备向苏联每年支付 25 亿美元，为期 10 年。② 按照艾哈德的意见，苏联经济需要金钱，并且克里姆林宫愿意接受这样的建议。在 1960 年苏联当局为支持民主德国经济而不得不弥补数百万吨谷物。而艾哈德为赎回社会主义德国花费 250 亿美元的建议数字大致等于民主德国 10 年的国民生产总值。但是，美国方面缺乏热情接受艾哈德的想法，称其脱离现实。结果，美国本应该成为苏联和联邦德国之间对话的中间人，可是没有把德国总理的建议转达给赫鲁晓夫。最终，艾哈德于 1965 年即离开总理职务前一年，放弃了与苏联谈判关于联邦德国和民主德国合并的计划。

10 月 1 日在纽约举行二战战胜国外长会晤，签署关于停止四大国权力和责任的宣言，以保证恢复德国的完全主权。声明中宣布放弃四大国对于德国和柏林的全权，而同时宣布结束"与此相关的决议、协议和议定书"行为。

10 月 3 日零时零分，德意志联邦共和国和德意志民主共和国进行隆重的合并统一。

早在新的一年来到之前，统一德国的议会，美国、英国和法国的议会就为过去一年划定了界线，因为批准了"2＋4"框架内制定的条约。现在

---

① Цит. по: Bulletin des Presse-und Informationsamtes der Bundesregierung. 1993. Nr. 72. S. 755.

② Der Spiegel. 2011. 1 Okt. S. 45.

在等待苏联批准。1991年3月4日经过长时间辩论,苏联最高苏维埃批准了关于最终调整对德国的条约,以及与此相关的双边协议,1991年3月15日在波恩联邦德国外交部举行了正式典礼,苏联大使杰列霍夫将批准最终调整对德国条约的文件交给联邦政府。自转交这份文件起条约对于所有签字国而言正式生效。这就为"战后"调整画上最终句号。统一的德国成了国际社会的权利平等和拥有主权的成员。

七 关于苏联肯于放手的原因及其分析

德国统一引发了许多理论和实践性质,一系列战略和策略方面的问题,它们需要解释说明。德国调整是反映了"六方"参与国之间的力量平衡?这个问题具有根本性特点,因为在苏联的,而后在俄罗斯的外交理论中广泛盛行所谓在世界政治中的"利益平衡",它很快就同经典理论的"力量平衡"相抵牾。外在的魅力和这一表述的虚幻天真使得它迅速且容易进入外交翻转,并且在苏联和俄罗斯领导人的文章、讲话和表现当中占据牢固位置。

在20世纪80年代中期之前,苏联外交和军事—政治理论是基于"军事—战略均等"概念之上。在这种情况下,非常地关注军事力量和主要是军事力量的数量指标。苏联在质量上落后于西方,就试图依靠数量上发展军备加以弥补。

世界发生了变化。现在已经不是军事力量,不是核武器决定大国以及在国际舞台上的机会。力量因素还综合了经济、科学技术成果、工艺和信息,乃至社会的道德—心理状态。在军事—政治意义上的经典"力量平衡"早已不存在。力量平衡已经转移到其他衡量指标,力量平衡的指标现在完全不一样。从这个观点来看,德国统一是在实践中实现"力量平衡"的突出范例(如果有谁喜欢,也可以称之为"利益平衡",在"利益"之下折射出国家综合实力的政治表现），当在经济、道德—心理上强大，而后在军事—政治方面，国家成为推动力的倡议者，几乎是促成统一的唯一的一方。依靠自己在欧洲和世界的经济与政治影响力，采取建设性策略，波恩顺利实现"德国政策"——争取在西部德国条件下的德国人统一——的战略目标。

在这个视角之下应该评价苏联的行为，以及它的外交，原则上它的外交与它在世界政治中急剧动摇的地位存在一致性。调整德国问题的各种剧本是有可能的。严格地讲，有两个现实的方案：第一个是在全欧洲进程框架内在"2+4"形式的谈判过程中，从而最终调整德国统一外交争取这样的协议，它一方面不能忽视苏联的安全，另一方面要促进大陆的安全。第二个是利用苏联在民主德国的40万军队以冻结统一。这与什么有关系，可以想象，是为了什么？

有一个问题，如何判定苏联的政策，如何评价它在统一的进程中及其结果的作用与地位？在20世纪90年代，苏联是一个完全无力的应对者、破产者，在财政—经济、科学—技术、知识和其他方面——实际上在国家实力起决定作用的那些领域。解决德国问题，当苏联的剧本不起作用时，莫斯科单枪匹马对付"六方"谈判中的五国统一阵线，这是一个突出案例。苏联及其后继者从统一中是否赢了？关于这个问题随后会谈。另一个问题，它输掉了什么？军队离开德国是被迫的。第一，因为分裂德国民族是不正常的现象，当然了，是暂时的。军队驻扎在他人领土上有悖该国人民的意志，坦率地讲，是不道德的。苏联军队离开东欧是由前社会主义大家庭的和平革命决定的，结果促使华约瓦解。第二，因为在严重危机条件下苏联承受了如此的军事重担，为维持军队还要付出硬通货是无力承受的，简直是要导致破产的。

由于统一而苏联的安全是否受到了损害？它的安全问题不在于其他的原因，而恰恰在于经济、科学技术和道德心理方面蒙受远远超过往日的损失。不幸的根源隐藏在苏联模式的兵营社会主义体制。苏联在地缘政治、自然和人力资源方面都蒙受了无法弥补的损失，原因在于两种革命——民主的和民族的反对帝国——相互影响与交织从而导致了某个时刻强大帝国陷入分崩离析的进程。联合统一在这里是绝对的。相反，在关于最终调整的条约里，正如在关于苏联和联邦德国睦邻、伙伴与合作双边条约里，以清晰的国际—法律形式解决了边界线的问题。这样最终解决了关于加里宁格勒地区作为苏联领土不可分割组成部分的问题。另外，德国人作出了安全保证，当时和永远放弃大规模杀伤性武器，承担缩减德国军队至 37 万的义务，几乎要低于联邦国防军和民主德国国民军的一半。

有时会听到评价说："过于廉价""白白送给"，意思是把民主德国当作礼物送给了波恩。据说，民主德国要比苏联从联邦德国获得的"礼物"要昂贵得多。一方面，这似乎是符合实际情况，如果接受了前民主德国专家评估"价值"为 1600 亿—1800 亿联邦德国马克的说法。联邦德国政府准备要付出这笔巨款，如果回想起时任联邦德国财长和基社盟主席瓦伊戈尔的历史上的话题。另外，在统一之后联邦德国每年投入到新的东部地区的资金非常多。仍旧感到惊讶的是，为何戈尔巴乔夫和科尔在阿尔希茨的会晤协商的结果是 120 亿马克（对于戈尔巴乔夫来说把民主德国当作与科尔的私人友谊送给了对方）。可是，另一方面，无论是苏联，还是现在的俄罗斯，抑或是任何一个其他国家都无权决定另一个国家、民族，拥有主权和自主地位国家的命运。民主德国的命运要由它的居民来解决，他们高呼"我们——统一的人民！"口号，走上城市街道和广场。

有关民主德国被强行合并的说法是否合适？这个概念与军事—武力政策和暗示武力兼并他国领土有关系，这是对国际社会公认准则的严重误解。1990 年德国统一模式具有完全另外一种逻辑。这一事件的发生是双方自愿行为。因此否定它是明显荒唐的：许多人都是民主德国表现符合联邦德国基本法第 23 条款——西部德国联邦组成部分——的见证者。这个结果是联邦德国的整个法律、生活方式和制度对于民主德国的影响。可是，再重复一遍，这是人民的自觉自愿行为，无论如何也不能称之为强行合并。

结果联邦德国作为国际法行为主体的合并行为保留和扩大了，同样民主德国失去了自己的国际法主体地位。谈论民主德国自愿合并到联邦德国是指这一事件的多个方面。它的含义比起简单的民族联合更为广泛，它的组成部分是所谓的德国问题。在这里不能剔除解决这一问题的外部方面。并非偶然，要知道那个称之为有关最终调整对德国关系的条约的主要文件，是它为德国统一，也为解决德国问题划定了界线。没有前二战中战胜国的协调同意，这一事件是绝不会实现的。在这种情况下可以发现，进行合并统一不是通过"铁和血"，而是通过和平途径，不是在瓜分世界的争斗过程中，而是由于所有相关方的善意和协调。所以，我们说的"合并统一"是作为内部变化和外部善意的综合。在欧洲的战后历史上，联邦德国和民主德国的合并统一，本质上是没有对抗，本着信任、相互理解与合作建设而解决最重要和最复杂国际问题的首个范例。

第十章

后两极世界的俄德关系（1991—2015）

由于两极世界瓦解和世界版图上出现统一德国和作为苏联继承者的俄罗斯联邦，这在俄罗斯—德国关系上开始了全新的篇章。在这种情况下应该注意到，在20世纪90年代从德国人的外交词汇中删去了"东方政策"的术语，它在两极时代本身包括了与分布在德意志领土以东的欧洲大陆国家的总体关系。替换早先这个术语暗示了"与中欧和东欧国家的关系"（中东欧国家）。其原因，一方面，是因为社会主义阵营瓦解了；另一方面，是因为联邦德国外交政策在这个方向上出现了"分层"和裂变。实际上开始形成独立的分支方向，它们本身包括：第一，对于直接邻国和欧盟及北约潜在成员的政策，如波兰和捷克，同时还有斯洛伐克和匈牙利（中欧国家）；第二，对于波罗的海国家的政策；第三，对于东南欧国家的政策；第四，对于独联体国家，包括俄罗斯联邦（东欧本身国家）的政策。"德国分裂结束和欧洲分裂结束，意味着德国人官方的东方政策也同时结束。"① 根舍表达了自己的看法："我通常是反对不假思索地使用'东欧'一词：因为'冷战'主要是建立在东方和西方意识形态理念的特点之上，这样波兰和捷克斯洛伐克就属于东欧。根据这个原因我不能停止确认：'波兰是中欧国

---

① Vogel H. Zwischen Ost und West? Deutschland auf Standortsuche// Deutschland in Europa: nationale Interessen und internationale Ordnung im 20. Jahrhundert/ Hrsg. Von Gottfried Niedhart... Mannheim, 1997. S. 42.

家.'东欧始于波兰东部边界线,而不是西亚。"①

◇第一节 俄德关系的相互适应(1991—1998)

毫不夸张地说,冷战因为德国统一和苏联解体而终结;事实上,伴随着俄联邦作为国际法主体的合法化而开始了十年,有条件地讲,对于两个国家来说是"适应阶段"。无论是全新的国际法主体去适应正在变化中的国际形势,还是这些主体的相互适应。

有一种非常流行的看法,好像在冷战中没有胜利者。据说,大家都赢了,因为是"民主"和健全思维赢了,笔者不同意这种看法。两个相互对立方——北约和华约,以它们为首的超级大国——美国和苏联。1991年夏,军事—政治组织华约消亡。相反,北大西洋联盟依靠新的成员而增加了自己的分量,几乎无限制地将自己势力范围并在军事方面大大接近莫斯科。一个"超级大国"极力展示自己经济和军事力量,以至于要把全球纳入自己国家利益的轨道。另一个"超级大国"分裂成为一系列大大小小类似古时的分封公国,它们无论是加在一起还是每个单独的国家,甚至在未来也不能同西欧进行竞争,更不要说同美国进行竞争了。多年以来,基于苏联—美国、东方—西方的战略均等基础之上的和平不存在了。相应地,两极世界构造的法律也不再发挥作用。这个世界机构开始完全变样了。

一 俄罗斯的转型与心理震荡

作为全新的演员,统一的德国和离散的苏联的主要继承者——俄联邦

---

① Genscher H. -D. Erinnerungen. 1. Aufl. Berlin: Siedler, 1995. S. 249 – 250.

在世界舞台上扮演着远不是决定性的角色。这个新的角色包括的不仅是领土面积、人口规模、生态状况、经济、信息—技术和军事潜力，而且还包括所有与此相关在最广泛意义上的安全政策领域。

在冷战结束后，俄联邦作为苏联主要继承者几乎跌落进失败者的行列。它的领土同父辈相比减少了24%（530万平方公里），而人口减少了44%（1.14亿）并且还在继续减少。它的国内生产总值份额大约是苏联时期的60%。莫斯科失去了在波罗的海、黑海出口和里海的战略港口；失去了进入中欧、东欧及亚洲地区的直接通道，却收获了这样一些问题，诸如不稳定的高加索、飞地领土（以加里宁格勒为代表的生存能力不足的飞地）和离散民族（大约2500万俄罗斯人在国外）。此外，俄罗斯战略前沿向北部和东部方向退缩，在那里自然气候条件不利。俄罗斯本身也遭遇到政治、经济不稳定，在自治区地方民族精英和联邦中央政权之间，在边疆地区和中心地带之间的矛盾加剧。联邦预算承受着沉重的外债压力。首任总统宣示的按照西方模式的民主和市场改革方针，导致了虚假的多元主义国家，委任式私有化，经济瓦解，大量失业和赤贫，社会化犯罪。一蹶不振的、缺衣少穿的军队只有能力履行对内的警察职能，偶尔在北约军队占领国家的后方完成"英勇的搜索任务"。

除了白俄罗斯之外，俄罗斯没有真正的朋友和盟友，那些缺乏明确协调一致的社会—经济和外交方向的国家很难称之为盟友。俄罗斯的周边环境如果不是敌对的，那么也是十分警惕和带有攻击性地理解和继续理解在莫斯科对外政策中的任何不可预测的摇摆，它们与帝国式思维或者与被错误地解释为民族—国家利益的复活有关系，这些利益在过去不能得到表达并且也不符合国家在世界力量对比中的新的地位。对于"大国"和拥有强大核武器潜力"超级大国"角色的要求，没有别的，只剩下傲慢自负。自冷战时代起，核大国俱乐部早已不再是特别的选择。拥有核武器及制造它的手段已经不再是称之为"伟大"国家的理由。另外，根据西方指标的现实，再次确认了，在任何战争中都有胜利者和失败者。从上述应该得出结论，在后对抗时代的第一个十年，俄罗斯不能克服深刻的心理震荡，寻找和表达自己新的"自我"并适应正在变化的外部条件。

二 统一德国的外交定位

至于德国，由于同北约和欧盟紧密结合而处在胜利者阵营之中。它扩大了自己的地理和民主的基础：德国的领土面积（35.7万平方公里）位居西欧第三，处在法国（55.2万平方公里）和西班牙（50.5万平方公里）之后；居民人口（8200万）位居西欧第一。联邦共和国不必证明自己伟大。它早已进入世界主要工业发达国家俱乐部，由于强大实力在70年代中期就参与"七国集团"工作。虽然为统一付出了代价，但德国仍然是世界上生活水平最高、通货膨胀率最低、物价稳定的国家之一。国内生产总值（3.7万亿马克），工业生产能力在90年代初期位居西欧第一（远超法国和英国）和世界第三（居美国和日本之后）。当时约占世界出口的12%，世界国民生产总值的8%，欧盟国家国民生产总值的28%。

重要的是，统一德国的进程在根本上改变了它的内部政治基础，开始了不久前还是被分割民族两部分进行融合的令人折磨的进程。德国人无论是社会的物质领域还是精神层面都受到这一进程深刻的触动，该进程的重要结果就是联邦共和国寻找自己外交政策的"我"。事实上，内部政治危机以外交危机的形式表现出来。在德国为了实行在欧洲和世界负责任的外交政策所必需的国内政治基础，物质和精神前提条件都受到威胁。在科尔总理时期，联邦共和国刚刚开始关注自己民族—国家的整体性，确定外交利益，相应地，形成自己民族—国家的"我"。要做到这一点，不能在同西方国家的军事—政治关系的框架内，而是要在西欧合作的体系内。当然，这是在科尔执政时期统一德国的第一个可观的也几乎是唯一的外交成就。

90年代上半期在德国开展的讨论热潮首先涉及的问题，即当成功克服了在民族和国家利益之间的裂痕之后统一德国应该具备怎么样的外交政策。许多专家指出，德国问题变成了要比德国人自身的问题还要大的问题，德国人的民族自我辨识，他们的历史罪责，而同时还有关于他们应该、能够和想做什么的外界印象，这些问题更加受到外界关注。在德国人心理上造成了难以置信的状态：面对自我，面对自身增长的实力，他们开始经受恐惧。① 德国人，首先是德国西部的德国人，开始感到担忧，他们开始害怕他们的邻居、伙伴和盟友。这里的原因在于，对于联邦共和国在"适应期阶段"最初外交政策的期待怀有一种不信任、矛盾性和不适应的心理，这个适应期实际上在德国统一之后在科尔执政八年中一直存在。

1994年科尔政府发布《德国安全白皮书》，如果不是表达了国家利益，那么也是对它们系统构成做了一些标注。特别是，这里说明了在德国安全和防御领域的政策是基于五点"中欧利益"②。它们是：（1）保证德国公民的自由、安全和繁荣及国家领土完整；（2）同欧盟的欧洲民主一体化；（3）同基于统一价值观和共同利益且作为世界大国的美国保持牢固的跨大西洋联盟；（4）寻求同东部邻国的和睦伙伴关系，支持它们的西方式结构并且以此在安全领域形成新的全面合作秩序；（5）遵循国际法和人权法，基于市场经济规则使世界经济秩序合理化。

三　叶利钦和科尔的共识

如果说不是以中欧为重点的话，那么同苏联的继承者——俄罗斯的关

---

① См: Шельген Г. Страх перед силой Немцы и их внешняя политика. М., 1994; Ланггум Г. Немцы в поисках безопасности. М., 1995.

② См: Weißbuch zur Sicherheit der Bundesrepublik Deutschland, 1994/ Hrsg. vom Bundesministerium der Verteidigung. Bonn, 1994. S. 42 – 44.

系在德国外交政策的东部方向也是占据了单独的位置。苏联—德国关系因为苏联国内事件发展而确立起来。戈尔巴乔夫的"新方针"加剧了苏联作为超级大国和世界共产主义运动保证的衰落。公开性和根本改革释放了破坏共产主义的各种势力。戈尔巴乔夫本想只是为政治改革开辟途径,结果却致使整个帝国沉没。

德国领导集团坚决地谴责了苏联发生的八月叛乱,发表了与此相关的声明。其中强调,德国政府将继续支持苏联及其所进行的改革,特别是加强民主、保障人权和建立法治国家,以及向社会市场经济的转变。

在苏联失败的政变之后几个月苏联解体,其国际法义务由俄罗斯联邦继承,德国在政治和道义方面公开赏识俄联邦的首脑。早在1991年11月21日苏联正式解体之前,俄罗斯首任总统叶利钦和科尔总理在波恩签署联合声明,内称确认双方愿意进行紧密合作,并且基于苏联—德国条约"全面发展友好、睦邻与合作关系"。这种合作的基础是作为"国家统治唯一合法形式"的民主爱好,而同时面向作为"基于共同价值观统一空间"的欧洲。

俄罗斯—德国关系在"适应时期"由于上述客观原因而同样带有不一致的特点。德国是主要西方大国里第一个承认俄罗斯联邦作为苏联的继任者的。苏联依据"大条约"的权利和义务转到俄罗斯身上,该条约成为俄罗斯—德国关系的法律基础。与该条约同时并列的还有:有关最终调整对德国关系的条约,有关大力发展经济、工业、科学与技术领域合作的条约,有关苏联军队暂时留驻和计划离开德国领土条件的条约,同时还有有关一些过渡性措施的条约。

存在共识的是,科尔和叶利钦为德国—俄罗斯关系保证了几乎是最具典范的稳定性。任何一个西方国家都没有给予俄罗斯改革如此巨大的支持力度,虽然后者的改革不连贯不彻底。在融入欧洲政治和经济结构的问题上,德国扮演了俄罗斯的最重要辩护人的角色。经验丰富的科尔总理还是相当成功地把德国外交政策的俄罗斯方向当作自己个人的事业,包括利用自己"同鲍里斯的特殊关系",使用最难以接受的外交行动以缓解俄罗斯对手的不满情绪。科尔和叶利钦不仅被个人好感连接起来,而且还有共同的政治利益。这个表现在莫斯科极大地希望融入欧洲的问题上。的确是,联邦政府,首先是科尔总理本人,自我举荐充当俄罗斯的不知疲倦和积极的辩护人,因为这个"欧亚巨人正行走在转向欧洲体制"的困难道路上。①

四 俄德密集交往及其成效

1992年12月科尔总理首次正式访问莫斯科,12月16日签署了俄罗斯总统和德国总理的联合声明。它确定了有关相互要求的"零点决议":从俄罗斯方面——以军队西部军团的不动产,而从德国方面——弥补军队驻扎地点的环境损失。同时还签署了一系列协议,包括文化合作,迁移军人墓地,协助俄罗斯削减核武器和化学武器。这扩大了双边关系现有的条约—法律基础,促使在各个领域发展实际联系,成功地解开了长期阻碍两国关系的复杂财政—经济问题的绳结。莫斯科对于有关根据苏联—民主德国贸易活动偿还债务八年期限结转问题达成协议而表达了满意。

除了最高级别正式联系之外,还有两国领导人的工作会晤:1992年7月8日在慕尼黑,1993年3月3日和11月22日在莫斯科,1993年7月10—11日在伊尔库茨克,1994年6月24日在科孚岛,1995年5月9日在莫斯科庆祝卫国战争胜利50周年,1996年春在莫斯科。1994年8月31日两国领导人出席在柏林俄罗斯军队正式离开德国仪式。在俄罗斯总统和德国总理之间还经常通过电话和个人信件的方式交换意见。1994年5月11—13日叶利钦正式访问德国证实了双方合作的高水平。对于保证进一步发展俄

---

① Mommsen M. Wer herrscht in Russland? Der Kreml und die Schatten der Macht. München, 2003. S. 164.

德关系，对于巩固俄罗斯在国际组织中的地位，以及在世界交往中的作用，这种合作具有重大意义。此次访问的重要成果是德国领导集团声明，绝不允许在俄军离开德国以后放弃同俄罗斯的关系。

还有总理和部长级别的会晤。1993年7月14—16日俄罗斯政府总理切尔诺梅尔金对德国进行工作访问。1994年6月15—19日以雷布金为首的俄罗斯国家杜马代表团对德国进行正式访问。俄联邦和德国在外长级别保持频繁接触。从1994年12月1日开始德国在新西伯利亚和萨拉托夫开设总领事馆，基于对等而取消了两国外交代表和领事机构的人员限额。

德国继续给予俄罗斯改革以有力的政治和物质支持，1994年为俄罗斯提供经济和财政援助的所有国家中德国居于首位。根据欧盟统计，德国在所有这类援助中所占份额为60%，美国2.1%，法国2%，英国0.12%。当时双方贸易达到240亿马克（便于比较：德国和法国之间贸易超过1600亿马克）。德国对俄罗斯的私人投资在1995年初合计2.4亿马克，在俄联邦注册约1500家德国资本参与的合资企业。

1994年5月和8月，叶利钦访问德国，而同样科尔访问俄罗斯。此外，多次工作访问（从1992年到1997年合计至少有13次）营造了信任气氛并且有助于解决目前和未来的双边关系的问题。德国实施关于在俄罗斯安置俄西部集团军人的住房计划，支持培训俄复员军人学习民用专业。为了加快俄罗斯军队离开德国（它于1994年8月31日提前四个月完成），德国人又额外支付5.5亿马克以便安置从德国返回的俄罗斯军人。

在上述时期俄德之间的关系得以继续的重要因素是在欧洲的形势稳定。1997年9月初德国总统赫尔佐格对莫斯科进行国事访问，虽然因为俄罗斯方面自己宣布说：在俄德关系中不存在"不能解决的问题"，可是"工作问题"还是存在。两国总统讨论的议题有：德国人在俄罗斯的状况（他们的人数由于大量返回德国而减少到50万至11万），双方还讨论了关于归还文物的问题。

这一时段的双边密集交往促使俄罗斯政治和全欧洲变化的明显成效。遵循着伙伴关系的逻辑，德国采取善意立场以便把俄罗斯拉进"七国集团"，并且使莫斯科转身成为政治上的"八国集团成员"。它非常积极地支持俄罗斯与欧盟达成伙伴关系协议，该协议1994年签署并于1997年12月生效，促使欧洲委员会接纳俄罗斯，并且签署和实施俄罗斯和欧盟临时贸易协定。在国际援助俄罗斯改革计划，调整俄罗斯外债问题方面，德国所做的贡献是最大的。德国方面支持俄罗斯和巴黎俱乐部就以有利于俄罗斯条件而重组苏联外债问题缔结了协议。1993—1997年签署了关于按照与巴黎俱乐部协议而重组苏联外债的政府间协议，根据协议德国政府让俄罗斯长时间延期偿还债务。在1997年2月签署关于全面重组苏联债务问题的协议。

在1997年10月斯特拉斯堡欧洲委员会峰会落幕时，法国总统希拉克、德国总理科尔和俄罗斯总统叶利钦商定他们每年进行一次非正式会晤。"三人会"的想法属于叶利钦。从这时起这种会晤形式结成新的波恩—巴黎—莫斯科轴心，它应该成为智囊团以便研究建立"大欧洲"的具体方案。当时叶利钦想以此在欧洲建立针对美国影响力的某种平衡物，它的明确含义是很明显的。"我们（欧洲人）——他说——不需要任何海外的阔亲戚。"[①]但是，俄罗斯首任总统关于进行"三人会""不打领带"的经常性会晤的想法并没有特别的成效。这类会晤只有唯一一次是1998年3月底在莫斯科。

20世纪90年代在两国经济关系领域可以说不仅是"适应"时期，而且是"停滞—惯性"发展时期。这里的主要原因在于，俄罗斯执政精英一心向往美国式经济模式，却忽视西欧经济模式，首先是德国人改革的经验。与此同时，德国方面在这个时候忙于"消化"民主德国。国家和私人巨额投资用于根本改革东部德国经济，这是欧盟框架内的财政义务，特别是与

[①] Цит. по: *Mommsen M.* Op. cit. S. 178.

欧盟的经济和预算以及本身扩大的状况有关系。而同中东欧国家的公司进行合作，在这里社会—经济和政治局势更为稳定，这为发展开辟了更有吸引力的机会。

属于非常复杂的双边问题的还有信贷—财政关系。不顾两个德国统一的复杂性，德国寻找机会给俄罗斯提供现有的信贷—财政资源，成了俄罗斯的最大贷款者，虽然同其他国家比较德国资本流入俄罗斯无论如何不能称得上很大。根据德国数据，德国投资俄罗斯经济在1993年合计3000万马克，当时匈牙利同期的投资成果是7亿马克，比利时几乎是20亿马克。

◇第二节 俄德关系是"战略伙伴"吗？
（1998—2005）

还是科尔在总理位置上的最后几年里，重新审视俄德之间相互关系原则的倾向进一步加强。由于俄罗斯外债雪崩式增长以及在经济、政治和社会领域的危机现象，在自己任期内表现出了特别成效的两国领导人的"公共"外交和个人交情，在波恩是被理解和接受的，而同时在德国政治精英当中这种交往方式的可能性在逐步地耗尽。由于德国统一而带来的愉悦情绪和普遍兴高采烈，在苏联领土上开始了民主改造，俄德关系接近的前景，这些在临近90年代末时就被深深的失望情绪代替了。希望尽快有一个美好的未来并没有得到双方现实的证实。在苏联领土上的后社会主义时代出现了极其严重的离散化进程，它伴随着民族自我意识的增长，这是一方面；而另一方面却是民族主义情绪增强。相反，在西欧却是一体化趋势在加强，虽然实现一体化并非那么简单和不无痛苦，正如政治家和专家想象的。同俄罗斯的特殊关系不再带来早先的政治成效。在这种形势下这种关系更多地看上去像是累赘，因为德国当局充当对俄罗斯廉价信贷的贷款者愈加困难，很明显这些资金并未取得稳定和经济增长的效果。在德国遭遇上述严重挑战的条件下，当解决内部问题时，而同时在欧洲建设进程中，德国领导集团只能舍弃两国领袖的"公共"外交而开始更便于培育一种有礼节沉着镇静的关系。

一　俄德关系的亲近热度减退

以施罗德和菲舍尔为首的大联合政府执掌德国政权，而同时叶利钦总统提前离职以及普京当选为总统，这强化了这种趋势并且实际上在俄德关系史上开辟了新篇章。德国的新政府信任俄罗斯领导集团在于，将"保持了双边关系沿着主干道的继承性，这些仍旧是施罗德政府外交政策优先方向之一，德国方面准备以及在未来积极与俄罗斯在国际问题上相互支持"①。这是1998年11月16—17日施罗德对莫斯科进行工作访问时加以确认的。

新总理毫不犹豫地确定了对俄罗斯关系的有礼节又沉着的趋势，说明以这种方式使德国舍弃以往造成负担的政策，并打算实行一种坚持维护德国利益的对莫斯科的方针。施罗德这样做要比他的前任更加容易些。这就是为什么，德国社会民主党成了基民盟/基社盟在形成统一德国方针中的反对派。所以施罗德不同于科尔，他未必对于苏联在统一过程中给予联邦共和国作出的妥协让步怀有特殊的感恩情感，这些让步帮助科尔战胜了1990年德国社会民主党人拉方丹对于总理位置的要求。另外，在1998年总统选举活动中俄罗斯总统叶利钦非常明白地确认，在两位谋求联邦总理位子的候选人中间他宁愿看到德国政府首脑位置上不是傲慢自负的德国社会民主党代表，而是自己的"老朋友赫尔穆特"。

刚一接管政权，施罗德就在未来如何建设和发展德俄关系方面确定了

---

　　① Россия-Германия. Двусторонние политические контакты // Электронная версия журнала 《Дипломатический вестник》. 1998. Декабрь.

明确方向。面对自己的选民,他要使人清楚地明白,在德国外交政策中"支票外交"已经结束,在双边关系框架内在可预见的未来不会再给俄罗斯发放信贷,而有关提供资金援助在每一项具体情况下都将由相关国际金融组织实施。这样施罗德就不排除,德国将有可能利用自己在这些组织的倡议权和影响力去支持俄罗斯。

德国新总理以及他的外长的外交优先定位就放在了西方。关于这一点在随后执政联盟施罗德和菲舍尔出访的顺序安排上就可以证实。在巴黎、华盛顿、伦敦、海牙和华沙之后,最后出访莫斯科,未必能够证明很大意义。只是在访问俄罗斯既没有签署任何双边条约,也没有响亮的声明,或者表现出慷慨和多方面承诺的姿态。施罗德和菲舍尔在很大程度上提出了经济和资金援助取决于民主改革和俄罗斯在经济和社会改革方面的自身努力。双边关系开始受到第二次车臣战争和俄罗斯介入科索沃战争的拖累。

二 俄德关系中的"双边主义"和"多边主义"之争

由于普京当选为总统,德国如整个西方一样都感觉不安,俄罗斯面向西方自由—民主价值观的内部转型的战略方针能否发生变化,俄罗斯还能否坚持民主改革的道路。诸多问题并没有从议事日程上消失,能否继续推进国内现代化进程沿着公民社会和市场经济方向前进?俄罗斯能否成为现代的、有意愿在全球化进程中欧洲和世界里进行合作的玩家?俄罗斯能否在第一阶段开放之后重新回到自己的传统并解决内部问题,或者它在未来能否进一步向欧洲和世界开放?什么样的期待与它的新领导集团有关系,应该如何在未来制定对它的政策?未来的俄德关系在决定性程度上有赖于对这些问题的回应。

在这一点上,考虑到两国新领导人之间缺乏个人交往的经验,会出现某种造成俄德政治对话发生变化的间歇时段。但是，重要的是不要失去发展的势头，众所周知，因为停滞总是饱含着对进步的威胁。因而保持政策继承性的任务具有特别重要的意义，保证不仅在高层而且也在合作的所有领域都相互采取积极的方式。

早在2000年6月15—16日普京第一次访问德国期间，双方就作出了多方面承诺的声明。这次会晤意在个人熟悉情况，却是意味着"基于共同利益"发展关系的新阶段。在普京访问之后，施罗德总理对俄罗斯《独立报》保证："德国能够并愿意在普京总统制定的俄罗斯现代化中发挥重要作用……他给我留下了政治家的印象，他清晰地说出了实际情况，同时又表现出现实和务实作风，而同样关注令我们担心的话题，毫无疑问，我将会同他进行长期和良好的合作。"①

这个时候施罗德宁愿同普京进行公开的人权对话，他的外长菲舍尔也是把遵守人权作为自己处理对莫斯科关系的准则，这样就在自己和俄罗斯领导集团之间设置了一定的距离。

在普京时期俄罗斯外交的德国方向在经历了一段间歇停顿之后开始逐渐地显现出优先定位。不可能有其他选择。德国变成了在世界政治舞台上那些足以决定世界文明命运的主要行为体之一，成了欧盟深入和广泛发展的主导力量。莫斯科明白，没有德国参与要解决涉及俄罗斯利益的欧洲大陆和区域的问题未必可以。德国同样也意识到俄罗斯对于欧洲和德国的命运的意义。正如德国著名政论家菲尔德强调，"俄罗斯，正如过去那样，仍然是关键性的国家。没有它的参与不可能在未来维持稳定的世界秩序，没有稳定的俄罗斯在欧洲的稳定无从谈起"②。

在施罗德时期的俄德关系中出现了新的要素：要研究它们从现在起已

---

① Независимая газета. 2000. 18 июля.

② In: *Olaf Hillebrand*, *Iris Kempe* (Hrsg). Der schwerfällige Riese. Wie Russland den Wandel gestallten soll. Gütersloh, 2003. S. 8.

经不可能离开目前世界发展的主要趋势。第一，世界经济全球化依靠运用先进的计算机技术和交通手段；第二，双边关系一体化与国际组织的分量与影响力提升存在联系，在这里德国扮演的角色远不是决定性的。现在俄德交往在许多方面开始取决于德国在这些国际组织当中的作用和地位，诸如联合国、欧洲安全与合作组织、北约、欧盟、世界贸易组织、国际货币基金组织等，而同样也取决于俄罗斯参与它们的程度，或者它们对于俄罗斯感兴趣的程度。虽然它们不可能取代传统的双边政治交往，确实是在俄德关系中进行有成效的多层次对话，其中德国所扮演的角色不是作为独立的伙伴，而是作为有权威的西方军事、政治和经济联盟的代理人，可是它的行为不得不考虑自己的伙伴。换句话说，在德国同俄罗斯关系中不是那种所谓的双边主义，而是多边主义发挥主要作用。"在俄德关系中的大多数问题都带有多边的性质"[1]，知名德国政论家福格尔如是说。关于这一点施罗德同样也表达过大致的看法，他强调说，德国的"莫斯科政策"已经转变为欧盟的"东方政策"[2]。

但是，德国对于多边主义的信奉，并非到处都受到欢迎。特别是俄罗斯批评德国政府舍弃有利于国家的双边对话，德国政府则在很大程度上引证欧盟的规定，并且不仅在外交政策的问题上，而且在安全领域政策的问题上。德国常常拒绝承担国际调停人的角色——无论是在近东冲突，还是在俄美之间关于建立国家导弹防御问题上。

在这种情况下，柏林只能透过于欧洲的制度，为此不得不倾听那些说是它没有担当起自己增长的国际责任的指责和抱怨。知名德国政论家季梅尔曼写道："在俄德关系本身最重要的事实是，德国同欧洲—大西洋机构紧密地联系在一起。只是在这些框架内德国发展自己同俄罗斯的关系，双边关系，无论多么重要，它们处于西方之后。相反，俄罗斯继续思索双边对

---

[1] *Vogel H*. Op. cit. S. 43.
[2] Schröder G. Deutsche Russlandpolitik-europäische Ostpolitik//Die Zeit. 2001. No. 15.

话的范畴,不能认识到多边组织持续增长的意义,就像欧洲联盟这类组织。"①

在双边关系中不了解是十分明显的,这表现在,俄罗斯在自己实践中遵循着经典式双边外交的原则,开始积极推行对德国关系的"战略伙伴关系"概念,没有考虑到有关这一概念的内容,并且把俄德关系和其他一系列双边国际交往摆放在一起,相提并论。要知道,实际上准确地理解这个范畴就是:俄美关系,俄中关系,俄乌关系,以及同世界其他许多国家的关系。它以为,毫无意义地摆弄那些时髦和漂亮的定义概念,诸如此时流行的"全人类的价值""全欧洲大厦"和"利益平衡"概念,它们缺少现实内容就模糊了外交的优先权,降低了这个或者那个方面的价值,相应地,也降低了外交方针的说服力。

相反,德国政治精英在这一时期极力回避使用"战略伙伴"这个术语。非常明显,无论现在还是可预见的未来,无论如何,德国不能破坏现有的欧洲和大西洋整体结构而为了实现某种同俄罗斯的平衡。然而德国方面不愿意使用,形容词"战略"会引起对于历史上的"拉巴诺现象"和莫洛托夫—里宾特洛甫条约的联想。

大多数德国专家强调,甚至是如果德国重新想要在西方和东方之间采取摇摆立场,它需要搞清楚以下事实:俄罗斯已经不再是那个伙伴了,即德国同它一起可以进行真诚合作以损害西方或者东欧利益。地缘政治派,特别是前联邦总理署高级合作者梅尔特斯断言,似乎是欧亚和中欧的"自然"辽阔空间,势必要合法地被强大的区域大国——俄罗斯和德国——控制,现在没有任何理由,任何现实,任何道义。类似的观点会破坏欧盟,它不仅被理解是地理意义上的联合,而同时和首先被理解为是具备共同价

---

① *Heinz Timmermann/ Christian Meier*. Nach den 11. September: Ein neues deutsch-russisches Verhältnis? // SWP-Aktuell 22, November 2001. URL: www.swp-berlin.org.

值观和相近生活方式的国家的法律联盟。①

很遗憾,在国际关系全球化和国家间外交功能分散化条件下,对于纯粹意义上的双边联合行动的空间在客观上是缩小变窄了。是的,相互信任的信誉在眼下好像在很大程度上逐渐丧失。所以关于在俄罗斯和德国之间存在伙伴关系,甚至"战略"伙伴的判断,现在自身没有现实根据。况且,一些德国人也反对双边伙伴关系的思想。根据他们的意见,"联邦共和国在任何情况下应该发展同俄罗斯的关系;但是在类似双边合作的时候任何伙伴关系应该被排除在联合组织之外(首先是西欧国际组织)"②。所以我们想象,最合适的概念是"未来的伙伴",它是普京2003年9月非正式访问意大利时提出的。

三 俄德关系在反恐问题上的合作

2001年9月11日恐怖袭击事件赋予俄德关系新的动机,而随后9月25—27日普京访问德国,它再次显示了俄罗斯同国际反恐组织的团结一致,进一步认识到两国的相互依存关系增加并且努力进行更为密切和全面的合作。2002年4月9—10日在魏玛举行普京总统和施罗德总理主持下的例行(第五次)俄德国际协调会。在峰会框架内俄德两国领导人就反对国际恐怖主义斗争中相互支持的问题举行了谈判。在国际范围的日程上,普京和施罗德同意有必要进一步巩固国际反恐联盟,赋予它依据联合国宪章和原则的充分而又明确的法律根据。双方非常关注战略稳定和欧洲安全,以及俄罗斯同欧盟的相互关系。

---

① *Мертес М.* Немецкие вопросы-европейские ответы. М., 2001. С. 59.
② Borkenhagen F. H. U. Militarisierung deutscher Außenpolitik? // Aus Politik und Zeitgeschichte. 1996. 9. August. S. 7.

俄罗斯对于欧洲大西洋组织的开放的新立场，同德国原则上有意愿将俄罗斯进一步整合进西方体制的意图相遇了，在这个方面赋予协议双方重大义务时，甚至缓解了双边对话中的车臣话题。所有这一切不能表现在两国领导人之间的个人关系上，比起叶利钦和科尔时代还是有很大不同。如果说叶利钦和科尔宁愿保持"高大巨人的友情"——不打领带的会晤，那么普京和施罗德则关心发展两个家庭之间的交流，特别是2001年庆祝俄罗斯东正教的复活节和其他节日就属于这类情形，甚至在大自然中一起度假。这些会晤在欧洲和世界都被认为是重要事件。

从这个时候起开始了在莫斯科和柏林之间政治领域合作的重要的积极进展。双方就重要国际问题、就安全政策领域综合问题而保持经常性交换意见。在这种情况下双方不仅更好地听取对方的意见，而且是相互听取。非常重要的是，在这个领域的特点是：清楚地体现了俄德合作的全欧洲看法，也体现出对自身各种利益的考虑。双方的紧迫任务是对于潜在危机热点作出及时反应，并且支持调解在欧洲（巴尔干、南高加索）及近邻区域（首先是近东）持续已久的冲突。俄德外交部门相互支持，对于最重要国际问题进行协调。

俄德双方在不同国际问题方面表现出一致的立场，包括核反应设施安全，反对国际恐怖主义和犯罪，流行病防治，移民问题，维护生态安全，防止近邻国家生活水平出现两极分化等。

2004年12月21日在石勒苏益格举行普京和施罗德会晤，其间特别关注反对国际恐怖主义。俄德外长制订了在这一领域实际步骤的计划。按普京的说法，双方积极评价了2003年建立的俄德高级工作小组在安全问题的活动。在它的框架内俄德工作组与国际恐怖主义、有组织犯罪进行斗争，双方的外长代表和强力部门代表参与其中。例如，相互提供信息、举行工作会议等。

2004年9月9日，在别斯兰恐怖袭击事件发生后，普京和施罗德发表关于在反对国际恐怖主义斗争中扩大相互支持的联合声明。2005年4月22日在下诺夫哥罗德双方签署俄德关于合作反对在俄德境内有组织犯罪活动的条约。这样，得益于上述文件，德国总理和俄罗斯总统关于加强合作以反对恐怖主义和犯罪活动的公开表态得到了落实。

四 俄德关系中的经济人文合作

双方的经济关系在支持俄罗斯经济转型进程中发挥了积极作用。在双边合作框架内商品、投资、信贷交融、咨询服务和市场技能在双方流动。在科学—技术、交通、通信和其他领域进行合作。在1998年金融危机之后，俄罗斯不仅成功地稳定了国内经济形势，而且明显地改善了。在德国基本上恢复了对于俄罗斯国家及其信贷机构的信心。俄罗斯银行界也重新开始利用自己德国伙伴的信任。

在信贷—金融领域的成果是2002年双方达成关于调整民主德国的苏联债务的协议。这笔应该由俄罗斯偿还的债务最终数额，在协商谈判中减少至5亿欧元，在2002年8月俄罗斯已经支付了3.5亿欧元。这个决定大大稳定了信贷—金融财团的支持，并且扩大了它进一步发展的可能性。2001年双方政府制定通过德国公司直接投资以国家部分债务置换俄罗斯企业股份的路线图。外贸集团同信贷—金融集团进行直接经济合作。如果说在1994年相互贸易为24亿马克，那么在1999年为270亿马克。在90年代上半期急剧减少之后相互贸易额不仅实现稳定，而且由于对俄罗斯来说极为有利的世界石油和天然气价格，双方贸易增长80%，在2001年达到了487亿马克（245亿欧元）。

据俄联邦的德国经济协会资料，德国对俄经济投资在1991—2001年为60.85亿美元。而且根据累计投资数额，德国位居其他国家之首。但是在直接投资数额方面为14.39亿美元（8.2%），德国在许多国家之后，包括美国和塞浦路斯,位居第五。① 德国对俄罗斯经济投资的变化证明了德国人公司保持着相当大慎重态度,它们更偏向其他市场——北美、欧盟、中欧和东欧国家。

调整货币—经济问题的有效杠杆,包括税收,同时还有新的投资方案领域非标准思想的手段,2000年开始建立直属总统和总理领导的高级工作小组,负责经济和金融合作的战略问题。在贸易—经济领域属于特殊"思想市场"是改造俄德合作委员会,它由俄德两国经济部长领导,并且联合了众多国有和私有经营者的代表。

文化领域的合作意义也在复杂外交环境里增强。俄罗斯和德国的文化作为全欧洲文化的一部分同样宝贵,自成一体,同时又相互补充和相互营养。在政治层面,两国之间文化交流的条约基础是1992年12月16日达成的俄德关于文化合作的协议。根据该条约第16条建立关于俄德联合委员会,负责文化合作以讨论未来关键合作。在俄德"彼得堡对话"形式框架内"文化"工作组积极从事文化合作的问题。2003年和2004年开始了俄德文化交流年。俄罗斯文化节在德国(2003),德国文化节在俄罗斯(2004),目的在于展示两国文化遗产中最好的东西,促进了拥有丰富历史传统的两国人民的相互接近。

俄德伙伴关系十分重要和新的组成部分是基于2001年4月两国领导人建立"彼得堡对话"的交流形式而组织两国公民团体的对话。"彼得堡对话"是想作为两国社会代表人士经常性交流的手段以便于克服相互之间的害怕和担心及偏见,并且在非国家层面上建立广泛的交流网络。"彼得堡对话"是按照类似于德国和英国的社团交流而组织的,它们在许多方面促使二战后这两个国家的接近。

应该指出,除了"彼得堡对话"之外,在许多年里还有其他俄德组织

---

① Russland 2001-Reforman, Wachstum und den Blick nach vorn // Jahresbericht des Verbandes der Deutschen Wirtschaft in der Russischen Föderation. M., 2001. 10. Dez. S. 9.

在活动。例如，1993年建立的德俄中心履行"彼得堡对话"组织的职能，它是一个常设的形式上独立的超党派组织。它的目标在于发现和利用德俄在政治、经济和文化方面合作的新机会，同时促进两国公民社团之间的对话。德国方面的成员是知名政治活动家、经济人士、科学和技术界人士，主张密切与俄罗斯的合作。

五 对于"战略伙伴"的分析

在2002年议会选举获胜后，以施罗德为首的新政府在对俄政策上确定了两个规划目标①。一方面，德国作为欧盟、北约和"八国集团"成员强调，愿意在俄罗斯和这些组织之间扩大安全领域的牢固和长期伙伴关系。另一方面，坚定地打算促进发展双边政治、经济和社会对话，以便于使民主、法治和社会改革不可逆转。对于俄罗斯，对于俄德关系而言，这意味着保持和进一步深化双边合作。

正是当时德国社会民主党和"绿党"在2002年议会选举获胜后，约定了关于"愿意在保证安全方面进行可信和牢固的合作"。很快并非没有俄罗斯领导集团坚持参与，这种表达转身为"战略伙伴"。但是，在根本上这个词义并没有改变俄德关系的实质，它们没有超出"吸收，而不是排除"的传统表达。在贸易平衡，积极双边政治、经济和社会之间对话发展的背景下，德国没有能够推动俄罗斯的民主、法治和社会改革并使之具有不可逆转的特点。所以被迫提前辞去总理职务的施罗德从自己的朋友和"纯洁的民主派"普京那里获得了一份高薪职务，北欧天然气管道公司高管（"北溪"），俄罗斯天然气工业公司主导项目。

总体上看，在施罗德执政时期俄德关系经历了重大变化。在90年代初

---

① Koalitionsvertrag // Das Parlament. 2002. No. 42 – 43. S. 17 – 24.

期,即苏联领导集团决定在有利于波恩条件下统一德国之后的和在苏联军队从德国领土上离开之前的那一段时期,俄德关系充满着心情愉快的气氛变成了沉着冷静的氛围。在 90 年代中期双边关系增加了赤字亏空,其原因在于,一方面,两国分别集中在各自的内部政治问题,它们在俄罗斯和德国获得了新的国家体制之后客观上居于首要位置。另一方面,俄罗斯和德国根据不同的需要而确定自己外交的优先排序。虽然俄罗斯高层确信,俄德关系的优先定位是莫斯科外交的常数恒量,可是德国政治精英对俄罗斯关系所表达的"吸引,而不是排除",使得俄德关系不符合 1990 年 11 月 9 日关于睦邻、伙伴与合作条约所承载的潜力。

可是在 21 世纪之交,国家间双边关系,也称停滞阶段,获得了自身进一步发展的动机。这首先因为在俄罗斯和德国的执政精英交班换代了,而同时也是 2001 年 9 月 11 日在纽约发生震惊世界的恐怖袭击事件,促使它们认识到国家间相互依存增加和愿意进行更紧密和全面的合作。在俄罗斯和德国,政权转向新的活动领域。两国领导集团更替促使寻求新的合作方式。这样双方不仅赞同保持,而且要在未来几年继续在俄德之间增进信任与合作。

◇第三节 俄德关系的地缘政治与地缘经济之争(2005—2015)

由于组建"大联盟"(基民盟/基社盟—德国社会民主党)社会—民主党人施罗德时期结束了,在德国的政治舞台上出现了一个不同于德国习惯的、新的、以基社盟主席默克尔为代表的政治明星人物。2005 年 11 月 22 日在战后德国历史上首次出现了妇女领导的政府,何况是在民主德国受教育的。50 岁的默克尔是联邦共和国历史上最年轻的总理。2002 年 2 月在克里姆林宫接待基民盟主席时,普京高兴地发现,她是为数不多可以用俄语进行对话的德国政治家之一。在这次会晤后面对记者时,默克尔表示相信,在联邦议院所有政治力量代表中间存在同俄罗斯有必要保持伙伴关系的协议。这标志着俄德关系进入默克尔和普京时代。前者在德国统一之后成为基民盟和德国政府里迅速上升的人物,后来在2009年和2013年议会选举中连续获胜,正如多次被报道说,她是"世界最有能力的女性"。后者在俄罗斯地位牢固,且随着油价上涨和国力增强而越发自信。

一 俄德关系定位的下滑

2005年激烈的选举活动和在外交部以及中国和俄罗斯广受欢迎的施罗德遭受的抵制,这要求坚信"大西洋主义"的默克尔实行一种不同的政策。德国社会民主党—联盟90/"绿党"政府的对俄政策在选举前氛围里就被基民盟/基社盟称作是"无原则的对俄政策"[①]。可是在政党之间选举前的斗争尚不足以影响到国家层面的政策。被迫同领导外交部的社会—民主党人联姻,促使新政府的首脑改换一下调门并转向持重的表述。这样在"大联盟"(2005—2009)的外交政策排序中俄罗斯位居第四位,落在了欧洲一体化、大西洋主义和联邦国防军及其维和使命之后。[②] 正如所规定的,俄德关系要取决于它们同德国邻国及其同有权威的国际组织首先是欧盟的联系程度。关于这一点在大联盟协议中明确说明:"我们同我们的欧洲伙伴们共同主张同俄罗斯的战略伙伴关系,我们在双边关系和欧盟层面的所有领域发展这种合作关系。默克尔本人特别关注,要同那些正在困难地进行现代化国家

---

① Deutschlands Chancen nutzen. Wachstum. Arbeit. Sicherheit. Regierungsprogramm der CDU/CSU 2005 – 2009. Berlin, 2005. S. 42.

② Koalitionsvertrag 2005 – 2009. URL:http//www.cducsu.de/upload/koa-vertarg0508.pdf.

努力开展政治、经济和社会合作。"战略目标仍然是支持"俄罗斯面向欧洲价值观"并促使它成为按照西方标准的"稳定的民主国家"。

新政府的组成和总理默克尔最初步骤证明了"大联盟"（基民盟/基社盟—德国社会民主党）内政外交方针的继承性，它最终在民众当中找到了正面的回应。不顾国际专家团体的反对，俄德对话没有被忽视也没有被降格，而是显示了稳定和积极的变化。默克尔以令人惊讶的方式保留了施罗德政策的基础性，的确，也添加补充了人权问题的话题。她支持在俄德之间波罗的海建设天然气管道，虽然波兰表示反对。在华盛顿她坚持这种看法，即没有俄罗斯的参与不能调解围绕伊朗和近东问题。在柏林她表示相信，没有同俄罗斯的合作不可能保障欧洲的安全，相应地也有德国的安全。在2008年12月外交联盟会晤的最后时刻得益于德国的立场，成功地从北约日程上撤下了关于赋予格鲁吉亚和乌克兰成员伙伴的议题，而同时恢复了在南高加索五日战争之后根据美国倡议而被冻结的俄罗斯—北约理事会的活动。

对于专家团体而言并不是秘密，俄德关系在"大联盟"执政时期并没有经历根本性的改变，虽然不仅是国家间的，而且是个人的交流，失去了在普京和施罗德时期的那种紧密的特点。

德国人传统上还是认为俄罗斯是一个关键性的伙伴，没有它甚至不理睬它，不可能解决任何区域的、任何全球性的挑战和问题。除了裁军和核不扩散问题之外，两国还是保持着接近的或者相同的有关国际日程上主要问题的看法：安全、恐怖主义、能源效益、有组织犯罪、贩卖人口、海盗行为、环境保护等。在国际组织框架内——联合国、欧安会等——相互支持仍然是同柏林保持伙伴关系的共同点。关于吸收俄罗斯参与欧洲安全与防御政策问题的常设外交部门之间协调机制接受了俄罗斯的申请，协调的第一轮是符合2009年6月在莫斯科高级会晤时达成的协议。

北约东扩问题对于德国人而言原则上在这样一种理解当中仍然是公开

的，即格鲁吉亚和乌克兰的联盟成员资格问题可以说只是在遥远的未来。德国肯定这一点，并在 2009 年 4 月斯特拉斯堡/基尔北约周年峰会上，柏林主张根据俄罗斯—北约理事会的路线而加强对话，认为理事会应该加以利用以作为"经常性对话"的场所，特别是在危机形势中。德国人支持在这些领域进行合作，即存在相互支持的潜力——向阿富汗运送军用和非军用物资，培训阿富汗警察，打击非洲之角海盗袭击等。2009 年 8 月顺利实施基于同等原则等俄德关于向阿富汗转交俄制直升机及其器材的方案。

二 俄德关系出现"冷和平"

然而，德国在发展同俄罗斯关系方面的立场还是经历了一定的变化，专家们称之为向"冷和平"的转变。来自俄罗斯的两个举动令德国人慎重而又不安，迫使后者重新思考后两极世界的现实。第一个举动是普京在 2007 年 2 月 10 日慕尼黑安全政策问题会议上的发言，其中俄罗斯总统展示了莫斯科在世界上新的强硬立场。第二个举动是 2008 年 8 月俄罗斯采取行动以制止格鲁吉亚入侵南奥塞梯并保护自己的公民，承认茨欣瓦利和苏呼米的独立。这一行为在柏林那里无法得到理解和支持。德国人开始谴责莫斯科是大国扩张主义，指责它破坏公民的民主权利与自由，压制反对派力量，利用能源作为向国外伙伴施加压力的工具。

阿伦巴赫研究所社会学家指出[①]，这种主要趋势在于更为"冷静评估"俄罗斯在南高加索引人注目事件之后的形象。如果说在 2001—2004 年有 2/3 的德国人认为同俄罗斯保持良好的长期关系，那么在 2008 年 9 月这组人数下降到 45%。如果说在 2003 年 27% 的德国人认为俄罗斯是可靠的伙伴，那

---

① Frankfurter Allgemeine Zeitung. 2008. 17. Sept.

么五年后这组人数下降到17%。对于普京的信任也呈现出下降趋势。

德国领导集团反对赋予俄罗斯在北约活动问题上享有间接否决权，强调在这种情况下有必要在双方相互交往过程中获得关于相互担心和利益的认识。正如总理表示，"如果不能相互谈起来，那么不应该对于偏见的出现而感到惊讶"。

两国领袖密集而充实的接触为双边对话提供了所需要的助力，只是在2006年一年里双方领导人在各种场合的会晤就有六次之多。在2007年普京和默克尔见面五次。德国总理是西方领导人中在2008年3月第一个飞到莫斯科结识梅德韦杰夫，即在他当选为俄罗斯总统之后不久。与此同时，他选中德国作为自己欧洲初次亮相的舞台，6月5日提出了研究制定有关欧洲安全条约的法律义务。

在第十回合最高级别的俄德国家间协商过程中（2008年10月2日圣彼得堡）通过了旨在赋予俄德关系新特质的"现代化伙伴"战略。它的目标在于加强和提高经济、社会—人文及科学和技术领域合作的实际效能，同时还要结成诸如人口政策、卫生保健、能源效能、科学院交换的联盟。

德国积极推动"北溪"方案，帮助俄罗斯同斯堪的纳维亚半岛和波罗的海伙伴进行并不轻松的谈判。同时，遵循着有必要能源供应欧洲的多样化，柏林支持"纳布科"方案。

整体上所有俄德合作的基本和推动因素历来是开展经济合作。21世纪头十年后期的金融危机前，德国在俄罗斯对外贸易中长期居于主要地位，也是对于俄罗斯经济投资的主要国家之一，首先是前沿领域。

有报纸《图片报》介绍俄德关系的状况："德俄关系对于莫斯科具有特殊意义。向德国出口有用矿产品以换取德国转让技术给俄罗斯。对此可以补充说明，这两个民族历史上早已存在相互很深的交往。默克尔以正确的途径同愈加强大的东方邻国进行交往，伸开双臂同俄罗斯合作，可是坚定地站在大西洋联盟一边。保持这种平衡——德国外交政策的高度艺术。"①

成为总理之后，默克尔在外交政策领域急速起跑。她获得了国际舞台上友善态度的奖励：在布鲁塞尔，以欧盟主席巴罗佐为代表的友好伙伴期待着德国政府首脑；在华盛顿，小布什欢迎她的来访，他回避同持有反美情绪的施罗德打交道；而在巴黎，希拉克取代了那个性格急躁的萨科齐。正是依靠着德国在世界上有影响力的这些朋友，默克尔，拥有出色的回旋阵地以便实施所强调的亲西方方针。可是临近2009年形势发生急剧变化。在世界前台位置突然出现了两个大玩家，就像中国和俄罗斯，它们开始需要受到关注。而关于柏林的最亲近伙伴，德国人观察家们开始谈论，在拥有这些"朋友"的情况下不需要有任何敌人。

三 俄德关系出现的转折

2009年的特点是俄德关系出现了转折，如果说不是转向了俾斯麦所说的"现实主义政策"阶段，那么至少也是语言学上的冷淡，此时根据对话没有畅想的愿望，只有冷静评估现有的和中期的现实情况，而同时还有务实地算计这种对话的有益作用。以默克尔为首的德国政府放弃了关于俄罗斯有可能在可预见未来实现全面转型的幻想。在此之前，柏林对莫斯科的政策开始离开了这个轨道，即在许多领域里同俄罗斯进行中期和长期合作应该促进现代化事业，不仅经济和技术，而且在俄罗斯整个社会方面。就是说出现一个面向西方民主和法治国家的伙伴。这就是社会—民主党人外长施泰因迈尔的"现代化伙伴"口号所期待和倡导的，现代化口号是普京的继任者极力提倡的，可是正如早先一样，这个现代化方针并未进入梅德韦杰夫日常事务的议程。

---

① Frankfurter Allgemeine Zeitung. 2008. 6. Juni.

在放弃了对于梅德韦杰夫提出的现代化的期待之后，德国政治家们慎重地处理德俄之间的"战略伙伴关系"。在2009年基民盟/基社盟和自由民主党之间联盟条约中，俄德关系的"战略"性质遭到了忽视和遗忘，在德国解决区域和全球问题上莫斯科的地位滑落到"重要伙伴"级别。在这种情况下，特别关注在俄罗斯"人权、法治国家和民主领域出现赤字亏空"。实际情况是，自由民主党在俄罗斯"降级"中发挥了不小的作用，该党主席"非传统人士"韦斯特维勒出任副总理和外长职务。然而在2010年11月里斯本，正如在2008年布加勒斯特的北约峰会上，德国照例再一次充当了俄罗斯利益的辩护人，这一次在制定北大西洋联盟考虑发展与莫斯科合作的新战略概念的问题上，通过了俄罗斯—北约理事会确定开展建设性对话的联合声明。需要提醒，在布加勒斯特得益于柏林的多方努力，成功地驳回了格鲁吉亚和乌克兰加入北约的提案，它明显是有悖于俄罗斯在后苏联空间的地缘政治利益的。当时在克里姆林宫形成了一种印象，原来是不真实的，好像是在危机形势下德国对莫斯科维护势力范围的要求表现出了忠诚。

在两国精英之间关系变差的迹象同2011年10月3日普京在《消息报》发表论欧亚一文有关，内称：俄罗斯领导集团决定把自己积极性集中用于前苏联共和国，即用于自己在欧亚大陆的利益空间。2012年德国人借口批评俄罗斯的选举机制，同时再次批评克里姆林宫对于人权保护和反对派的政策。2012年11月9日在没有联邦总理署出席的情况下，联邦议院通过一项关于俄罗斯现状的批评意味浓烈的决议，得到基民盟/基社盟和自由民主党执政党议员的赞同，而同时还有反对派联盟—90/"绿党"的支持，这份文件批评俄罗斯内部政治发展，并指责俄罗斯当局如何对待这种国内批评。随后克里姆林宫反应迅速，方式却很严厉。在俄罗斯开始调查德国人基金会分支机构，那些亲克里姆林宫的专家批评这种行为"不符合国际标准"。

但是，俄德精英之间的政治分歧并不触动经济。德国仍然是俄罗斯主要经济伙伴之一。俄罗斯联邦在普京总统第三个任期初期有6000多家德国公司，而在俄德之间贸易呈现出新的势头：2012年双边贸易增加6.9%，超过了850.1亿欧元。

在2013年选举中基民盟/基社盟联盟获胜，组建"大联盟"政府，照例选举"维持现状的保护女神"[①]默克尔为德国总理，这些并没有在柏林对莫斯科方向的外交战略中造成重大改变。在这种情况下德国方针的形成考虑到了公众情绪，它们确实存在负面变化。

从文件文本中看出，讲到有关必须确定某种共同协商方式以处理同莫斯科的关系，很明显这是排除了来自德国方面的替俄罗斯利益的游说活动。柏林完全实行一种吸收所有邻国参与多边外交方案的政策，其中包括在德国、波兰和俄罗斯之间三方（德国—波兰—俄罗斯"三角关系"）对话中发挥关键作用。我们知道，波兰——所谓"新东欧"的代表——是非常复杂和强硬的谈判伙伴。德国作为"欧洲一体化领导者"是"老欧洲"及其更温和方式的化身。目前很难说，莫斯科如何在这两者之间坚持自己的立场，这两者如何在德波俄三方处理关系。

四 俄德关系中的两种方式之争——乌克兰事件

2014年是欧洲历史上和俄罗斯—西方整体关系上的转折点，成为俄罗斯—德国—欧盟三角关系中具有决定性的年份。而且对于莫斯科而言，同作为联合的欧洲关键点的布鲁塞尔和柏林在政治和经济领域的伙伴关系发挥了生存主义的作用，因为在解决欧洲大陆和全球规模的危机及冲突形势，以及贸易互利和资本流动时考虑到它们的分量。在乌克兰的民族主义情绪

---

① Frankfurter Allgemeine Zeitung. 2013. 18. Dez.

被推波助澜，每一个玩家都是或明或暗地带进了地缘政治利益，似乎要破坏这种牢固结构的关系，从俄罗斯视角看，欧盟和德国是独立的有足够行动能力者。换句话说，俄罗斯领导集团根据现有的不对等三方关系，因为在这里莫斯科同柏林——欧盟无可争议的领袖——是距离最近也是最直接的邻国，同时也是最友善的，早已是天然的伙伴，它常常在有权威的国际组织中充当俄罗斯利益的辩护人，首先是在欧盟内部。

乌克兰危机和俄罗斯兼并克里木，导致在后两极时期西方在军事—政治和经济上空前的协调一致，俄德国家间对话中断，同时提高了国际联合在制定对莫斯科的统一方针中的作用。实际上我们见证了俄德之间的关系由双层结构（双边和多边关系）重新形成单维的、直线的状态（俄罗斯——集体的西方）。乌克兰危机凝聚欧洲人，不仅在政治问题上，而且在经济问题上，甚至在能源保障和能源安全问题上均是如此。毫无疑问，这使得在双边专家团体方面的俄德对话复杂化了，这是有客观原因的。

另外，正是在这一时刻发生了在全球化条件下对于推行外交政策的两种方式的直接冲突——以现代俄罗斯领导集团为代表的地缘政治手段，德国执政精英奉为宗旨的地缘经济手段。换句话说，谋求势力范围的地缘政治学思维，追求在国际关系中创造使用武力的可能性以便保护或者扩大这些势力范围，这同地缘经济的手段发生明显的冲突。地缘经济手段不是专注于制造某些障碍物，而是相反，是专注于"软实力"，非常感兴趣的是开放边界以便于劳动力资源、商品和资本流动，尤其是作为贸易大国的今日德国对于这一点特别有兴趣。毫不奇怪，德国往日对于俄罗斯的"特殊"方式，从柏林视角来看，已经没有理由了，并且现在德国人不得不转向更为慎重冷静共同协商方针的轨道上（在对抗性的乌克兰危机之后）。顺便提及，我们没有忘记，正是德国领导集团成了把俄罗斯剔除"八国集团"之外的倡议者。

在留意对于破坏国际法准则和使用武力的指责时，我们注意到，德国执政精英以及整个德国公民社会经受了极为深刻的震惊，因为2014年春莫斯科外交发生突然转折。柏林极为不安，因为俄罗斯高层采取外交决定表现出不透明和难以预料，以及这些决定的不平衡与不一致。回想一下，类似的担忧早在2008年高加索事件中已经流露出来。可是如果说当时的欧洲人，特别是德国人看待所发生的事件是令人不愉快的难以理解的误会，那么现在在德国外交规划中不得不常常考虑突发因素对于欧盟和北约做保障的欧洲—北大西洋稳定性的威胁。

五 俄德关系两种方式的现实分析

最终，在俄罗斯和西方许多方面对抗持续升级的条件下，精英和社会的团结一致就被相互把对方抹黑成外交敌人的舆论战促成了。广泛的社会协调和民众对于政府行为的支持成了政权机构的战略与策略的现实因素。这涉及的不仅有俄罗斯，也有德国。高高在上的统治集团，并非随时随地依靠国民属性，由于教唆怂恿针对对方的宣传活动，结果似乎成了操纵自己活动的人质，不得不跟随被统一化的社会舆论一起行动。如果说政治情势要求政权作出快速反应和策略上随机应变，那么社会舆论，由于具有难得的安全系数并表现出深厚潜能，足以使精英保持在指定的轨道上，足以使他们失去活动的自由。是否要放弃经过郑重宣布的方针——所有运转的政权威望逐渐地受到威胁。

在目前德国政府被迫思考这个问题，即根据阿伦斯巴赫社会舆论研究所的问卷调查，在克里木被并入俄联邦之后，有55%的德国人认为俄罗斯的行为威胁到和平，只有10%认为俄罗斯是可靠伙伴。越来越少的德国民众认为同莫斯科密切合作是合适的。如果10年前这个数据还保持在55%，那么现在人数降至32%。俄罗斯总统威望在急剧下降。65%的德国人对他的行为批评很严厉。① 而且这次 2015 年调查的结果变坏，可以同冷战时期相比。

这些情况对俄德对话产生了消极影响，并导致其中断。在 2014 年复杂形势中首先出现了由知名人士参与的国家间协商的不确定。类似命运也遇上了彼得堡年度对话。国家级代表水平下降为各类社会和文化单位的交流。乌克兰危机使得欧洲人在经济和能源保障问题上协调一致。与此同时，克里姆林宫采取反制措施，或者是被迫和自愿的孤立，或者是任何的制裁，都是起到了飞旋镖的效果。这已经影响到了俄德相互贸易，截至 2016 年大约减少 1/3，包括双边对外经济受限和因为俄联邦经济危机。德国商界不期待同俄罗斯改善关系，它们离开俄罗斯市场证实了这一点：在俄联邦由德国资本参与的公司数量在 2015 年从 6500 家减少至 5600 家。

所有这一切都说明，甚至在中期前景方面莫斯科无法指望能恢复到以往时候那种信任的相互有利的关系。可是，是否还存在同俄罗斯的西方主要伙伴正常对话的"机会窗口"？对此默克尔在 2014 年 5 月做了肯定的回答。为了继续合作，按她的话说，有必要制定明确的最低限度的共同价值观。"我们，毫不怀疑，存在着深刻分歧。然而我确信，在中期和长期前景方面我们应该继续同俄罗斯进行合作"，德国政府首脑如是说。② 几乎是过了一年，在 2015 年 4 月，在施特拉尔岑德的经济集会上，她表示有兴趣同莫斯科进行经济合作，在回想起有关建立"巨大自由贸易空间"——从符拉迪沃斯托克到里斯本的想法时。

似乎是寻求对话的手已经伸出去了，却因为一点小事而受到影响：需要对此作出答复。然而，虽然在乌克兰危机问题上出现那么多分歧，在俄罗斯和德国的领导集团由于历史的原因仍然保持了特殊的关系：普京不只是同一个西欧领袖保持了经常性接触。在 2014 年俄罗斯总统和德国总理见

---

① Frankfurter Allgemeine Zeitung. 2014. 16. April.
② Ibid., 15. Mai.

面 4 次，电话交流 34 次，而从 2015 年初开始举行 3 次会晤和 16 次电话交谈。

可是卫国战争胜利 70 周年庆祝活动带来了变化。在周日，也就是节日后的第二天，普京和默克尔为无名烈士墓敬献鲜花后，讨论了乌克兰局势和莫斯科同欧盟的关系。在后两极世界整个俄德关系历史时期第一次出现了，会晤以相互侮辱而结束。俄罗斯总统宣称，广受人们谴责的莫洛托夫—里宾特洛甫条约从苏联安全利益角度看是正确的，而德国总理则称"强行合并克里米亚半岛是犯罪和破坏国际法的行为"，并且补充道，"在乌克兰的军事行动对于俄德之间合作造成沉重打击"。不用期待回应：过了几天联邦议院议员韦尔曼不经解释原因就放弃了前往俄罗斯。两国领袖之间的电话联系也中止了。这是长久的吗？

可以想象，不会的。在政治上不应该出现中断。世界政治进程根本无法想象没有高层人物的个人交往，虽然存在"信任危机"。21 世纪的挑战与威胁，只有交流并且只能通过经常性交流才能应对。在执政联盟成员当中时常听到一些声音并非偶然，诸如主张取消对俄罗斯制裁，主张使俄罗斯返回"八国集团"。负责任的政治家明白，在国内形势的影响下，俄罗斯外交的摆轮开始转向，可是要让它回到自然稳定状态，这需要时间。无论是不可改变的引力法则，还是不容违反的国际关系法则。换句话说，应该表现出定力和耐心。

结　　论

　　研究俄德关系历史引来有趣的发现：双方交往的充实内容明显地存在于遥远的民族大迁徙时代并且一直延续到现在的生活。这种关系有不同历史时期的时间参数作为证据。如果说第一时段前罗曼诺夫王朝时期（9—17世纪），这一时期延续几乎有八个世纪；第二时段罗曼诺夫王朝时期（17—20世纪），算起来有三个世纪；那么第三时段苏维埃时期总计有74年；第四时段时期是后冷战时期大约25年。俄德关系在不同的时段表现出不同特点：第一时段的俄德关系对于欧洲事务影响极其有限；第二时段和第三时段的俄德关系对于欧洲大陆的和平秩序发挥了举足轻重的重要影响；第四时段的俄德关系对于欧洲和平稳定依然重要，可是已经远远不再像第二和第三时段那么重要，那么前景将是如何？

一　俄德关系的历史经验

　　俄德关系的第一时段可以一带而过。第二和第三时段的历史经验使我们确信：没有这两个国家的建设性合作，根本无法想象欧洲大陆和平秩序的稳定性。实际上，在所有苏共纲领性文件中反映出一点，即欧洲大陆的形势，以及世界的局面在整体上都取决于苏联—（西欧）德国关系发展的质量和紧密程度。考虑到俄罗斯的地理位置，它对欧洲的政策总是同德国存在着割不断的联系，无论是在消极或者积极方面。德国通常拉拢俄罗斯是作为可能出现的军事—政治和贸易—经济伙伴。可是,这种对于德国人和对于德意志的向往不是很快就表现出来,而只是在罗曼诺夫王朝统治初期俄罗斯加入欧洲国际关系体系之后,经过了100年的相互了解和习惯才有的。

在第二时段,关于俄罗斯参与欧洲政治体系应该理解为不是别的,正是它认清和接受了欧洲的利益,去参与这些或者那些瓜分欧洲的联盟,去支持(不仅在道义上,而且也在物质上)自己赞同了它们外交目标的这个国家或者国家集团,去反对被自己列入敌人阵营的那个国家或者国家集团。知名德国政论家施特劳布公正地使人确信,早在彼得一世确立统治地位之后"在欧洲不顾俄罗斯不可能从事任何事情"。根据他的说法,在这一点上许多欧洲国家看到了自己的优势,因为可以算计俄罗斯的实力,当"发狂"——法国和英国——以其固有的自我中心主义开始过分地压迫它们,并且以此使它们离开欧洲秩序均衡①。

在北方战争中(1700—1712)俄罗斯同其他欧洲盟国一起作战,首先是同德国人(汉诺威、普鲁士、萨克森),已经是作为一个属于欧洲政治体系内的国家在行动。得益于彼得的支持,奥古斯特·萨克森国王能够重新获得波兰王位,而普鲁士扩大自己的领土领地。在18世纪中期俄罗斯被卷入了同普鲁士的战争,此时英国和法国正在为争夺势力范围而战,并且针对俄罗斯施展阴谋,想把它纳入一会儿是这个,一会儿是另一个联盟。可是俄罗斯事实上拯救了普鲁士,并且同它结成了军事—政治联盟,而弗里德里希二世应该永远感谢它的这一行为,普鲁士,也正如奥地利,能够挤进欧洲大国俱乐部。如果说在叶卡捷琳娜二世时期还只是"俄罗斯——欧洲大国"的口号开始变为现实,那么由于保罗一世(马耳他骑士团大首领,奥登堡公爵和石勒苏益格—霍尔施泰因—哥特尔普斯基公爵)登基,欧洲

---

① Frankfurter Allgemeine Zeitung. 2008. 28. Aug.

事务完全使俄罗斯感到有兴趣，就像是它自己的事务一样。

圣彼得堡付出极大努力，以便使自己的国家利益适应全欧洲的政策，并且寻求战略力量联盟。1726年奥地利—俄罗斯防御联盟，1772—1795年间瓜分波兰，1815年组建神圣同盟，1833年姆亨格列茨协定——这些在俄罗斯和单个德国人领地之间组建军事—政治伙伴的例证，老实说，并不长久。这种伙伴存在于危机年代，例如，在七年战争（1756—1763）的战场，在拿破仑战争时期组建反法联盟（1799—1815），而后是在遏制欧洲大陆的革命运动时。

德意志国家扮演着俄罗斯的伙伴和盟友角色，可是由于地理位置远近不一，在它们中间主要是萨克森、奥地利和普鲁士。在18世纪后半期，普鲁士出现在德意志国家和俄罗斯合作关系的最前方，而从19世纪中期开始，占据了德意志国家的制高点，并且依靠俄罗斯帝国支持从而在自己领导下实现了国家的统一。很快就有了"普鲁士德国"，这样并没有成为俄罗斯的战略同盟，在国际舞台上它开始了自己的表演，熟练地耍弄"五个球"手技，为特殊民族利益而推行强硬政策，在俾斯麦离任后推行"全球政策"，实行谋求世界优势地位的路线，最终酿成一战惨祸。

在第三时段，两个国家君主制度的衰落和一战的失败，迫使当时已经成为"世界政治的弃儿"相互接近，而且不同于柏林的政治精英，布尔什维克满怀着同德国建立战略联盟的狂躁思想，后者由于地缘政治、军事和经济伙伴方面的原因是理想的对抗集体性西方的同盟者。在"红色十月"失败后，意识形态的分歧在某个时期对于克里姆林宫来说只是次要的。虽然由于客观原因联盟没有能实现，可是倾向于建立联盟关系的趋势继续存在，并且随着作为普鲁士传统继承者的第三帝国和无论是接受了普鲁士精神还是吸取了萨克森心灵主义的德意志民主共和国，出现在欧洲版图上。

能否说随着两极世界的出现和民主德国建立，克里姆林宫执政者关于俄德战略联盟的夙愿开始成为现实？在一定程度上确实如此。真实情况是，作为华沙条约组织成员并且因为同莫斯科缔结友好、合作及互助条约，民主德国成为可靠的军事—政治、意识形态的同盟和经济互助委员会的成员，以及社会主义阵营当中最重要的经济伙伴。可是，为了控制被分割成为军事集团和平行存在的经济组织的整个欧洲，毫无疑问，这在冷战条件下是嫌小和不够的。这一联盟似乎是不够格不合格的。受莫斯科控制的只有德国地盘的1/4，此外自然资源匮乏、经济基础薄弱以及军事潜力有限。是的，它在意识形态方面紧跟苏联，原来也是毫无用处。戈尔巴乔夫刻意放松了意识形态的缰绳，整个长期以来经营的意识形态关系的结构迅速地崩溃了。民族的内衣，况且还是质量上乘，要胜过浸染了"民主德国民族色彩"，原来对于东部德国人来说也是更加贴近身体，比起"老大哥"破破烂烂的外套。

深入研究双边关系的历史表明，俄德关系出现接近的时候，通常是在德国虚弱和它需要或者是让俄罗斯充当后方掩护，或者是面临同自己西部邻国关系变坏，以及面对最严峻的外交围困。在这些时候德国常常扮演了在东方和西方之间的中间人的角色。

相反，强大的德国，在极大程度上遵循着战术策略性利益，中断或者削弱同俄罗斯的传统联系并且转向西方，忘却了在战略方面只有同俄罗斯保持联盟和伙伴关系才能够保障它在欧洲大陆的制高点地位。为什么它要这样做呢？只不过是，虽然有人民和文化的相互吸引，两个国家的文明发展却是在历史上不同的居住地点进行的，在这些生活环境里占据优势的思想对一方而言是西方（罗马），对另一方而言是东方（拜占庭）。关于一点不能不同意德国专家茹德霍尔德的看法，他指出，"地处英国人和俄罗斯之间的德国人，不同于盎格鲁-撒克逊人，不管不顾所有的灾祸，却总是对于俄罗斯表现出特别的政治兴趣和更大的仁慈态度。在以往时候他们更多地关注巴黎或者伦敦，而后来是华盛顿，是要超过对莫斯科或者圣彼得堡的关注……"①

在第四时段，国际局势随着两极世界的打破而发生根本改变。随着民主德国和苏联从欧洲版图上消失开始了完全新的、俄德关系史上的第四个阶段，其特点是在双边对话中普鲁士—萨克森色彩消失了。统一德国和离散苏联继任者——俄联邦的地缘政治地位已经不同于以前。一个国家是走出冷战的胜利者，并且处在朋友和盟友的包围之中。另一个国家，在经受了争当世界大国过程中的惨痛失败后，失去了2500万同胞，似乎变得七零八落，没有朋友和盟友，面临着大规模转型问题以及在自己周边潜在的冲突风险。

在所有西欧成员当中，德国是唯一一个在后两极世界条件下投入巨大努力的国家，如果不是致力于欧洲—大西洋体系一体化，那么也是最大限度地要使俄罗斯适应在消除了东西方对抗之后发生改变的国际环境。整个西方特别是德国非常明白，如若不适应基于基督教学说的欧洲—大西洋价值观，那是不可能完全把俄罗斯纳入西方生活方式的。从历史角度看，这要求把基督教—东正教占优势的俄罗斯以相对无痛苦和时间不长的方式安置在停滞不前的西欧，首先是政治—经济结构当中。

在这一点，足以回想起并非依赖于政党成员政府的统一德国领导集团的言和行，不要忘却在这时为感谢苏联支持不流血统一民主德国"酬谢成效"的延长效果。科尔政府的"紧密合作"变成了更持重的"良好关系"（德国社会民主党—联盟90/"绿党"），而同时变成了"争取保障安全的可信与牢固合作"（2002年联盟协议）。它在2005年变成了"战略合作"，在"大联盟"（基民盟/基社盟—德国社会民主党）活动落幕时又变成了"为了现代化的伙伴"。在2009年双边关系降格为"重要伙伴"，而在2013年又一次提起"现代化的伙伴"，可是现在，莫斯科在遵守"根据所承担国际法

---

① Sudholt G. Russland und Deutschland// Deutsche Geschichte. 1993. No. 2. S. 7.

义务的民主规则与法治国家",包括世贸组织成员的义务时存在很明显的抵制。①

德国执政精英的事业在于大规模经济援助(这样德国仍然是俄罗斯的主要生意伙伴,正如在集团对抗时期那样),支持外债重组,在北约、欧盟、"七国集团"(后来的八国集团)和其他有影响力的国际组织内促进俄罗斯的利益。

结果原来还是等于零。俄罗斯还是不能成功适应乃至接近欧洲—大西洋文明。不能树立起共同价值观的标杆。为什么?开始转向市场经济过于急剧,对于俄罗斯社会的休克式疗法过于痛苦,苏联帝国式思维的根源和对于俄罗斯精神、俄罗斯文明模式独特性的信仰过于深厚。

二 俄德关系无法深化的精神文化原因

从根本上来说,俄德关系不能孤立于全欧洲的视角进行研究。在"欧洲大国演唱会"时代,这种格局是拿破仑战争之后形成并且在1814—1815年维也纳会议决议中得以巩固的,第一次形成了"大国"概念(其中自然包括俄罗斯)和最终形成多边外交。许多研究者称国际关系的维也纳体系是集体安全的榜样,可远不是一体化模式。任何试图让这些或者那些国家相互靠拢在那个时代会被理解成对现有均势的蓄意侵害。

在一定程度上这涉及俄罗斯,它躲避任何在欧洲的一体化进程。俄罗斯政治家对于西方的态度过去和现在继续承受着俄罗斯文化—宗教传统的影响。由于自身文化—宗教活动舞台的封闭性,俄罗斯国家历史上总是热衷于强调自己独一无二的角色,强调自己在捍卫欧洲东正教和东正教民族的事业上肩负特殊使命。在俄罗斯总是害怕西方生活方式和西方价值观对

---

① См.: *Павлов Н. В.* Российский вектор во внешней политике А. Меркель // Мировая экономика и международные отношения. 2014. № 6. С. 31–42.

民族文化和生活的消极影响，以至于自我限制同西欧相互支持的空间，并且在客观上导致了技术上落后于西方。

在文化—历史含义中的欧洲，按照达尼列夫斯基的话说，"是德意志—罗马文明的活动场所——简直就是；或者，按照表达的一般使用隐喻方式，欧洲就是德意志—罗马文明。这两句话——同义词。在这个意义上俄罗斯属于欧洲？是遗憾还是高兴，是幸运还是不幸——不是的，不属于"①。关于"俄罗斯的独特历史道路和特殊使命"，关于俄罗斯人"上帝选民"的这些文化神话，经过数个世纪的建构并且深深扎根于人们的意识。东正教正是建立在这种弥赛亚意识之上。接受基督教是形成民族思想意识的基础，促进了斯拉夫民族认识自己统一民族的利益并且巩固了国家体制。"基督教术语，后来东正教术语，本身吸收了俄罗斯观念、俄罗斯人民。"②

俄罗斯人民的精神和文化生活基于东正教，不能同国家的建立分开，这个国家总是追求强化集权式帝国体制，在革命前或是革命后的俄罗斯依然如此。俄罗斯文明的根基历来是国家性的，而且是它的独特方式。欧洲文明在达尼列夫斯基理解中却是相反，历史上就有并且现在继续存在联邦体制，正是基于联邦基础而争取建立欧盟。

俄罗斯的正统精英，长期以来满怀弥赛亚思想，要在俄罗斯帝国保护下联合全体东正教斯拉夫以不容争议地获得自由通向地中海。顺便提及，这个精英使国家卷入一战，而且历来同欧洲大陆在别样的不同于东正教基础上的一体化尝试格格不入，以强硬的不可调和的反对立场来理解西欧政治家的联合—和解计划。

早在 1915 年列宁在《论欧洲联邦口号》一文中写道："从帝国主义经济条件的观点看，即由'先进的'和'文明的'殖民大国，资本输出和瓜分世界，欧洲联邦，在资本主义条件下，或者是不可能的，或者是反动的……当

---

① Данилевский Н. Я. Указ. соч. С. 48 – 49.

② Мавродин В. В. Происхождение русского народа. Л. , 1978. С. 143.

然，在资本家之间和大国之间的暂时协议是有可能的。在这个意义上欧洲联邦是有可能的，正如欧洲资本家的协议……关于什么？内容只能是共同镇压欧洲的社会主义……"①

这一论题像一条红线贯穿整个苏联领导集团的外交政策，莫斯科试图千方百计地抵制在20世纪20年代德国与法国的和解，在50年代建立由联邦德国参与的西欧一体化组织（欧洲煤钢联营、欧洲防务集团、欧洲经济共同体、欧洲原子能联营），用自己的非此即彼的计划去抵制它，这些计划只是强化了苏联和西欧之间的分界线。在东西方之间文化—意识形态激烈对抗条件下，苏联封闭在自己的小圈子并且脱离于"社会主义阵营"铁栅栏之外的世界。实际上，苏联在战后时期的孤立主义开始压倒了"国际主义"。西欧开始被视为是敌对世界的中心和堡垒。

社会主义阵营消失，苏联帝国解体，"敌人形象"散去，两种体系对抗已成历史，可是欧洲大陆一些民族运动向往文明而另一些民族运动却远离它的直接对抗的历史经验——这对于我们来说不只是一代俄罗斯人——还要长期地消极地出现在俄罗斯和欧洲、俄罗斯和德国之间的关系当中。如果说有部分执政精英是认识到了有必要使俄罗斯参与欧洲结构，那么要在这个问题上达到完全的国民共识，很遗憾，还差得很远。

在20世纪90年代上半期，俄罗斯争取"回归世界文明"和面向欧洲的急剧一体化运动，几乎很快表现出在实践上的不可能。在欧洲这里的兴趣消失了。解释这一点非常简单。迄今为止达尼列夫斯基的话是很有现实意义的："是剥削俄罗斯，不是接纳它，真正地、真实地同自己交往，欧洲，从自己的观点看，是完全正确的。实质上，俄罗斯不属于欧洲，因为自己本身的规模在德国—罗马—欧洲的世界中已经构成了异类……俄罗斯

---

① Ленин В. И. О лозунге Соединенных Штатов Европы // Ленин В. И. ПСС. Т. 26. С. 352–354.《列宁全集》中文第2版，第26卷，人民出版社1988年版，第364—368页。

已经因一种自己的存在打破了欧洲的均势体系。"①

欧盟对于俄罗斯所表达的要求和愿望在许多方面仍然是无法实现。而有关从非自由国家转向自由国家的说法到现在依然不能变成现实。② 实际上俄罗斯和欧洲（在政治和经济上德国是主角）的经济体系目前是无法兼容的。俄罗斯和欧洲常常讲是完全不一样的，不仅在政治—文化，而且在经济语言方面均如此。由此在制订和实施重大方案时存在复杂性。直接交往只是目前在短期和中期方案中成功地找到，其中的效益立即显现。

1994 年 7 月在俄联邦和欧盟之间签署了关于伙伴与合作协议，它于 1997 年 12 月 1 日生效（有效期 10 年）。它计划使俄罗斯和欧盟之间的政治对话制度化，并且要求成员尊重民主原则和人权——包括少数人的权利。协议反映了俄罗斯愿意逐渐地融入欧洲经济空间，在当时是欧盟承担义务要全力支持俄罗斯改革。在这里俄罗斯被视为是欧洲的一部分，然而并不是作为在联盟内权利平等意义上的欧洲一体化的参与者。

在强调自己同欧盟相互关系特殊重要性时，1999 年 10 月俄罗斯确定了同欧盟 2010 年前发展关系的战略。它明确了"在未来十年发展俄欧关系的任务和解决它们的手段"，并致力于"建设没有分界线的统一欧洲，而同时建立俄欧在 21 世纪国际交往中的相互关系和平衡立场"。

但是在俄罗斯首任总统卸任后经过不到十年，事件发展完全不是按照写就的剧本进行。难以预料变化的俄罗斯外交从"痛骂外交"转向直接威胁西方而导致了外部世界疏远俄罗斯。并非偶然，俄罗斯周边如果说不是敌对的，那么也是非常谨慎和挑拨性地理解莫斯科政策的任何摇摆，这些曲折变化或是因为帝国思维复发，或是因为民族—国家利益遭人误解，俄

---

① Данилевский Н. Я. Россия и Европа. СПб., 1995. С. 339.
② Bomsdorf F. Die gesellschaftliche Dimension des russischen Wandels// Olaf Hillebrand, Iris Kempe (Hrsg). Der schwerfällige Riese. Wie Russland den Wandel gestallten soll. Gütersloh, 2003. S. 233.

罗斯的利益不能按照国家在世界力量分布中的新地位得以表达和伸张。

三 俄德关系的未来前景如何

今日欧洲和平与安全多大程度上取决于俄德关系,俄德关系期待着什么样的前景?

第一,俄罗斯和德国仍然是大陆的关键政治和经济玩家。可是如果继续认为它们的合作"仍将是未来欧洲和平,当然也有世界,主要支撑条件"[1],已经是理由不充足了。这样看问题的人,他们还是生活在20世纪并且在东—西方(俄罗斯—西方)对抗体系的范畴进行思考。这种看法适用于存在两个帝国(沙俄与第三帝国)和两种体制(苏维埃与纳粹)。许多人忘记了,两次世界战争开始时,当时在两个国家之间存在共同陆地边界。在两极世界关系上这种看法的依据是有条件的,当时苏联的华约盟友(民主德国)地处同北约集团对抗的第一线,还是直接同北约在欧洲的屯兵场(联邦德国)打交道。可是随着两极世界崩溃,共同边界、意识形态对抗、军事实力都成为历史。在全球化时代取决于两国对话的频率和质量,现在有更紧迫的带有世界性的问题等待解决,仅仅限于解决战争与和平是远远不够的。

另外,今天经典式双边外交对于德国而言已经退居第二位,多边外交,或者说多边主义已经居于主要地位。德国不是"要弄五个球"或者更多"球",而是在国际舞台上按照同自己的北约和欧盟的军事—政治盟友和伙伴的协商行事。很遗憾,俄罗斯孤身一人难以对抗集体玩家。就像在竞技比赛场上,俄德说着不同的语言,按照不同的理念行事。如果说德国是在多边主义范畴里思维和行动,那么俄罗斯——双边主义。如果说德国生活

---

[1] Максимычев И. Ф. Россия-Германия. Война и мир. От мировых войн к европейской безопасности. М., 2014. С. 19.

在全球化时代，从地缘经济立场出发制定自己的外交战略，那么俄罗斯领导集团继续遵循着地缘政治原则，继续排斥国家的经济、政治和体制的现代化。恰好是，在哪些方面德国人想帮助俄罗斯，莫斯科需要更好地做一些什么，克里姆林宫不听，也不想听。俄罗斯实际上正在进入固守自己传统做法和习惯的时期。

第二，有一点并非是不重要的，是俄德人民的心灵变化：共同的历史、共同的过去正在从记忆中逐渐地淡化模糊。对于现在开始受教育或者专业人士来说，两次世界大战已很遥远，更遑论神圣同盟、联合反对拿破仑或者同弗里德里希二世结盟。关于这一点，柏林自由大学东欧研究所负责人克劳斯·泽格贝尔斯的观点值得提及，他指出，对于苏维埃—德国双边关系来说是非常典型的那种相互"着迷"的程度下降了（甚至在北约和华约框架内）。顺便提及，这个论题的依据是在俄罗斯学习德语和在德国学习俄语的兴趣在下降。在苏联解体和联邦德国与民主德国两国联合之后，肯定是英语和早先不受重视的语言兴起，而经济增长也远不只是欧洲国家。现在对于柏林和莫斯科而言，双边关系只是在议事日程上众多要点事务的其中之一，更不是位居第一。俄德关系，按照泽格贝尔斯的话说，"进入了合乎规范的时期，这一点在同其他国家交往当中所具有的地位只有很少的差别。这一事实，全球化结束了国家间关系具有优先权和主导权的时期，促进了超国家和跨国家关系的发展，只是强化了这种趋势"①。

有关这一点应该指出，在中国实力稳步壮大背景下，俄罗斯因其相对不大的经济体对西方来说还不是战略意义上的对手，所以还说不上孤立俄罗斯，而是说要利用它的潜力以共同应对世界的挑战和威胁。"但是，在这里的共同性、协调性更多地存在于备选框架内，而不是战略伙伴框架内。

---

① Россия и Германия в пространстве европейских коммуникаций: Коллективная монография / Под ред. А. В. Девяткова и А. С. Макарычева. Тюмень, 2013. С. 5.

俄罗斯—德国关系在这个意义上被纳入俄罗斯—西欧关系的范畴。这样，在德国挫败感增加，并且疏远俄罗斯。这个未必就会导致出现某些孤立俄罗斯的尝试，但是导致的结果明显将会降低两国之间外交的协调一致和政治冲突操作失灵的风险"①。

第三，经济合作问题在俄德关系中历来扮演重要的，有时是决定性角色。长期以来盛行一种看法，即经济压倒政治，如果不能决定政治的话。在今天仍然很明显，工商业活动独立于政治的自主权还是有限和有条件的。经济同样具有文明—意识形态的色彩。"以自然资源换取设备和技术"的这种关系将会弱化，因为在德国的执政精英意识到了依靠一个供应商是没有前途的，相应地，转向了进口所需自然资源的经营多样化。虽然德国公司巨头，诸如巴斯夫、西门子、大众、阿迪达斯和德意志银行，公开表示反对制裁俄罗斯。可是在冷战复发的标志之下，德国不仅被要求在同克里姆林宫交涉中发挥"特殊作用"，而且还要求"在西欧联盟中协调一致"，包括实行协调的经济政策。德国商界咬牙违背自己的意愿去分担经济制裁俄罗斯的重任。德国工业联合会负责人格里罗②断言说，"政策会过去"，可是对莫斯科实行严厉政策会损害德国经济利益。德国银行联合会负责人费钦也重复了格里罗的意思。

乌克兰危机使欧洲人在能源保障问题上协调一致。这一证据就是2014年4月底波兰总理图克斯的建议，他提议建立全欧洲能源联盟以统一价格稳定欧盟国家天然气供应。其目的——降低对俄罗斯能源的依赖性，它的实现，综合判断为期不远。

---

① *Девятков А.*, *Кушнир К.* Российско-германские отношения: от 《стратегического》 к турбулентному партнерству? // Россия и Германия в пространстве европейских коммуникаций: Коллективная монография / Под ред. А. В. Девяткова и А. С. Макарычева. *C.* 51.

② Frankfurter Allgemeine Zeitung. 2014. 15. Mai.

俄德的这种伙伴关系保持着一定程度的配合，可是两国间缺少合格的协调，在它们打交道的过程中出现困难时要避免出现政治冲突却很复杂。① 国家间交往常常遭到政治局势的干扰，虽然双方有意愿期待找到昔日相互关系中的积极方面并在未来加以发展。可虽有善意，在这里必须承认一种事实，老是重复过去注定会成为罪人。② 因为双方统治阶级和统治制度的罪过，它们播下了相互仇恨的种子并且使人民陷入战争和全世界的灾难之中。

毋庸置疑：俄罗斯人和德国人、"酒鬼"和"香肠商人"的相互吸引力在普通人之间依然存在。他们相互需要，正如好的酒宴需要好的冷盘菜一样。艺术、文化和教育的深厚传统，乃至现代科学和技术的相互需求，使得他们靠拢。

相互学习和相互交流——在德国人和俄罗斯人这里早已如此。俄德还是具有相互交往的观点和解决重大问题时合作的需要。曾经有过的时代已经过去了，即在欧洲大陆的和平与稳定取决于俄罗斯和德国、苏联和德国关系的状况。现在没有共同边界，不是作为敌对集团的成员而相互对抗，不会被思想体系的障碍而分割开，双边交往中不存在无法解决的问题。当面临着21世纪的挑战，发展互利经济合作，共同应对世界经济危机，全球挑战和威胁，诸如贫困、流行疾病、国际恐怖主义、毒品、跨国犯罪等，才是出路，才有未来。

---

① *Девятков А.*, *Кушнир К.* Указ. соч. С. 44.
② *Аймермахер К.* О прошлом и настоящем немецко-русских отношений // Россия и Германия в XX веке. М., 2010. Т. 2. С. 16.

参考文献

I. ИСТОЧНИКИ

Абрасимов П. А. Четверть века послом Советского Союза. М. : Изд-во 《Национальное обозрение》, 2007. – 308 с.

Бережков В. М. Страницы дипломатической истории. М. : Междунар. отношения, 1984. – 616 с.

Бережков В. М. Тегеран, 1943. М. : Изд-во АПН, 1971. – 128 с.

Бисмарк О. фон. Мысли и воспоминания : В 3 т. Т. 1 / Бисмарк О. фон. М. : ОГИЗ, 1940. — 336 с. ; Т. 2 / Бисмарк О. фон. М. : ОГИЗ, 1940. 288 с. ; Т. 3/Бисмарк О. фон. М. : ОГИЗ, 1941. – 212 с.

Брандт В. Воспоминания / Пер. с нем. М. : Новости, 1991. – 528 с.

Визит М. С. Горбачева в ФРГ, 9 – 10 ноября 1990 г. М. : Изд-во политической литературы, 1990. – 144 с.

Визит канцлера Аденауэра в Москву 8 – 14 сентября 1955 г. Документы и материалы /Отв. ред. А. В. Загорский. М. : Права человека, 2005. – 232 с.

Дипломатический словарь. М. : Наука. Т. 1, 1984. – 422 с. ; Т. II, 1986. – 499 с. ; Т. III, 1986. – 750 с.

Ленин В. И. О. лозунге Соединенных Штатов Европы // Ленин В. И. ПСС. Т. 26. С. 351 – 354.

Майер-Ландрут А. 《С богом! И оденься потеплее》. Моя дипломатическая миссия в России / Пер. с нем. М. : Междунар. отношения, 2005. – 288с.

Материалы 3-го Европейского департамента МИД РФ.

Модров Х. Я хотел жить в новой Германии / Пер. с нем. М. : Междунар. отношения, 2000. – 440 с.

Сборник основных документов по вопросам германского мирного урегулирования и отношений СССР с ГДР и ФРГ (1962 – 1963 гг.). М. : МИД СССР, 1964. – 431с.

Сборник основных документов по вопросам отношений СССР с ГДР, ФРГ и Западным Берлином (1980 – 1986 гг.). М. : МИД СССР, 1987. – 858 с.

Сборник основных документов по вопросу о заключении мирного договора с Германией и нормализации на его основе положения в Западном Берлине (ноябрь 1958 г. - декабрь 1961 г.). М. : МИД СССР, 1962. Т. 1 (ноябрь 1958г. –1959 г.). – 571 с.; Т. II (1960 –1961 гг.). – 533 с.

Собрание Трактатов и Конвенций, заключенныхРоссиею с иностранными державами/ Сост. Ф. Мартенс. Т. II: Трактаты с Австрией. 1772 – 1808. СПб. : Типография Министерства Путей Сообщения, 1875. — 532 с.

Собрание Трактатов и Конвенций, заключенных Россиею с иностранными державами / Сост. Ф. Мартенс. Т. VI: Трактаты с Германией. 1762 – 1808. СПБ: Типография Министерства Путей Сообщения, 1883. – 501 с.

Советско-германские отношения. От переговоров в Брест-Литовске до подписания Рапалльского договора: Сб. документов. Т. 2 (1919 – 1922 гг. ）. М. : Политиздат, 1971. – 596 с.

СССР и германский вопрос. 1941 – 1949: Документы из Архива внешней политики Российской Федерации: В 3 т. Т. I: 22 июня 1941 г. – 8 мая 1945 г. / Сост. Г. П. Кынин и Й. Лауфер. М. : Междунар. отношения, 1996. – 784 с.

СССР и германский вопрос. 1941 – 1949: Документы из Архива внешней политики Российской Федерации: В 3 т. Т. II: 9 мая 1945 г. – 3 октября 1946 г. / Сост. Г. П. Кынин и Й. Лауфер. М. : Междунар. отношения, 2000. – 880 с.

СССР и германский вопрос. 1941 – 1949: Документы из Архива внешней политики Российской Федерации: В 3 т. Т. III: 6 октября 1946 г. – 15 июня 1948 г. / Сост. Г. П. Кынин и Й. Лауфер. М. : Междунар. отношения, 2003 – 856 с.

СССР и германский вопрос. 1941—1949: Документы из российских архивов: В 4 т. Т. IV. 18 июня1948 г. – 5 ноября 1949г. М. , 2012. – 775 с.

Adenauer K. Erinnerungen 1945 – 1953. Stuttgart: Deutsche Verlagsanstalt, 1965. – 589 S.

Adenauer K. Erinnerungen 1953 – 1966. Stuttgart: Deutsche Verlagsanstalt, 1966. – 556 S.

Adenauer K. Erinnerungen 1959 – 1963. Fragmente. Frankfurt am Main u. Hamburg: Fischer Bücherei, 1970. – 247 S.

Adenauer K. Reden 1917 – 1967. Eine Auswahl. Hrsg. von Hans-Peter Schwarz. Stuttgart: Deutsche Verlagsanstalt, 1975. – 496 S.

Außenpolitik der Bundesrepublik Deutschland: Dokumente von 1949 bis 1994/ Hrsg. Auswärtiges Amt. Köln: Verl. Wiss. Und Politik, 1995. – 1165 S.

Bahr E. Zu meiner Zeit. München: Karl Blessing Verlag, 1996. – 605 S.

Deutschlands Chancen nutzen. Wachstum. Arbeit. Sicherheit. Regierungsprogramm der CDU/CSU 2005 – 2009. Berlin, 2005, – 58 S.

Die Verträge der Bundesrepublik Deutschland mit der Union der Sozialistischen Sowjetrepublik und mit der Volkrepublik Polen/ Hrsg. : Presse-und Informationsamt der Bundesregierung. Bonn, 1971, – 318 S.

Doernberg S. Fronteinsatz. Erinnerungen eines Rotarmstein, Historikers und Botschafters. Berlin: edition ost, 2004. – 288 S.

Dokumentation zur Entspannungspolitik der Bundesregierung/Hrsg: Presse-und Informationsamt der Bundesregierung. Bonn, 1976 – 299 S.

Genscher H. – D. Erinnerungen. 1. Aufl. Berlin: Siedler, 1995. – 1087 S.

Koalitionsvertrag 2002 – 2006.

URL: http//www. genderkompetenz. Info/w/file/gekompzpdf/koalitionsvertrag _ 2002. pdf.

Koalitionsvertrag 2005 – 2009.

URL: http//www. cducsu. de/upload/koa-vertarg0508. pdf.

Koalitionsvertrag 2013 – 2017.

URL: http//www. welt. de/politik/article122306476/Das-ist-der-Koalitionsvertrag-im-Wortlaut. html.

Schröder G. Deutsche Russlandpolitik-europäische Ostpolitik// Die Zeit. 2001. No. 15.

Krenz E. Sowjetische Europa-Politik und die Lösung der deutschen Frage// Osteuropa. 1991. No. 8. S. 751 – 773.

Schröder G. Entscheidungen. Mein Leben in der Politik. Hamburg: Hoffmann und Kampe, 2006. – 544 S.

Weißbuch zur Sicherheit der Bundesrepublik Deutschland, 1994/ Hrsg. vom

Bundesministerium der Verteidigung. Bonn, 1994. – 308 S.

40 Jahre Außenpolitik der Bundesrepublik Deutschland: eine Dokumentation/ Hrsg. vom Auswärtigen Amt. Stuttgart: BONN AKTUELL, 1989 – 797 S.

II. ЛИТЕРАТУРА

Алексеев Р. Ф. СССР-ФР: прошлое и настоящее (Советско-западногерманские отношения, 1955 – 1980 гг.). М.: Политиздат, 1980. – 280 с.

Астафьев И. И. Русско-германские дипломатические отношения 1905 – 1911 гг. (от Портсмутского мира до Потсдамского соглашения) М. Изд-во Моск. университета, 1972. – 305 с.

Ахтамзян А. А. Германия и Россия в конце XX столетия. Очерки. М.: Изд-во МГИМО, 2000. – 162 с.

Ахтамзян А. А. Рапалльская политика. Советско-германские дипломатические отношения в 1922 – 1923 годах. М.: Междунар. отношения, 1974. – 303 с.

Белковец Л. П. Белковец С. В. От любви до ненависти. Германская дипломатия в России (СССР). 1918 – 1941. Новосибирск: ООО «Альфа-Порте», 2013. – 426 с.

Белов В. Б. Российско-германское сотрудничество - хорошее состояние на фоне плохой атмосферы // Германия 2013. М.: ИЕ РАН, 2014. С. 107 – 124.

Белов В. Б., Максимычев И. Ф. Образ современной России в Германии. Доклады Института Европы РАН. No. 249. М.: ИЕ РАН, 2010. – 62 с.

Борозняк А. И. Россия и Германия в XX веке. Страницы истории: Сб. статей. Липецк, 2009. – 274 с.

Браун Б. Германо-российские отношения в сфере политики. СПб.: Изд-во

СПбГУП, 2007. – 32 с.

Вернадский Г. В. Русская история: Учебник. М. : Аграф, 1997. – 544 с.

Воробьева Л. М. Внешняя политика ФРГ на пороге XXI века. М. : РИСИ, 2000. – 356 с.

Всеобщая история дипломатии. М. : Эксмо, 2010. – 672 с.

Германия. Вызовы XXI века / Под ред. В. Б. Белова. М. : Весь Мир. 2009. – 792 с.

Германия и Россия: события, образы, люди: сб. российско-германских исследований / Под ред. С. В. Кретинина; Воронежский госуниверситет. Воронеж: Издательско-полиграфический центр Воронежского госуниверситета, 2008. Вып. 6. – 288 с.

Горлов С. А. Совершенно секретно: Москва-Берлин 1920 – 1933. Военно-политические отношения между СССРи Германией. М. : ИВИ РАН. 1999. – 360 с.

Данилевский Н. Я. Россия и Европа. СПб. : Глаголь, 1995. – 552 с.

Ежов В. Д. Конрад Аденауэр-немец четырех эпох. М. : Молодая гвар-дия, 2003. —311с.

Ерусалимский А. С. Бисмарк. Дипломатия и милитаризм. М. : Наука, 1968. – 284 с.

История Германии: Учеб. пособие для студентов вузов: В 3 т. /Западносиб. центр герм. исслед. ; под общ. ред. Б. Бонвеча, Ю. В. Галактионова. Т. 1: С древнейших времен до создания Германской империи до начала XXI века. Кемерово: Кузбассвузиздат, 2005. – 883 с.

История дипломатии. Т. 1. М. : ОГИЗ, 1941. – 566 с. ; История дипломатии. Т. 2. Дипломатия в новое время (1872 – 1919 гг.). М. : Гос. изд-во политической литературы, 1945. – 423 с. ; Т. 3: Дипломатия в период подготовки Второй мировой войны (1919 – 1939 гг.). М.: Гос. изд-во политической литературы, 1945. – 883 с.

Исторический опыт взаимодействия России и Германии: Материалымеждунар. науч. -практ. конф. / Под ред. И. Ю. Лапиной, С. Ю. Каргапольцева, Е. П. Гурьева; СПбГАСУ. СПб., 2012. – 288 с.

Капустин Б. Г. Европейская и российская цивилизация: произойдет ли их встреча? // Мировая экономика и международные отношения. 1992. № 4. С. 43 – 50.

Карамзин Н. М. История государства Российского. Т. 1. М.: Наука, 1989. — 640 с.; Т. II – III. М.: Наука, 1991. – 832 с.; Т. IV. М.: Наука, 1991. – 480 с.; Т. V. М.: Наука, 1993. – 560 с.; Т. VI. М.: Наука, 1998. – 468 с.

Киссинджер Г. Дипломатия/ Пер. с англ. В. В. Львова; послесл. Г. А. Арбатова. М.: Ладомир, 1997. – 848 с.

Ключевский В. О. Русская история. Полный курс лекций в трех книгах. М.: Мысль, 1995.

Костомаров Н. И. Русская история в жизнеописаниях ее главнейших деятелей: В 3 т. Ростов-на-Дону: Феникс, 1995.

Кремер И. С. ФРГ: внутриполитическая борьба и внешняя ориентация. М.: Мысль, 1977. – 334 с.

Кремер И. С. ФРГ: этапы 《восточной политики》. М.: Междунар. отношения, 1986. – 224 с.

Кто есть кто в российско-германских отношениях, 1991 – 2011. СПб., 2012. – 290 с.

Кузьмин И. Н. Поражение. М.: Дипломатическая академия МИД России, 2003. – 340 с.

Кузьмин И. Н. Шесть осенних лет. Берлин 1985 – 1990. – М.: Научная книга, 1999. – 215 с.

Лангут Г. Немцы в поисках безопасности. М.: Прогресс, 1995. – 304 с.

Люди между народами. Действующие лица российско-германской истории XX в.: Материалы конференции российских и немецких историков 25 – 29 апреля 2009 г., Тутцинг, ФРГ / Под ред. А. Ю. Ватлина, Т. А. Некрасовой, Т. Ю. Тимофеевой. М.: РОССПЭН, 2010. – 263 с.

Люди - история - политика. Польша и Германия глазами россиян. Варшава, 2012. – 74 с.

Мавродин В. В. Происхождение русского народа. Л.: Изд-во Ленинградского университета, 1978. – 184 с.

Майстер Ш. Германия и Россия: размежевавшиеся партнеры // Мировая экономика и международные отношения. 2013. № 7. С. 22 – 28.

Макаренко П. В. Германский фактор в Октябрьской революции 1917// Вопросы истории. 2008. № 5. С. 30 – 45.

Максимычев И. Ф. «Восточная политика» единой Германии. Итоги первого десятилетия: Доклад № 76. М.: Экслибрис-Пресс, 2001. – 72 с.

Максимычев И. Ф. Россия- Германия. Война и мир. От мировых войн к европейской безопасности. М.: Книжный мир. 2014. – 512 с.

Мертес М. Немецкие вопросы – европейские ответы. М.: Московская школа политических исследований. 2001. – 336 с.

Милюкова В. И. Отношения СССР-ФРГ и проблемы европейской безопасности 1969 – 1982. М.: Наука, 1983. – 303 с.

Могилевич А. А., Айрапетян М. Э. На путях к мировой войне 1914 – 1918 гг. М.: Государственное изд-во политической литературы. 1940. – 293 с.

Мюльхаймская инициатива. Российско-германское партнерство во время больших перемен: Сборник статей и документов/ Ред. -сост. Б. С. Орлов. М.: КДУ, 2010. – 106 с.

Нарочницкая Л. И. Россия и войны Пруссии в 60 годах XIX в. за объединение Германии《сверху》. М.: Госполитиздат, 1960. – 287 с.

Очерки истории Министерства иностранных дел России. 1802 – 2002: В 3 т. Т. 1. 860 – 1917 гг. М.: ОЛМА-ПРЕСС, 2002. – 608 с.; Т. 2. 1917 – 2002гг. – 624с.

Новик Ф. И. СССР-ФРГ: проблемы сосуществования и сотрудничества 1975 – 1986. М.: Наука, 1987. – 246 с.

Павлов Н. В. История внешней политики Германии от Бисмарка до Меркель. М.: Междунар. отношения, 2012. 800 с.

Павлов Н. В. История современной Германии. М.. Астрель; АСТ. 2006. – 510 с.

Павлов Н. В. Российский вектор во внешней политике А. Меркель // Мировая экономика и международные отношения. 2014. № 6. С. 31 – 42.

Павлов Н. В. Современная Германия. М.: Высшая школа. 2005. – 567 с.

Павлов Н. В., Новиков А. А. Внешняя политика ФРГ от Аленауэра до Шрёдера. М.: ЗАО《Московские учебники СиДиПресс》, 2005. – 608 с.

Патрушев А. И. Германские канцлеры от Бисмарка до Меркель. М.: Изд-во Моск. ун-та. 2009. – 432 с.

Платонов С. Ф. Лекции по русской истории. Петрозаводск. АО《Фолиум》, 1996. – 838 с.

Похлебкин В. В. Внешняя политика Руси, России и СССР за 1000 лет в именах, датах, фактах: Вып. I. Ведомства внешней политики и их руководители: Справочник. 2 – е изд. М.: Междунар, отношения, 1995. –

336 с., Вып. II. Войны и мирные договоры. Книга I: Европа и Америка: Справочник. М.: Междунар. отношения, 1995. – 784 с.; Книга 3-я: Европа в 1 – й половине XX в.: Справочник. М.: Междунар. отношения, 1999. – 672 с.

Рапалльский договор и проблема мирного сосуществования. М.: Изд-во иностранной литературы, 1963. – 292 с.

Россия и Германия. Вып. 1. М.: Наука, 1998. – 381 с.

Россия и Германия. Вып. 2. М.: Наука, 2001. – 293 с.

Россия и Германия. Вып. 3. М.: Наука, 2004. – 411 с.

Россия и Германия в годы войны и мира (1941 – 1995). М.: Гея. 1995. – 567 с.

Россия и Германия в Европе / Сост. Б. Орлов, X. Тиммерманн. М.: Памятники исторической мысли, 1998. – 288 с.

Россия и Германия в пространстве европейских коммуникаций: Коллективная монография / Под ред. А. В. Девяткова и А. С. Макарычева. Тюмень: Изд-во Тюменского гос. ун-та, 2013. – 272 с.

Россия и Германия в XX веке: В 3 т. Т. 1: Обольщение властью. Русские и немцы в Первой и Второй мировых войнах / Под ред. К. Аймермахера, Г. Богдюгова, А. Фольперт. М.: АИРО-XXI, 2010. – 1024 с.

Россия и Германия в XX веке: В 3 т. Т. 2: Бурные прорывы и разбитые надежды. Русские и немцы вмежвоенные годы / Под ред. К. Аймермахера, Г. Бордюгова, А. Фольперт. М.: АИРО-XXI. 2010. – 896 с.

Россия и Германия в XX веке: В 3 т. Т. 3: Оттепель, похолодание и управляемый диалог. Русские инемшы после 1945 года / Под ред. К. Аймермахера, Г. Бордюгова, А. Фольперт. М.: АИРО-XXI, 2010. – 1032 с.

Россия-Германия. Взгляд назад в будущее. К 50-летию установления дипломатических отношений. М. : РИА 《Новости》, 2005. – 187 с.

Сироткик В. Г. Золото и недвижимость России за рубежом. 2-е изд. М. : Междунар. отношения, 2000. – 424 с.

Системная история международных отношений в двух томах / Под ред. А. Д. Богатурова. Т. 1 : События 1918 – 1945 годов. М. : Культурная революция, 2006. – 480 с.

Сказкин С. Д. Конец австро-русско-германского союза. Исследование по истории русско-германских и русско-австрийских отношений в связи с восточным вопросом в 80-е годы XIX столетия. М. : Наука, 1974. – 272 с.

Славяно-германские исследования. Т. 1 – 2 / Отв. ред. А. А. Гутнин. А. В. Циммерлинг. М. : Индрик, 2000. – 656 с.

Советско-германские научные связи времени Веймарской республики. СПб. : Наука, 2001. – 367 с.

Современная Германия. Экономика и политика / Под общ. ред. В. Б. Белова; Рос. акад. наук. Ин-т Европы. М. : Весь Мир : ИЕ РАН, 2015. – 720 с.

Соловьев С. М. История России с древнейших времен. М. : Эксмо, 2010. – 704 с.

Соловьев С. М. Чтения и рассказы по истории России. М. : Правда, 1989. – 768 с.

Сталин и немцы. Новые исследования / Под ред. Ю. Царуски. М. : РОССПЭН, 2009. – 367 с.

Трагедия Европы: От кризиса 1939 года до нападения на СССР/ Под ред. А. Чубарьяна и Х. Мёллера по поручению Совместной комиссии по изучению новейшей истории российско-германских отношений. München :

Oldenbourg Verlag, 2013. – 240 S.

Тынянова О. Н., *Калашников И. А.* Первый раздел Польши в фокусе геополитического анализа // Пространство и Время. 2012. № 3 (9). М.: ИД 《Граница》. 2012. – 248 с.

Устрялов Н. Г. Русская история до 1865 года: В 2 ч. Петрозаводск: Корпорация 《Фолиум》, 1997. – 958 с.

Уткин С. Россия в восприятии Германии // Мировая экономика и международные отношения. 2009. № 4. С. 72 – 80.

Фейнберг И. 1914 – й. М.: МТП, 1934. – 92 с.

Филитов А. М. Германия в советском внешнеполитическом планировании 1941 – 1990. М.: Наука, 2009. – 333 с.

Хакке К. Великая держава поневоле (внешняя политика Федеративной Республики Германии) / Пер. с нем. М.: АО 《Буклет》, 1995. – 319 с.

Хильгер Г., *Мейер А.* Россия и Германия. Союзники или враги? М.: Центрполиграф, 2008. – 415 с.

Хронология российской истории: Энциклопедический справочник / Под рук. Ф. Конта; пер. с фр. М.: Междунар. отношения, 1994 – 304 с.

Чубинский В. В. Бисмарк: Политическая биография. М.: Мысль, 1988 – 414 с.

Шёльген Г. Страх перед силой. Немцы и их внешняя политика / Пер. с нем. М. АО 《Буклет》, 1994. – 96 с.

Шульце Х. Краткая история Германии / Пер. с нем. М.: Весь Мир, 2004 – 256 с.

Borkenhagen F. H. U. Militarisierung deutscher Außenpolitik? // Aus Politik und Zeitgeschichte. 9. August 1996. S. 3 – 9.

Bundesrepublik Deutschland: Geschichte, Bewußtsein. Bonn: Bundeszentrale für politische Bildung, 1989. -275 S.

Dederichs M. R. Gemeinsame Geschichte: Deutsche und Russen// Der neue Flirt/ Klaus Liedtke (hrsg.). Hamburg: Stern-Buch, 1989. S. 200-231.

Deutsche und Russen. Deutsche Geschichte. 1993. No. 2. -90 S.

Der schwerfällige Riese. Wie Russland den Wandelgestallten soll/ O. Hillebrand, 1. Kempe (Hrsg). Gütersloh: Verlag Bertelsmann Stiftung, 2003. -347 S.

Deutsche und Deutschland aus russischer Sicht 11. -17. Jahrhundert/ Hrsg. Von Dagmar Herrmann. München: Wilhelm Fink Verlag, 1989. -366 S.

Deutschland in Europa: nationale Interessen und internationale Ordnung im 20. Jahrhundert/ Hrsg. Von Gottfried Niedhart. Mannheim: Palatium Verl., 1997. -402 S.

Deutschland 1945-1949. Besatzungszeit und Staatengründung. Informationen zur politischen Bildung. Bonn: Bundeszentrale für politische Bildung, 2002. -50 S.

Die Teilung Deutschlands 1945-1955. Bonn: Informationen zur politischen Bildung, 1991. -40 S.

Dietz B., Hilkes P. Deutsche in der Sowjetunion// Aus Politik und Zeitgeschichte. 1988. No. 50. S. 3-13.

Fabry F. W. Die Sowjetunion und das Dritte Reich. Eine dokumentierte Geschichte der deutsche-sowjetischen Beziehungen von 1933 bis 1941. Stuttgart: Seewald Verlg, 1971. -485 S.

Griffith W. E. Die Ostpolitik der Bundesrepublik Deutschland. Stuttgart: Klett-Cotta, 1981. —419 S.

Hacke C. Die neue Bedeutung des nationalen Interesses für die Außenpolitik der Bundesrepublik Deutschland// Aus Politik und Zeitgeschichte. B1-2/1997. S. 3-14.

Haftendorn H. Deutsche Außenpolitik zwischen Selbstbeschränkung und Selbstbehauptung 1945 – 2000 Stuttgart/ München: Deutsche Verlag-Anstalt , 2001. – 536 S.

Hartl H. , Max W. 50 Jahre sowjetische Deutschalndpolitik. Boppard am Rhein, 1967. – 648 S.

Heydorn V. D. Der sowjetische Aufmarsch im Bialzstoker Balkon bis zum 22. Juni 1941v und der Kessel von Wolkowysk. München: Verlag für Wehrwissenschaften, 1989. – 388 S.

Hildebrand K. Deutsche Aussenpolitik 1871 – 1918. 3. , überarbeitete und um einen Nachtrag erweiterte Auflage. München: R. Oldenbourg Verlag, 2008. – 204 S.

Kahn H. W. Die Deutschen und die Russen. Köln: Pahl-Rugenstein Verlag, 1984. – 225 S.

Koenen G. Der deutsch-russische Nexus// Aus Poltik und Zeitgeschichte. 2007. No. 44 – 45. S. 27 – 32.

Meier-Walser R. C. , Wsgensohn T. (hrsg) . Rußland und der Westen. München: Hanns Seidel Stiftung. Akademie für Politik und Zeitgeschehen, 1999. – 180 S.

Meissner B. Außenpolitik und Völkerrecht der Sowjetunion. Köln, 1984. 357 S.

Mommsen M. Wer herrscht in Russland? Der Kreml und die Schatten der Macht. München: Verlag C. H. Beck, 2003. 260 S.

Niedhart G. Die Außenpolitik der Weimarer Republik. 3. , aktualisierte und um einen Nachtrag erweiterte Auflage. München: Oldenbourg Verlag, 2013. 164 S.

Papcke S. Zur Neuorientierung deutscher Außenpolitik// Aus Politik und Zeitgeschichte. B12/1998. S. 3 – 13.

Pfetsch F. R. Die Außenpolitik der Bundesrepublik 1949 – 1992: von der Spaltung zur Vereinigung. München, 1993. – 315 S.

Recker M. – L. Die Außenpolitik des Dritten Reiches. München: Oldenbourg Verlag, 1990. – 135 S.

Schöllgen G. Die Außenpolitik der Bundesrepublik Deutschland von den Anfängen bis zur Gegenwart. München: Beck, 2001. – 249 S.

Schöllgen G. Die Macht in der Mitte Europas: Situationen deutscher Außenpolitik von Friedrich dem Großen bis zur Gegenwart. München: Beck, 1992. – 208 S.

Schöllgen G. Jenseits von Hitler. Die Deutschen in der Weltpolitik. Bonn, 2005. – 400 S.

Steinberg J. Bismarck: Magier der Macht. Berlin: Propyläen Verlag, 2013, – 745 S.

Stelkens J. Machtwechsel in Ost-Berlin. Der Sturz Walter Ulbrichts 1971//Vierteljahreshefte für Zeitgeschichte. No. 45/ 1997. 503 – 533 S.

Stent A. Rivalen des Jahrhunnderts. Deutschland und Russland im neuen Europa. Berlin/München: Propyläen Verlag, 2000. – 487 S.

Viet V. Geschichte der Deutschen. Köln: Kiepenheuer &Witsch, 1991. – 831 S.

Timmermann H. , Meier Chr. Nach dem 11. September: Ein neues deutsche-russisches Verhältnis? // SWP-Aktuell 22. 2002. November. URL: www. swp-berlin. org.

Vogel H. Die Vereinigung Deutschlands und die Wirschaftsinteressen der Sowjetunion// Europa-Archiv. 1990. No. 13 – 14. S. 408 – 411.

Winkler H. A. Der lange Weg nach Westen. Deutsche Geschichte 1806 – 1933. Bonn: Bundeszentrale fur politische Bildung, 2002. S. 652.

后　记

人生在世，所有的事情不关乎有理和无理，而关乎理多和理少。俄罗斯和德国的成长经历艰难而又曲折，这一方面造就了它们坚毅和顽强的性格，另一方面又使得它们不善于节制和妥协、把事情把控在合理的限度，以至于往往走上极端。很明显，这是东欧俄罗斯人和中欧德国人不同于莱茵河以西的西欧人的地方，这大概是欧洲的大陆性格和海洋性格的区别吧。俄德关系中的历史人物，其所思所想和所作所为，只是反映了他们自己的追求、志趣和情感；后人有机会阅读，自然也会流露出复杂的情绪，或赞许，或同情，或惋惜，或批评。人类的情感世界是丰富多彩的，亦是善变的，可是唯有争强好胜、争夺支配权的欲望没有丝毫改变。俄罗斯和德国，由于地理位置的缘故，它们联系的紧密程度举世无双，而对抗的惨烈程度亦世界罕见；它们相互扶持的情谊感人至深，而互相毁灭的歹毒又令人震惊。难道邻居是如此难做吗？的确是，尤其是强大的邻居！要理解这个难解的问题，看看俄德关系就大致明白了。

书稿能够顺利完成，要感谢于游在俄语资料和万岳青在德语资料方面的收集与订正工作，同时感谢马明先生为编辑工作付出的辛劳！

陈新明
2021 年 1 月 22 日